Frauke Gewecke:
Wie die neue Welt in die alte kam

Klett-Cotta
im
Deutschen
Taschenbuch
Verlag

Januar 1992
Deutscher Taschenbuch Verlag GmbH & Co. KG, München
© 1986 Ernst Klett Verlag für Wissen und Bildung GmbH u. Co. KG,
Stuttgart · ISBN 3-608-93087-6
Umschlaggestaltung: Celestino Piatti
Vorlage: Landkarte von Südamerika des D. Homen
(Archiv für Kunst und Geschichte, Berlin)
Gesamtherstellung: C. H. Beck'sche Buchdruckerei, Nördlingen
Printed in Germany · ISBN 3-423-04568-x

Und der Schöpfer schuf den Menschen, indem er aus Teig drei Figuren formte. Er schob sie in einen Ofen und wartete, daß sie gar würden. Doch er war so begierig, sein Werk zu betrachten, daß er die erste Figur zu früh aus dem Ofen nahm. Sie war noch lange nicht gar, blaß und von unschöner Farbe. Da das Mißgeschick aber nun einmal passiert war, ließ er es dabei bewenden, und so entstand der Stammvater der Weißen.

Die zweite Figur hingegen geriet gerade richtig und genau, wie er es geplant hatte. Sie war von wunderschöner brauner Farbe und gefiel ihm ausgezeichnet. Sie machte er zum Stammvater der Indianer.

Doch über der Freude ob seines gelungenen Schöpfungswerks vergaß er die dritte Figur im Ofen. Und als er sich ihrer schließlich erinnerte, war sie schwarz und völlig verbrannt. Da aber auch dieses Mißgeschick nicht mehr zu beheben war, machte er sie zum Stammvater der Schwarzen.

Schöpfungsmythe der Cherokee
(nach M. J. Herskovits)

Inhalt

Vorwort

Am 12. Oktober 1492 entdeckte Kolumbus Amerika – so lautet die gängige Umschreibung für ein Ereignis, das nach geläufiger Geschichtsauffassung den Eintritt in die Neuzeit markiert. Europa hingegen wurde von keinem Kolumbus „entdeckt". Europa, oder: die „alte" Welt, existierte seit Menschengedenken; Amerika aber begann erst in dem Augenblick Wirklichkeit zu werden, da es die Europäer zur Kenntnis nahmen und sich von dieser „neuen" Welt ein Bild erschufen. War die Entdeckung Amerikas durch die Europäer also ein Schöpfungsakt? Waren Amerika und der Amerikaner als Produkt ihrer Schöpfer gar eine Fiktion? Die Begegnung der Europäer mit Amerika war eine Begegnung mit dem Fremden; mit einer Umwelt und mit Völkern, die nicht zur eigenen Erlebniswelt gehörten und von dieser sehr verschieden waren. Doch wurde das Fremde auch als solches erfahren? Entsprach das Bild, das sich die Europäer von Amerika erschufen, der fremden Wirklichkeit?

Wie die „neue" Welt in die „alte" kam: davon zeugt eine Vielzahl von Briefen, Reiseberichten und Chroniken, deren Verfasser als Seefahrer oder Siedler, als Eroberer oder Missionare oder schlichtweg als Abenteurer über einen unterschiedlich langen Zeitraum in Amerika weilten und die andere Wirklichkeit aus eigenem Erleben beschrieben und beurteilten. Davon zeugen aber auch Werke von Autoren, die ihre Kenntnis von Amerika und dem Amerikaner nicht aus der Eigenerfahrung, sondern den (mündlichen oder schriftlichen) Berichten anderer bezogen und diese weitergaben; sei es als wissenschaftlicher oder philosophischer Diskurs in historischen, kosmographischen oder literarischen Werken, sei es als Randglosse in politischen Streitschriften, sei es als fiktionale Umsetzung im Gedicht oder im Roman. Und davon zeugt schließlich auch die kartographische und bildliche Vermittlung, sowie die Zurschaustellung von Artefakten oder menschlichen Ausstellungsobjekten in Kuriositätenkabinetten, Wunderkammern und Aufzügen, wie sie aus zeitgenössischen Dokumenten rekonstruierbar ist. In dieser Fülle von Material erschloß sich dem Europäer Amerika. Die Aussagen über die amerikanische Umwelt und ganz besonders über die Natur der Amerikaner lassen jedoch nur selten erkennen, daß das Andersartige und Fremde in seiner spezifischen Ausprägung und Wertigkeit – und das hieße: nicht mit den eigenen, sondern „mit fremden Augen" – gesehen wurde.

Konnte denn aber, so mag dem entgegengehalten werden, eine solche Sichtweise von den Reisenden und Autoren des 16. Jahrhunderts überhaupt geleistet werden? Die Begegnung mit einer andersartigen, fremden Welt und ganz besonders mit andersartigen, fremden Völkern wird dadurch erleichtert, daß das Eigene und Vertraute in das Fremde und Unvertraute hineinprojiziert, daß das Fremde mit den eigenen Kategorien wahrgenommen und schließlich an den eigenen Normen und Werten gemessen wird. Eine solchermaßen vorgegebene Perspektive ist eine Konstante menschlicher Erfahrung; und den Europäern des 16. Jahrhunderts, die in ihrem Selbstverständnis Kultur und Zivilisation schlechthin mit der eigenen Kultur und Zivilisation identifizierten, war die Überwindung ihrer Perspektive (in der Regel) unmöglich. Daß dies heute gelingt, wird vielfach behauptet; und mit Blick auf die Anerkennung nichteuropäischer Kulturen mag diese Behauptung auch zutreffen. So wird etwa Lateinamerika gewiß zugestanden, kulturelle Leistungen erbracht zu haben, die denen der Europäer durchaus ebenbürtig sind. Dort aber, wo die Gewichtung des vielbeschworenen „europäischen Erbes" diskutiert und beharrlich die Eigenständigkeit der lateinamerikanischen Kulturen in Frage gestellt wird, scheint die eurozentrische Sichtweise ebensowenig an Gültigkeit verloren zu haben wie dort, wo es um machtpolitische oder wirtschaftliche Interessen geht.

Am 12. Oktober 1992 jährt sich zum 500. Male die erste „Indienfahrt" des Kolumbus; und wie diese Jahrhundertfeier zu gestalten ist, beschäftigt bereits seit geraumer Zeit Historiker wie Politiker gleichermaßen. 100 Jahre zuvor war die Würdigung der Kolumbus-Tat noch unproblematisch erschienen, befanden sich doch die europäischen Nationen auf dem Höhepunkt kolonialer Expansion, war der Platz Europas als Zentrum der Welt noch unbestritten. Heute aber stellt sich zumindest dem kritischen Beobachter die Frage: Was soll von wem und mit wem gefeiert werden? Für die Europäer erbrachte die Begegnung mit Amerika einen unermeßlichen Profit, für die amerikanischen Völker hingegen Raub, Versklavung und Tod. Doch nicht neuerliche Schuldzuweisung kann heute das geschehene Unrecht „bewältigen" helfen. Das vermag hingegen die Einsicht in die Strukturen und Mechanismen, die bei der Begegnung der „alten" mit der „neuen" Welt wirksam wurden; Strukturen und Mechanismen, die heute bei der Begegnung der „ersten" mit der „dritten" Welt keinesfalls als überwunden gelten können. Diese Einsicht zu vertiefen, dazu soll das vorliegende Buch einen Beitrag leisten.

I
Eroberung und Profit

Die Entdeckung Amerikas durch und für die Europäer eröffnete den aufstrebenden europäischen Staaten ungeahnte Aussichten auf territoriale Expansion und wirtschaftlichen Nutzen. Deren Dimensionen blieben den ahnungslosen Zeitgenossen zunächst noch verborgen, doch ihre zukünftigen Protagonisten und ersten Nutznießer hatten sich bereits lange vor der „Indienfahrt" des Kolumbus jenen Vorsprung verschafft, der es ihnen erlaubte, die entdeckten und noch zu entdeckenden Gebiete mit päpstlicher Billigung untereinander aufzuteilen.

Die frühe atlantische Expansion des 13. und 14. Jahrhunderts war das Werk mediterraner Seefahrt- und Handelszentren gewesen: Genua, gefolgt von Florenz, Barcelona und Mallorca. Doch mit Beginn des 15. Jahrhunderts waren die strategisch günstiger gelegenen Zentren der südwesteuropäischen Atlantikküste auf den Plan getreten. Mit Lissabon und den Algarvehäfen Sagres, Lagos und Silves übernahm Portugal bei der Erschließung der atlantischen und afrikanischen Ressourcen die Führung, gefolgt von Kastilien, das sich ein Jahrhundert später, vereint mit dem Königreich Aragon, aus dem Windschatten der portugiesischen Karavellen herauslöste, um Spanien ein Weltreich zu erobern.

Die Entdeckung der „indischen" Inseln durch Kolumbus geschah im Auftrag Isabellas von Kastilien und Ferdinands von Aragon; doch ist dieser Umstand weniger einer gezielten Expansionspolitik der spanischen bzw. kastilischen Krone oder gar einer Überlegenheit der andalusischen Seefahrtzentren zuzuschreiben als vielmehr der Tatsache, daß Portugal als Motor und bis dahin größter Nutznießer der atlantischen Expansion einen unermeßlichen Vorsprung gegenüber dem Nachbarn besaß. Denn während Kolumbus (nach vergeblichen Bemühungen in Portugal) in Spanien für ein Projekt warb, das – den gelehrten Astronomen und Kosmographen der Zeit durchaus erkennbar – auf Spekulationen, ja sogar auf Fehlkalkulationen beruhte, gelang es Portugal, durch die (bereits seit längerem absehbare) Umschiffung der Südspitze des afrikanischen Kontinents durch Bartolomeo Dias den ersehnten Zugang zu den orientalischen Gewürzmärkten auf einer Route zu eröffnen, die weit sicherer schien als der von Kolumbus in Aussicht gestellte Weg.

Für Portugal kam Kolumbus um Jahre zu spät. Für Spanien, das sich bis dahin nur die Kanarischen Inseln hatte sichern können, mochte das geplante Unternehmen eine Chance bieten, doch noch mit Portugal gleichzuziehen – eine gewiß nur vage Chance, die zu ergreifen den Königen aber um so leichter fallen mußte, als das finanzielle Risiko nicht von ihnen, sondern von privaten Kapitaleignern getragen wurde. Für England und Frankreich, wo Kolumbus seinen Bruder Bartolomeo gleichermaßen um Unterstützung werben ließ, kam dieser Plan schließlich um Jahrzehnte zu früh; denn weder England noch Frankreich hatten sich bis dahin erfolgreich an der atlantischen Expansion beteiligt und besaßen weder die technisch-materiellen Voraussetzungen noch die Motivation, um sich in ein derart fragwürdig erscheinendes Abenteuer zu stürzen. Beide Länder hatten bereits lange zuvor jede Chance verpaßt, im zukünftigen Wettlauf um die Besitznahme der Neuen Welt die Führung einzunehmen. Am Profit, der Europa aus der Eroberung Amerikas erwuchs, sollten jedoch auch sie erheblichen Anteil haben.

Europa in Amerika: die territoriale Expansion

Der Anteil Spaniens und Portugals

Als Kolumbus im Frühjahr 1493 von seiner ersten Transatlantikfahrt zurückkehrte, stellte sich für seine Auftraggeber zunächst das dringliche Problem der Absicherung ihrer Oberhoheit über die entdeckten Gebiete, auf die, wie zu erwarten war, auch der portugiesische König Anspruch erhob. Vom spanischen Papst Alexander VI. das Besitzrecht übertragen zu bekommen, fiel nicht schwer, und so erklärte dieser noch im selben Jahr „alle entdeckten und noch zu entdeckenden Inseln und Festlande" jenseits einer 100 Meilen westlich von den Kapverdischen Inseln gezogenen, von Norden nach Süden verlaufenden Demarkationslinie zum rechtmäßigen Besitz der kastilischen Könige und ihrer Erben. Und sollte jemand wagen, ohne deren Erlaubnis in diese Region vorzudringen, so der Papst, „möge er wissen, daß der Zorn des Allmächtigen Gottes über ihn kommen wird"[1]. Im Vertrag von Tordesillas (1494) wurde dieser Spanien verliehene Rechtstitel vom portugiesischen Rivalen bestätigt; allerdings mit der Korrektur, daß die Trennungslinie auf 370 Meilen in den westlichen Atlantik vorgeschoben wurde, so daß weite Regionen im Osten Südamerikas, das heutige Brasilien, in den Portugal zugestandenen Hoheitsbereich fallen sollten.

Während der zwei Jahrzehnte, die auf die erste Reise des Kolumbus folgten, wurde von Hispaniola, später von Kuba aus zunächst die karibische See mit den angrenzenden Küstenregionen des heutigen Venezuela, Kolumbien sowie Mittelamerikas erforscht. Gleichzeitig starteten von Spanien zahlreiche kleinere Expeditionen, die im Gefolge der dritten Kolumbus-Reise die nördliche Küstenlinie des heutigen Brasilien und der drei Guyanas entlangsegelten, jedoch kaum in das Landesinnere vordrangen. Erst 1519 begannen mit dem Einzug des Cortés in Tenochtitlán die großen kontinentalen Eroberungszüge, in deren Verlauf während der nachfolgenden zwei Jahrzehnte weite Teile des heutigen Mexiko, Mittelamerika und das Inka-Imperium, bis etwa zur Höhe des 40. südlichen Breitengrades, unter spanische Herrschaft gelangten. Durch die von Orellana geleitete Expedition ins Amazonasgebiet (1539–41) und die gleichzeitig, jedoch unabhängig voneinander gestarteten Eroberungszüge Quesadas, Federmans und Belalcázars, die von Santa Marta, Coro bzw. Quito ausgegangen waren und 1539 auf dem Hochland von Bogotá zusammentrafen, konnten schließlich auch Inlandsregionen im nördlichen Teil Südamerikas erschlossen werden.

Vernachlässigt wurden hingegen die Nord- und Ostküste des Subkontinents sowie das schwer zugängliche Hinterland. Zwar hatten Díaz de Solís (1515/16), Magalhães oder Magallanes (1519/20) und Sebastian Cabot oder Caboto (1526–30) im Auftrag des spanischen Königs Teile der Ostküste und insbesondere das La-Plata-Gebiet auf der Suche nach einem Durchgang zum Pazifik erforschen können; da aber der erhoffte Erfolg ausblieb und große Teile des Nordostens nach dem Vertrag von Tordesillas ohnehin den Portugiesen vorbehalten waren, verlor die spanische Krone zumindest bis zum Ende des Jahrhunderts weitgehend das Interesse an dieser Region. Die Portugiesen sahen nach der Entdeckung der brasilianischen Küste durch Cabral im Jahre 1500 über Jahrzehnte den Nutzen ihrer amerikanischen Besitzung vorrangig darin, daß sie auf der Route von den Kapverdischen Inseln zum Kap der Guten Hoffnung als Zwischenstation angelaufen, der Weg nach Indien somit unter Ausnützung der günstigen Winde und unter Umgehung der afrikanischen Küste verkürzt werden konnte. Eine intensive Kolonisierung lag zunächst außerhalb der portugiesischen Interessen, und selbst eine umfassende und dauerhafte militärische Absicherung wurde erst in dem Augenblick für notwendig erachtet, als durch die Präsenz der in dieses Machtvakuum eingedrungenen fremden, überwiegend französischen Kaufleute und schließlich auch Siedler die Indienroute gefährdet war.

Der hohe Norden erwies sich aufgrund seiner klimatischen Bedingungen für die Untertanen des portugiesischen wie des spanischen Königs im Hinblick auf eine dauerhafte Besiedlung als wenig attraktiv. Zwar bekundete Portugal zu Anfang des Jahrhunderts einiges Interesse an dieser Region, von der man zunächst annahm, daß sie östlich jenes Längengrades lag, der gemäß dem Vertrag von Tordesillas die Grenze zwischen spanischem und portugiesischem Einflußgebiet markierte, somit also der portugiesischen Krone zufiel; doch dieses Interesse erlahmte schnell, da es trotz mehrfacher Unternehmungen, etwa der Brüder Corte-Real (1500–03), nicht gelang, die in nördlichen Gewässern vermutete Ost-West-Passage zu finden. Einzig die portugiesische Fischereiflotte besuchte regelmäßig die Bänke vor Neufundland, mußte sich aber damit abfinden, daß ihr in den englischen und französischen Fischern eine mächtige Konkurrenz erwuchs.

In Mittelamerika und Mexiko war die spanische Expansionsbewegung etwa auf der Höhe von Tampico steckengeblieben, und die mehrfach unternommenen Expeditionen in den Norden, etwa die Coronados (1540–42), hatten ohne nennenswerte Erfolge abgebrochen werden müssen. Das heutige Florida war bereits 1513 von Juan Ponce de León entdeckt worden. Doch weder ihm noch seinen Nachfolgern gelang es, eine Kolonisierung der Region einzuleiten und Florida dem faktischen Herrschaftsgebiet der spanischen Krone einzugliedern, denn stets scheiterten die Spanier an dem insbesondere in den südlichen Küstenregionen für Europäer ungesunden Klima und dem hartnäckigen Widerstand der eingeborenen Bevölkerung. Zwar konnte das gesamte Gebiet vom heutigen Florida bis nach Mexiko weitgehend erforscht werden; doch die Reichtümer, die man sich erhofft hatte, blieben aus. Nach einem letzten Kolonisierungsversuch durch Tristán de Luna in Pensacola (1559–61) gelangte der spanische König, Philipp II., zu der Einsicht, daß jeder weitere Versuch, Florida zu besiedeln, nur ein kostspieliges und aussichtsloses Unterfangen war. Und so verfügte er am 23. September 1561, daß in Zukunft jeder weitere Versuch einer Eroberung Floridas und der angrenzenden Regionen zu unterbleiben habe – ein Verzicht, der um so leichter fiel, als nach Überzeugung Philipps auch von seiten einer ausländischen Macht und insbesondere der gefürchteten Franzosen derlei Versuche kaum zu erwarten waren.

Wie sehr der spanische König und seine Ratgeber in ihrer diesbezüglichen Einschätzung fehlgingen, sollte bereits wenige Monate nach Erlaß dieses Dekrets offenbar werden, als Jean Ribault im Auftrag der französischen Krone die Küste Floridas nach einem geeigneten Standort für eine französische Kolonie erforschte. Denn für die Franzosen, die während des 16. Jahrhunderts – wenn auch mit beträchtlicher Verspätung und mit wechselhaftem, im Endeffekt recht bescheidenem Erfolg – ihren Anteil an der Neuen Welt beanspruchten und die es (mit Ausnahme von Piraten) kaum wagen konnten, in von Spanien effektiv besetztes und besiedeltes Gebiet einzudringen, hatten nur dort eine Chance zu territorialer Expansion, wo die Spanier bzw. Portugiesen nicht dauerhaft präsent waren. Und dies war neben Brasilien der gesamte Küstenbereich des nordamerikanischen Kontinents vom heutigen Florida bis hinauf nach Neufundland und Labrador.

Die Herausforderung durch Frankreich

Die privaten Initiativen: Fischer, Kaufleute und Piraten. Erste, bedrohliche Konkurrenz von seiten der Franzosen erwuchs den Spaniern und Portugiesen durch Privatinitiativen der nordatlantischen Hafenstädte, die im heutigen Kanada und Brasilien das iberische Monopol empfindlich zu stören vermochten. Als frühester durch zeitgenössische Quellen belegter Zeitpunkt für die Präsenz französischer Fischer in Nordamerika gilt das Jahr 1504. In diesem Jahr, so heißt es in dem Zeugnis eines nicht namentlich benannten Schiffskapitäns aus Dieppe, hätten Bretonen und Normannen die Küste von *Terre Neuve* (Neufundland) entdeckt, „weshalb dieses Land das Kap der Bretonen genannt wird"[2]. Derselbe Gewährsmann berichtete auch von ersten systematisch betriebenen Entdeckungsfahrten französischer Seeleute entlang der Küste; doch ist anzunehmen, daß, solange vorwiegend Bankfischerei betrieben wurde, kaum jemand an Land ging. Und selbst als man die Küstenfischerei einbezog und den Fisch, statt ihn einzusalzen, auf Stockgerüsten an der Luft trocknete, als man sich also einen gewissen Zeitraum an Land aufhalten mußte, wird zunächst kaum jemand tiefer in das Landesinnere vorgedrungen sein, wird sich auch der Kontakt mit den Einheimischen auf den Tauschhandel beschränkt haben.

Anders hingegen in Brasilien, wo französische Seeleute und Händler bereits seit Beginn des Jahrhunderts Teile der küstennahen Regionen erforschten und über den lukrativen Handel mit dem als Färbemittel begehrten Brasilholz, mit Pfeffer und anderen exotischen Waren zu den Eingeborenen in engen Kontakt traten.[3] Bald waren die Franzosen insbesondere an der Ostküste so zahlreich vertreten, daß sich die Portugiesen gezwungen sahen, militärisch gegen die Eindringlinge vorzugehen. Die Franzosen aber wußten ihre Interessen um so wirkungsvoller zu verteidigen, als viele französische Seeleute über einen längeren Zeitraum in Brasilien blieben, sich häufig vollkommen in Dorfgemeinschaften der Eingeborenen integrierten und besonders das den Portugiesen feindlich gesonnene Volk der Tupinambá als militärische Berater, nicht selten auch als Waffenlieferanten unterstützten.

Ein zusätzlicher Konfliktherd waren die häufigen Übergriffe französischer Seeleute auf portugiesische Schiffe, die von Indien oder der Guineaküste mit wertvoller Ware an Bord auf der Rückreise vor den Kapverdischen oder den Kanarischen Inseln aufgebracht wurden. Nun war zu jener Zeit die Grenze zwischen unerlaubtem Seeraub und der unter gewissen Bedingungen erlaubten Kaperei ohnehin nicht deutlich markiert; zudem waren die Piraten zu Kriegszeiten und nicht selten sogar im Frieden ein nützliches Werkzeug, dessen sich die meisten europäischen Herrscher bedienten. Doch im Gegensatz zu Spanien, das von französischen Korsaren gleichfalls erheblich geschädigt wurde, konnte Portugal mit seinen Beschwerden beim französischen König auf einiges Entgegenkommen rechnen, da diesem während der ersten Hälfte des 16. Jahrhunderts angesichts des nahezu permanenten Kriegszustands mit Spanien an der Neutralität Portugals sehr gelegen war.

Die Handelsaktivitäten der nordfranzösischen Hafenstädte konnte der eifersüchtig über sein Monopol wachende portugiesische König allerdings nicht verhindern. Eine gewisse Eindämmung bewirkte, wenn auch zumeist nur vorübergehend, allein der gezielte Einsatz von Bestechungsgeldern, mit denen jene Amtsträger gewonnen werden konnten, die für die Ausstellung der für den Überseehandel erforderlichen Ausfahrtlizenzen verantwortlich waren. Aber selbst derartige Präsente mochten, wie der Fall des damaligen Admirals der Normandie, Brion-Chabot, bewies, nur von begrenzter Effektivität sein, denn dieser hatte keine Bedenken, gegen das von ihm selbst im Sinne und im Sold der Portugiesen erlassene Ausfahrtverbot zu verstoßen und – gegen eine entsprechende Gewinnbeteiligung – die in den südlichen Atlantik auslaufende Handelsflotte kapitalkräftiger Schiffseigner passieren zu lassen.[4] So blieb der Handel mit amerikanischen Produkten, vorwiegend aus Brasilien, für die französischen Hafenstädte auch weiterhin ein rentables Geschäft, und die Vormachtstellung der Franzosen an der brasilianischen Küste zwischen Cabo Frio und dem heutigen Rio de Janeiro erwuchs sich im Verlauf des 16. Jahrhunderts für die Portugiesen zu einer so bedrohlichen Gefahr, daß sie – bei entsprechendem Einsatz der französischen Krone – Brasilien durchaus an Frankreich hätten verlieren können.

Die Krone: erster Entwurf einer französischen Kolonialpolitik.

Die französischen Könige standen den regen Aktivitäten der Hafenstädte während der ersten Hälfte des 16. Jahrhunderts zurückhaltend gegenüber. Denn zum einen räumten Franz I. wie Heinrich II. ihren kontinentalen Ambitionen absoluten Vorrang ein, und Frankreich war während dieser Zeit nahezu ausschließlich von der Auseinandersetzung mit Spanien in Anspruch genommen. Zum anderen konzentrierte sich das Interesse der Krone am Außenhandel vornehmlich darauf, die Vormachtstellung der Venezianer auf den traditionellen Handelswegen mit dem Orient zu brechen, wobei Franz I. nicht davor zurückschreckte, sich durch die Unterzeichnung eines französisch-osmanischen Beistandspaktes (1535) – dem vernichtenden Urteil der Zeitgenossen und den eigenen Skrupeln zum Trotz – mit den „Ungläubigen" zum Schaden der (christlichen) Konkurrenz zu arrangieren.

Die Perspektive des Orienthandels und die Einsicht, daß man der portugiesischen Konkurrenz nur entgegenwirken konnte, indem man neue Wege erschloß, waren denn auch der Anstoß für die erste der wenigen Initiativen, die von der französischen Krone mit Blick auf die neuentdeckten Regionen im Westen bis zur Mitte des Jahrhunderts ergriffen wurden. Diese erste Expedition, gerüstet von einem Syndikat in Lyon und Rouen ansässiger Florentiner Kaufleute und Bankiers, startete 1523 unter der Schirmherrschaft des Königs mit dem Auftrag, über den Westen einen direkten Weg nach Cathay (China) zu erforschen. Nur eines der vier ausgefahrenen Schiffe erreichte unter dem Kommando des Florentiners Giovanni da Verazzano im Frühjahr 1524 auf der Höhe des heutigen North Carolina den amerikanischen Kontinent. Als Verazzano, nachdem er bis zum 50. Grad nördlicher Breite an der Küste entlanggesegelt war, im Juli desselben Jahres nach Dieppe zurückkehrte, vermochte er zwar nicht mit einem konkreten positiven Ergebnis aufzuwarten; doch indem er den heutigen Pamlico-Sund für das „Indische Meer" erachtete, glaubte er in seinem Bericht an den König versichern zu können, daß er seinem Ziel sehr nahe gewesen sei und nur eine schmale Landbrücke ihn daran gehindert habe, „zu jenen glücklichen Gestaden Cathays vorzudringen"[5].

Die Rückkehr Verazzanos erfolgte jedoch zu einem Zeitpunkt, da Franz I. durch die Auseinandersetzung mit Spanien derart in Anspruch genommen war, daß an eine Fortsetzung dieser so vielversprechend erscheinenden Initiative nicht zu denken war. Erst nach dem Frieden von Cambrai (1529) war er außenpolitisch so weit entlastet, daß er zum ersten Mal auch die finanzielle Unterstützung einer Forschungsreise erwägen mochte, um so in Anknüpfung an den vorgeblichen Erfolg Verazzanos an der sich für Spanien und Portugal als höchst profitabel erweisenden Übersee-Expansion teilzuhaben. Wollte er aber mit den zu seiner Zeit – trotz des wachsenden Widerspruchs von seiten angesehener Theologen – immer noch gültigen Rechtsnorm nicht in Konflikt geraten, mußte er zunächst darauf bedacht sein, daß die von Papst Alexander VI. verfügte Aufteilung der Neuen Welt einer den französischen Interessen in angemessener Weise entgegenkommenden Korrektur unterzogen wurde. Den Medici-Papst Clemens VII. zu einer solchen Korrektur zu bewegen, konnte, nachdem die Eheschließung seiner Nichte Katharina mit dem französischen Prinzen Heinrich, dem späteren König Heinrich II., geregelt war, keinesfalls allzu schwierig sein. Und so erklärte der Papst 1533, daß der durch die Alexander-Bullen erfolgte Zuschlag nur jene Gebiete betraf, die vor Weihnachten 1492 von Spanien und Portugal erobert, nicht aber jene, die erst nach diesem Zeitpunkt entdeckt worden waren.

Jacques Cartier aus Saint-Malo, der nach diesem diplomatischen Erfolg auf zwei Reisen 1534 und 1535/36 die Regionen nördlich des von Verazzano abgefahrenen Küstensaums erforschte, erging es jedoch nicht anders als Verazzano ein Jahrzehnt zuvor. Das vom König gesetzte Expeditionsziel – „die Entdeckung gewisser Inseln und Länder, wo sich eine große Menge Gold und andere wertvolle Dinge finden sollen"[6] – erreichte er nicht. Doch was die Eingeborenen, insbesondere jene, die ihn freiwillig oder unter Zwang nach Frankreich begleiteten[7], von den Reichtümern des angeblich im Nordwesten gelegenen, von den Franzosen als Teil Asiens angenommenen Reiches von *Saguenay* berichteten, erschien so vielversprechend, daß sich Franz I. Hoffnungen machen konnte, mit den Spaniern gewisser maßen gleichzuziehen und wie sie in absehbarer Zukunft ein „Peru" sein eigen zu nennen.

Zunächst aber waren es wieder einmal innereuropäische Konflikte, die Franz I. daran hinderten, die von Cartier eröffneten Perspektiven mit der gebotenen Energie zu verfolgen. Erst 1540 beauftragte er diesen erneut mit einer Expedition, deren Ziel es war, in den bereits zuvor entdeckten Regionen zwecks Ausbeutung der dort vermuteten Schätze eine dauerhafte Kolonie zu gründen, mit deren administrativer Organisation und militärischer Absicherung er einen im Kriegshandwerk und im Bau von Befestigungsanlagen erfahrenen Mann, Jean-François de La Roque, Seigneur de Roberval, betraute. Angesichts der erwartungsgemäß von spanischer Seite vorgebrachten Proteste war der französische König um eine Rechtfertigung seines Vorhabens nicht verlegen. Gegenüber dem spanischen Botschafter in Frankreich, Bonvallot, bestritt er mit allem Nachdruck die Rechtmäßigkeit des von Spanien und Portugal vertretenen Exklusivanspruchs, indem er (laut Bonvallot) erklärte, „daß auch ihn wie alle anderen die Sonne erwärmt und daß er sehr gern Adams Testament sehen wollte, um zu erfahren, wie er die Welt aufgeteilt hat"[8]. Aus dem Faktum der Entdeckung allein, so der französische König weiter, könne ein Rechtstitel auf überseeische Territorien nicht abgeleitet werden; er gründe ausschließlich auf Besiedlung und militärischer Absicherung. Das aber hatten die Spanier in den von Frankreich beanspruchten Regionen nicht geleistet.

Das Unternehmen Cartiers und Robervals wurde ein Fehlschlag. Franz I., der mit der Ernennung Robervals zum Generalleutnant und Gouverneur der zu gründenden Kolonie zwecks Entlastung der Staatsfinanzen diesem auch den größten Teil der Kosten auferlegte, hatte dessen Finanzkraft erheblich überschätzt. Denn während Cartier, der im Mai 1541 mit fünf Schiffen und einer ersten Gruppe von mehreren hundert Siedlern von Saint-Malo die Überfahrt angetreten hatte, in der Nähe des heutigen Quebec unter unsäglichen Entbehrungen und wachsender Bedrohung durch Eingeborene überwinterte, widmete sich Roberval vor der bretonischen Küste dem einträglichen Geschäft der Seeräuberei, um so die noch bestehende Finanzierungslücke seines Unternehmens zu schließen. Als er im Juni 1542 auf Neufundland endlich mit Cartier und dessen Leuten zusammentraf, rüstete dieser bereits für die Rückreise nach Frankreich, denn die anfänglich desillusionierten Siedler sahen sich mittlerweile durch vermeintliche Gold- und Edelsteinfunde für die Entbehrungen und Strapazen reich belohnt.

Doch die Schätze erwiesen sich als wertlos: Goldplättchen waren nichts als Schwefelkies und Diamanten Quarzkristalle. Bei Franz I., der sich im Jahr von Cartiers Rückkehr erneut auf eine kriegerische Auseinandersetzung mit Spanien eingelassen hatte, schwand angesichts dieses Fiaskos der anfängliche Enthusiasmus ebenfalls. Noch im darauffolgenden Jahr wurde Roberval, der inzwischen vergeblich versucht hatte, den Sankt-Lorenz-Strom aufwärtszusegeln und das fabulöse Reich von Saguenay zu entdecken, abberufen, und im Februar 1544 war die gesamte Kolonie nach Frankreich zurückgekehrt.

Nun endlich war für den spanischen König Karl I., Karl V. als Kaiser des Heiligen Römischen Reiches Deutscher Nation, der Moment gekommen, da er mit einiger Aussicht auf Erfolg dem französischen König, der sich angesichts der Übermacht der verbündeten kaiserlichen und englischen Truppen 1544 zu Friedensverhandlungen gezwungen sah, die stets angestrebte Anerkennung des spanischen bzw. portugiesischen Herrschaftsanspruchs über die Neue Welt abverlangen konnte. Und so sicherte Franz I. in einem separat unterzeichneten Artikel zum Friedensvertrag von Crépy-en-Laonnois zu, daß fortan weder er noch seine Untertanen weder direkt noch indirekt in den „entdeckten und noch zu entdeckenden *Indias*"[9] Eroberungsversuche unternehmen würden. Gleichzeitig aber wurde vereinbart, daß die französischen Untertanen dort unbehelligt Handel treiben dürften; ein Zugeständnis, das zu diesem Zeitpunkt eben diese Untertanen für den geleisteten Verzicht ausreichend entschädigte.

Karl V. aber hielt auch weiterhin größte Wachsamkeit für geboten. Und wie wenig er – in realistischer Einschätzung der Lage – auf derlei Zusicherungen vertraute, ergibt sich aus seinem politischen Vermächtnis an seinen Sohn Philipp, in dem es heißt:

Was nun die *Indias* betrifft, so müßt Ihr stets sorgsam darüber wachen, ob die Franzosen, heimlich oder sonstwie, eine Flotte dorthin entsenden wollen, und die dortigen Gouverneure mahnen, daß sie dementsprechend überall und wann immer nötig gerüstet sind, den Franzosen Widerstand zu leisten... Daher müßt Ihr stets und in allem auf der Hut sein, Reden vom Frieden und Worten der Freundschaft nicht trauen und beständig darauf bedacht sein, allerorten, so gut Ihr könnt, Eure Stellungen auszubauen und Vorsorge zu treffen, damit Ihr bereit und gerüstet seid, um Euch, wenn sie mit Euch einen Krieg anfangen, zu verteidigen, und damit Euch die Franzosen nicht etwas stehlen, wie sie es zu tun pflegen, besonders dann, wenn sie sich freundlich zeigen.[10]

Dessen ungeachtet konnte auch nach dem Verständnis Philipps II. die Aufrechterhaltung bzw. Erneuerung der von französischer Seite gegebenen Garantieerklärungen von Vorteil sein. Noch einmal, in einem wiederum separat unterzeichneten Artikel zum Waffenstillstandsvertrag von Vaucelles (1556), gelang es den spanischen Unterhändlern, den Rivalen zu einer solchen Erklärung zu bewegen. Doch als sie in den Vorverhandlungen zum Friedensschluß von Cateau-Cambrésis (1559), gleichsam in Anknüpfung an eine ihnen liebgewordene Tradition, wiederum die vertragliche Absicherung der spanischen und portugiesischen Vormachtstellung in der Neuen Welt einforderten, zeigten sich ihre französischen Verhandlungspartner unnachgiebig. Deren einziges Zugeständnis war die mündlich gegebene Zusicherung, sich aus den Gebieten fernzuhalten, die *im Besitz* des spanischen oder portugiesischen Königs waren. Die von diesen beanspruchten, jedoch nicht effektiv besetzten und besiedelten Gebiete standen hingegen nach französischem Verständnis auch den Untertanen des französischen Königs offen. Sollte es nun aber, so wurde mündlich vereinbart, in den umstrittenen Territorien, d. h. westlich der von Papst Alexander VI. festgelegten Demarkationslinie und südlich des nördlichen Wendekreises, zwischen spanischen und französischen Untertanen zu bewaffneten Auseinandersetzungen kommen, würde dies auf die freundschaftlichen Beziehungen beider Länder keine Auswirkungen haben und nicht als Verstoß gegen getroffene Friedensverträge gewertet werden.[11]
Eine solche Regelung war für Frankreich unzweifelhaft von

Vorteil. Sie untersagte zwar dem König jede offizielle Unterstützung von Expeditionen in die von Spanien besetzten und besiedelten Gebiete, enthob ihn aber gleichzeitig jeglicher Verantwortung für die auf Privatinitiativen basierenden Unternehmungen seiner Untertanen und somit auch für die Übergriffe jener „Diebe, Korsaren und Störer von Frieden und Freundschaft der Könige"[12], die insbesondere in den 50er Jahren des 16. Jahrhunderts für die spanische Handelsflotte wie für die Siedlungen auf den Inseln der Karibik eine existentielle Bedrohung darstellten.[13] Und auch die Spanier konnten westlich der festgelegten Demarkationslinie gegen Untertanen des französischen Königs vorgehen, ohne fürchten zu müssen, daß eine solche Strafaktion auf europäischer Ebene weitreichende Folgen nach sich ziehen könnte.

Damit war ein *status quo* geschaffen, der bis in das 18. Jahrhundert hinein andauern sollte: Die von Alexander VI. als „Friedensgrenze" apostrophierte Demarkationslinie, so der Historiker Henry Folmer[14], wurde zur „Kriegsgrenze"; doch der Kampf zwischen Spanien und Frankreich um den Anteil an der Neuen Welt blieb — trotz fortdauernder Querelen auf diplomatischer Ebene — für die politische Konjunktur in der Alten Welt ohne weitreichende Folgen.

Kalvinisten und Hugenotten in Brasilien und Florida. Den Anstoß zu einem neuerlichen Kolonisierungsversuch gab ein Mann, der als militärischer Führer zweifellos über große Qualitäten verfügte, der sich aber aufgrund seines hitzigen Temperaments, seiner Kompromißlosigkeit in Fragen der Disziplin und Moral sowie seiner mangelnden Integrationsfähigkeit der Aufgabe als Verwalter einer Kolonie nicht gewachsen zeigen sollte: Nicolas Durand de Villegagnon (oder Villegaignon), ein gelehrter Humanist und Theologe, der zusammen mit Calvin in Paris studiert hatte, ein Abenteurer und Soldat, der als Malteserritter an zahlreichen Feldzügen beteiligt gewesen war und nach dem Scheitern seiner Kolonie wie kaum ein anderer Zeitgenosse in das Kreuzfeuer der öffentlichen Kritik geriet.[15] Einen Fürsprecher für seinen Plan, die blühenden Handelsbeziehungen der französischen Nordatlantikhäfen mit den Eingeborenen der brasilianischen Ostküste zu nutzen und zu einer dauerhaften Siedlung auszubauen, gewann Villegagnon in Gaspard de Coligny, Admiral von Frankreich, dem späteren Führer der Hugenotten. Ihm gelang es, den zunächst nur wenig begeisterten König dazu zu bewegen, das Unternehmen durch die Bereitstellung von zwei Schiffen und einer beträchtlichen Geldsumme zu unterstützen.

Coligny, der zu diesem Zeitpunkt zwar noch nicht in das Lager der Reformierten übergewechselt war, ihnen gegenüber aber große Sympathien bezeugte und jene nach dem Edikt von Châteaubriand (1551) verstärkt einsetzende religiöse Verfolgung zutiefst bedauerte, verband mit dem Vorhaben – neben dem für Frankreich zu erwartenden machtpolitischen und finanziellen Gewinn – zweifellos die Absicht, all jenen eine neue Heimat zu verschaffen, die dem unerträglichen innenpolitischen Klima zu entfliehen suchten. Daß allerdings, wie später von kalvinistischer Seite behauptet wurde, Coligny im Einvernehmen mit Villegagnon geplant hätte, in Brasilien eine kalvinistische Kolonie nach Genfer Vorbild zu gründen, ist nicht anzunehmen. Denn Coligny war als Verfechter religiöser Toleranz nicht geneigt, einer der beiden Parteien den Vorrang zu geben; und Villegagnon zögerte nicht, sich gleichzeitig der Unterstützung durch den Kardinal von Lothringen zu versichern. Überdies gehörte von den etwa 600 zukünftigen Siedlern, die im Juli 1555 auf drei Schiffen von Havre de Grâce, dem heutigen Le Havre, in See stachen, nur ein geringer Teil zu den Reformierten.

Als die Franzosen im November desselben Jahres 1555 in der Bucht von Guanabara, dem Rio de Janeiro der Portugiesen, einliefen, beschloß Villegagnon sogleich, sich mit seinen Leuten nicht auf dem Festland, sondern auf einer der strategisch günstig gelegenen Inseln niederzulassen; dies zum einen aus Gründen der Sicherheit angesichts der drohenden Intervention von seiten der Portugiesen, zum anderen aus Gründen der Moral, da er fürchtete, die ihm anvertrauten Männer könnten durch die Nähe der „Wilden" und insbesondere der von ihm als schamlos erachteten Frauen der sittlichen Verderbtheit anheimfallen. Damit aber war bereits der Keim der Zwietracht gesät und das Auseinanderbrechen der Kolonie gewissermaßen vorprogrammiert. Denn aufgrund der sich schon bald als äußerst prekär erweisenden Versorgungslage – es fehlte an Trinkwasser wie an Nahrungsmitteln – und aufgrund der rigorosen Disziplin, die den Siedlern insbesondere durch den Mangel an Frauen unerträglich erschien, kam es bereits im Februar 1556 zu einer ersten Meuterei, der Villegagnon seinerseits mit äußerster Härte begegnete, was wiederum zahlreiche Kolonisten zum Anlaß nahmen, sich der strengen Zucht durch Flucht zu entziehen und auf dem Festland einzurichten.

Als im März 1557 zusammen mit einem neuen Kontingent von knapp 300 Siedlern auf ausdrücklichen Wunsch Villegagnons[16] auch 14 Kalvinisten aus Genf, unter ihnen zwei Pastoren, in Fort Coligny eintrafen, kam zu den ohnehin nicht unbeträchtlichen Schwierigkeiten neuer Konfliktstoff hinzu. Die Kalvinisten, die zweifellos Anlaß hatten, Villegagnon als einen der Ihren zu betrachten, waren überzeugt, daß er dasselbe Ziel verfolgte wie sie: nach dem Zeugnis eines der Beteiligten, „gemäß dem Evangelium des reformierten Glaubens" „einen Zufluchtsort für die zu schaffen, die sich den Verfolgungen in Frankreich entziehen wollten"[17]. Doch nach anfänglicher allgemeiner Freude und Harmonie kam es über der Diskussion um Wesen und Administration des Abendmahls schon bald zu einem Streit, in dem sich Villegagnon offen gegen die Kalvinisten stellte. Ob er nun, wie seine zeitgenössischen und seine modernen Kritiker durchweg behaupten, mit Blick auf die in Frankreich wachsende Macht der Katholischen Partei und des ihn protegierenden Kardinals von Lothringen aus Opportunismus die Sache der Kalvinisten verriet oder aber aus einem Glaubenswandel heraus den Weg in den Schoß der katholischen Kirche zurückfand – diese Frage kann mit Bestimmtheit nicht beantwortet werden. Durch seine orthodoxe Haltung aber verschärfte er den Konflikt, woran jedoch auch die Kalvinisten nicht schuldlos waren. Denn die Unversöhnlichkeit, mit der diese für sich in Anspruch nahmen, die wahre Religion erkannt zu haben und zu vertreten, wird nicht unwesentlich zu den unablässigen Querelen und dem endgültigen Bruch beigetragen haben, der die Abreise der Kalvinisten zur Folge hatte und aufgrund des negativen Echos in Frankreich letztlich den Niedergang der Kolonie bewirkte.[18]

Als dann auch Villegagnon Ende 1559 nach Frankreich zurückkehrte, um sich von dem Verdacht der Häresie reinzuwaschen und
um neuerliche Unterstützung zu werben, bestand die Kolonie nur
noch aus einem kleinen Haufen undisziplinierter Männer, die
schließlich Monate später von den Portugiesen ohne nennenswer-
ten Widerstand ausgeschaltet werden konnten. Damit war nach
nur viereinhalbjährigem Bestehen die französische Kolonie in der
France Antarctique zerstört. Doch es dauerte noch Jahrzehnte, bis
es den Portugiesen gelang, auch den Handel französischer Kaufleute mit den befreundeten Stämmen der Ostküste zu unterbinden
und die verhaßten Franzosen endgültig aus Brasilien zu ver-
jagen.[19]

Noch schlechter als in Brasilien erging es französischen Siedlern
im heutigen Florida, wo nur wenige Jahre später, ebenfalls unter
der Schirmherrschaft Colignys und unter Beteiligung von Reformierten, ein erneuter Anlauf unternommen wurde, die für Frankreich angestrebte Beteiligung an den amerikanischen Reichtümern
doch noch Wirklichkeit werden zu lassen – ein Abenteuer, das in
der Konfrontation mit dem eifersüchtig über seine kolonialen
Rechte wachenden spanischen Rivalen in einem blutigen Desaster
endete und das wie keine andere Amerika-Expedition in Frankreich die Gemüter der Zeitgenossen bewegte.[20] Florida – der
Name bezeichnete im 16. Jahrhundert das gesamte (bekannte)
Gebiet entlang der nordamerikanischen Ostküste von Neu-Spanien und dem Golf von Mexiko bis hinauf nach Kanada bzw.
Neu-Frankreich – war von Spanien nicht effektiv besetzt; eine
Expedition in die *Terre Floride* konnte also nach französischem
Verständnis nicht als Verstoß gegen die in Cateau-Cambrésis
gegebenen Zusicherungen gewertet werden. Darüber hinaus
glaubten die Franzosen, einen weiteren Trumpf in der Hand zu
haben, denn Florida – so hielten sie den Argumenten des spanischen Königs entgegen – sei nichts anderes als die südliche Ausdehnung der bereits von Cartier für die französische Krone in
Besitz genommenen Gebiete.[21]

Doch die Verantwortlichen am französischen Hof und insbesondere Admiral Coligny mußten sich darüber im klaren sein, daß
für Spanien eine Besiedlung Floridas durch Frankreich einer Pro-

vokation gleichkam und daher mit konkreten Gegenmaßnahmen zu rechnen war. Nahm Coligny also eine solche Konfrontation wissentlich in Kauf? Führte er sie möglicherweise sogar willentlich herbei? Wollte er, wie der Historiker Charles-André Julien annimmt, den spanischen König zu einem Akt offener Feindseligkeit provozieren? Am Vorabend des Massakers von Vassy, das den ersten von insgesamt acht Religionskriegen auslösen sollte, habe Coligny – so die These Juliens – durch Herbeiführung eines externen Konflikts seine Politik der nationalen Einheit fortführen und das Ausbrechen des schon lange schwelenden inneren Konflikts vermeiden wollen. Denn, so Julien: „Um die nationale Geschlossenheit wiederherzustellen, gab es nur eine Lösung: die Franzosen, Katholiken und Protestanten, gegen den gemeinsamen Feind Spanien zu einem Bündnis zu führen.“[22] Eine eindeutige Stellungnahme Admiral Colignys zu dieser Frage ist nicht belegt. Für die These Juliens aber spricht die rigorose Anti-Spanien-Politik, die dieser nach dem in Frankreich als schmählich empfundenen „spanischen“ Frieden von Cateau-Cambrésis so entschieden verfolgte. Mit einer so bitteren Niederlage, wie sie die Franzosen schließlich hinnehmen mußten, wird er aber kaum gerechnet haben, da er gewiß davon ausging, daß die französische Kolonie rechtzeitig vor Eintreffen einer spanischen Flotte ausreichend gefestigt sein würde, um dem unausweichlich scheinenden Angriff standzuhalten.

Nach einer ersten Erkundungsfahrt durch den Hugenotten Jean Ribault aus Dieppe 1562 wurden die Pläne einer überseeischen Expansion jedoch zunächst – wieder einmal – durch dringlichere Probleme zurückgestellt. Als Ribault im Juli nach Dieppe zurückkehrte, tobte in Frankreich der Bürgerkrieg. Und als das hugenottische Dieppe im Oktober desselben Jahres trotz der massiven Unterstützung zu Hilfe gerufener englischer Glaubensbrüder von Truppen der katholischen Fraktion eingenommen wurde, floh Ribault im Gefolge der abrückenden Verbündeten nach England, ohne daß er Gelegenheit gehabt hatte, Coligny persönlich von seiner erfolgreich durchgeführten Mission zu berichten und auf Entsendung einer Hilfsexpedition zur Entlastung jener Männer zu drängen, die in Florida zurückgeblieben waren.

Durch seinen Botschafter in Paris war der spanische König über die Expedition Ribaults sehr bald informiert. Philipp II. aber zögerte, der in solchen Fällen üblichen Protestnote konkrete Maßnahmen folgen zu lassen. So beauftragte er zunächst den Flottenkapitän Pedro Menéndez de Avilés, der bei erfolgreichen Strafexpeditionen gegen französische Korsaren in der Karibik einschlägige Erfahrungen hatte sammeln können, mit der Erstellung einer Diagnose und der Ausarbeitung konkreter Aktionsvorschläge. Der von diesem in einem Memorandum gegebene Lagebericht war geradezu alarmierend, denn er kam zu dem Schluß, daß unverzüglich, noch bevor die französische Enklave Nachschub erhielt, gegen diese vorgegangen werden müsse. Und Eile, so Menéndez, sei besonders deshalb geboten, weil die Franzosen auf die aktive Unterstützung der Eingeborenen rechnen könnten, denn, so seine Begründung, „die Franzosen oder die Engländer, die Lutheraner sind, können mit den Indios sehr leicht Freundschaft schließen, da sie alle fast derselben Religion angehören"[23].

Als sich Philipp II. im Mai 1564, etwa ein Jahr nach der Fertigstellung von Menéndez' Memorandum, endlich zu einer Entscheidung durchringen konnte und eine Strafexpedition auf den Weg schickte, hatte die kleine französische Kolonie bereits seit über einem Jahr aufgehört zu existieren. Da Zwietracht unter den Männern und eine Meuterei die Gruppe nach innen geschwächt hatten und die ersehnte Hilfe aus der Heimat am Ende des Winters immer noch auf sich warten ließ, waren sie in einem selbstgebauten Schiff nach einer entbehrungsreichen Überfahrt nach Frankreich zurückgekehrt. Mittlerweile aber näherte sich bereits ein neues Kontingent französischer Siedler der nordamerikanischen Küste, denn nach dem Edikt von Amboise (19. März 1563), das den inneren Frieden wiederhergestellt und die Position Colignys gestärkt hatte, war die französische Expansion in Nordamerika wieder zu einem aktuellen Thema geworden. Da sich Ribault aber noch in England aufhielt, hatte Coligny die Leitung dieser zweiten Florida-Expedition einem der vormaligen Begleiter Ribaults übertragen, der wie dieser den Reformierten angehörte: René Goulaine de Laudonnière, eine – wie sich herausstellen sollte – unglückliche Wahl, denn das Scheitern dieses letzten großangelegten amerikanischen Kolonisierungsversuchs der Franzosen im 16. Jahrhundert war weniger auf die Feindschaft der Spanier zurückzuführen als auf die mangelnden Führungsqualitäten Laudonnières und seine verfehlte Indianerpolitik, durch die er sich ausgerechnet jene zum Feind machte, die Menéndez de Avilés nicht zu Unrecht als die natürlichen Verbündeten der Franzosen bezeichnet hatte.[24]

Als Laudonnière im Juni 1564 mit drei Schiffen und 250 Mann die Küste Floridas erreichte, wurde er zunächst von den Eingeborenen mit allen Zeichen der Freundschaft empfangen. Etwa 30 Meilen südlich des vormaligen Stützpunktes wurde ein neues Fort errichtet, „La Caroline", und sogleich begannen die Männer mit der Exploration des Hinterlandes, um unverzüglich in den Besitz jener Reichtümer zu gelangen, deren Aussicht sie schließlich in ihrer Mehrheit zur Teilnahme an der Expedition bewogen hatte. Dabei verfolgte Laudonnière nach eigener Aussage keinesfalls die Absicht, die einheimische Bevölkerung zu bekriegen, „sondern sie in Freundschaft zu gewinnen und in Zukunft untereinander zu befrieden"[25]. Doch seine redlichen Absichten scheiterten an dem eigenen Unvermögen, dem Bemühen der einheimischen Häuptlinge, die französischen „Verbündeten" in ihre Stammesfehden hineinzuziehen, mit ausgewogenem Taktieren zu begegnen. Denn um sich der militärischen Unterstützung der Fremden zu versichern, bedienten sich diese stets derselben Strategie: Die von den Franzosen begehrten Schätze befanden sich nach ihrer Aussage stets im Besitz des Feindes, den es gerade zu bekriegen galt, so daß ein gemeinsames Vorgehen für die Interessen beider Parteien nur von Vorteil sein konnte. Da aber die Franzosen im Namen ihrer „Friedenspolitik" entgegen den getroffenen Vereinbarungen auch mit den Feinden ihres jeweiligen Verbündeten freundschaftliche Beziehungen anknüpften und diese bei eigenen Kriegszügen sogar tatkräftig unterstützten – dies inbesondere dann, wenn von deren Seite größere Reichtümer in Aussicht gestellt wurden –, hatten sie schon bald das anfangs in sie gesetzte Vertrauen verspielt und bei den Eingeborenen ihre Glaubwürdigkeit eingebüßt.

Mit Blick auf die Versorgungslage im Fort erwies sich diese wechselvolle Bündnispolitik als fatal. Denn da die Franzosen, in ihrer Mehrzahl Seeleute und Soldaten, nicht gewillt waren, durch Eigenanbau die Selbstversorgung der Kolonie und damit die Unabhängigkeit von den Eingeborenen sicherzustellen, da sich diese nun aber von den Fremden verraten fühlten und sich ihrerseits der Verpflichtung enthoben sahen, die durch den Winter zusätzlich erschwerte Versorgung der Kolonie zu gewährleisten, drohte Fort Caroline Opfer einer Hungersnot zu werden.[26] Woraufhin Laudonnière und seine Männer nur noch einen Ausweg sahen: sich durch „Strafexpeditionen" gewaltsam das zu nehmen, was ihnen von den Eingeborenen – nach Ansicht der Franzosen aus Böswilligkeit – vorenthalten wurde. Hinzu kamen interne Konflikte, hervorgerufen vor allem durch die wachsende Unzufriedenheit der Seeleute und Soldaten mit dem unerwartet mageren Erfolg ihrer Expeditionen ins Landesinnere. So brach bereits im November 1564 eine Meuterei aus, in deren Gefolge etwa 60 Männer auf zwei Schiffen mitsamt Waffen und Munition die Kolonie in Richtung auf die Antillen verließen, um nun doch noch, auf dem Umweg über die Seeräuberei, der versprochenen Reichtümer habhaft zu werden – in Hinblick auf den zu erwartenden Angriff von außen eine empfindliche Schwächung der französischen Position.

Als im Verlauf des Sommers 1565 die erhoffte Verstärkung ausblieb, wurde die Rückkehr nach Frankreich beschlossen und die Vorbereitung in aller Eile vorangetrieben.[27] Doch zur selben Zeit näherte sich bereits die aus Frankreich entsandte Flotte mit sieben Schiffen unter dem Kommando des aus England zurückgekehrten Ribault und etwa 300 Personen an Bord, unter ihnen nun auch Siedler sowie Frauen und Kinder – etwa auf derselben Höhe mit jenem spanischen Kontingent von 10 Schiffen und 1100 Mann, das unter dem Kommando von Menéndez de Avilés Florida für die spanische Krone „zurückerobern" sollte. In einem Überraschungsangriff gelang es diesem, das Fort einzunehmen. Nur wenige Franzosen konnten fliehen; die anderen wurden, mit Ausnahme der Frauen und Kinder unter 15 Jahren, niedergemetzelt. Dasselbe Schicksal widerfuhr auch der Besatzung der von Ribault kommandierten Flotte. Nachdem die Schiffe in einem Sturm gekentert waren, konnten sich zwar die meisten an Land retten; doch Menéndez gelang es in den darauffolgenden Wochen – unterstützt von den Eingeborenen, die sich sogar mit den gefürchteten Spaniern verbündeten, um die verhaßten Franzosen loszuwerden –, die versprengten Trupps nach und nach aufzuspüren, sie unter Zusicherung des freien Geleits zur Kapitulation zu überreden, um sie dann fast ausnahmslos regelrecht abschlachten zu lassen.[28] So konnte Menéndez schließlich mit Genugtuung seinem König berichten, daß von 1000 Franzosen, die er bei seiner Ankunft in Florida angetroffen hatte – nach seiner Ansicht ausnahmslos „Lutheraner" –, nur etwa 50 entkommen waren; und Jean Ribault, so fügte er hinzu, „ließ ich wie alle anderen über die Klinge springen, was ich nach meinem Dafürhalten dem Dienst an Gott unserem Herrn schuldig war"[29].

Die Nachricht von den Ereignissen in Florida erreichten Philipp II. spätestens Ende November; und seine Genugtuung ob des „guten Erfolgs" und der „gerechten Strafe", der Menéndez die „lutherischen Korsaren" zugeführt hatte, war außerordentlich.[30] In Frankreich zirkulierten die ersten Meldungen über die Niederlage seit Anfang Februar 1566. Doch erst Mitte März erfuhr der Hof durch den französischen Botschafter in Madrid vom wahren Ausmaß der Katastrophe. Die erste Reaktion war diktiert von Indignation und Empörung, und der seinem Vater Heinrich II. mittlerweile auf den Thron gefolgte Karl IX. verlangte, geleitet von der Königinmutter Katharina, mit allem Nachdruck, „daß ihm für eine so grausame an seinen Untertanen begangene Mordtat Wiedergutmachung gewährt werde"[31]. Als sich aber Philipp II. nicht geneigt zeigte, den Forderungen nach Reparationszahlungen nachzukommen, als er sogar seinerseits in die Offensive ging und die Bestrafung der Hugenotten am französischen Hof und insbesondere Colignys als des wahren Schuldigen verlangte, verlor der anfänglich vehemente Protest Katharinas immer mehr an Kraft, bis sie sich schließlich in dem Bemühen, die zur selben Zeit angestrebte Entente mit dem mittlerweile zu ihrem Schwiegersohn gewordenen spanischen König nicht zu gefährden, mit der Zusicherung zufrieden gab, daß die wenigen Überlebenden des Massakers freigelassen würden.

Außerhalb des Hofes und insbesondere im populären Milieu

der Hafenstädte, wo die Nachricht sowohl in den Kreisen der Reformierten als auch unter den Katholiken einen Sturm der Entrüstung ausgelöst hatte, war der Affront hingegen nicht so schnell vergessen. Noch während des Jahres 1566 wurde dem König eine Bittschrift vorgelegt, in der die Witwen und Waisen der Opfer eine gerechte und angemessene Genugtuung und Entschädigung forderten.[32] Als jedoch die vom König erwartete Reaktion ausblieb, beschloß ein Privatmann und überzeugter Katholik, Dominique de Gourgues, auf eigene Verantwortung und eigene Kosten die von den Spaniern erlittene Schmach zu rächen. Im August 1567 verließ er mit drei Schiffen und etwa 180 Mann Frankreich. Im April des darauffolgenden Jahres landete er – nach einigen einträglichen Beutezügen gegen spanische Handelsschiffe – vor dem nun von den Spaniern wiedererrichteten ehemals französischen Fort. In Abwesenheit von Menéndez de Avilés, der sich gerade in Spanien aufhielt, und mit Unterstützung der Eingeborenen, die sich der Spanier wieder zu entledigen suchten, hatten Gourgues und seine Männer keine Mühe, den Stützpunkt einzunehmen und die verhaßten Spanier fast ausnahmslos niederzumetzeln, „indem ihnen das, was sie den Franzosen angetan", so ein zeitgenössischer Bericht, „mit gleicher Münze heimgezahlt wurde"[33]. Nur einige wenige wurden aufgespart, um an dieselben Bäume geknüpft zu werden, an denen zuvor Franzosen einen schmachvollen Tod erlitten hatten. Und wie zuvor (nach Überzeugung der Franzosen) Menéndez de Avilés durch ein Schild verkündet hatte: „Dies gilt nicht Franzosen, sondern Lutheranern", ließ auch Dominique de Gourgues, wollen wir dem Bericht Laudonnières Glauben schenken, eine Tafel anbringen, nun mit der Aufschrift: „Dies gilt nicht Spaniern, auch nicht Marranen, sondern Verrätern, Dieben und Mördern."[34]

Als die kleine Expeditionsflotte im Juni 1568 nach Frankreich zurückkehrte, brach dort, wo die Nachricht von Gourgues' Taten bekannt wurde, ein wahrer Begeisterungstaumel aus. Und der spanische Botschafter am englischen Hof, Gureau de Spes, der zu dieser Zeit auf dem Weg nach London von Bordeaux nach Paris reiste, mußte die leidvolle Erfahrung machen, daß in Frankreich sowohl unter den Reformierten als auch unter den Katholiken der

Haß auf Spanien und die Untertanen des spanischen Königs so groß war, daß er nicht nur die größten Beschimpfungen erdulden mußte, sondern sogar Gefahr lief, gleich einem seiner Gefolgsleute der Wut einer aufgebrachten Volksmenge zum Opfer zu fallen.[35]

Nun war es an Philipp II., die Bestrafung des Übergriffs auf seine Untertanen und eine entsprechende Wiedergutmachung zu fordern. Doch von französischer Seite wurde er nur mit der Versicherung beschieden, daß Gourgues ohne Zustimmung und ohne Wissen des Hofes gehandelt habe und ihm für die Zukunft derlei Unternehmungen strikt untersagt würden. Damit war das so schmähliche Ende ihrer Kolonie in Florida – nach dem Urteil der französischen Zeitgenossen – auf rühmliche Weise gerächt.[36]

Das 17. Jahrhundert vor Colbert. Um die Jahrhundertwende war die französische Krone in keinem Teil der Neuen Welt präsent. Und nicht einmal den Schutz der französischen Handelsschiffe gegen Übergriffe anderer Nationen vermochte sie zu gewährleisten, da die französische Kriegsmarine dem holländischen, englischen und spanischen Kräftepotential weit unterlegen, zeitweise sogar inexistent war.[37] Erst als sich unter Heinrich IV. die innenpolitische Lage stabilisierte und insbesondere der Fernhandel neue Impulse erhielt, wurden zuerst in Kanada verstärkte Anstrengungen unternommen, die zweifellos vorhandene günstige Ausgangsbasis zu nutzen, um mit Blick auf eine Ausweitung des Handels mit amerikanischen Produkten dauerhafte Siedlungen zu gründen und diese gegen die gleichfalls expandierenden Engländer und Holländer militärisch abzusichern. Dabei beschränkte sich der Beitrag der Krone zunächst auf die Vergabe von Handelsmonopolen an private Kompanien, die ihrerseits in eigener Regie Ländereien und Titel vergaben, bis Richelieu durch Gründung staatlicher Handelskompanien den Handel und die koloniale Expansion der staatlichen Kontrolle unterwarf.

Ab 1610 gelang es, erste dauerhafte Handelsstützpunkte zu errichten und über die großen Wasserwege auch die Regionen nördlich, südlich und westlich des Sankt-Lorenz-Stroms zu erforschen und kartographisch zu erfassen. Motor dieser Bemühungen war Samuel de Champlain, der zudem durch die Veröffentlichung zahlreicher Schriften und Reiseberichte die Propagierung der kolonialen Idee unterstützte. Nicht weniger wirkungsvoll war in dieser Hinsicht der Beitrag der Missionare, insbesondere der Jesuiten, die durch ihre jährlich publizierten Relationen oder Missivschreiben weite Kreise der französischen Öffentlichkeit für Kanada und die französischen Kolonisierungsbestrebungen interessieren konnten und die schließlich durch die Schaffung einer sozialen und kulturellen Infrastruktur auch zur Konsolidierung der Kolonie *Nouvelle France* beitrugen.

Eine weitreichende Besiedlung des Hinterlandes aber scheiterte über viele Jahrzehnte an der erbitterten Feindschaft der Irokesen, die sich die Franzosen durch ihre bedingungslose „Bündnistreue" gegenüber den Huronen zugezogen hatten, da diese Bündnistreue auch die Übernahme der zwischen beiden Völkergruppen herrschenden Feindschaft beinhaltete. Weitere Gefahr drohte zudem von den englischen und holländischen Handelskompanien, die teils durch Waffenlieferungen an die Irokesen, teils durch eigene militärische Operationen die Aktivitäten der lästigen französischen Konkurrenz erheblich beeinträchtigten und verstärkte Siedlungsanstrengungen der Franzosen behinderten.

Erfolgreicher war Frankreich in der Karibik, nachdem durch die Flotte der holländischen Westindienkompanie das spanische Handelsmonopol durchbrochen und der spanischen Kriegsflotte empfindliche Verluste zugefügt worden waren. 1635 übernahm die von Richelieu gegründete *Compagnie des Iles d'Amérique* die bereits zehn Jahre zuvor von dem französischen Piraten Pierre d'Esnambuc errichtete Kolonie auf Saint-Christophe (St. Kitts); gleichzeitig wurden die Inseln Martinique und Guadeloupe besiedelt, Ausgangspunkt für die weitere Expansion nach Saint-Barthélemy, Saint-Martin, Grenada, Sainte-Lucie (St. Lucia) und dem westlichen Teil von Hispaniola, dem späteren Saint-Domingue bzw. Haiti; und ab 1650 konnte schließlich mit Cayenne, dem heutigen Französisch-Guyana, auch ein Teil des südamerikanischen Kontinents dem französischen Herrschaftsbereich erschlossen werden.

Doch das ohnehin nur kurzfristig entflammte Interesse der Krone an der Besiedlung und administrativen Organisation ihrer amerikanischen Besitzungen war bereits nach dem Tod Richelieus 1642 erloschen, denn wieder einmal standen innere Unruhen und kriegerische Auseinandersetzungen in Europa einem Engagement Frankreichs an kolonialer Expansion entgegen. 1645 wurde die in *Nouvelle France* tätige *Compagnie des Cents Associés* liquidiert; 1650 ging die *Compagnie des Iles d'Amérique* denselben Weg. Und wieder blieb es der Privatinitiative von Kaufleuten, Fischern und Piraten überlassen, die Präsenz Frankreichs in der Neuen Welt zu erhalten. Bleibt die Frage nach dem wirtschaftlichen Nutzen, den die Entdeckung Amerikas und der amerikanischen Ressourcen durch die Europäer diesen bescherte: Konnte er die Franzosen für das Fehlen eines großen Kolonialreichs entschädigen?

Amerika in Europa: der wirtschaftliche Nutzen

Rascher Reichtum im Dienst imperialistischer Politik

Die Entdeckung der „indischen" Inseln war als navigationstechnische Leistung ein großer, für Kolumbus vor allem psychologisch wirksamer Erfolg. Unter wirtschaftlichen Gesichtspunkten betrachtet, war seine erste wie auch die nachfolgenden Reisen zumindest in der unmittelbaren Konsequenz hingegen ein Mißerfolg, nicht einmal annähernd vergleichbar mit dem, was sich nahezu gleichzeitig durch die erfolgreiche Indienreise Vasco da Gamas der portugiesischen Krone an Nutzen eröffnete. Zwar schienen die „Beweisstücke", die Kolumbus vorzeigen konnte – geringe Mengen an Gold, Perlen und Indios –, in Hinblick auf zukünftige Gewinne vielversprechend; doch das ursprüngliche Ziel seiner Unternehmung, der direkte Zugang zu den orientalischen Gewürzmärkten, blieb unerreicht.[38] Und während in Portugal die Krone sich anschickte, den lukrativen Gewürzhandel in staatsmonopolistischer Regie zu übernehmen, zeigte die spanische Krone angesichts der vergleichsweise geringen Aussicht auf schnellen Gewinn geringes Interesse, sich neben den zu erwartenden Steuern durch direkte Beteiligung am Handel eine zusätzliche

Einnahmequelle zu sichern. Zwar wurde eine für alle kolonialen Belange zuständige staatliche Behörde – zunächst die 1503 gegründete *Casa de Contratación,* dann ab 1524 der *Consejo de Indias* – zum wichtigsten Kontrollorgan des über Sevilla abgewikkelten Amerikahandels; doch bestand ihre vorrangige Aufgabe – insbesondere mit dem wachsenden Zustrom der amerikanischen Edelmetalle – in der Einziehung der Steuern, vor allem der auf dem Import von Edelmetallen lastenden 20%igen Abgabe, des „quinto". Worin sich die Beteiligung der spanischen Könige an der Erschließung der amerikanischen Ressourcen erschöpfte, kritisierte treffend der Chronist Fernández de Oviedo: „... der Einsatz Ihrer Majestäten für diese neuen Entdeckungen ist fast nie ihr Besitz und Geld, sondern nur Papier und gute Worte."[39]

Welch unermeßliche Rendite der Krone aus dieser von Oviedo apostrophierten immateriellen Investition allerdings erwachsen würde, ahnte zu Beginn des 16. Jahrhunderts noch niemand. Und selbst das Gold, das während der ersten Jahrzehnte als Ertrag einer vorrangig betriebenen „Plünderungswirtschaft"[40] in Sevilla entladen wurde, repräsentierte in seinem nominellen Wert nur einen Bruchteil dessen, was in der zweiten Hälfte des Jahrhunderts an Silber den europäischen Markt überschwemmte. Insbesondere durch die Einführung des bereits seit dem 15. Jahrhundert in der europäischen Verhüttungstechnik gebräuchlichen Verfahrens der Amalgamation bei der Silbergewinnung[41] – in Mexiko um 1560, in Peru etwa 10 Jahre später – konnte die Produktion der amerikanischen Minen immens gesteigert werden. Peru besaß gegenüber Mexiko zudem den Vorteil, daß das erforderliche Quecksilber nicht eingeführt werden mußte, sondern in den Minen von Huancavelica in ausreichenden Mengen abgebaut wurde. Und Huancavelica lag auf dem Weg von Potosí nach Lima, so daß die Lama-Karawanen, die das dort gewonnene Silber zur Verschiffung nach Lima brachten, auf dem Rückweg ohne nennenswerte Mehrkosten in Huancavelica mit Quecksilber beladen werden konnten.

Die Achse Potosí–Huancavelica wurde neben anderen ertragreichen Gold- und Silberminen, etwa Granada, Guanajuato und Zacatecas in Neu-Spanien und Buriticá im heutigen Kolumbien, zu einem tragenden Pfeiler des spanischen Imperiums, denn die Einnahmen aus dem Import der amerikanischen Edelmetalle, auch wenn sie im Gesamtbudget der Krone auf der Einkommensseite nur durchschnittlich 10% ausmachten und selbst im „Rekordjahr" 1598 20% nicht überstiegen[42], verschafften Spanien gegenüber seinen europäischen Nachbarn den entscheidenden finanziellen Vorteil, der eine imperialistische Politik ermöglichte.

Diese Politik aber hatte für die Staatskasse katastrophale Folgen. Der erforderliche aufwendige administrative Apparat, die großzügige Verwendung politischen Geldes als Mittel der Diplomatie[43] und der Informationsbeschaffung[44], die ruinösen Frankreichfeldzüge, sowie die kostspielige Präsenz der Spanier in den niederländischen Provinzen schraubten die Staatsausgaben in so schwindelnde Höhen, daß selbst das amerikanische Silber den Zusammenbruch der Staatsfinanzen nicht verhindern konnte. Von 1557 bis zur Mitte des 17. Jahrhunderts mußte der spanische König in fast perfekter Regelmäßigkeit alle 20 Jahre den Staatsbankrott erklären. 1557 konnte Philipp II. die dringlichsten Verbindlichkeiten noch mit den aus Amerika eintreffenden Silberladungen begleichen, 1575 aber waren die ohnehin unregelmäßig anlandenden Silberflotten durch die verstärkte Aktivität französischer, holländischer und englischer Seeräuber zu einem so unkalkulierbaren Faktor geworden, daß die Krone zwecks Behebung ihrer Insolvenz nicht auf die amerikanischen Schätze rechnen konnte. Die traditionellen Einnahmen aus Steuerausgaben und anderen fiskalischen Ressourcen waren aber inzwischen durch Pachtverträge und Anleihen bei zumeist ausländischen Financiers in einem Maße verpfändet, daß der Ruin unausweichlich schien. Und um aus diesem Dilemma herauszukommen, sah man stets als einzigen Ausweg nur die weitere Verpfändung zukünftiger Einnahmen – ein *circulus vitiosus*, dessen Belastung durch die hohen Zinsen (zeitweise betrug der Zinssatz bis zu 50%) noch verschärft wurde. Dies bedeutete, daß die Staatsfinanzen und in ihrem Gefolge auch weite Bereiche von Wirtschaft und Handel in immer stärkere Abhängigkeit von ausländischen Handelshäusern und Banken gerieten, die von den in die Staatskasse geflossenen amerikanischen Edelmetallen – nach Earl J. Hamilton von 1503 bis 1660 ein Gesamtwert von ca. 117,4 Millionen Pesos[45] – der spanischen Volkswirtschaft somit einen beträchtlichen Teil entzogen.[46] Wie aber stand es mit den Einnahmen der Privatleute – während desselben Zeitraums (ebenfalls nach Hamilton) ca. 330,4 Millionen Pesos[47]? Kamen sie der spanischen Landwirtschaft, der Industrie oder dem Handel zugute?

Der Handel mit Amerika oblag ausschließlich privaten Handelskapitalisten und -gesellschaften. Doch angesichts der unzureichenden Finanzkraft der Mehrheit der einheimischen Kaufleute, angesichts auch der schnellen Bereitschaft jener *happy few,* die sich am Amerikahandel gewinnbringend beteiligt hatten, einen Adelstitel zu erwerben und die erzielten Profite in Landbesitz zu investieren, um fortan dem wenig reputierlichen Geschäftemachen zu entsagen, geriet der Amerikahandel unter die Kontrolle ausländischer Kapitalisten, die – im Gegensatz zur Mehrheit ihrer spanischen Kollegen – frei waren von jenem Vorurteil, das besagte: Wer nicht von Renten lebt, lebt nicht als Edelmann.

Dadurch funktionierte das andalusische bzw. Sevillaner Monopol, das ursprünglich Kastilien gegenüber den anderen Teilen des Reiches begünstigen sollte, trotz zahlreicher restriktiver Maßnahmen von seiten der Krone[48] letztlich wiederum vorrangig zum Wohl und Nutzen ausländischer Handelshäuser, die nach Einschätzung eines Zeitgenossen, des Ökonomen Sancho de Moncada, um die Jahrhundertwende fünf Sechstel des in Spanien und neun Zehntel des in Amerika abgewickelten Handels kontrollierten.[49]

Ging auch der Profit aus dem Handelsgeschäft der spanischen Volkswirtschaft weitgehend verloren, so konnten doch zumindest in der ersten Hälfte des 16. Jahrhunderts Landwirtschaft wie Industrie durch den Export einheimischer Produkte in die Kolonien – Wein und Olivenöl aus Andalusien, regionale Gebrauchsgüter aus Kastilien – am allgemeinen Aufschwung partizipieren. Doch mit zunehmender Prosperität der Kolonien und infolgedessen steigender Nachfrage vor allem nach Gebrauchs- und Konsumgütern war die spanische Industrie aufgrund einer in vielen Bereichen verfehlten Wirtschaftspolitik nicht mehr in der Lage, den Markt ausreichend zu beliefern, so daß der Export nach Amerika immer stärker auf ausländische Fertigwaren zurückgreifen mußte. Hinzu kam, daß die mit dem Zustrom der amerikanischen Edelmetalle einsetzende sogenannte Preisrevolution[50], bevor sie die gesamteuropäische Wirtschaft erfaßte und in die Krise stürzte, zuerst in Spanien wirksam wurde und die einheimischen Produkte somit im Vergleich zu den ausländischen Importen überteuert und nicht mehr konkurrenzfähig waren. Die Folge war eine extrem defizitäre Handelsbilanz, wodurch ein weiterer Teil der amerikanischen Reichtümer in das benachbarte Ausland abfloß.

Den Zeitgenossen blieb dieser für die spanische Volkswirtschaft fatale Mechanismus natürlich nicht verborgen, und es erhoben sich immer wieder Stimmen, die dem König eine die heimische Industrie fördernde protektionistische Handelspolitik abverlangten. So forderte Luis Ortiz, Finanzexperte in Diensten Philipps II., in einem 1558 verfaßten *Memorial* die Reglementierung des Außenhandels durch Schutzzölle, Exportverbot für Rohstoffe, Importverbot und Exportprämien für Fertigwaren, Förderung der einheimischen Manufakturen, Abwertung der Währung und Einschränkung der in Umlauf befindlichen Geldmenge – Vorschläge, die bereits die beiden wichtigsten Prinzipien des im 17. Jahrhundert propagierten Merkantilismus, die Doktrin der aktiven Handelsbilanz und den sogenannten Bullionismus oder Quantitativismus, vorwegnahmen.

Doch in Spanien faßte der Merkantilismus als System wirtschaftspolitischer Maßnahmen erst sehr spät Fuß. Während des 16. Jahrhunderts verfolgte die Krone eine eher kurzsichtige importorientierte Handelspolitik, die ihr selbst aufgrund der Steuereinnahmen die – zumindest kurzfristig betrachtet – höchste Rendite einbrachte.[51] Als in der ersten Hälfte des 17. Jahrhunderts schließlich aufgrund zusätzlicher negativer Faktoren – rapides Sinken der Edelmetallimporte, faktisches Ende des spanischen Monopols im Amerikahandel – Spanien wirtschaftlich vollends ruiniert war, kam jeder Versuch einer merkantilistisch ausgerichteten Handelspolitik zu spät. Über ein Jahrhundert lang hatte Spanien die Reichtümer Amerikas geplündert. Nun, so klagte der bereits zitierte Sancho de Moncada, erlebte Spanien durch das Ausland dasselbe Schicksal:

… sie behandeln uns wie Indios, indem sie große Summen für Firlefanz und Tand aus dem Land holen; Dinge, die, weil überflüssig, von großem Schaden sind und jedem Prinzip guter Politik und guten Handels entgegenstehen. Denn der Handel wurde ins Leben gerufen, damit die notwendigen Dinge herbeigeschafft und die überflüssigen Dinge weggegeben werden, und in Spanien geschieht das Gegenteil: Sie holen sich Rohstoffe und Geld und schaffen Firlefanz herbei.[52]

Spanien: Amerika der Franzosen

Die amerikanischen Reichtümer, so das Fazit Sancho de Moncadas, bewirkten den Ruin Spaniens. Wie aber stand es mit den anderen europäischen Mächten? Haben sie sich, wie Moncada gleichfalls beklagte, Blutsaugern gleich, mit den amerikanischen Schätzen vollgepumpt? Das Beispiel Frankreichs, in einzelnen Aspekten ergänzt durch das Englands, mag hier genügen, um diese Frage zu beantworten. Es zeigt, inwieweit die Wirtschaft eines europäischen Nachbarlandes als eigentlicher Nutznießer vom Zustrom der amerikanischen Edelmetalle zu profitieren wußte; es zeigt aber auch, inwieweit sie im Gefolge Spaniens in die gesamteuropäische Krise des 17. Jahrhunderts hineingeriet.

Erhebliche Gewinne erbrachten zunächst der direkte Handel französischer Kaufleute mit amerikanischen Produkten, der Anteil französischer Handelshäuser am Sevilla-Monopol, die Übergriffe französischer Piraten auf spanische Handelsschiffe oder Stützpunkte in der Karibik und die Beteiligung französischer Seeleute am blühenden Schmuggel mit amerikanischen Edelmetallen. Ein weiterer, nicht unbeträchtlicher Anteil des spanischen Reichtums floß Frankreich durch die Einnahmen der vielen in Spanien temporär lebenden „Gastarbeiter" zu, die in Navarra und Aragon als Landarbeiter oder Handwerker, als Lastenträger oder Fuhrleute für die spanische Wirtschaft unentbehrlich waren, denn – so der Kommentar eines französischen Zeitgenossen: „Außer im Waffenhandwerk und im Schleichhandel ist der Spanier unglaublich faul."[53] Den entscheidenden Nutzen zog die französische Wirtschaft jedoch aus dem Exportgeschäft: neben Weizen, Papier, Büchern und diversen Manufakturwaren für den häuslichen Gebrauch vor allem Textilwaren, preiswerte und strapazierfähige Tuche und Stoffe aus dem Maine, Anjou, Poitou, der Normandie und der Bretagne – nach dem Urteil des zeitgenössischen Ökonomen Antoyne de Montchrétien „eine der bedeutendsten Minen Frankreichs, für die *Poutossi* (Potosí) fast sein ganzes Silber ausspuckt"[54]. Zwar konnte der Warenaustausch mit Spanien bereits auf eine lange Tradition zurückblicken; doch nach dem Friedensschluß von Cateau-Cambrésis 1559 wurde er für die Häfen der Normandie und der Bretagne zum ganz großen Geschäft.[55] Und da der nominelle Wert der aus Spanien nach Frankreich exportierten Waren – Wolle, Eisenerz, landwirtschaftliche Produkte wie Olivenöl, Zucker, Orangen und Färbemittel – weit hinter dem der Importe aus Frankreich zurückblieb, die spanische Handelsbilanz mit Frankreich somit extrem defizitär war, mußte diese durch Edelmetalle ausgeglichen werden, auch wenn deren Ausfuhr einer strikten Reglementierung und Überwachung unterlag.[56]

Spanien: das Amerika der Franzosen – dieses Schlagwort wurde im Verlauf des 16. Jahrhunderts in beiden Ländern zum Gemeinplatz. Doch mit dem wachsenden Zustrom der amerikanischen Gold- und Silberschätze wurde auch die französische Wirtschaft, gleich der spanischen, von der Preisrevolution erfaßt. Bis 1540 war die Inflationsrate noch verhältnismäßig niedrig und wurde durch die im selben Zeitraum erfolgten Abwertungen der *livre tournois* um insgesamt etwa 15% aufgefangen. Ab der Mitte des Jahrhunderts aber nahmen der Kaufkraftschwund des Silbers, der Preisanstieg und das Sinken der Realeinkommen insbesondere der Renteninhaber sowie der Lohnabhängigen derart katastrophale Ausmaße an, daß die Regierung mehrfach – allerdings vergeblich – versuchte, der Finanzkrise durch Stabilisierungsmaßnahmen Herr zu werden. Welches Ausmaß die Geldentwertung gegen Ende des Jahrhunderts erreicht hatte, schilderte in sehr anschaulicher Weise, wenn auch in pointierter Übertreibung, Marc Lescarbot, Verfasser einer Geschichte Neu-Frankreichs:

Vor den Reisen nach Peru konnte man viele Reichtümer auf kleinem Raum unterbringen, heute aber, wo Gold und Silber durch ihren Überfluß entwertet sind, braucht man große Truhen, um das wegzutragen, was vorher in einem kleinen Koffer Platz hatte. Man konnte mit einer Börse im Ärmel eine lange Wegstrecke zurücklegen, heute aber braucht man einen Koffer und extra ein Pferd dafür.[57]

Wenn es auch nicht gelang, die Inflation einzudämmen, konnte – nach den verheerenden Auswirkungen der Religionskriege – unter Heinrich IV. durch staatliche Förderung im Sinne eines Frühmerkantilismus in der Agrarwirtschaft wie in der Manufaktur eine starke Produktionssteigerung erreicht werden. Doch gesamtwirtschaftlich betrachtet, erlebte Frankreich im Verlauf des 17. Jahrhunderts in aller Härte die mit dem Sinken der amerikanischen Gold- und Silberimporte in Europa einsetzende Krise. Zur selben Zeit aber erlebte England, das noch während der ersten Hälfte des 16. Jahrhunderts in seiner industriellen Produktion weit hinter Frankreich lag, den Höhepunkt seiner ersten „industriellen Revolution". Da diese im wesentlichen auf dem Abbau der reichlich vorhandenen Kohle als Exportartikel und billiger Energiequelle nicht nur für die privaten Haushalte, sondern auch – und vor allem – für Bereiche wie die Zucker- und Metallindustrie basierte, wurde dieser Rohstoff schon bald zum Inbegriff des nationalen Reichtums, der den Vergleich mit den amerikanischen Gold- und Silberschätzen durchaus nicht zu scheuen brauchte, wie ein Zeitgenosse seinen Lesern in poetischer Form suggerierte:

England ist eine vollkommene Welt, hat ein Amerika dazu;
Korrigiert Eure Landkarte: Newcastle ist Peru.[58]

Mit der Verlagerung des Schwergewichts im internationalen Handel vom Mittelmeerraum in den nördlichen Atlantik während des letzten Drittels des 16. Jahrhunderts war es englischen, holländischen und seeländischen Städten gelungen, den Handel mit europäischen wie mit außereuropäischen Waren unter ihre Kontrolle zu bringen, wodurch auch der französische Außenhandel nach 1600 zusehends in eine von den Zeitgenossen bitter beklagte Abhängigkeit geriet.[59]

Wer nun für das wenig ermutigende Panorama der französischen Wirtschaft und insbesondere des Außenhandels primär verantwortlich zeichnete, darüber herrschte unter den Zeitgenossen, die sich mit dieser Frage kritisch auseinandersetzten, nahezu Einmütigkeit. Zunächst benannte man als Schuldigen die Ausländer, in den Augen des bereits zitierten Montchrétien „Blutsauger, die sich an diesen großen Körper (i. e. Frankreich) hängen, ihm das beste Blut entziehen und sich damit vollpumpen"[60]. Doch damit allein war man dem Phänomen noch nicht gerecht geworden, und Montchrétien stellte sich die Frage: Wo waren die einheimischen Kräfte, die ja – und das stand für ihn außer Zweifel – in ihren Fähigkeiten den Ausländern absolut ebenbürtig waren? Auch hier wußte Montchrétien eine Erklärung zu geben:

... die Mehrheit unserer tüchtigsten Leute, unserer besten Köpfe und unserer Männer mit der solidesten Sachkenntnis befindet sich in den Palästen, entweder um zu essen oder um gegessen zu werden; und sie haben, so scheint es, nur eines im Sinn: jedem das Fell abzuziehen und sich damit zu schmücken...[61]

Damit hatte Montchrétien einen wesentlichen Faktor benannt, der – mehr noch als die ruinösen innen- und außenpolitischen Auseinandersetzungen – Frankreich um den Genuß dessen brachte, was die glanzvolle wirtschaftliche Konjunktur der ersten Hälfte des 16. Jahrhunderts zu versprechen schien: der „Verrat" der Bourgeoisie. Hiermit bezeichnet der Historiker Fernand Braudel[62] ein sozialpsychologisches Phänomen, das in der Struktur der Gesellschaft des *Ancien Régime* und ihrem Wertesystem begründet lag: die Flucht der (erfolgreichen) Handels- und Finanzbourgeoisie aus dem (gemäß der herrschenden Ideologie) wenig ehrenvollen Gewerbe in die staatliche Administration, die den ersehnten Aufstieg in den (Amts-)Adel ermöglichte, oder in die parasitäre, jedoch „adelnde" Existenz eines *rentier,* die der Kauf großen Landbesitzes bescherte.

Der Ämterkauf wurde während des gesamten 16. Jahrhunderts von allen Herrschern als willkommenes Mittel zur Aufbesserung der Staatsfinanzen großzügig gefördert. Doch als zu Beginn des

17. Jahrhunderts durch königliches Dekret die Ämter (*offices*) erblich wurden, suchte nahezu jeder, der es sich leisten konnte, ein solches zu erwerben. Jeder, so der zeitgenössische Rechtsgelehrte Charles Loyseau in einem 1609 verfaßten Traktat, „hat das Verlangen, seinen Geldbeutel zum König zu tragen: wer kein Geld hat, wird sein Land verkaufen; wer nicht genügend Land hat, wird, wenn man es ihm gestattet, sich selber verkaufen und bereit sein, als Sklave zu leben, um *officier* zu werden"[63]. Die Folge war der massive Abzug von menschlichem Potential und akkumuliertem Kapital aus dem Kreislauf der französischen Volkswirtschaft – zwei Faktoren, die im Dienst der Krone dem französischen Absolutismus zum Erfolg und Frankreich zur Vormachtstellung in Europa verhalfen.

Für den Alt- oder Schwertadel, der seine vor allem durch die Preisrevolution bedrohlich geminderten Einkünfte durch Förderung des wirtschaftlichen Aufschwungs hätte aufbessern können, galt jedoch das Prinzip der *dérogeance:* Ausschluß aus dem Adelsstand bei Ausübung bestimmter Aktivitäten, so von Handel und Gewerbe. Zwar wurde bereits zu Beginn des 17. Jahrhunderts immer lauter die Forderung erhoben, zumindest im Zusammenhang mit merkantiler Tätigkeit dieses Prinzip aufzuheben und dem Adel den Zugang zum lukrativen Außenhandel zu gestatten; doch erst 1629 wurde – zweifellos auf Veranlassung Richelieus, der dem Adel eine neue Quelle zur Sanierung seiner Finanzen eröffnen und gleichzeitig der geplanten Übersee-Expansion frische Kräfte zuführen wollte – diesem Begehren durch den König entsprochen. Damit war dem Adel der legale Weg zum Überseehandel geebnet; von der gesellschaftlichen Sanktionierung und einer damit einhergehenden massiven Nutzung dieses Zugeständnisses war man um die Mitte des 17. Jahrhunderts jedoch noch weit entfernt.

Das Jahr 1660 markiert einen Wendepunkt: Jenseits – 1661 – beginnt mit der Übernahme der Regierungsgewalt durch Ludwig XIV. und die Ablösung Fouquets durch Colbert im Amt des Oberintendanten der Finanzen der Aufstieg Frankreichs zur europäischen Großmacht; diesseits – 1659 – endet mit dem Pyrenäenfrieden zwischen Frankreich und Spanien die politische Vormachtstellung Spaniens, die mit dem Friedensschluß von Cateau-Cambrésis ein Jahrhundert zuvor begonnen hatte. Die Vormacht-stellung Spaniens im Atlantikhandel hatte hingegen schon um die Jahrhundertwende ihr Ende gefunden; doch die Chance, das hier entstandene Vakuum zu füllen, hatte Frankreich schlecht genutzt.[64]

Anmerkungen*

1 Bulle „Inter Caetera" vom 4. März 1493, in: Davenport [5], Bd. I, S. 75 und 77 f.

2 *Discorso d'un gran capitano di mare francese*, in: Ramusio [20], fol. 355 r°.

3 Dies wird bezeugt durch ein kurioses zeitgenössisches Dokument, die amtliche Niederschrift der Aussage eines Schiffskapitäns aus Honfleur, Paulmier de Gonneville, vor der Admiralität von Rouen (in: Julien [12]). Dieser hatte 1503 auf den Spuren der Portugiesen Afrika in Richtung Indien umsegeln wollen, war aber durch einen Sturm an die brasiliani-sche Küste getrieben worden, von wo er nach etwa 6-monatigem Aufent-halt 1505 nach Frankreich zurückkehrte. Von seinen brasilianischen Schätzen hatte er allerdings nichts mehr vorzuweisen, da sein Schiff auf der Rückreise von Piraten (gegen die er in eben jenem Dokument Klage führte) zum Kentern gebracht worden war.

4 Diese Aktivitäten Admiral Chabots waren 1540/41 Gegenstand eines Prozesses, in dem er der Veruntreuung und Bereicherung im Amt sowie der passiven Bestechung für schuldig befunden, all seiner Ämter entho-ben und zu einer hohen Geldstrafe verurteilt wurde. Daß derlei Vergehen zu jener Zeit aber als verhältnismäßig geringfügig erachtet wurden, zeigt die Tatsache, daß der König nur wenige Wochen später das Urteil aufhob und den Admiral unter feierlichen Freundschaftsbekundungen rehabili-tierte; dies mit dem Hinweis auf die „Loyalität und Treue, die er Uns entgegenbringt, die Sorgfalt und Emsigkeit, die er auf die Behandlung und Lenkung Unserer größten und wichtigsten Angelegenheiten zum Wohl und Nutzen des Gemeinwesens und Unseres Königreiches ver-wandt hat", und mit dem ausdrücklichen Vermerk, er sei schließlich nicht jener Verbrechen überführt, die unverzeihlich seien, nämlich „der

---

* Die Ziffern in eckigen Klammern verweisen auf die Bibliographie.

Majestätsbeleidigung, des Verrats und der Verschwörung". (zit. nach Lemonnier, in: Lavisse [142], Bd. V. 2, S. 101).

5 Brief Verazzanos an Franz I., datiert auf den 8. Juli 1524, den Tag seiner Rückkehr nach Dieppe, zitiert nach der Faksimile-Ausgabe eines als Autograph angesehenen italienischen Manuskripts, in: Firpo [9], S. 169.

6 Laut Zahlungsanweisung des Königs an den Schatzmeister der königlichen Marine, anläßlich der ersten Reise; zitiert nach Biggar [2], S. 42.

7 Der Einfluß dieser Eingeborenen auf den Verlauf des ersten französischen Kolonisierungsversuchs in Kanada war in zweifacher Hinsicht bemerkenswert. Zum einen wurde das Engagement der Krone in entscheidendem Maße gesteuert durch ihre suggestiven Berichte, die sicherlich zum Teil auf gutem Glauben basierten, die aber in ihren Übertreibungen und ihrer Eloquenz ganz bewußt den Wünschen und Erwartungen der Franzosen Rechnung trugen, um diese so zu weiteren Erkundungsfahrten zu verleiten – für die Eingeborenen schließlich der einzige Weg, um in ihre Heimat zurückzukehren. Zum anderen trugen diejenigen, die ihren Aufenthalt in Europa überlebten und tatsächlich nach Kanada zurückkehrten, entscheidend dazu bei, daß die anfangs entgegenkommende, ja sogar freundschaftliche Haltung ihrer Stammesbrüder den Fremden gegenüber zunächst in verdeckte, schließlich sogar in offene Feindschaft umschlug – ein Gesinnungswandel, der sicherlich durch Übergriffe von seiten der größtenteils aus ehemaligen Sträflingen bestehenden Expeditionsteilnehmer provoziert wurde, der aber auch auf den Einfluß jener zurückzuführen war, die durch eigene Anschauung erfahren hatten, welch großer Wert in Frankreich den Dingen beigemessen wurde, die sie gegen wertlosen Tand tauschten, und denen schließlich die wahren Ziele der Franzosen nicht verborgen bleiben konnten. Vgl. hierzu insbesondere den Bericht des portugiesischen Spions Lagarto an seinen König, Johann III., über eine Unterredung mit Franz I. (in: Biggar [2], S. 75 ff.).

8 Juan Tavera, Kardinal von Toledo, an Karl V., am 27. Januar 1541, unter Berufung auf eine Mitteilung Bonvallots, in: Biggar, a.a.O., S. 190. Vgl. auch den Bericht Bonvallots vom 27. Dezember 1540, in: Biggar, a.a.O., S. 169 ff.

9 Zitiert nach Davenport [5], Bd. I, S. 209.

10 „Instrucciones de Cárlos-Quinto à Don Felipe su hijo" (18. 1. 1548), in: Weiss [99], Bd. III, S. 295 f.

11 Brief der spanischen Unterhändler vom 13. März 1559 an Philipp II., nach Davenport [5], Bd. I, S. 220 f., Anm. 9.

12 So die Umschreibung eines Mitglieds des Indienrates, zitiert nach Davenport, a.a.O.

13 Um nur einige der spektakulärsten Aktionen zu nennen: 1553 hatte der legendäre Seeräuber Pié de Palo („Stelzfuß") zahlreiche Siedlungen auf Puerto Rico und Hispaniola zerstört; zwei Jahre später war Havanna von französischen Piraten unter dem Kommando des Hugenotten Jacques (oder Jean) de Sores geplündert und dem Erdboden gleichgemacht worden. (Vgl. hierzu die bei Smith [21], Bd. I, abgedruckten zeitgenössischen Dokumente, insbesondere S. 202 ff.).

14 [160], S. 71.

15 Vgl. hierzu Kapitel V.

16 Dies geht aus einem Brief hervor, den Villegagnon am 31. März 1557, also nach Ankunft der Genfer Abordnung, an Calvin schrieb ([64], Bd. XVI, col. 437 f.).

17 Léry, zitiert in einer deutschen Übersetzung [40], S. 54.

18 Vor dem Bekanntwerden dieser Ereignisse bestand in den nordfranzösischen Hafenstädten die Bereitschaft, mit Blick auf die Erweiterung des Handelsvolumens die Kolonie in der Bucht von Guanabara mit weiterem Nachschub zu versorgen, und nach der (allerdings stark übertrieben erscheinenden) Schätzung eines Kapitäns aus Rouen sollen zu diesem Zeitpunkt mehr als 10000 Franzosen bereit gewesen sein, in die *France Antarctique* auszureisen. (Julien [165], S. 200 f.).

19 Bereits seit etwa 1530 waren die Portugiesen bemüht, ihre Präsenz in Brasilien zu verstärken. Doch die vom portugiesischen König verfügte Aufteilung des Territoriums in *capitanias*, die als lehnsrechtliche Schenkungen an hochgestellte Adlige vergeben wurden, erwies sich als wenig effizient. Erst nachdem die Krone durch Ernennung eines Generalgouverneurs 1549 und Errichtung einer zentralen Administration in Bahia direkt interveniert hatte, gelang es mit massiver Unterstützung von Jesuitenpatern und den durch sie rekrutierten Eingeborenen, den Einfluß französischer Kaufleute nach und nach zurückzudrängen.

20 Da das Echo auf die Ereignisse im Zusammenhang mit der Kritik an dem Vorgehen der Spanier gegen die Indios – der sogenannten „leyenda negra" – in Kapitel VI wiederaufgegriffen wird, soll dieser Episode in der Geschichte der französischen Überseexpansion größere Ausführlichkeit gewidmet werden.

21 In zahlreichen zeitgenössischen Dokumenten und Berichten wird daher ausdrücklich auf die vormaligen Entdeckungsreisen französischer oder in französischen Diensten stehender Seefahrer Bezug genommen. So auch in dem Bericht des Leiters der ersten Erkundungsfahrt, Jean Ribault, der vornehmlich zu propagandistischen Zwecken verfaßt wurde und in vorzüglicher Weise die französische Haltung in dieser Frage offenbart;

dies auch mit Blick auf Ansprüche, die möglicherweise von englischer Seite erhoben werden konnten. Die Küste Floridas, so Ribault, sei zwar auch von Sebastian Cabot angelaufen worden, den der englische König Heinrich VII. 1498 dorthin entsandte. Doch er legte großen Wert auf die Feststellung, daß es Cabot wie auch den vielen anderen nach ihm nie gelungen sei, „eine Siedlung zu gründen oder auch nur von einem Fuß Boden Besitz zu ergreifen". Erst Cartier, so Ribault weiter, „bewohnte" die nördlichen Regionen „bis ein gut Stück ins Landesinnere hinein". ([48], S. 55 und 58).

22 [165], S. 227.

23 In: Ruidíaz y Caravia [183], Bd. II, S. 324.

24 Das uneingeschränkte Vertrauen, das die Eingeborenen den Franzosen zunächst entgegenbrachten, resultierte allerdings weniger aus der von Menéndez beschworenen vorgeblichen Affinität als aus der simplen Tatsache, daß sie keine Spanier waren. Denn die gelegentlichen Exkursionen spanischer Sklavenjäger von den Antillen an die Küste Floridas hatten bewirkt, daß die Eingeborenen allem Spanischen mit Furcht und Mißtrauen begegneten. Vgl. hierzu die Aussage der beteiligten Franzosen, Laudonnière (in: Lussagnet [15], S. 60) und Ribault [48], S. 78 f.

25 In: Lussagnet [15], S. 99.

26 Aus der Sicht der Engländer, die im Gegensatz zu den Franzosen bei ihren Kolonisierungsversuchen der Besiedlung im Sinne der Selbstversorgung mit Nahrungsmitteln gegenüber der Suche nach (real oder vermeintlich existierenden) Reichtümern den Vorrang gaben, war dieser Umstand für das Scheitern der französischen Kolonie letztlich entscheidend. Und so wurde in dem Bericht von John Sparke, der im Gefolge von John Hawkins auf dessen zweiter Westindien-Reise Fort Caroline besuchte und den die verzweifelte Lage der Franzosen überraschte, mit entsprechender Kritik nicht gespart. Dabei legte der Verfasser des Werkes, das in den 1589 von Richard Hakluyt (nicht zuletzt zum Zweck der Propagierung einer Besiedlung von Virginia) zunächst in einem Band publizierten *Principall Navigations* veröffentlicht wurde, Wert auf die Feststellung, daß die Siedlungsbedingungen kaum günstiger sein konnten. „Wenn auch die Franzosen großen Mangel hatten", so Sparke, „bringt der Boden doch ausreichend Nahrungsmittel hervor, wenn sie sich der Mühe unterzogen hätten, diese zu bekommen; da sie aber Soldaten sind, wollten sie vom Schweiß anderer leben …" (*Sir John Hawkin's Second Voyage to the West Indies, 18th October 1564 – 20th September 1565*, in: Beazley [1], Bd. I, S. 73).

27 Hilfreiche Unterstützung wurde ihnen von seiten John Hawkins' zuteil,

der im Auftrag von Sir William Cecil, Staatssekretär der englischen
Königin, die Fortschritte der französischen Kolonie erkunden sollte und
der den Franzosen ausreichend Nahrungsmittel sowie ein Schiff für die
Rückfahrt überließ; dies zweifellos aus eigennützigen Motiven, denn die
Aufgabe der französischen Kolonie kam den englischen Interessen in
Florida bzw. Virginia sehr entgegen. In diesem Zusammenhang zeigte
sich einmal mehr, wie sehr Franzosen und Engländer in ihrer Haltung
und ihrer Einschätzung der Reichtümer Floridas auseinandergingen.
Denn als Gegenwert offerierte Laudonnière seine (im Falle eines spanischen Angriffs auf hoher See unverzichtbaren) Kanonen, nicht aber das
Gold und Silber, das er (in bescheidenen Mengen) in Florida hatte
zusammentragen können, da er fürchtete, „daß die englische Königin,
wenn sie es sieht, noch mehr ermutigt werden könnte, hier Fuß zu fassen,
als sie ohnehin schon das Verlangen hat" (in: Lussagnet [15], S. 161).
Seine Vorsichtsmaßnahme war jedoch sinnlos, da John Hawkins und
seine Leute ausreichend Gelegenheit hatten festzustellen, daß, so der
bereits zitierte John Sparke, „die Menge an Gold und Silber nicht so
reichlich ist wie andernorts, daß der dafür gegebene Preis die Spesen zu
tilgen vermöchte" (a.a.O., S. 79).

28 Zur Frage der diesbezüglichen von den Franzosen ausgehandelten Kapi-
tulationsbedingungen, die von zeitgenössischen wie modernen spanischen Autoren zumeist bestritten werden, vgl. Folmer [160], S. 97 ff.

29 Brief vom 15. Oktober 1565, in: Ruidíaz y Caravia [183], Bd. II, S. 103.

30 „Real Carta de complacencia otorgada à Pero Menéndez por los servicios
prestados en la conquista de la Florida" (12. 5. 1566), in: Ruidíaz y
Caravia, a.a.O., S. 363.

31 Memorandum an den französischen Botschafter in Madrid, Fourque-
vaulx, vom 12. Mai 1566; in: Du Prat [126], S. 421.

32 *Requeste au Roy, faite en forme de complainte par les femmes vefves,
petis enfans orphelins et autres leurs amis, parens, et alliez*, in: Lussagnet
[15].

33 *Histoire memorable de la reprinse de l'isle de la Floride*, in: Lussagnet,
a.a.O., S. 248.

34 In: Lussagnet, a.a.O., S. 197.

35 Gureau de Spes in einem Schreiben an Philipp II. vom 19. Juli 1568; in:
Colección de documentos inéditos [4], Bd. XC, S. 127.

36 Wie sehr noch moderne französische Autoren bis um die Jahrhundertwende in der Beurteilung dieser Episode von nationalistischen, ja geradezu chauvinistischen Gefühlen geleitet wurden, zeigt ein Blick in die
Fülle der hierzu erschienenen Literatur, die allzu häufig die gebotene

Objektivität vermissen läßt; etwa bei Gaffarel [162] oder in dem Artikel von Delpeuch mit dem bezeichnenden Titel: „Un glorieux épisode maritime et colonial des guerres de religion" [159].

37 Wie es um die französische Marine zu dieser Zeit stand, verdeutlicht ein Kuriosum aus dem Bereich des Strafvollzugs: 1594 konnten die zur Zwangsarbeit auf den königlichen Galeeren verurteilten Delinquenten – eben in Ermangelung derselben – ihre Strafe nicht antreten und mußten daraufhin die ihnen sicherlich erträglichere Strafe der Verbannung auf sich nehmen. (Fagniez [130], S. 298).

38 Als dem Portugiesen Magalhães in Diensten des spanischen Königs die Umseglung des südamerikanischen Kontinents gelungen und damit die Verbindung zwischen Atlantik und Pazifik hergestellt war, ergab sich auch für die spanische Krone die Perspektive, am orientalischen Gewürzhandel zu partizipieren. Doch erst als Legazpi und Urdaneta 1564/65 den schwierigen Rückweg von den Philippinen zur mexikanischen Küste fanden, wurde durch den Handel zwischen den Philippinen und Neu-Spanien diese Perspektive Wirklichkeit.

39 [32], Bd. III, S. 597.

40 Lynch [144], S. 213.

41 Dieses Verfahren, bei dem das Silber mit Hilfe von Quecksilber zunächst aus dem Erz herausgelöst und dann durch Abdestillieren des Quecksilbers aus dem Amalgam gewonnen wird, ermöglichte eine rationellere Gewinnung des Edelmetalls, da das archaische Verfahren im sogenannten Treibprozeß – sukzessives Ausschmelzen mit Bleizuschlag und anschließendes Oxydieren des Bleis – äußerst langwierig war und zudem viel Brennmaterial erforderte, welches in Mexiko wie in Peru knapp war.

42 Lynch [144], S. 170 f. und 77. Vgl. auch Chaunu [154], S. 311 ff., der die amerikanischen Edelmetalle zum gleichzeitig erwirtschafteten nominellen Ertrag der zeitgenössischen Agrarwirtschaft in Beziehung setzt und das Verhältnis von amerikanischen Edelmetallen zur Weizenproduktion des Mittelmeerbeckens mit 1:35 angibt.

43 Beispielsweise die Zahlung von Karl I. an die deutschen Kurfürsten anläßlich der Kaiserwahl 1519 oder die von Philipp II. französischen Katholiken wie den Herzögen von Guise ausgesetzten „Pensionen".

44 Hierzu gehörte die Finanzierung eines weitverzweigten Netzes von Informanten und Spionen, die sowohl an den europäischen Höfen als auch in den großen Hafenstädten aktiv waren, um den spanischen König beizeiten über geplante Amerika-Expeditionen seiner Rivalen zu unterrichten.

45 [133], S. 34.

46 Unter Philipp II. waren die Nutznießer vor allem Genuesen, unter Karl V.

hingegen die Fugger; und Jakob Fugger II., der Reiche, konnte sich 1523 in einem Brief an den damals mächtigsten Herrscher der Christenheit damit brüsten, „daß Eure kaiserliche Majestät die Römische Krone ohne meine Hülfe nicht hätten erlangen können" (zit. nach Ehrenberg [127], Bd. I., S. 112).

47 [133], S. 34. Nicht berücksichtigt ist die Menge an Edelmetallen, die der Erfassung durch die vom Staat eingesetzten Kontrollbeamten entging und daher in den von Hamilton bei seiner Berechnung zugrundegelegten offiziellen Registern nicht enthalten ist. Geschmuggelt wurde in den Heimathäfen wie in Amerika, wo insbesondere Buenos Aires nach seiner (zweiten) Gründung 1580 zum Zentrum von Schmuggel und illegalem Handel wurde, Umschlagplatz eines beträchtlichen Teils der Silberproduktion von Potosí. Wie hoch die Menge der geschmuggelten Edelmetalle anzusetzen ist, ist schwer zu sagen; Hamilton (a.a.O., S. 37f.) schätzt sie auf ca. 10% der registrierten Menge.

48 Während Karl V., spanischer König und römisch-deutscher Kaiser, allen seinen Untertanen, somit auch den deutschen Handelshäusern, den Zugang zum Amerikahandel gestattete, war Philipp II. fest entschlossen, Nicht-Spanier aus seinen überseeischen Besitzungen fernzuhalten und vom Amerikahandel auszuschließen. Doch seine diesbezüglichen Maßnahmen waren nicht immer effizient, da sie durch Einsetzen von Strohmännern oder die leicht mögliche Naturalisierung von Ausländern umgangen werden konnten. Zum anderen war durch die zunehmende Abhängigkeit der Staatsfinanzen von ausländischen Kapitalgebern der „Re-Hispanisierung" des Amerikahandels aus finanzpolitischen Erwägungen Grenzen gesetzt.

49 [80], S. 8 v°.

50 Zweifellos ist mit der Qantitätstheorie und dem massiven Zustrom der amerikanischen Edelmetalle allein das Phänomen der Preisrevolution im 16. Jahrhundert nicht hinreichend zu erklären. Entscheidend war, daß die gestiegene Geldmenge nicht im Produktionsbereich investiert wurde, das Warenangebot somit nicht Schritt halten konnte mit der wachsenden Nachfrage, die demographischer Aufschwung und Steigerung der individuellen Bedürfnisse mit sich brachten.

51 Bezeichnend für diese allen merkantilistischen Prinzipien zuwiderlaufende und für die spanische Industrie katastrophale Politik waren die Verordnungen der Krisenjahre 1548–58. Nur ein Beispiel sei hier genannt: Um die verheerende Inflation einzudämmen und insbesondere die Preise für Textilfabrikate herunterzuschrauben, erließ Karl V. 1552 für einheimische Textil- und Lederwaren ein Exportverbot bei gleichzeiti-

ger Förderung der Importe. Zwar wurde diese Verfügung nach wenigen Jahren wieder außer Kraft gesetzt, doch dieser kurze Zeitraum reichte aus, um die Positionen der ausländischen Produzenten vollends zu festigen und die einheimische Industrie ihrem Ruin entgegenzutreiben.

52 [80], S. 8 v° f. Wie ertragreich dieser Handel mit „Tand" und "Firlefanz" für die französische Seite sein mochte, schildert die bitterböse Satire des Zeitgenossen Francisco de Quevedo von dem Zusammentreffen dreier französischer ambulanter Händler mit einem Spanier. Sie beginnt folgendermaßen: „Drei Franzosen kamen über die Berge der Provinz Vizcaya nach Spanien: der erste mit einem Scherenschleiferwägelchen als Geiferlätzchen, der zweite mit zwei Buckeln Blasbälgen und Mausfallen, und der dritte mit einer Schachtel voll Kämmen und Nadeln." Auf die erstaunte Frage des Spaniers, warum sie denn den weiten und beschwerlichen Weg von Frankreich nach Spanien auf sich nähmen, um so minderwertige Waren anzubieten, antwortet der Scherenschleifer: „Ihr müßt die Scherenschleifer als Landflotte betrachten. Wir wetzen und schleifen mehr eure Goldbarren als Messer. Seht euch dieses zerbrochene Krügelchen an, es tröpfelt und hat Harnzwang: es erspart uns den tosenden Ozean und die Gefahren eines Sturmes, und das Schleifrad macht Segel und Steuerleute überflüssig und bringt dennoch das Silber. Mit diesem Gerümpel aus vier Stangen und einem Schleifstein sowie mit den in allen Königreichen verstreuten Kämmen und Nadeln schleifen und krämpeln wir so nach und nach die Goldadern Amerikas und lassen sie zur Ader. Seid gewiß: es ist nicht der kleinste Anteil des Kronschatzes von Frankreich, den die Mausefallen mausen und die Blasbälge fortblasen." Worauf der Spanier, bevor er wütend zur Waffe greift, seiner Empörung folgendermaßen Ausdruck verleiht: „Bei Gott! ... ich wußte das zwar nicht, sah aber doch, wie unser Geld mit Hilfe eurer Blasbälge in Rauch aufging. Eure Mausefallen haben eher eure Geldkatzen gefüllt als unsere Mäuse dezimiert ... Und jetzt sehe ich, daß ihr Franzosen die Läuse seid, die Spanien allüberall auffressen ..." *Die Fortuna mit Hirn oder die Stunde aller*, zitiert in der Übersetzung von Muster [93], S. 225 und 227).

53 Bodin [62], S. 14.

54 [81], S. 66.

55 Die Feindseligkeiten zwischen Habsburgern und Valois, die während der ersten Hälfte des 16. Jahrhunderts mit nur kurzen Unterbrechungen gegeneinander Krieg führten, haben den Handel zwischen Spanien und Frankreich zwar erschwert, die Hafenstädte beider Länder aber nicht daran gehindert, notfalls unter Umgehung der staatlichen Institutionen und königlichen Ordonnanzen die für beide Seiten einträglichen

Geschäftsbeziehungen zu pflegen und auszubauen. Erst der nach Ausbruch des 3. Religionskrieges 1568 einsetzende Seekrieg zwischen Protestanten und Katholiken, der Konflikt zwischen Spanien und England, der 1585 in einen offenen Krieg mündete, sowie der gleichzeitig in Frankreich entbrennende 8. Religionskrieg, der auch den bis dahin relativ verschont gebliebenen Norden Frankreichs verwüstete, brachten für den französischen Außenhandel mit Spanien schwere Rückschläge. Allein Rouen konnte von der Situation profitieren, da der Hafen nach der Blockade des Ärmelkanals der wichtigste Umschlagplatz für den spanischen Handel mit Flandern wurde.

56 Es ist allerdings festzuhalten, daß ein großer Teil der im Handel mit Spanien erwirtschafteten Überschüsse der französischen Volkswirtschaft nicht zugute kam, sondern in den Orienthandel mit Luxusgütern wie Seiden- und Taftstoffen, Gewürzen, Zucker oder Färbemitteln floß. Dieser Handel, der sich für alle mitteleuropäischen Staaten als wahrer Aderlaß erwies, beruhte auf einem Phänomen, das Ökonomen wie Moralisten gleichermaßen beschäftigte: der „Hang zum Luxus", der sich bei Adel und Bourgeoisie entsprechend der wirtschaftlichen Potenz und dem sozialen Status besonders in der Kleidung und im Schmuck, in der Architektur, der Inneneinrichtung, ja sogar im täglichen Essen und Trinken manifestierte und dem in Frankreich auch mit den zahlreich erlassenen „Luxusgesetzen" nicht beizukommen war. Es wird geschätzt, daß von der Gesamtförderung amerikanischer Edelmetalle im 16. und 17. Jahrhundert 35 bis 50% entweder über Europa oder auf direktem Wege über Acapulco und die Philippinen in den Orienthandel geflossen sind.

57 [41], S. 43 v°.

58 J. Cleveland, *Poems* (1650), S. 10; zitiert nach Braudel [117], Bd. III, S. 478.

59 Die Zahlen, mit denen Jean Eon in seiner 1646 veröffentlichten und überaus akribisch recherchierten Schrift *Le Commere Honorable* [69] die Übermacht der ausländischen Kaufleute belegte, sind sehr eindrucksvoll. In Kapitel IV des 1. Teils – „Exakte Berechnung des gesamten Handels und des Profits, den in Frankreich zum Nachteil der Franzosen die Ausländer machen" – heißt es: „Nehmen wir jetzt den gesamten Profit, den die Holländer, Engländer, Schotten, Iren, Portugiesen und Italiener jährlich in Frankreich machen, so kommen wir allgemein auf die Summe von 9317421 *livres* und 12 *sols* ... Ich zweifle keinesfalls, daß diese Folgerung die meisten unserer Franzosen überraschen und erstaunen wird; denn sie leben in einem Reich, in dem alle zum Leben notwendigen

Dinge ausreichend vorhanden sind, und erkennen nicht so leicht den Abgrund, in den wir allmählich treiben ..." (S. 42).

60 [81], S. 161f.

61 A.a.O., S. 168f.

62 Der „Verrat" der Bourgeoisie war zwar ein gesamteuropäisches Phänomen; doch in Frankreich hat er in weitaus stärkerer Form als in anderen europäischen Ländern die wirtschaftlichen, politischen und gesellschaftlichen Strukturen geprägt. Unter den Arbeiten von Braudel zu diesem Thema wird v. a. verwiesen auf: *La Méditerranée* [118], Bd. II, Kap. V. 2, und *Civilisation matérielle* [117], Bd. II, S. 421 ff.

63 [77], S. 290.

64 Wem diese Position mittlerweile zugefallen war, zeigt ein kurioses Detail aus der Geschichte der amerikanischen Edelmetalle und ihrer Verteilung in Europa. In einer Zusatzvereinbarung zum spanisch-englischen Friedensvertrag 1630 wurde England damit betraut, den Transport des für die niederländischen Südprovinzen bestimmten spanischen Geldes auf englischen Schiffen zu sichern – ein kluges Vorgehen der Spanier, die somit genau jene für sich verpflichteten, deren Übergriffe sie am meisten fürchten mußten.

II
Vorverständnis und Vorwissen

Die Begegnung der Europäer mit Amerika, ausgelöst durch die erste „Indienfahrt" des Kolumbus, war, objektiv betrachtet, die Begegnung mit einer bis dahin noch nicht erfahrenen, fremden Welt. Den ersten Reisenden aber erschien die angetroffene Wirklichkeit nicht gänzlich unbekannt, das Fremde nicht gänzlich unvertraut, meinte man doch, über entfernte Gegenden und Völker gewisse Vorkenntnisse zu besitzen, die eine Einordnung und Nutzbarmachung auch dieser so andersartigen Wirklichkeit zu leisten halfen. Die Vorkenntnisse des Kolumbus knüpften sich an die Überzeugung, die entdeckten Inseln als Teil Indiens lokalisieren zu können; so bestand bei ihm eine – subjektiv durchaus legitime – Erwartungshaltung, die sich an dem orientierte, was er über diesen Erdteil an Vorwissen besaß, ergänzt durch die Kenntnisse über jene Inseln, die auf der Westroute nach Indien vermutet wurden. Doch schon bald stellte sich heraus, daß die den Zeitgenossen zur Verfügung stehenden real-geographischen Informationen über den noch weitgehend unerforschten Orient und die sagenumwobenen Inseln des Atlantik wie Antillia oder die Insel des Heiligen Brandanus zu unbestimmt und zu widersprüchlich waren, als daß sie ausreichende und zuverlässige Bezugspunkte hätten liefern können. Und was nützte schließlich dem Reisenden die Kenntnis so anerkannter und als verläßlich erachteter Autoren wie Marco Polo oder Mandeville, wenn deren geographische Angaben nicht halfen, die aufgefundenen Gebiete zu identifizieren, wenn möglicherweise sogar, wie es Kolumbus erging, die angetroffene Wirklichkeit dem widersprach, was man in Anlehnung an ebendiese Autoren anzutreffen erwartete?

Für eine Lokalisierung der entdeckten Regionen erwies sich das Vorwissen der Zeitgenossen als wenig hilfreich, und die real-geographische Identifizierung des Unbekannten mit Bekanntem erwies sich spätestens dann als Illusion, als man die Erkenntnis gewann, eine – wie Vespucci mit Stolz betonte – „neue", den anerkannten Philosophen und Geographen unbekannte Welt entdeckt zu haben. Diese Erkenntnis mochte in manchem Reisenden und Berichterstatter ein Gefühl der Überlegenheit hervorrufen; die Autorität dieser Autoren hinsichtlich der Darstellung der *ihnen* bekannten Welt blieb jedoch unangefochten. Und da auch sie bereits über Landschaften und Völker berichtet hatten, die außerhalb des eigenen Lebensbereiches lokalisiert und von diesem sehr verschieden waren, konnte das durch Lektüre oder mündliche Vermittlung dieser Autoren erworbene Wissen schließlich doch – unabhängig von zeitlich-geographischer Fixierung – auch bei der Begegnung mit einer „neuen" Welt sehr hilfreich sein.

Nahmen Vorverständnis und Vorwissen somit die Wirklichkeit vorweg? Um diese Frage für die Amerikareisenden beantworten zu können, muß man wissen, was den Zeitgenossen an diesbezüglichem Vorwissen zur Verfügung stand.

Fremde Völker und Landschaften in der christlich-abendländischen Tradition

Von Monstern, Heiden und Barbaren

Die griechisch-römische Tradition kannte viele fremde Völker, die zumeist außerhalb des eigenen Lebensraums angesiedelt waren und deren Wesen und Lebensgewohnheiten den Vorstellungen und Normen der eigenen Kultur so sehr widersprachen, daß man sie – um sich von ihnen abzugrenzen – nur als kulturlos oder gar als nicht mehr der menschlichen Spezies zugehörig betrachten konnte. „Barbaren" nannte man zunächst jene Völker, deren Sprache von den Griechen, da sie diese nicht verstanden, als unartikuliertes Gestammel empfunden wurde und die daher, eben weil sie des Griechischen nicht mächtig waren, an der hellenischen Kultur nicht teilhatten. Und da man im Prinzip alles Nicht-Griechische als „Unkultur" betrachtete, war es nur folgerichtig, daß man den Barbaren primär das absprach, was nach griechischem Selbstverständnis das Spezifische der eigenen Kultur in der ethischen wie in der politischen Dimension begründete: die Gesetze. So begriff man neben der Sprachlosigkeit als vorrangiges Attribut barbarischer Völker die Gesetzlosigkeit, die gemäß dem eigenen Verständnis auf Irrationalität begründet war und der Triebhaftigkeit und Wildheit Vorschub leistete, so daß die Sitten der Barbaren mehr der animalischen denn der menschlichen Sphäre zugeordnet wurden. Bereits bei Homer erfolgte dann eine Bedeutungserweiterung. Barbarisch wurde zum Synonym für nicht-griechisch, fremd, mit der Folge, daß sich nach griechischem Verständnis die Vielfalt menschlicher Erscheinungsformen auf zwei Kategorien reduzieren ließ: den Kulturkreis der Hellenen und die kulturlosen Barbaren.

Für die Römer war die Übernahme dieser an die hellenistische Kulturtradition geknüpften Vorstellung anfänglich, d. h. solange die Überlegenheit der griechischen Kultur noch unbestritten war und die Hellenisierung Roms noch am Anfang stand, problematisch, da sie schließlich von der schmerzlichen Einsicht begleitet war, daß ja gemäß dem griechischen Standpunkt auch sie zu diesen kulturlosen Barbaren gehörten. So wurde bei zahlreichen römischen Autoren der Gegensatz Hellenen – Barbaren zunächst ersetzt durch die Dreiteilung in Griechen, Römer und Barbaren. Doch in dem Maße, wie der Besitz des römischen Bürgerrechts als persönliches Attribut wichtiger wurde als die Zugehörigkeit zum Kulturkreis der Griechen, konnte diesen gegenüber auf eine besondere Reverenz verzichtet werden, konnte folglich auch die alte Zweiteilung der Menschheit analog zur hellenistischen Tradition wiederaufgegriffen werden. Somit wurde der *barbarus* zum Synonym des Nicht-Römers und des Fremden schlechthin, dessen Sprache nur als Kauderwelsch zu bezeichnen war, der keinerlei Kultur besaß und sich vorrangig durch Wildheit auszeichnete.

Solchen Klischeevorstellungen, Fremdvölkerstereotype genannt, liegt jener Mechanismus des Ethno- oder Soziozentrismus zugrunde, der in allen menschlichen Gesellschaftsformen anzutreffen ist: das Eigene, die in einer bestimmten sozialen Gruppe, sei es Stamm, Volk oder Kulturkreis, gepflegte Weltsicht, wird zum allgemeingültigen Maßstab erhoben, das Andere, Fremde wird demgegenüber als minderwertig, vielleicht gar als bedrohlich abgelehnt – oder als paradiesisch idealisiert, wenn man mit den eigenen Verhältnissen unzufrieden ist.

Die christliche Lehre, die von ihrem Ansatz her von *ethnozentrisch* begründeter Diskriminierung frei war, bot eine gewisse Möglichkeit zur Überwindung solcher Fremdvölkerstereotype. Denn schließlich besagte sie, daß alle Menschen der göttlichen Gnade teilhaftig werden können und alle vor Gott gleich sind: „Da nicht ist Grieche [Gentilis], Jude, Beschnittener, Unbeschnittener, Ungrieche [Barbarus], Szythe, Knecht, Freier, sondern alles und in allen Christus."[1] Doch diese Chance wurde vertan. Denn der mit Nachdruck hervorgehobene Exklusivcharakter des Neuen Bundes bedingte, daß sich auch in der christlichen Tradition als Ausdruck eines primär religiös begründeten Soziozentrismus die Neigung herausbildete, Nicht-Christen – und damit auch Barbaren der griechisch-römischen Tradition – als Fremdgruppe am Rande menschlicher Daseinsformen anzusiedeln.[2] Erst im 16. Jahrhundert wurde dieser Auffassung (zumindest offiziell) dadurch das Fundament entzogen, daß durch päpstliche Bulle den Barbaren bzw. Heiden in Gestalt der „Indianer" ausdrücklich der Charakter von wirklichen, vernunftbegabten Menschen, „veros homines", zugesprochen wurde.

Das Fremdgruppenstereotyp des Barbaren bzw. Heiden besaß für das christliche Mittelalter neben der religiösen aber auch eine kulturelle Dimension, da das Kulturerbe der griechisch-römischen Antike keinesfalls zurückgewiesen worden war. So begriff etwa Augustinus, auch wenn er Rom in die Nähe Babylons rückte, das Römische Imperium als den besten aller möglichen Weltstaaten. So wurde schließlich um die Jahrtausendwende die Idee von der Erneuerung des Römischen Reiches – neben der Idee von der Einheit der Christenheit – für das deutsche Kaisertum zum Eckpfeiler seines universalen Herrschaftsanspruchs. Der Barbare oder *homo silvaticus* als Angehöriger fremder Völker[3] blieb folglich auch während des christlichen Mittelalters unabhängig von seiner Religionszugehörigkeit im wesentlichen das, was er bereits in der antiken Tradition gewesen war: der Inbegriff der Unkultur, welche in klarer Abgrenzung zur eigenen Kultur durch Gesetzlosigkeit definiert und mit Wildheit und Grausamkeit assoziiert war.

So erscheint in der Beurteilung fremder, andersartiger Völker in der mittelalterlichen Tradition religiöser und kultureller Zentrismus komplementär, sind der Heide und der Wilde als Nachfahre des Barbaren gemeinhin christlicher *humanitas* und abendländischer Kultur und Zivilisation diametral entgegengesetzt.

Neben den Heiden und Barbaren, die bei aller Unkultur doch immerhin menschliche Gestalt besaßen, kannte die griechisch-römische wie die mittelalterliche Tradition aber auch Völker, von denen man letzteres nicht sagen konnte; Wesen, die aufgrund ihrer monströsen Gestalt nicht mehr eindeutig der menschlichen Spezies zuzuordnen waren: neben den Pygmäen und Giganten die Monocoli und Monopoden, die nur ein Auge bzw. einen Fuß besaßen; die Astomi, die mundlos waren und sich vom Duft bestimmter Früchte ernährten; die Acephali, die kopflos waren und das Gesicht auf der Brust trugen; die Cynocephali, hundsköpfige Wesen, die sich durch Bellen miteinander verständigten; die Phanesi, die so große Ohren hatten, daß sie sich darin einwickeln konnten; oder die Skiapoden, die Schattenfüßler, deren einziger Fuß so groß war, daß sie ihn, wenn sie auf dem Rücken lagen, als Sonnenschirm benutzen konnten.[4]

Begründet wurde diese pseudowissenschaftliche Klassifizierung monströser Völker durch Ktesias von Knidos und Megasthenes, die sich zum Teil auf Herodot berufen konnten. Von Plinius dem Älteren und Pomponius Mela wurde diese Tradition der sonderbaren und mißgestalten Erscheinungen, der Portenta und Mirabilia, mit besonderem Einfallsreichtum fortgesetzt. Doch auch sie wurden noch übertroffen von Gajus Julius Solinus, der die beiden vorgenannten Autoren als Quelle benutzte und dessen wahrhaft eindrucksvolle Sammlung fabulöser Wesen mit dem verheißungsvollen Titel *Collectanea rerum memorabilium* (Sammlung sonderbarer Dinge und Begebenheiten) oder *De mirabilibus mundi* (Von den Sonderbarkeiten der Welt) während des ganzen Mittelalters und bis in die Neuzeit für Enzyklopädisten, Kosmographen und Reiseschriftsteller ein schier unerschöpflicher Quell der Inspiration gewesen ist.

Von tugendhaft-glückseligen Völkern, den Inseln der Seligen und dem Irdischen Paradies

In der griechisch-römischen Tradition wurden aber nicht alle außerhalb des eigenen Kulturkreises angesiedelten, real existierenden oder fabulösen Völker als wilde, ungesittete Barbaren oder gar als Monster ausgegrenzt. Die bei den Barbaren stets festgestellte Gesetzlosigkeit mochte durchaus auch als Idealzustand einer „natürlichen" Lebensweise gepriesen werden, die keinen äußeren Zwängen unterliegt, in der sich die Tugend uneingeschränkt entfalten kann und die Menschen als gleichberechtigte Mitglieder einer gerechten, häufig auf kollektivem Besitz gründenden Gemeinschaft ein sorgenfreies, glückliches und langlebiges Dasein genießen.[5] Lokalisiert wurden diese tugendhaften und glücklichen Wesen in den entlegensten Regionen: die Skythen und Hyperboreer im Norden, die Äthiopier im Süden und die Bewohner der Inseln der Seligen im äußersten Westen, am „Rande" des Ozeans.

Die Skythen und die Äthiopier entsprachen gemäß der Tradition in etwa dem, was wir als Naturvolk bezeichnen würden. Die Skythen wurden geschildert als Nomaden und Vegetarier und „Esser" von Stutenmilch (letzteres eine Eigenschaft, die den meisten Autoren als besonders charakteristisch erschien und zwecks Identifizierung der Skythen mit den ebenfalls Stutenmilch trinkenden Abioi in Homers *Ilias*, dem „rechtlichsten" Volk, betont wird. Sie sind „einfach in ihrem Aufwand und keine Schätze sammelnd", so charakterisierte sie Strabon aus Amaseia unter Berufung auf Hesiod. Und er berichtete weiter, daß sie

... sich gegen einander so wohlgesinnt zeigen, indem sie [nämlich] Alles, sogar Weiber, Kinder und die ganze Verwandtschaft gemeinschaftlich haben; von Auswärtigen aber bleiben sie unangefochten und unbesiegt, da sie nichts besitzen, weshalb man sie unterjochen sollte.[6]

Die Äthiopier wurden als besonders großwüchsig und als außergewöhnlich schöne Menschen beschrieben. Sie waren fromm und gottgefällig, erfreuten sich eines besonders langen Lebens, und ihr Glück und ihre Zufriedenheit waren nahezu sprichwörtlich. Worauf dieses Glück und diese Zufriedenheit beruhten, wußte Agatharchides von Knidos genau zu benennen:

Denn sie besitzen das Lebensnotwendige und streben nicht nach mehr. Jeden einzelnen beunruhigt es aber nicht, wenn ihm das, was er nicht kennt, fehlt, sondern wenn ihm die eilende Begierde die Gelegenheit nimmt zu genießen, wonach er aus freiem Willen verlangt. Daher wird jener, der alles hat, was er will, nach dem Gesetz der Natur, nicht nach dem Urteil der öffentlichen Meinung glücklich sein.[7]

Tugendhaftigkeit, Gerechtigkeit und ein im wesentlichen auf Bescheidenheit und Genügsamkeit basierendes zufriedenes Glück waren die hervorstechendsten Attribute der Skythen und Äthiopier, die ihren Ruf begründeten. Zu jenen beneidenswerten Wesen, die sich in angenehmer Sorglosigkeit eines leichten und bequemen Glücks im Überfluß erfreuten, gehörten sie jedoch nicht. Dies war den Hyperboreern und den Bewohnern der Inseln der Seligen vorbehalten, deren Existenz bis weit in das Mittelalter hinein unbestritten war, deren vorgebliche Eigenschaften und Lebensbedingungen aber mehr der projektiven, von eigenen Wunschvorstellungen geleiteten Phantasie als der Realität verhaftet waren. Die Hyperboreer, die im hohen Norden angesiedelt wurden, lebten gemäß der Tradition in wahrhaft vollkommener Glückseligkeit. Sie waren natürlich gut, tugendhaft und gerecht und erfreuten sich eines steten Wohlergehens, das sie durch Tanz und Gesang gebührend zu feiern wußten. Denn – und hierin unterschieden sie sich wesentlich von den Skythen und Äthiopiern – aufgrund des besonders angenehmen Klimas[8] und des äußerst fruchtbaren Bodens lebten sie in wahrem Überfluß und waren frei von jeglicher Sorge und Not:

Nicht Krankheit, verderblich Alter nicht drängt ins Volk sich,
In das heilige, ein. Von Mühsal und von Kämpfen frei,
Hausen sie, ganz entzogen
Der rachefordernden Nemesis.[9]

Als besonders beneidenswert wurde das hier konstatierte Fehlen von Krankheiten und Alterserscheinungen erachtet – ein Merkmal, das durch den bei diesem Volk angeblich üblichen, jeder Todesangst entbehrenden Freitod in seiner Wirkung noch verstärkt wurde:

Den Tod finden sie nur, wenn sie des Lebens müde sind, indem sie, nachdem sie sich im Alter noch einmal durch Schmauserei und Wohlleben recht gütlich gethan haben, von einem Felsen in's Meer springen. Dieß ist die glückseligste Art des Begräbnisses.[10]

Der bereits in der Schilderung von den Hyperboreern anklingende Mythos vom Goldenen Zeitalter, in dem das erste Menschengeschlecht, das Goldene, unter der weisen und gerechten Herrschaft des alten Götterkönigs Kronos ein sorgenfreies und glückerfülltes Leben führte, wurde schließlich im Zusammenhang mit den Inseln der Seligen und ihren Bewohnern zur inhaltlich bestimmenden Referenz. Diese Inseln waren gemäß der von Hesiod begründeten Tradition der Aufenthaltsort jenes „göttlich Geschlecht von Helden"[11], das der Tod verschonte. Und da Kronos, nach seinem Sturz durch Zeus aus dem Olymp vertrieben, die Herrschaft über diese Inseln übertragen wurde, lebte das Heldengeschlecht dort unter Bedingungen, die mit denen des Goldenen Menschengeschlechts vergleichbar waren. Jene, so Hesiod,

... lebten dahin wie Götter ohne Betrübnis
Fern von Mühen und Leid, und ihnen nahte kein schlimmes
Alter, und immer regten sie gleich die Hände und Füße,
Freuten sich an Gelagen, und ledig jeglichen Übels,
Starben sie, übermannt vom Schlaf, und alles Gewünschte
Hatten sie. Frucht bescherte die nahrungspendende Erde
Immer von selber, unendlich und vielfach. Ganz nach Gefallen
Schufen sie ruhig ihr Werk und waren in Fülle gesegnet,
Reich an Herden und Vieh, geliebt von den seligen Göttern.[12]

So spendete auch auf den Inseln der Seligen, dem Elysion Homers, die Natur den dort lebenden Heroen ihren Reichtum im Überfluß, ohne daß sich diese der Mühe körperlicher Arbeit unterziehen mußten. Das Klima war milde und ausgeglichen; eine leichte Brise sorgte stets für eine angenehme Frische. Und auch die Sinnesfreu-

66

den kamen schließlich nicht zu kurz, denn die Schönheit der Landschaft und die gebotenen Annehmlichkeiten waren einzigartig. „Ort der Freude", „lieblich-leuchtende Grünung": so wird das Elysium bei Vergil[13] knapp charakterisiert – Formulierungen, die auf die Verwendung eines bereits seit Homer in der Tradition der antiken Rhetorik verwurzelten Topos verweisen und die in dem zeitgenössischen Leser/Hörer ein ganz bestimmtes Bild von einer idealen Landschaft entstehen ließen. Zu den unumgänglichen Attributen dieses *locus amoenus* gehörten der schattenspendende immergrüne Baum, das labende und kühlende Quellwasser, das zum Ruhen einladende grüne Gras. Diese Minimalausstattung konnte, entsprechend der angestrebten Ausführlichkeit, noch durch weitere Attribute ergänzt werden: das Gezwitscher der Vögel, der berauschende Duft der Blumen, das leise Summen der Bienen und schließlich die Weinstöcke, die Obst-, Oliven- und Feigenbäume, die über das ganze Jahr hinweg reife Frucht tragen.

Gelang es nun einem Sterblichen, diese Inseln der Seligen zu finden, so würde damit zweifelsohne auch ihm ein harmonisches und glückliches, von Sorge, Not, Krankheit und Todesangst befreites, langes Leben beschieden sein. Damit war die unwiderruflich verloren geglaubte Wunsch*zeit* des Goldenen Zeitalters durch ihre Projizierung auf einen real-geographisch lokalisierbaren Wunsch*ort* aus vorzeitlicher Ferne in die Gegenwart gerückt – eine Gegenwart, die für jeden, der sich der gefahrvollen und ungewissen Reise unterzog, Wirklichkeit werden konnte. Doch mit der „Christianisierung" des antiken Mythos vom Goldenen Zeitalter erwies sich diese so verheißungsvolle Aussicht als trügerische Illusion, denn gemäß der christlichen Lehre war der Zugang zum Paradies, in dem allein die Bedingungen des Goldenen Zeitalters gegeben waren, dem Menschen in seiner diesseitigen Existenz verwehrt. So blieb dem Christen nur die Hoffnung, nach dem Tod an einem himmlischen Ort jener Freuden teilhaftig zu werden, die einst Adam und Eva in einer paradiesischen Urzeit genießen konnten.

Wie nun dieses Irdische Paradies ausgesehen hatte, darüber gab die Heilige Schrift nur spärlich Auskunft: ein Garten in Eden, der von einem Strom gewässert wird, mit „allerlei Bäumen", „lustig anzusehen und gut zu essen"[14]. Diese wenigen Details aber konnten leicht ergänzt werden, denn schließlich hatte man ja hinsichtlich der Beschaffenheit eines Gartens als Ort der Freude und der Glückseligkeit sehr genaue Vorstellungen. So finden wir in der Schilderung des Irdischen Paradieses all jene Elemente wieder, mit denen die griechisch-römische Tradition das Elysium, die Inseln der Seligen oder das bukolische Arkadien ausgestattet hatte und die auch in der mittelalterlichen, der neolateinischen wie der vulgärsprachlichen, profanen Dichtung als Topoi erhalten blieben. Und daß schließlich, wie in der Heiligen Schrift ausdrücklich vermerkt und von den Kirchenvätern immer wieder bestätigt, auch an einem so idyllisch anmutenden Ort irdische Kostbarkeiten wie Gold und Edelsteine im Überfluß vorhanden waren, konnte seinen Zauber und seine Anziehungskraft nur erhöhen.

Wie aber stand es nun um die Frage der Existenz des Paradieses als real-geographischer Ort? Für die meisten Kirchenväter, so für Isidor von Sevilla, war die irdische Existenz des Paradiesgartens unbestritten. Dennoch blieb er für den Sterblichen unerreichbar, war er doch nach der Vertreibung Adams und Evas ausschließlich ein Ort himmlischer Freuden, *locus divinae amoenitatis.* Selbst wenn es gelingen sollte, das Paradies zu lokalisieren, verwehrte ein unüberwindliches Hindernis den Zugang. Lag es auf einem Berg, dann ragte dieser so hoch, daß er fast bis an den Mond heranreichte; und lag es auf einer Insel, dann war diese mangels natürlicher Häfen nicht zugänglich. In jedem Falle war es von einer hohen Mauer umgeben, die laut Isidor sogar bis an den Himmel hinaufreichte.[15]

Das Irdische Paradies als Wunschort blieb somit dem Menschen in seiner diesseitigen Existenz versperrt. Dennoch bot die Suche nach seinem geographischen Standort über Jahrhunderte und bis in das 16. Jahrhundert hinein genügend Anreize, um die Phantasie der Menschen zu den gewagtesten Spekulationen und die Reisenden nicht selten zu gefahrvollen Abenteuern zu verleiten. Denn die in der Nähe des Paradieses liegenden Regionen, dessen war man gewiß, mußten hinsichtlich des Klimas, der Landschaft und der Bodenbeschaffenheit Bedingungen aufweisen, die denen des Paradieses vergleichbar waren. Da überdies die herausströmenden

Flüsse, wie zahlreiche Quellen bezeugten, Gold und Edelsteine mit sich führten, mußte auch der Reichtum dieser Regionen unermeßlich sein. Und schließlich war es naheliegend anzunehmen, daß auch die Menschen nahe dem Irdischen Paradies in einem Zustand lebten, der von jener vergangenen Epoche paradiesischer Unschuld und Glückseligkeit noch nicht allzu weit entfernt war.

So konnten einige der in der griechisch-römischen Tradition entwickelten Stereotype von tugendhaften und glückseligen Fremdvölkern, indem diese in der Nähe des Irdischen Paradieses angesiedelt wurden, überdauern und sich zumindest solange allgemeiner Popularität erfreuen, wie die überlieferten, mehr oder minder präzisen Angaben über ihren Standort wiederum bei der Suche nach dem Irdischen Paradies wertvolle Hinweise geben konnten. Die Erinnerung an die Hyperboreer als glückseliges Volk, dessen Existenz Plinius trotz mancher Zweifel hinsichtlich des ihnen zugeschriebenen Standorts nicht in Frage stellen mochte, wurde wachgehalten durch Solinus und Martianus Capella und ist noch in der *Imago mundi* von Pierre d'Ailly (oder Petrus Alliacus) gegenwärtig. Eine Neuschöpfung des christlichen Mittelalters waren hingegen die Camerini und Brahmanen, die, obzwar keine Christen, sich durch frommes Gebet und eine instinktiv christliche Lebensweise auszeichneten. Die Camerini lebten im Osten in einem Land, das Eden hieß und das dieselben angenehmen Eigenschaften besaß wie das fabulöse Cuccagna, das Schlaraffenland. Im Osten lebten auch die Brahmanen; doch sie lebten nicht, wie die Camerini, im Überfluß, sondern waren genügsam und bescheiden, besaßen keinerlei materielle Güter und gingen völlig nackt. Sie lebten im Einklang mit der Natur, ohne irdischen Ehren und Gütern nachzujagen, denn ihre Devise lautete: „du besitzt alles, wenn du nichts begehrst"[16].

Doch bei aller Anziehungskraft, die die Brahmanen auf den mittelalterlichen Christen ausüben mochten, ist diese kaum zu vergleichen mit der einer anderen Völkergruppe, in deren unmittelbarer Umgebung ebenfalls das Irdische Paradies vermutet wurde und die überdies noch den Vorzug besaß, zumindest teilweise der christlichen Religion anzugehören. Dies waren die Untertanen des legendären Presbyters Johannes, die einer bis dahin weitgehend unbekannten nicht-orthodoxen christlichen Gemeinde, den Nestorianern oder Thomaschristen, zugerechnet und häufig mit den Äthiopiern identifiziert wurden, die ja bereits in der griechisch-römischen Tradition als gottgefällige Menschen gerühmt waren und von denen man seit dem 11. Jahrhundert mehr oder minder präzise Informationen darüber zu besitzen vermeinte, daß ihr Herrscher bereits seit längerer Zeit zum christlichen Glauben übergetreten war.

Erste konkrete Hinweise auf die Existenz eines mächtigen christlichen Herrschers in Zentralasien gab die vor 1158 abgeschlossene Chronik des Otto von Freising, Bischof, Chronist und Ratgeber Friedrich Barbarossas. Dort wurde berichtet, dieser König mit Namen Presbyter Johannes habe siegreich gegen die Perser und Meder gekämpft, habe schließlich den Christen im Heiligen Land zu Hilfe kommen wollen, sei aber durch widrige Witterungsverhältnisse an seinem Vorhaben gehindert worden.[17] Daß dieser Plan jedoch weiterhin bestand, daß den Christen bei einem neuerlichen Kreuzzug somit ein mächtiger Verbündeter zur Seite stehen würde – diese verheißungsvolle Nachricht erreichte das Abendland nur zwei Jahrzehnte später durch einen Brief, den derselbe Presbyter (vorgeblich) an die drei zu jener Zeit mächtigsten Herrscher der Christenheit, Papst Alexander III., Kaiser Emanuel Comnenus von Byzanz und den deutschen Kaiser Friedrich I. Barbarossa, adressiert hatte und in dem er sie aufforderte, mit ihm als Verbündetem die verlorenen Positionen im Heiligen Land zurückzuerobern.[18] Und daß schließlich dieser potentielle Verbündete hinsichtlich seiner Tugend und seiner Frömmigkeit wie hinsichtlich seiner Macht und seines Reichtums den abendländischen Herrschern nicht nur ebenbürtig, sondern in vielfacher Hinsicht sogar überlegen war – dies wurde vom vorgeblichen Verfasser, der sich „aus Demuth"[19] schlicht Presbyter oder Priester nannte, in wahrhaft hochtrabender Manier und einer Fülle phantastischer Details dem staunenden Leser vorgeführt.

Das Reich dieses Herrschers, eingesetzt vom Schöpfer „zum Mächtigsten und Glorreichsten über sämtliche Sterbliche" (48)*,

---

* Ziffern in Klammern geben die Seite der zitierten Quelle an.

erstreckte sich über die „drei Indien" (28), und da es von einem
der Paradiesflüsse, dem Indus, bewässert wurde, war es reich an
Gold, Silber und Edelsteinen; überdies ein Land, in dem buchstäblich Milch und Honig flossen und in dem der Mensch durch
wundersame Quellen von Krankheit und Alter verschont blieb.
Angesichts so angenehmer Lebensbedingungen mochte es kaum
überraschen, daß die dort lebenden Menschen gleichsam als Vorbild an Tugend und Sittsamkeit gelten konnten. „Unter uns", so
der Verfasser, „weilt kein Armer; alle Gäste, alle Fremden bewir-
then wir. Weder Diebe noch Räuber, weder Ehebruch noch Geiz
finden sich bei Uns. Ein Schmeichler findet bei Uns keine Stätte,
Zwietracht kennt man nicht." (37) Einzig der Herrscher selbst
schien seine Untertanen an Tugend noch zu übertreffen. Und
vielleicht werden gerade die Details, mit denen der Presbyter die
eigene Person herausstellte, den zeitgenössischen Leser in besonderem Maße fasziniert und die Reisenden der nachfolgenden
Jahrhunderte beflügelt haben; etwa wenn, wie in dem abschließenden Zitat illustriert, durch die wundersamen Kräfte des edlen
Gesteins Tugend und Reichtum eine so glückliche Verbindung
eingehen, wie es bei den Schlaf- und Eßgewohnheiten dieses
fabulösen Herrschers der Fall war:

Unser Bett ist aus Keuschheitsgründen aus Saphyr. Wir haben die schönsten
Frauen, doch nur viermal im Jahre kommen sie zu Uns, um Söhne zu zeugen,
und wenn sie von Uns, wie Bethsabe von David, die Weihe erlangt haben,
kehren sie, eine jede an ihre Stelle zurück. An Unserm Tische speisen, ausser
den zufällig Kommenden, täglich 30000 Menschen, und alle erhalten aus
Unserer Kammer Geschenke, seien es Pferde, seien es andere Dinge. Dieser
Tisch ist vom kostbarsten Smaragd, vier Amethystsäulen stützen ihn, die
Macht des Steines hindert, dass Jemand am Tische sich berausche. (42)

Völkerkunde und Geographie zwischen Realität und Fiktion

Der Westen: heidnischer Ort der Glückseligkeit

Das Wissen um die Existenz und die Natur einer paradiesischen Umwelt und barbarischer oder tugendhaft-glückseliger Völker mochte Phantasie und Wunschdenken der Menschen beflügeln und bei der Begegnung mit einer ihnen unbekannten Welt als Orientierung dienen – auch wenn dieses Wissen an keine gesicherte real-geographische Lokalisierung gekoppelt war. Welch zusätzliche Qualität aber konnte dieses Wissen gewinnen, wenn im Rahmen positiver völkerkundlich-geographischer Kenntnisse eine solche Lokalisierung möglich war!

Die real-geographische Bestimmung eines paradiesischen, Glückseligkeit verheißenden Wunschortes vermeinten bereits die antiken Geographen erreicht zu haben. Hatte Hesiod die Inseln der Seligen noch an einem äußerst vage umschriebenen, eher mythischen Ort „am Rande der Erde", „bei des Okeanos Strudeln"[20], lokalisiert, so vermochte doch bereits Strabon nähere Angaben zu machen. Die Inseln der Seligen, so heißt es in seiner *Erdbeschreibung,* „liegen vor den äußersten Theilen Maurusiens [Mauretanien] gegen Westen, in welcher Gegend sowohl Iberiens als Maurusiens Enden zusammenlaufen"[21]. Plinius, der die einzelnen Inseln mit Namen benannte, glaubte sogar ihre genaue Entfernung von Gades (Cádiz) angeben zu können sowie die Richtung, in der man sie erreichen würde. Doch seine diesbezüglichen Hinweise sind so absurd, daß sie kaum jemand ernsthaft in Erwägung gezogen haben wird.[22] Erst Plutarch konnte berichten, daß überhaupt jemals ein Sterblicher zu diesen Inseln gelangt war. In der Lebensbeschreibung des Sertorius heißt es, dieser sei an der Iberischen Küste auf Seeleute gestoßen, die gerade von den „Atlantischen Inseln" zurückgekehrt waren und von denen er folgendes erfahren habe: „Es sind deren zwei, durch eine ganz schmale Meerenge voneinander getrennt, zehntausend Stadien von Afrika entfernt; sie heißen die Inseln der Seligen."[23] Aufgrund der Beschreibung, die die Gewährsleute des Sertorius angeblich aus eigener Anschauung lieferten, mußte es sich bei diesen Inseln um die langgesuchte Wohnstatt der Heroen handeln. Und um auch noch einen letzten möglichen Zweifel an ihrer Identität auszuräumen, fügte Plutarch hinzu: „Daher hat sich bis zu den Barbaren der feste Glaube verbreitet, daß dort das Elysische Gefilde und die Wohnung der Seligen liege, die Homer besungen hat."[24]

Durch die damit vorgeblich gelungene Identifizierung der Inseln der Seligen mit wirklich existierenden Inseln im Atlantischen Ozean wurde der Westen – als Raum und als Idee – zum Brennpunkt menschlicher Sehnsucht nach einem glücklichen, von Mühsal und Leid befreiten Dasein. Daß dieser Raum erreichbar war, die Idee somit Wirklichkeit werden konnte, eine solche Information mochte zwar bei manchem Zeitgenossen ungläubiges Staunen hervorrufen; mit den geographischen Kenntnissen und Theorien der Zeit aber war sie keinesfalls unvereinbar. Die These von der Kugelförmigkeit der Erde war bereits seit dem 5. vorchristlichen Jahrhundert unter Philosophen und Kosmographen weithin anerkannt. Und die Existenz bewohnbarer Inseln oder Kontinentalmassen außerhalb der bekannten Welt, die Aristoteles noch ausgeschlossen hatte[25], wurde seit Kratos von Mallos[26] – wenn auch nicht unwidersprochen – von vielen angesehenen Autoren wie etwa Plinius und Pomponius Mela für möglich gehalten. So war die Neue Welt, wenn auch nur als Produkt wissenschaftlicher bzw. pseudowissenschaftlicher Spekulation, bereits zu Beginn unserer Zeitrechnung für die Alte Welt in scheinbar greifbare Nähe gerückt. Und die prophetisch erscheinenden Worte, die Seneca in seiner Tragödie *Medea* dem Chor in den Mund legte, gewinnen somit eine konkret faßbare Dimension:

... kommen werden in späteren Zeiten Jahrhunderte,
in welchen Oceanus die Fesseln der Elemente lockern
und ein ungeheures Land sich ausbreiten und
Tethys neue Erdkreise bloßlegen und unter den
Ländern nicht mehr Thule das äußerste sein wird.[27]

Der Osten: Reich der Wunder und Schätze

Doch mit dem Ende des Römischen Imperiums und dem Beginn des christlichen Mittelalters, so der Historiker Boies Penrose, „ging die Geographie als Wissenschaft in den Winterschlaf"[28]. Da sich das Weltbild jener Zeit aus der Bibel ableitete, damit aber zur griechisch-römischen Tradition geographischer Wissenschaft in Widerspruch geriet, gingen die zuvor weitgehend als gesichert geltenden Erkenntnisse, von kirchlicher Seite als Häresie bekämpft, in großem Umfang verloren, so daß auch die Spekulation über die Existenz unbekannter Welten und die Möglichkeit einer Umschiffung der Erde gewissermaßen ins ideologische Abseits rückten. Und da das Paradies, in dem allein die dem Goldenen Zeitalter zugeschriebenen Bedingungen gegeben waren, gemäß der Heiligen Schrift im Osten lag, mußte der Westen als heidnischer Ort der Glückseligkeit – wenn er auch nicht gänzlich in Vergessenheit geriet – doch erheblich an Anziehungskraft verlieren; dies zumindest so lange, bis das kirchlich verordnete, auf Jerusalem zentrierte Bild der Erde als Scheibe nicht mehr haltbar war und durch die zurückgewonnene Einsicht in die Kugelförmigkeit der Erde Ost und West einander wieder näherrückten.

So wurde Indien, das in der Terminologie der mittelalterlichen Geographen neben dem heutigen Indien in der Regel den gesamten süd- und ostasiatischen Raum einschließlich des malaiischen Archipels umfaßte, zum Zielpunkt menschlicher Sehnsucht nach paradiesischem Glück und materiellem Gewinn: ein unermeßlich weiter und unerforschter Raum, in den die mittelalterlichen Geographen, Enzyklopädisten und Reisenden die wundersamsten Dinge und Erscheinungen projizierten. Hier nun lag an einem unzugänglichen Ort der Garten Eden, hier lebten die tugendhaften und glücklichen Untertanen des Presbyters Johannes, lebten aber auch all jene monströsen Völker, die schon in der griechisch-römischen Tradition am Rande der bekannten Regionen, in Afrika und Asien, beheimatet waren.

Bereits in der Antike hatte man durch die Alexanderzüge und den seit dem 1. vorchristlichen Jahrhundert blühenden Seidenhandel mit China positive Kenntnisse über die Reiche des Ostens sammeln können. Doch überwogen hier, wie in der Folgezeit, Mythos und Legende die wissenschaftlich bzw. empirisch abgesicherte Information. Und die wenigen Autoren, die sich um die deskriptive Ländergeographie und Kartographie verdient gemacht hatten – etwa Strabon und Ptolemaeus, der berühmteste Vertreter der Alexandriner Geographenschule –, gerieten während des christlichen Mittelalters für lange Zeit in Vergessenheit, bis sie schließlich im 15. Jahrhundert für die abendländische Wissenschaftstradition wiederentdeckt wurden.[29] So waren Plinius und Pomponius Mela – zumeist in der korrumpierten Fassung des Solinus – für die Kompilatoren bis zum 13. Jahrhundert die einzig verfügbare Quelle. Von Isidor und seinen *Etymologiae* oder *Origines* (Ursprünge) über die zahllosen in lateinischer Sprache und mit dem Anspruch auf Wissenschaftlichkeit verfaßten Summen und Kompendien bis hin zu den noch zahlreicher zirkulierenden zumeist in einer Vulgärsprache verfaßten (heute würden wir sagen: populärwissenschaftlichen) Darstellungen wurden die von Plinius bzw. Solinus verbreiteten Fabeln und Legenden unermüdlich wiederholt mit der Folge, daß sich die Vorstellung von Indien als Reich der Wunder und der Schätze vollends verfestigte. Und daß eine der wenigen Quellen jüngeren Datums, der Brief des Presbyters Johannes, die so phantastisch anmutenden Angaben des Solinus noch zu bestätigen schien, konnte dessen Autorität schließlich nur verstärken.

Als um die Mitte des 13. Jahrhunderts die ersten Christen auf Missions- und Handelsreisen bis in den Fernen Osten vordrangen, konnten die positiven Kenntnisse über das legendäre Indien erheblich erweitert werden. Die *Historia Mongolorum* (Geschichte der Mongolen) des Franziskaners Giovanni dal Pian del Carpine, der von 1246 bis 1247 als päpstlicher Gesandter am Hof des Großkhans in Karakorum weilte, sowie das *Itinerarium* (Wegbeschreibung) des Franziskaners Wilhelm Ruysbroek (oder Rubruquis), der von 1253 bis 1255 als Gesandter des französischen Königs Ludwig des Heiligen dieselbe Reise unternahm, fanden zumindest in den gelehrten Kreisen große Beachtung. Und der zunächst unter dem Titel *Description du monde* (Beschreibung der Welt) zirkulierende Bericht des Venezianers Marco Polo, der von 1271 bis

1295, davon 17 Jahre in Diensten Kublai Khans, den Kontinent bereist hatte, erreichte auch außerhalb der gelehrten Zirkel, insbesondere in den mediterranen Handelskreisen, weite Verbreitung.[30] Doch die Autorität des Plinius und seiner Epigonen blieb weiterhin ungebrochen. In der zeitgenössischen Kartographie wurden die neuen real-geographischen Erkenntnisse nur mit großer Verzögerung verarbeitet, und in den Welt- und Reisebeschreibungen wurden vorwiegend jene Informationen rezipiert und kolportiert, die das vorhandene Stereotyp vom fabulösen Reich der Wunder und Schätze nur noch verstärkten und den phantastischsten Spekulationen neue Nahrung gaben.

Das Werk, in dem die Fiktionen jener Zeit gewissermaßen in enzyklopädischer Form enthalten sind, ist der (fiktive) Reisebericht des Sir John Mandeville[31], der bereits kurz nach seiner Vollendung 1356 in unzähligen Manuskripten zirkulierte und sich bis in die Neuzeit einer Popularität erfreute, welche die der *Description du monde* des Marco Polo noch weit übertraf. Mandeville, der vorgab, die beschriebenen Regionen selbst gesehen und seinen Bericht verfaßt zu haben „so wie ich mich erinnern kann", schrieb nicht in lateinischer, sondern in französischer Sprache, „damit ein jeder es verstehe" und, so fügte er in aller Bescheidenheit hinzu:

... damit die Herren, Ritter und anderen großen Männer, die kein oder nur wenig Latein verstehen und die über das Meer gefahren sind, wissen und vernehmen, was ich berichte gesehen zu haben und was nicht; und damit sie, wenn ich aus fehlerhafter Erinnerung oder sonstwie etwas Falsches sage, es richtigstellen und verbessern.[32]

Angesichts einer so lauteren Absicht mochte es dem Leser schwerfallen, dem Autor die postulierte Glaubwürdigkeit abzusprechen oder ihn gar der Lüge zu bezichtigen; und allzu fabulös anmutende Details oder möglicherweise gar nachweisbare Ungenauigkeiten und Irrtümer konnten somit der fehlerhaften Erinnerung des Verfassers zugeschrieben werden, ohne daß die generelle Authentizität des Berichtes in Zweifel gezogen werden mußte.

Wo nun diese phantastischen Wunderdinge zu finden waren,

hatte bereits Marco Polo, wenn auch unter Berufung auf Sekundärquellen, berichtet. Da dieser auf seinen ausgedehnten Reisen bis in den äußersten Süden und Osten des Kontinents vorgedrungen war, dort aber weder den tugendhaft-glückseligen, in paradiesischer Sorglosigkeit lebenden Menschen noch den Monstern, von denen die Tradition berichtete, begegnet war, mußten diese außerhalb des Kontinents, auf den ihm vorgelagerten, noch unerforschten, aber durchaus in Reichweite liegenden Inseln zu finden sein. Und was Marco Polo – eingestandenermaßen – nur vom Hörensagen zu berichten wußte, wurde nun von Mandeville unter Berufung auf die eigene Erfahrung bestätigt. Damit wurde durch beide Autoren eine Tradition fortgesetzt, die schon in der Antike den Ort der Glückseligkeit wie die gefürchteten Monster am Rande der bekannten Welt angesiedelt hatte. Und indem nun die stets auf dem Kontinent vermuteten Wunderdinge ebenso wie die gesuchten fabulösen Schätze auf die Inseln des Indischen Meeres ausgelagert wurden, gewann der bereits in der Antike herausgebildete, allerdings zumeist mit dem Westen assoziierte Topos von der Insel als Wunschort neuerliche Aktualität: eine Vorstellung, die einer konkreten Bezugsebene nicht entbehrte, denn schließlich hatte Mandeville – für die Zeitgenossen durchaus glaubhaft – versichert, diese Inseln besucht zu haben.

Als mit dem Auseinanderfallen des Mongolenreiches Ende des 13. Jahrhunderts und den nachfolgenden blutigen Auseinandersetzungen das Reisen für die Europäer zu gefährlich wurde, als schließlich mit dem Aufstieg der Ming-Dynastie 1369 die Missionen in China geschlossen und der Kontakt nahezu zwei Jahrhunderte unterbrochen wurde, verlagerte sich das Interesse der Seefahrer und Kaufleute auf den afrikanischen Kontinent und die südlichen Regionen des Indischen Ozeans. So rückte nunmehr Afrika in den Brennpunkt des Interesses, wurde der afrikanische Kontinent zur Heimat monströser Völker, aber auch zur Heimat des Presbyters Johannes, den man in Asien lange Zeit vergeblich gesucht hatte[33] und den man nun – in Erinnerung an die ursprüngliche Assoziierung seiner Untertanen mit den Äthiopiern – in Abessinien, bei fortschreitender Exploration schließlich im Innern des afrikanischen Kontinents vermutete. Die Tradition

Indiens und der Inseln des Indischen Meeres als Reich der Wunder und der fabulösen Schätze blieb jedoch weiterhin ungebrochen, wenn es auch für lange Zeit unerreichbar schien.

Die Reaktualisierung des Westens als *frontier*

Mit der wiedergewonnenen Einsicht in die Kugelförmigkeit der Erde, der sich spätestens seit dem 13. Jahrhundert in den gelehrten Kreisen kaum jemand mehr verschließen konnte, errang der Westen neuerliche Aktualität; nun jedoch vorrangig als Richtung und Reiseroute, über die man auf verkürztem Wege den Osten erreichen konnte. Eine solche Möglichkeit war von Mandeville unter Berufung auf die eigenen Beobachtungen und Erfahrungen ausdrücklich bestätigt worden, und er hatte sogar von einem Mann berichtet, der über Indien und die vorgelagerten Inseln hinaus so lange in östlicher Richtung gesegelt war, bis er sich – zu seiner größten Überraschung – in heimatlichen Gewässern wiederfand. Warum sollte es da nicht auch gelingen, in umgekehrter Richtung, von West nach Ost, den Atlantik zu überqueren? Die Existenz größerer Landmassen, die einer direkten Verbindung zwischen Westeuropa und Indien im Wege stehen könnten, hatte Aristoteles ausgeschlossen; und die Entfernung zwischen beiden Kontinenten war von ihm als so gering erachtet worden, daß eine solche Fahrt, trotz aller Unwägbarkeiten insbesondere hinsichtlich der Winde, als durchaus praktikabel erscheinen mußte. Die Existenz bewohnbarer Inseln im Atlantischen Ozean, von Aristoteles gleichermaßen verneint, wurde hingegen seit dem 13. Jahrhundert allgemein akzeptiert; dies (fälschlicherweise) unter Berufung auf denselben Aristoteles[34], ganz ohne Zweifel aber auch in Erinnerung an die legendären Inseln, welche die griechisch-römische, aber auch die hochmittelalterliche Tradition in die Weite des Atlantik projiziert hatte.

Die Inseln der Seligen – *Fortunatorum Insulae* – als heidnischer Ort der Glückseligkeit ersetzte das christliche Mittelalter durch das in Indien lokalisierte biblische Paradies; doch die Vorstellung von einer üppigen, ihre Gaben im Überfluß spendenden Natur blieb auch weiterhin eng mit ihrem Namen verknüpft. Identifiziert wurden sie als die Glückseligen Inseln – *Fortunatae Insulae* – zunächst mit den Kanarischen Inseln. Doch nachdem diese erforscht und durch weitgehende Nutzbarmachung ihres legendären Charakters entkleidet waren, rückten die Glückseligen Inseln mit der fortschreitenden atlantischen Expansion in der Vorstellung der Zeitgenossen immer mehr in die weite Ferne des Ozeans, bis sie schließlich als eigenständiger Mythos vergessen wurden und nur noch dann und wann, assoziiert mit anderen legendären Inseln, aus der Tiefe des Ozeans wieder emportauchten.

Eine noch größere Anziehungskraft besaß im Mittelalter die Insel des Heiligen Brandanus – *Insula Sancti Brandani* (oder *Brendani*) –, die ihre Existenz einer im 10. Jahrhundert niedergeschriebenen, an die gaelische Seefahrer- und Legendentradition anknüpfenden Heiligenlegende verdankte. Hiernach war der Heilige Brandanus, der im 6. Jahrhundert lebte, in Irland zahlreiche Klöster gründete und eine rege Missionstätigkeit auch unter den Kelten und Angelsachsen der benachbarten Inseln entfaltete, mit 17 Mönchen in einem kleinen Boot von Irland aus in See gegangen, um das für den Menschen im Diesseits verlorene, aber den Heiligen versprochene Paradies wiederzufinden. Nach sieben Jahren der Irrfahrt, in denen er und seine Begleiter jedes Jahr um dieselbe Zeit an demselben Ort vorbeifuhren, in denen sie die wundersamsten Dinge erlebten, schrecklichen Monstern begegneten und aus geringster Entfernung sogar den Eingang zur Hölle erblickten, landeten sie schließlich, nachdem sie eine dichte Nebelwand durchstoßen hatten, auf der Insel des Paradieses, die sie, geführt von einem Jüngling, 40 Tage durchstreiften, bevor sie wieder nach Irland zurückkehrten.[35]

Die phantastische Odyssee des Brandanus und seiner Mitbrüder ließ die verschiedensten Interpretationen zu. So mochte sie intendiert sein als Verherrlichung einer idealtypischen mönchischen Gemeinschaft, wie sie im Zusammenhang mit den damaligen Missionsbestrebungen als nützlich erachtet wurde. Sie war aber auch Sinnbild der menschlichen Existenz als *peregrinatio,* auf welcher der Mensch über viele Stationen hinweg Prüfungen und Bewährungsproben bestehen muß, bis er schließlich geläutert das

ewige Heil erlangt – ein Aspekt, der insbesondere in der altfranzö-
sischen Version des Benedeit betont wurde. Ihre außergewöhnliche Popularität und Langlebigkeit verdankte die Legende von der
Navigatio des Heiligen aber vornehmlich der Tatsache, daß hier
der antike Mythos von den Inseln der Seligen als „Ort der
Heiligen" für den christlichen Menschen gewissermaßen zurück-
gewonnen worden war. Als Paradies war dieser Ort natürlich mit
allem ausgestattet, was der traditionelle Topos vom Irdischen
Paradies als *locus amoenus,* als „lieblicher Ort", an Attributen
aufzuweisen hatte; und auch die mit kostbaren Edelsteinen
besetzte, bis an die Wolken heranreichende schützende Mauer
fehlte nicht. Lokalisiert wurde die Insel des Heiligen Brandanus
zumeist im südwestlichen Atlantik, und solange sie mit dem
Mythos der Glückseligen Inseln verknüpft war, wurde sie als
Inselgruppe zunächst mit den Kanarischen Inseln, später mit den
Azoren identifiziert und als die Glückseligen Inseln des Heiligen
Brandanus – *Insule fortunate sancti Brandani* – auf zahlreichen
Karten eingezeichnet.

Spätestens seit der Honoré d'Autun (Honorius Augustodunen-
sis) zugeschriebenen, zu Beginn des 12. Jahrhunderts verfaßten
Kompilation *De imagine mundi* (Vom Bild der Welt), die zusammen mit dem Gossouin oder Gauthier de Metz zugeschriebenen,
in der ersten Version 6600 Verse umfassenden Poem *Image du
Monde* (Bild der Welt) aus der Mitte des 13. Jahrhunderts am
meisten zur Popularisierung dieser Legende beitrug, erscheint die
Paradiesinsel des Heiligen Brandanus in der Literatur wie in der
Kartographie auch als Verlorene Insel – *Insula dicta Perdita* –,
denn: wenn man sie auch durch einen Zufall entdecken mochte,
so fand man sie, wenn man sie suchte, nie wieder. Doch welcher
Name auch immer ihr gegeben wurde, die Insel des Heiligen
Brandanus als Ort paradiesischer Glückseligkeit gehörte noch
weit bis in die Neuzeit zu jenen Regionen, deren Lage zwar nicht
genau zu bestimmen war, deren Existenz aber lange unbestritten
blieb und deren angenommener Reichtum während des 15. und
16. Jahrhunderts, ja sogar noch vereinzelt bis in das 18. Jahrhundert hinein manchen Seefahrer zu gefahrvollen Expeditionen ver-
leitete.

Eine noch stärkere Anziehungskraft besaß für die Menschen des 15. (und 16.) Jahrhunderts aber noch ein anderer Mythos: die Insel der Sieben Städte, auch Antillia[36] genannt, die zwar — ähnlich wie die Verlorene Insel — dann, wenn man sie suchte, nicht zu finden war, die aber eine um so größere Anziehungskraft besaß, als sie von Sterblichen bewohnt war. Nach der Überlieferung hatten sich im 8. Jahrhundert sieben portugiesische Bischöfe auf der Flucht vor den maurischen Invasoren mit einem großen Gefolge auf dieser Insel niedergelassen und dort sieben Städte gegründet, in denen sich ein blühendes Gemeinwesen entwickelte.[37] Ihren besonderen Reiz gewann diese Insel durch den dort vermuteten Reichtum an Edelmetallen, der durch Augenzeugen bestätigt schien. So wurde berichtet, daß zu Zeiten Heinrichs des Seefahrers ein portugiesisches Schiff auf Antillia gelandet und die Besatzung von den Bewohnern in perfektem Portugiesisch empfangen worden wäre. Aus Angst, in einen Hinterhalt zu geraten, hätten die Portugiesen jedoch heimlich die Anker gelichtet, bevor sie die Insel näher erkunden konnten. Daß aber Antillia den Besuch lohnen würde, war unbestritten, denn in dem Sand, den sie für die Feuerstelle mitgenommen hätten, so hieß es, entdeckten die sprachlosen Portugiesen pures Gold.[38]

Die Suche nach Antillia und den anderen im Westen vermuteten Inseln, die die atlantische Expansion in hohem Maße steuerte, führte ebensowenig zu dem ersehnten Erfolg wie die „Indienfahrt" des Kolumbus, die Europa den Weg nach Amnerika eröffnete. Die Regionen und fremden Völker, von denen man hinreichend Kenntnis zu besitzen glaubte, fand man nicht; doch war deshalb diese Kenntnis gänzlich unbrauchbar? Vermochte nicht das Wissen um die Beschaffenheit des Irdischen Paradieses, von dessen diesseitiger Existenz man trotz der Unmöglichkeit, es genau zu lokalisieren, überzeugt war, bei der Beschreibung und Bewertung der Neuen Welt — etwa hinsichtlich des Klimas und der Landschaft, der Flora und Fauna, ja sogar hinsichtlich der dort lebenden Menschen — wertvolle Bezugpunkte zu liefern? Vermochte nicht desgleichen auch das Wissen um die Existenz barbarischer wie tugendhaft-glückseliger Völker, deren Attribute hinreichend bestimmt waren, die Einordnung zunächst fremd erscheinender Völker zu erleichtern? Das Beispiel der ersten Amerikafahrer und Berichterstatter – Kolumbus, Vespucci, Cortés und Anghiera – vermag auf diese Fragen eine erste Antwort zu geben.

Anmerkungen

1 Paulus, Kol. 3:11; zitiert in der Lutherschen Übersetzung; in Klammern der Urtext der Vulgata.

2 Der Prototyp und zugleich die schreckenerregendste Spezies dieser Barbaren waren für den Christen die Völker Gog und Magog, die gemäß der Offenbarung des Johannes (20:7–8) am Tag des Jüngsten Gerichts im Dienst des Antichristen über die Menschen hereinbrechen würden und deren vorzeitiges Vordringen gemäß der mittelalterlichen Tradition Alexander der Große durch die Errichtung einer riesigen Mauer am Dariel-Paß in den Karpaten gestoppt hatte. Identifiziert wurden diese gefährlichen Horden, die Menschenfresser und über alle Maßen grausam sein sollten, nach und nach mit all jenen Völkern – etwa den Goten („Goth" und „Magoth"), den Hunnen oder den Mongolen –, die aus dem Norden oder Osten kamen und die Christenheit in ihrer Existenz bedrohten.

3 Zum *homo silvaticus* in seiner ursprünglichen Bedeutung als „Waldmensch", der nicht einer Fremdgruppe zugeordnet ist, sondern als Marginalexistenz innerhalb der Eigengruppe lebt, vgl. Dudley/Novak [197] und Bernheimer [191].

4 Solcherlei Monster und andere Abnormitäten aus dem menschlichen wie dem animalischen Bereich gehörten für den Menschen des Mittelalters und der beginnenden Neuzeit gewissermaßen zur eigenen, wenn auch zumeist nur mittelbar erlebten Realität und übten auf ihn eine ungeheure Faszination aus. Bezeugt wird dies durch die zahllosen Flugschriften, in denen über Mißgeburten, feuerspeiende Drachen oder furchtbare Seeungeheuer berichtet wurde, sowie durch die insbesondere im 16. Jahrhundert zahlreich veröffentlichten vorgeblich wissenschaftlichen Abhandlungen zur Teratologie, der Lehre von den Erscheinungsformen und Ursachen abnormer Geburten. Als interessantestes Werk sei hier nur die 1573 erstmals erschienene, mit zahlreichen Abbildungen versehene Abhandlung *Des monstres et prodiges* (Von Monstern und Prodigien) genannt, dessen Verfasser, Ambroise Paré, als Arzt in königlichen Diensten stand. Wie es um die Wissenschaftlichkeit dieses Werkes bestellt ist,

ergibt sich bereits aus dem ersten Kapitel, „Über die Ursachen von Monstern", das auf den Umgang der Zeitgenossen mit derlei Erscheinungen ein bezeichnendes Licht wirft: „Die Ursachen von Monstern sind verschiedenerlei. Die erste ist die Herrrlichkeit Gottes. Die zweite, sein Zorn. Die dritte, die zu große Menge an Samen. Die vierte, die zu kleine Menge. Die fünfte, die Einbildungskraft. Die sechste, die Enge oder Kleinheit der Gebärmutter. Die siebte, die unschickliche Haltung der Mutter, wenn sie in schwangerem Zustand allzu lange mit gekreuzten oder an den Bauch gezogenen Schenkeln gesessen hat. Die achte, durch Sturz oder Schläge gegen den Bauch der Mutter im Zustand der Schwangerschaft. Die neunte, durch ererbte oder durch Unfall herbeigeführte Krankheiten. Die zehnte, durch Fäulnis oder Zersetzung des Samens. Die elfte, durch Vermengung oder Vermischung des Samens. Die zwölfte, durch die Schliche der bösartigen von Haus zu Haus ziehenden Bettler. Die dreizehnte, durch die Dämonen oder Teufel." ([85], S. 4).

5 Besondere Anziehungskraft besaß dieses Ideal einer freiheitlichen, natürlichen, der Tugend wie dem Glück förderlichen Lebensweise stets dann, wenn in der eigenen Gesellschaft die faktische Wertorientierung mit der Idealnorm nicht mehr übereinstimmte und die Verwirklichung angestrebter Ziele aufgrund eines allzu komplexen, an allzu viele Restriktionen gebundenen Sozialgefüges nicht mehr möglich schien. So ist der Topos vom Goldenen Zeitalter, in dem dieser Idealtypus auf vollkommene Weise verwirklicht war, in erster Linie – wie A. Pagliaro treffend formuliert – „Ausdruck eines aristokratischen Pessimismus, der die Gegenwart als demütigende Degradierung des Heroenzeitalters erachtet" (zit. bei Cocchiara [240], S. 13). So kann auch das Stereotyp vom tugendhaften Barbaren, etwa das der Germanen in Tacitus' *De origine et situ Germanorum* (Über Ursprung und Wohnsitz der Germanen), als – verkehrtes – Spiegelbild der eigenen Gesellschaft und Zivilisation gedeutet werden.

6 *Erdbeschreibung*, VII, iii, 9; zitiert in der Übersetzung von Forbiger [97], Bd. II, S. 84.

7 *De mari erythraeo libris excerpta*, V (49) [55], Bd. I, S. 141.

8 Bei der Lokalisierung der Hyperboreer im hohen Norden jenseits jener Bergkette, wo – wie man glaubte – der eisige Nordwind, der Boreas, entsteht, mag die Feststellung des angenehmen Klimas überraschen, besonders wenn man berücksichtigt, daß mit fortschreitender Erschließung der Nordregionen die Hyperboreer bis an den Nordpol herangerückt wurden. Doch Schnee und Eis allein waren für die Zeitgenossen kein Indiz für unangenehme klimatische Bedingungen, denn schließlich blieb ja auch der Schnee auf dem Ätna für das heiße mediterrane Klima

ohne weitreichende Auswirkungen. Entscheidend für die positive Einschätzung war zweifellos, daß man in den Nordregionen nur unwesentliche klimatische Schwankungen vermutete und der in der eigenen Klimazone als so unangenehm empfundene Boreas die Hyperboreer ja nicht erreichte. Zur Diskussion um die diesbezüglichen, durchaus widersprüchlichen Meinungen der Zeitgenossen vgl. Dion [196].

9 Pindar, 10. pythische Ode, 41–44; zitiert in der Übersetzung von Werner [86].

10 Plinius Secundus, *Naturgeschichte*, IV, xxvi, 11; zitiert in der Übersetzung von Külb [87].

11 Hesiod, *Werke und Tage*, 159; zitiert in der Übersetzung von Scheffer [73].

12 A.a.O., 112–121.

13 *Aeneis*, VI, 638; zitiert in der Übersetzung von Götte [98].

14 Genesis 2:8–10; zitiert in der Lutherschen Übersetzung.

15 *Etymologiarum Libri XX*, XIV, iii, 2ff. [74].

16 Pseudo-Callisthenes, *Itinerarium Alexandri*, III, xiv [63], S. 112. Dieses Werk, auf das die Mehrheit der zahllosen Alexander-Romane zurückgeht, offenbart in beredter Weise, welche Attribute nach christlich-orthodoxem Standpunkt ein heidnisches Volk aufweisen mußte, um als tugendhaft gelten zu können. Und es zeigt deutlich, welche Funktion einem solchen Fremdvölkerstereotyp zuzuordnen ist; insbesondere dort, wo berichtet wird, wie ein Vertreter dieses Volkes, der weise Dandamis, dem ihn um Rat fragenden Alexander die Nichtigkeit menschlichen Strebens nach Reichtum und Macht vor Augen führt. Vgl. auch Boas [192], S. 139ff., mit umfangreichen Auszügen in englischer Übersetzung.

17 *Chronik oder Die Geschichte der zwei Staaten*, VII, 33 [83].

18 Der Zweck dieses fiktiven Schreibens, das möglicherweise aus der Umgebung des Bischofs von Freising stammte, war zweifellos darauf gerichtet, die nach dem Verlust von Edessa und dem gescheiterten zweiten Kreuzzug (1147–49) stark gedämpfte Kreuzzugseuphorie neu zu beleben und die miteinander zerstrittenen Parteien, den Papst und den deutschen Kaiser, im Dienst der heiligen Sache wieder zu versöhnen. Ob der anonyme Verfasser durch seine Fälschung am Zustandekommen des dritten Kreuzzugs, der 1189 unter Führung Friedrich Barbarossas begann, mitgewirkt hat, ist nicht verbürgt. Immerhin stand für die meisten Zeitgenossen die Authentizität des Briefes nicht in Frage; und Papst Alexander III. verfaßte sogar ein Antwortschreiben (abgedruckt in deutscher Übersetzung bei Oppert [206], S. 50ff.), mit dessen Übergabe er 1177 seinen Leibarzt beauftragte.

19 Zitiert wird hier und im folgenden aus der bei Oppert (a.a.O.) abgedruckten deutschen Übersetzung; hier S. 49.

20 *Werke und Tage*, 168 und 102; zitiert in der Übersetzung von Scheffer [73].

21 I, i, 5; zitiert in der Übersetzung von Forbiger [97].

22 „... sie liegen in südwestlicher Richtung, 625,000 Schritte [125 M.] von den Purpurinseln, so daß man 250,000 Schritte [50 M.] nach Westen zu schiffen, und dann 375,000 Schritte [75 M.] weit seinen Lauf wieder nach Osten zu nehmen habe." (*Naturgeschichte*, VI, xxxvii, 2; zitiert in der Übersetzung von Külb [87]).

23 Zitiert in der Übersetzung von Ziegler [88], Bd. V, S. 189.

24 Ebd.

25 Aristoteles war davon überzeugt, daß es außerhalb der Ökumene – die sich nach seiner Auffassung allerdings sehr viel weiter gen Süden und Osten erstreckte, als bis dahin vermutet wurde – nur Wassermassen gab. Und da er davon ausging, daß die Erde eine Kugel und von relativ geringem Umfang ist, kam er zu dem Schluß: „Wer also meint, die Gegend um die Säulen des Herakles und die um Indien berühren sich und auf diese Weise gebe es nur ein einziges Meer, vertritt keine so unglaubhafte Ansicht." (*Über den Himmel*, II, 298a; zitiert in der Übersetzung von Gohlke [58]).

26 Dieser vertrat die Meinung, daß es aus Gründen des Gleichgewichts vier Erdteile geben müßte, zwei im Norden und zwei im Süden (= Antipoden), die jeweils von Wassermassen umgeben wären.

27 Zitiert in der Übersetzung von Thomann [96], Bd. I, S. 267.

28 [179], S. 7.

29 Eine wichtige Rolle bei der Pflege der griechischen Wissenschaftstradition spielten während des Mittelalters arabische Gelehrte, auf dem Gebiet der Geographie insbesondere der in Sizilien in den Diensten des normannischen Königs Roger II. stehende Geograph und Kartograph Sherif Al-Idrisi. Von den Werken des Ptolemaeus war den christlichen Gelehrten jedoch zunächst nur der von den Arabern als Hauptwerk betrachtete *Almagest* (= der Größte) bekannt. Einen Abriß, ergänzt durch Kommentare der beiden berühmtesten arabischen Kosmographen des Mittelalters, Al-Fargani (oder Alfraganus) und Al-Battani (oder Albategnius), erstellte um 1230 der englische Mönch John of Holywood (Ioannis de Sacrobosco oder Sacrobusto), Lehrer für Mathematik an der Pariser Universität; unter dem Titel *Sphaera mundi* galt dieser Traktat bis in das 16. Jahrhundert als für die Seefahrt unentbehrliches Handbuch.

30 Ein Vergleich der *Description du monde* Marco Polos mit den zu jener

Zeit zirkulierenden Handbüchern für den Fernhandel legt – wie F. Borlandi [193] nachgewiesen hat – die Vermutung nahe, daß Marco Polo ursprünglich beabsichtigt haben mag, ein ähnliches, für die kaufmännische Praxis bestimmtes Handbuch zu verfassen. Daß schließlich neben den sehr detaillierten und größtenteils exakten handelsspezifischen Informationen romanesken Elementen ein so breiter Raum gewährt wurde, ist zweifellos auf den Einfluß Rusticellos zurückzuführen, der den Bericht nach dem mündlichen Vortrag Marco Polos niederschrieb und der als damals recht bekannter Schreiber von Ritterromanen über entsprechende Erfahrungen verfügte. Trotz dieser romanesken Elemente aber wurde die *Description du monde* in den mediterranen Handelskreisen als für den Ostasienhandel äußerst nützliches Handbuch geschätzt; dies zeigt nicht zuletzt die Tatsache, daß in Venedig, mitten im Banken- und Geschäftsviertel, zu Konsultationszwecken und für jedermann zugänglich ein Exemplar – angekettet – ausgelegt war.

31 Über die Identität des Verfassers gibt es noch immer keine gesicherten Erkenntnisse. Vermutlich war er ein aus St. Albans in England gebürtiger Adliger, der sich nach einem Kapitalverbrechen der Strafverfolgung durch die Flucht auf den Kontinent entzog, viele Jahre umherreiste und sich schließlich unter dem Namen Jean de Bourgogne (oder Jean à la Barbe) in Lüttich als Arzt niederließ, wo er 1372 starb. (Vgl. Letts in seiner Einführung zu Mandeville [78], S. 13 ff., und Bennett [190], Teil III).

32 Zitiert wird aus dem ältesten erhaltenen, französischen Manuskript, datiert 1371 [78], Bd. II, S. 231.

33 Die Vergeblichkeit dieses Bemühens mochte ganz besonders diejenigen enttäuschen, denen eine im 13. Jahrhundert in französischer Sprache abgefaßte Version des vorgeblich vom Presbyter geschriebenen Briefes vertraut war, wurde doch hier berichtet, daß bereits 2000 Franzosen am Hof dieses Herrschers lebten und für ihre Dienste ausgesprochen großzügig entlohnt wurden: „... alle Franzosen, die zu uns kommen, seien es Geistliche oder Ritter, werden von uns in den Ritterorden aufgenommen ... Und wisset, daß, wenn ein Herzog, ein König oder ein Graf ohne Erben stirbt, wir sein Land einem der Franzosen geben, die unser Reich, unsere Kammer und unseren Leib beschützen." (in: Rutebeuf [95], Bd. III, S. 372).

34 In dem Aristoteles zugeschriebenen, vermutlich aber im 2. vorchristlichen Jahrhundert verfaßten Traktat *Über die Welt* wird die bewohnte Erde als „insgesamt eine Insel" beschrieben, „umspült von dem sogenannten Atlantischen Ozean". Aus Gründen des Gleichgewichts sei nun anzunehmen, „daß außer ihr noch manche andere weit überm Meere

liegen". (zit. in der Übersetzung von Gohlke [57], S. 24) Dieser Traktat fand im Mittelalter starke Verbreitung und wurde über Roger Bacon auch von Pierre d'Ailly rezipiert, auf dessen *Imago mundi* sich wiederum Kolumbus stützte.

35 Die erste überlieferte Version dieser Legende, die in ca. 120 zum Teil stark voneinander abweichenden Handschriften erhalten ist, verfaßte in der ersten Hälfte des 10. Jahrhunderts in lateinischer Sprache ein irischer Mönch aus einem der zahlreich von den Iren in Lothringen gegründeten Klöster [82]. Die erste altfranzösische und gleichzeitig älteste vulgär-sprachliche Fassung entstand zu Beginn des 12. Jahrhunderts und stammt aus der Feder des Mönchs Benedeit [61].

36 Über die Herkunft des Namens Antillia (oder Antilia, Antilla, Antilha) wurden unzählige, zum Teil äußerst gewagte Spekulationen angestellt. Eine mögliche Erklärung bietet die These, daß Antilha als *ante-ilha* ursprünglich eine jener Inseln bezeichnete, die gemäß der mittelalterli-chen, auf dem Aristoteles zugeschriebenen Traktat *Über die Welt* beru-henden Tradition der bekannten Welt aus Gründen des Gleichgewichts gegenüberliegen mußten. Naheliegender erscheint allerdings die Ablei-tung von sp. Antilla und port. Antilha als korrumpierte Form des Diminutivs Atlantilla bzw. Atlantilha mit der Bedeutung „Klein-Atlan-tis". Denn bereits Plinius hatte im Zusammenhang mit der Platonschen „Insel" Atlantis zwei Inseln, eine größere und eine kleinere, unter-schieden.

37 Ein Hinweis auf diese Legende findet sich bei Martin Behaim, der auf seinem Globus (1492) folgendes vermerkte: „Alz man Zelt nach Cristi geburt 734 Iar als gantz Hispania von den Heiden aus Africa gewonnen, wurdt bevolckt die obbeschribene Insula Antilia genannt Septeritade [= „sete cidades", sieben Städte], von einen Ertzbischoff von Porto Portugal mit sechs andern Bischöffen und andern Cristen Mann und Frauen di zu Schiff von Hispanien dar geflohen kammen, mit ihren Vich hab und gut. Anno 1414 ist ein Schiff aus Hispania ungefehr dabey gewesen am nächsten." (zitiert nach der Plankarte „Geographische Vorstellung eines Globi, welchen Anno 1492 Herr Martin Behaim ... zu Nürnberg exhibi-ret", in: *The Quest for America* [181], S. 263).

38 Las Casas, *Historia de las Indias*, Buch I, Kap. XIII ([36], S. 48 f.). Als um 1500 die Inseln der Karibik, wo man Antillia vermutete, weitgehend erforscht waren, ohne daß man von den „sieben Städten" auch nur die geringste Spur entdeckt hatte, wurde der Mythos zunächst in den Südwe-sten des nordamerikanischen Kontinents und schließlich fortschreitend bis an die Pazifikküste verlagert.

III

Amerika zwischen Eroberungspraxis und literarischer Reminiszenz

Die ersten schriftlichen Zeugnisse von Europäern über Amerika und den Amerikaner waren Briefe von Reisenden und Augenzeugen, die zunächst in einem kleinen Personenkreis in handschriftlichen Kopien zirkulierten. Aber schon sehr bald wurden sie unter Bewahrung ihres Briefcharakters zunächst in Einzelausgaben, im Verlauf des 16. Jahrhunderts zunehmend in Sammelpublikationen veröffentlicht und somit auch außerhalb des direkt angesprochenen Leserkreises einem breiteren Publikum zugänglich gemacht. Der Briefcharakter dieser ersten Amerikana ist – mit Blick auf ihre Verbreitung und Rezeption – in vielfacher Hinsicht von Bedeutung. Ihr relativ geringer Umfang und ihre nicht sehr aufwendige Publikationsform bewirkten, daß sie auch von Personen gelesen wurden, die aufgrund ihrer Vorbildung und ihrer Bedürfnisse eine nur geringe Rezeptionsfähigkeit und Rezeptionsbereitschaft besaßen. Doch ist eine quantitative Bestimmung der Leserschaft nicht einmal annähernd zu leisten; denn selbst wenn (für die erste Hälfte des 16. Jahrhunderts) eine durchschnittliche Auflagenhöhe von 400 bis 500 Exemplaren angenommen wird, wäre damit der Leserkreis kaum in seinem vollen Umfang erfaßt, da die im Rahmen der aktuellen Berichterstattung veröffentlichten Briefe und Relationen nur selten in privaten Bibliotheken archiviert, sondern zumeist weitergegeben wurden, solange sie Aktualität besaßen. Überdies können wir davon ausgehen, daß weit mehr Texte in Umlauf waren, als wir aus der Zahl der erhaltenen Ausgaben schließen können. Denn Nachdrucke geschahen bei diesem aktuellen Schrifttum häufig ohne Änderung des Titelblattes, sind somit für uns heute nicht mehr als solche erkennbar; und aufgrund des geringen Archivierungswertes, der insbesondere den nicht sehr umfangreichen Texten beigemessen wurde, können wir annehmen, daß eine (allerdings nicht bezifferbare) Anzahl von

Auflagen gänzlich verlorengingen. Und dies gilt ebenfalls – wenn auch in geringerem Maße – für die bereits seit dem ersten Jahrzehnt des 16. Jahrhunderts zunehmend publizierten Sammelbände, die als Chronik eines nun nicht mehr auf einzelne Unternehmungen beschränkten größeren Zeitabschnitts über ihren Neuigkeitswert hinaus als generelle Informationsquelle auch noch Jahre nach ihrem Erscheinen von Interesse waren.

So zirkulierten während der ersten Hälfte des 16. Jahrhunderts die Briefe von nur vier Autoren – Kolumbus, Vespucci, Cortés und Anghiera – in einer Anzahl von Auflagen und Exemplaren, die selbst dann, wenn wir nur die mit einem oder mehreren Exemplaren belegten Ausgaben berücksichtigen, erkennen läßt, daß diese ersten Amerikana zu zum Teil unterschiedlichen Zeitpunkten während der ersten Hälfte des 16. Jahrhunderts – auch wenn sich der Verteilerkreis dieser Werke auf ganz West- und Mitteleuropa erstreckte – zu wahren „Bestsellern" wurden und eine Verbreitung fanden, wie sie in den nachfolgenden 100 Jahren kaum einem anderen Werk aus dem Bereich der Amerikana zuteil wurde.[1]

Kolumbus: die indische Tradition

Als 1493 der von Kolumbus gegen Ende seiner ersten Reise in Briefform verfaßte Kurzbericht in zahlreichen Editionen sowie handschriftlichen Kopien zu zirkulieren begann, war hinsichtlich der von ihm vollbrachten *Leistung* der Neuigkeitscharakter dieses Briefes unbestritten. Denn hier wurde unter Berufung auf die Praxis von einem Zeitgenossen glaubhaft versichert, daß die Weite des Atlantischen Meeres zu bewältigen und der bis dahin ferne Osten über den Westen auf einer direkten Route in einer Zeitspanne zu erreichen war, die damals geradezu sensationell erscheinen mußte.[2] Die *Regionen* aber, die der Verfasser nach eigenem Bekunden „gefunden" hatte, waren in Europa keineswegs unbekannt, so daß hinsichtlich der topographischen und ethnographischen Informationen der Wert des Kolumbus-Briefes für den Leser zunächst allenfalls darin liegen konnte, daß bereits vorhandene, mehr oder minder exakte Vorstellungen und Kenntnisse erweitert und im Verbund mit einer genaueren geographischen Zuordnung bestätigt bzw. präzisiert oder allenfalls in einzelnen Punkten korrigiert wurden. Denn der Brief des Kolumbus berichtete, so signalisierte die lateinische Ausgabe, „von den Indischen Inseln jenseits des Ganges, die unlängst entdeckt wurden"[3]; jene Inseln also, von denen Marco Polo und Mandeville so wundersame Dinge berichtet hatten.

Zunächst aber wurde der Leser gewissermaßen im Gleichklang mit dem Reisenden und Verfasser in seinen möglicherweise hochgesteckten, durch sein völkerkundlich-geographisches Vorwissen gespeisten Erwartungen enttäuscht; denn die großen Städte, deren Reichtümer als unermeßlich galten, hatte Kolumbus nicht gefunden. Dasselbe galt für jene merkwürdigen Wesen und Erscheinungen, die man in Indien und den Inseln des Indischen Meeres beheimatet glaubte. „Auf diesen Inseln", so Kolumbus, „konnte ich keine Ungeheuer in Menschengestalt feststellen, wie viele glauben machen wollen, sondern fand überall Leute von angenehmem Äußern."[4] Einzig durch Berichte von Einheimischen wollte er von einer Insel erfahren haben, auf der die Menschen mit einem Schwanz geboren wurden, sowie von jenem seltsamen Volk auf der Insel Charis (oder Quarives), „wo eine Bevölkerung haust, die auf allen diesen Inseln für äußerst wild gehalten wird, da sie Menschenfleisch verzehrt" (295). Doch schienen die Schreckensberichte von diesem Volk Kolumbus wenig beeindruckt zu haben, denn er fügte hinzu: „Doch mache ich mir aus ihnen nicht mehr als aus allen andern." (296)[5]

Für diesen Mißerfolg wurden Kolumbus und mit ihm seine Leser nun aber hinlänglich entschädigt, denn was von diesen Inseln ansonsten zu berichten war, erfüllte voll und ganz die Erwartungen all jener, die mit der einschlägigen Literatur vertraut waren. Diese Inseln, so Kolumbus, waren „von erstaunlicher Fruchtbarkeit", was in besonderem Maße auf die Insel Juana (Kuba) zutraf, die er folgendermaßen beschrieb:

An ihrer Küste öffnen sich zahlreiche Häfen, die in Europa schwer ihresgleichen finden; viele große Flüsse münden hier ins Meer. Das Land ist hochgelegen und wird von zahlreichen Gebirgsketten mit bedeutenden Erhebungen durchzogen, noch mehr, als dies auf der Insel Teneriffa der Fall ist. Alle diese Berge sind äußerst vielgestaltig und begehbar, von verschiedenerlei Bäumen besetzt und von solch erstaunlicher Höhe, daß sie den Himmel zu berühren scheinen. Meines Erachtens verlieren diese Bäume niemals ihren Blätterschmuck: sie waren so schön grün leuchtend wie die Bäume in der spanischen Heimat im Monat Mai. Einige von ihnen blühten, während andere fruchtbeladen waren. Dazwischen vernahm man den Sang der Nachtigallen und zahlreicher anderer Vögel in jenem Monat November, da ich mich dort befand... Auch Honig und die verschiedensten Fruchtarten findet man dort. (288 f.)

So und in ähnlichen Wendungen schilderte der Verfasser eine Landschaft, die für den heutigen Leser kaum als spezifisch „amerikanisch" zu erkennen ist. Der zeitgenössische Leser aber vermochte hier viele der Elemente wiederzuerkennen, mit denen die ihm vertraute Tradition den *locus amoenus* schlechthin und damit auch das in Indien vermutete Irdische Paradies sowie die angrenzenden Regionen ausgestattet hatte.[6] Und daß Kolumbus sogar vermeinte, den Gesang der Nachtigall vernommen zu haben — beliebtes Versatzstück der traditionellen Idylle —, beruhte zweifellos auf einer literarischen Reminiszenz, nicht aber auf der Realität, denn die Nachtigall, selbst in Europa ein seltener Vogel, war in Amerika unbekannt.

Wie die Landschaft entsprachen auch die Menschen, denen Kolumbus auf diesen Inseln begegnete, einem vertrauten Bild: dem von jenen guten und freundlichen, im Naturzustand lebenden Völkern, von denen beispielsweise ein Mandeville im Zusammenhang mit eben jenen Inseln, die Kolumbus wiederentdeckt zu haben glaubte, ausführlich berichtet hatte. Doch folgen wir der Beschreibung des Kolumbus, die keinem systematisierenden Ordnungsprinzip unterworfen ist und die — wie es zunächst scheint — die angetroffene Wirklichkeit so wiedergibt, wie sie sich ihm in seiner ersten, zunächst „naiv" anmutenden Weltschau präsentierte:

Die Bewohner dieser Insel [Juana] sind genau so wie jene aller andern Inseln, die ich entdeckt und worüber ich Kunde erhalten habe, ohne Unterschied des

Geschlechts vollkommen nackt, wie sie Gott erschaffen: einige Frauen bedecken einen einzigen Körperteil mit einem Blatt oder einem Wollappen, den sie zu diesem Zwecke selbst verfertigen. Sie kennen weder Eisen noch Stahl, besitzen keine Waffen, mit denen sie umzugehen wüßten, nicht etwa deshalb, weil es ihnen an körperlicher Kraft gebrechen würde, sondern weil sie von Natur aus äußerst furchtsam sind ... Weiß man aber ihr Zutrauen zu gewinnen und ihre Furcht in den Wind zu schlagen, so erweisen sie sich als so ehrliche und freigiebige Menschen, daß es niemand für möglich halten würde, der es nicht selbst erlebt hat. (290)

Nacktheit, verbunden mit körperlicher Schönheit, Unkenntnis des Eisens und damit das Fehlen wirkungsvoller Waffen, extreme Furchtsamkeit und ebenso extreme Freigebigkeit: dies waren die von Kolumbus als besonders erwähnenswert erachteten Merkmale, neben denen die anderen gleichfalls festgestellten Attribute – etwa die Vielweiberei der „Fürsten" und „Könige" und der Gemeinschaftsbesitz an Nahrungsmitteln – nur beiläufg erwähnt wurden. Besonderer Beachtung wert erschien dem Autor schließlich nur noch die Frage der religiösen Praxis: „Sie huldigen weder einer Sekte noch einem Götzendienst. Doch waren sie alle vom Glauben durchdrungen, daß alle Macht und alles Gute vom Himmel kommen." (291) Und schließlich vergaß er nicht zu betonen, daß es eine erfolgversprechende Aufgabe sein würde, diese Völker zum christlichen Glauben zu bekehren, „für den sie große Neigung zeigen" (293) – ein Umstand, der in den Augen der Zeitgenossen die positiven Aspekte des hier gezeichneten Menschenbildes noch verstärken mußte.

Dieses Bild setzt sich aus relativ wenigen Einzelmerkmalen zusammen, die, jedes für sich, nicht im Widerspruch zur Wirklichkeit standen. Denn es handelte sich hier um deskriptive Urteile, die ohne Zweifel auf die überwiegende Mehrheit, möglicherweise sogar auf die Gesamtheit der von Kolumbus beschriebenen Sprachgruppe der Aruak zutrafen. Da aber die angeführten Einzelmerkmale nur eine kleine Auswahl aus der Gesamtheit der für diese Gruppe charakteristischen Merkmale darstellten, da diese zudem unterschiedlich gewichtet wurden, entstand ein Bild, das die Wirklichkeit nur in einem Ausschnitt wiedergab und keinesfalls auf einen unvoreingenommenen Beobachter schließen läßt.

Voreingenommen war Kolumbus zunächst durch seine literarische Vorbildung und die damit verknüpfte Erwartungshaltung, in den Menschen jene Eigenschaften wiederzuerkennen, die ihm von indischen Völkern durch Lektüre bekannt waren.[7] Voreingenommen war Kolumbus aber auch durch eine generelle Bereitschaft, vorrangig das wahrzunehmen und als bemerkenswert oder auffällig herauszustellen, was mit der eigenen Erfahrung und den Praktiken des eigenen Kulturraums in Beziehung gesetzt werden konnte, diesen möglicherweise sogar diametral entgegenstand. Hieraus erklärt sich die besondere Betonung von Leitmerkmalen wie Nacktheit, Waffenlosigkeit und Freigebigkeit, gründeten sie doch auf dem Befund, daß Objekte wie Kleidung und wirkungsvolle Waffen oder Prinzipien wie die Vermehrung von Besitz, denen in der eigenen, der europäischen, Zivilisation ein großer materieller, ideologischer und gesellschaftlicher Wert beigemessen wurde, bei diesem Fremdvolk gänzlich unbekannt waren oder als nebensächlich erachtet wurden.

Doch nicht allein die sich hier – als selbstverständliche Orientierungshilfe – offenbarende eurozentrische Perspektive des Autors war für das Zustandekommen seines spezifischen Menschenbildes verantwortlich. Bedeutsam war in diesem Zusammenhang auch die Kontaktsituation, die zu keinem Zeitpunkt in eine – wie auch immer ausgestaltete – Form des Zusammenlebens mündete und die daher einen tiefergehenden, nicht ausschließlich an auffälligen Faktoren orientierten Einblick in die Lebensform dieser Menschen verhinderte. Daß aber der Kontakt zumindest bis zu einem gewissen Grad nach und nach intensiviert werden konnte, wird an der Reihenfolge und der zunehmenden Gewichtung der von Kolumbus genannten Leitmerkmale erkennbar: Nacktheit beim ersten Sichtkontakt, Waffenlosigkeit und Furchtsamkeit bei erster direkter Konfrontation und schließlich, nach Zustandekommen der angestrebten, im wesentlichen auf den eigenen Profit ausgerichteten Tauschkontakte, die extreme, bis zur „Einfalt" reichende Freigebigkeit, die der Autor in ungewöhnlich weitschweifiger Rede als zentrales Merkmal dieser Menschen hervorhob. Somit erlangte in der Darstellung des Kolumbus unter allen aufgeführten Leitmerkmalen gerade jenes Attribut zentrale Bedeutung, das sich für seine eigenen Interessen (und die seiner Auftraggeber) als besonders förderlich erweisen mußte. Und auch die anderen besonders hervorgehobenen Merkmale – das Fehlen wirkungsvoller Waffen, die sich bis zur Feigheit steigernde Furchtsamkeit und die hier mit Wehrlosigkeit gleichzusetzende Nacktheit – konnten für die Spanier nur von größtem Nutzen sein, denn schließlich war ein möglicherweise aufkeimender Widerstand der Bewohner gegen die Inbesitznahme der Inseln durch die Fremden angesichts dieser Konstellation von vornherein zum Scheitern verurteilt.

In Anbetracht so offenkundiger Vorteile, die für die Spanier aus der generellen Verfassung dieser Menschen erwachsen mußten, und der Eindringlichkeit, mit welcher Kolumbus diesen Umstand hervorhob, drängt sich der Verdacht auf, daß es sich möglicherweise nicht ausschließlich um das Produkt dessen handelt, was eingangs als „naive", durch bewußtseinsunabhängige Faktoren perspektivisch verzerrte, Weltschau bezeichnet wurde, sondern daß der Autor vielmehr bewußt eine ganz bestimmte bei den Adressaten seines Briefes vorhandene Erwartung in Rechnung stellte. In diesem Falle würde das in wesentlichen Zügen positiv gezeichnete Menschenbild weniger einem durch die eigene Beobachtung gespeisten Gefühl der Sympathie für diese Menschen entspringen als dem Bemühen, gerade eingedenk der zunächst noch geringen materiellen Ausbeute die Erfüllung der an sein Unternehmen geknüpften Erwartungen für die nahe Zukunft in Aussicht zu stellen und sich somit der weiteren finanziellen Unterstützung zu versichern – eine Annahme, die dadurch untermauert wird, daß Kolumbus bei der Kalkulation des zu erwartenden Profits keinen Augenblick zögerte, neben Gold, Gewürzen und anderen wertvollen Produkten auch die zuvor als so freundlich und liebenswert geschilderten Inselbewohner für den Sklavenhandel als gewinnbringende Ware anzupreisen. Und wie das Menschenbild wurde schließlich auch die in ihrer Schönheit und Fruchtbarkeit so emphatisch beschriebene natürliche Umwelt in den Dienst dessen gestellt, was Kolumbus wie seinen Auftraggebern primär am Herzen lag: der sich an materiellem Zugewinn bemessende Erfolg des Unternehmens, der sich ja auch in der Gründung einer prosperierenden Kolonie niederschlagen konnte.

Damit hatte Kolumbus, der das Ziel seiner Fahrt, die Auffindung der fabulösen Reichtümer des Großen Khan, verfehlte und dessen Ausbeute nicht einmal die Kosten der Reise deckte, von vornherein in sehr subtiler Weise einer sich möglicherweise bei seinen Geldgebern einstellenden Enttäuschung entgegengewirkt. Denjenigen unter seinen Lesern aber, die weniger aus kaufmännischem denn aus literarischem oder völkerkundlich-geographischem Interesse seinen Bericht zur Hand nahmen und möglicherweise ihrerseits in ihren an Mandeville und ähnlichen Autoren orientierten Erwartungen enttäuscht waren, da sie hier nichts Neues entdecken konnten, ja nicht einmal die von Mandeville so realistisch beschriebenen Monster wiederfanden – diesen Lesern hielt Kolumbus mit entschiedenem Autorenstolz entgegen: „Denn wenn auch gar viele von jenen Ländern zu berichten gewußt haben, so beruhten ihre Angaben nur auf Mutmaßungen, da niemand von ihnen füglich behaupten konnte, diese Länder mit eigenen Augen gesehen zu haben." (297)

Wer waren nun die Leser dieses Briefes, den Kolumbus zwar ursprünglich an einen bestimmten Adressatenkreis gerichtet hatte, der aber zweifellos mit Blick auf ein größeres Publikum verfaßt wurde, in kurzer Zeit in unzähligen Abschriften in Umlauf war und innerhalb von nur neun Monaten mindestens 14 Editionen erlebte? Über die Kreise, aus denen sich die Leserschaft vorwiegend rekrutierte, über ihre berufs- und interessenspezifische Motivation lassen sich erste Hinweise erschließen, wenn wir den Weg verfolgen, auf dem der Brief zunächst von Lissabon aus nach Spanien und Italien gelangte und schließlich über den engeren Kreis der Adressaten hinaus in handschriftlichen Kopien und gedruckten Exemplaren in ganz West- und Mitteleuropa Verbreitung fand. Als Kolumbus am 4. März 1493 im Tejo vor Anker ging, hatte er zweifellos größte Eile, die Nachricht von seiner erfolgreichen Rückkehr außerhalb Portugals publik zu machen – dies um so mehr, als er zunächst befürchten mußte, von seiten des eifersüchtig über den Atlantik wachenden portugiesischen Königs Repressalien ausgesetzt zu werden. So schickte er bereits von Lissabon aus die ersten Kopien seines Kurzberichts an einflußreiche Freunde und Gönner wie etwa den Herzog von Medinaceli, der bereits am 19. März die Nachricht von der erfolgreich abgeschlossenen Mission in einem Brief an den Erzbischof von Toledo, Kardinal González de Mendoza, weitergab[8], noch bevor die Könige selbst (um den 28. März) davon erfuhren. Doch nicht nur in Spanien, auch in Italien waren, noch bevor in Barcelona Anfang bis Mitte April die vermutlich erste Ausgabe in spanischer Sprache gedruckt wurde, zahlreiche handschriftliche Kopien in Umlauf. Diese waren teils Abschriften und Übersetzungen der in Spanien zirkulierenden Exemplare, teils aber auch Kopien, die Kolumbus direkt an einflußreiche Persönlichkeiten in Italien versandt hatte, um seinem Erfolg auch außerhalb Spaniens die ihm gebührende Publizität zu verleihen. Dieser regen Schreibtätigkeit des Autors – nach den Worten von Carlos Sanz „ein Werbefeldzug von internationalen Ausmaßen"[9] – war es zu verdanken, daß sich in den nach Übersee ausgerichteten Handelskreisen, insbesondere in Florenz, aber auch in Genua, die Nachricht von der „Indienfahrt" des Kolumbus in Windeseile verbreitete und die römische Kurie unterrichtet war, noch bevor die Könige offiziell um eine päpstliche Stellungnahme ersuchten.[10]

Aus dem Kreis interessierter Kaufleute in Florenz kam möglicherweise auch der Impuls für eine erste lateinische Übersetzung, die eine über Spanien und Italien hinausreichende Verbreitung des Kolumbus-Briefes ermöglichte.[11] Sie erschien Anfang Mai in Rom, verfaßt von dem dort ansässigen, aus Aragon gebürtigen Humanisten Leandro (oder Aliander) de Cosco. Doch außerhalb der mediterranen Zentren wurde die Nachricht von dem vorgeblichen Erfolg der Kolumbus-Reise nur mit Verzögerung rezipiert. Die am 12. Juli 1493 in Nürnberg – zu jener Zeit bedeutendstes Zentrum der kosmographischen Wissenschaften nördlich der Alpen – erschienene Chronik von Hartmann Schedel[12] erwähnte das Ereignis mit keinem Wort. Und noch wenig später unterbreitete der ebenfalls in Nürnberg ansässige Astronom Hieronymus Münzer in offensichtlicher Unkenntnis der von Kolumbus durchgeführten Unternehmung dem portugiesischen König in einem Brief einen ähnlichen Vorschlag wie jener Jahre zuvor. Erst während der zweiten Hälfte des Jahres 1493 wurde der

Kolumbus-Brief auch in Deutschland, Frankreich und England einem größeren Lesepublikum zugänglich, das sich vermutlich wie in Italien vorwiegend aus jenen Kreisen rekrutierte, die am Asienhandel interessiert waren oder aber (nach Bekanntwerden der alexandrinischen Bullen) von den sich möglicherweise ergebenden politischen Konsequenzen betroffen waren. So ist durch Sebastian Cabot bezeugt, daß am englischen Hof die Nachricht, „daß der Genuese *Don Christofer Colonus* die Küsten Indiens entdeckt hatte", erhebliches Aufsehen erregte, „dermaßen, daß alle mit großer Bewunderung versicherten, es sei eher eine göttliche denn eine menschliche Sache, in den Osten, wo Gewürze wachsen, über den Westen zu segeln, auf einem Weg, den niemand zuvor gekannt hat"[13]. Für Frankreich ist ein ähnliches Zeugnis nicht überliefert. Es ist jedoch anzunehmen, daß auch der Hof und die Spitzen von Diplomatie und Verwaltung an der Neuigkeit ein beträchtliches Interesse hatten, da ja indirekt auch die Belange der französischen Krone tangiert waren. Zum einen flossen der Staatskasse aus dem nun möglicherweise von erheblichen Einbußen bedrohten Orienthandel der französischen mediterranen Zentren große Gewinne zu. Zum anderen konnte die sich abzeichnende Monopolstellung Spaniens und Portugals für das machtpolitische Gefüge in Europa noch unkalkulierbare Folgen haben.

Doch das Interesse am Kolumbus-Brief war nur von kurzer Dauer, da sein Neuheitswert durch die nachfolgenden Reisen sehr schnell überholt war.[14] Nur noch zweimal wurde er nach 1493 als eigenständige Publikation veröffentlicht: 1497 in Valladolid im spanischen Original[15] und im selben Jahr in Straßburg in einer deutschen Übersetzung mit dem vielversprechenden, zweifellos auf ein vorwiegend an der traditionellen Portenta-Literatur interessiertes Publikum abzielenden Titel *Eyn schoen hybsch lesen von etlichen inßlen die do in kurtzen zyten funden synd durch den künig von hispania, und sagt von großen wunderlichen dingen die in den selben inßlen synd*[16]. Um dieselbe Zeit aber brach Amerigo Vespucci zu seiner ersten Reise auf: eine Reise, die ihn nun nicht mehr in vermeintlich bekannte Regionen führte und die den europäischen Lesern eine Welt eröffnen sollte, die mit vollem Recht eine – für sie – „neue" Welt genannt werden konnte.

Vespucci: die Entdeckung einer „neuen" Welt

Um 1503/04 erschien in Paris die vermutlich erste Edition eines Briefes in lateinischer Sprache, deren Titelblatt neben einem Grußwort des Absenders *Albericus Vespuccius* an den Empfänger *Laurentius Petrus Franciscus de Medicis* noch keinen Hinweis darauf enthielt, welche sensationellen Neuigkeiten den Leser erwarteten. Doch bereits die nachfolgenden Ausgaben, die im Abstand von nur wenigen Wochen in Paris sowie in bedeutenden Publikationszentren Deutschlands und Italiens veröffentlicht wurden, hatten diesem unter publikationsstrategischen Gesichtspunkten erheblichen Mangel abgeholfen. „Mundus Novus", so verkündete der nun zumeist in großen Lettern vorangestellte Titel, und in der Tat war es – für die Europäer – eine neue Welt, von der hier berichtet wurde. Denn, so wurde der Leser unverzüglich aufgeklärt: Keines dieser Länder, die der Verfasser im Auftrag des portugiesischen Königs gesucht und entdeckt hatte, „war unseren Vorfahren bekannt" (81)[17]. Folglich handelte es sich hier nicht mehr um jene Inseln des Indischen Meeres, deren Auffindung noch zehn Jahre zuvor Kolumbus als aufsehenerregendes Ereignis gepriesen hatte, sondern um eine „weitere unbekannte Welt" (82): „stärker mit Menschen bevölkert und von Tieren belebt als unser Europa oder Asien oder Afrika" (81) – jenen Erdteil, dessen Existenz, wie Vespucci vermerkte, einige wenige Philosophen zwar für möglich gehalten, dessen Bewohnbarkeit sie aber stets kategorisch ausgeschlossen hätten.

Damit war mit einem Schlag der Beweis erbracht, daß außerhalb der dem christlichen Abendland bekannten Welt noch ein anderer, bewohnter Erdteil existierte. Damit war aber auch die – insbesondere für die am Asienhandel interessierten Kreise schmerzliche – Erkenntnis gewonnen, daß sich der von Kolumbus aufgezeigte Weg nach Indien zumindest in der südlichen Hemisphäre so einfach nicht finden ließ; denn die Ausdehnung dieses Erdteils, an dessen Küsten Vespucci nach eigenen Angaben in südwestlicher Richtung bis zum 50. Grad südlicher Breite entlanggesegelt war, würde sich als unüberwindliches Hindernis erweisen. Folgen wir jedoch den Ausführungen Vespuccis, so hat diese letztgenannte Erkenntnis ihn offenbar kaum berührt. Zumindest erschien sie ihm angesichts der sensationellen Dinge, die er über diese Neue Welt zu berichten hatte, nicht erwähnenswert, obgleich die Auffindung des Seeweges nach Indien Sinn und Zweck dieses Unternehmens gewesen war. Da aber Vespucci, der an dieser Reise nur in untergeordneter Position, vermutlich als Kosmograph und Astronom, beteiligt war, für den Erfolg des Unternehmens nicht verantwortlich zeichnete, mußte er – anders als Kolumbus – nicht unbedingt darauf bedacht sein, mit Blick auf eine zukünftige Verwirklichung des gesetzten Ziels überzeugende, notfalls auch fingierte Argumente anzuführen.

Auf die Qualität des Berichts konnte sich dieser Umstand nur positiv auswirken, denn im Gegensatz zu Kolumbus stand Vespucci nicht unter dem Zwang, die angetroffene Realität unter dem Gesichtspunkt ihrer unmittelbaren Verwertbarkeit zu betrachten. Daß allerdings auch seine Wahrnehmung bewußt oder unbewußt durch spezifische Faktoren gesteuert wurde und auch seine Schilderung einer gewissen, möglicherweise sogar beabsichtigten Verzerrung unterlag – dieser Verdacht erscheint nur allzu begründet, denn wie Kolumbus war auch Vespucci darauf bedacht, die eigene Leistung in gebührender Weise hervorzuheben. Und da diese Leistung nun darin bestand, bis dahin gänzlich unbekannte Regionen entdeckt und als erster beschrieben zu haben, wurde durch Vespucci vorrangig das wahrgenommen und herausgestellt, was sich vom Bekannten unterschied und den Leser ob seines Neuheitswertes überraschen mußte: die Himmelskörper, „die unsere Vorfahren nie gesehen oder beschrieben haben" (lt.[17] 87); die Tiere, von deren Artenvielfalt „unser Plinius nicht den tausendsten Teil erwähnt hat" (lt. 89); schließlich die Völker, „die man in unseren Ländern nicht findet, und viele andere, die wir nie gesehen haben" (lt. 86).

Gewiß: nicht alles, was hier berichtet wurde, war dem literarisch vorgebildeten Leser völlig neu. Denn die natürliche Umgebung wie auch die Menschen dieses Erdteils waren der vertrauten Vorstellung von einer paradiesischen Landschaft und den in der abendländischen Tradition bekannten Naturvölkern in vielfacher Hinsicht vergleichbar – ein Faktum, dem Vespucci in seiner

Beschreibung durchaus Rechnung trug. So entsprach das Bild, das er von der Natur dieser neuen Welt vermittelte, bis in die Details dem tradierten Topos vom *locus amoenus,* dem wir auch bei Kolumbus in ähnlicher Zusammensetzung begegnet waren:

Das Land jener Regionen ist sehr fruchtbar und lieblich, mit vielen Hügeln, Bergen und unzähligen Tälern; es ist reich an sehr großen Flüssen, bewässert von heilsamen Quellen, bedeckt mit ausgedehnten, dichten Wäldern, die fast undurchdringlich und voll von allen Arten wilder Tiere sind. Riesige Bäume wachsen dort, ohne daß man sich um sie kümmert. Viele von ihnen tragen wohlschmeckende und für den menschlichen Körper nahrhafte Früchte. (87 f. und lt. 89).

Und daß schließlich nicht nur das Auge und der Geschmackssinn, sondern auch der Geruchssinn und das Gehör der in diesen Regionen weilenden Menschen auf liebliche Weise erfreut wurden, dafür sorgten, so Vespucci weiter, die zahllos vorhandenen Vögel und duftenden Bäume. Dieser paradiesisch anmutenden Landschaft entsprach die Zuträglichkeit der Luft genauso wie das milde und ausgeglichene Klima, „gemäßigter und angenehmer als in irgendeiner anderen uns bekannten Region" (lt. 85). Wen konnte es da verwundern, daß den hier lebenden Menschen Krankheiten nahezu unbekannt waren und sie ein extrem hohes Alter erreichten, einige sogar erst mit 150 Jahren starben. Und wenn man neben dem natürlichen Reichtum und der Schönheit der Landschaft auch noch bedachte, welche immensen materiellen Schätze nach Angaben der Bewohner im Landesinneren verborgen waren – Schätze an Gold und Perlen, die jene überdies in ihrem Wert gering erachteten –, dann war auch hier der Gedanke an die Nähe des Irdischen Paradieses gewiß nicht fern.[18]

Auch bei den Menschen fanden sich in der Schilderung Vespuccis viele Merkmale wieder, die von anderen Fremdvölkern bekannt waren und die bereits Kolumbus seinen Lesern beschrieben hatte. Doch Vespucci konnte *seinen* Lesern weitaus mehr bieten, hatten er und andere Mitglieder der Schiffsbesatzung doch über relativ lange Zeiträume – nach seinen Angaben über Wochen – mit einzelnen Dorfgemeinschaften „als Freunde und Gäste" (84) zusammengelebt. Dadurch vermochte er zweifellos einen tieferen Einblick in das Leben dieser Menschen zu gewinnen, als es beispielsweise Kolumbus möglich gewesen war. Und auch die Menge an Detailwissen mochte bei weitem das überschreiten, was bis dahin ein Reisender aus dem Abendland, ja sogar der als gut unterrichtet geltende Mandeville, über ein Naturvolk hatte in Erfahrung bringen können. So war denn Vespucci weder kurz in der Rede noch sparsam im Detail und entwarf ein sehr anschauliches, geradezu pittoresk anmutendes Menschenbild, in dem bei aller Befremdung angesichts manch barbarischer, ja sogar als ausgesprochen bestialisch zensierter Bräuche die grundlegende Sympathie des Autors wie auch die Faszination, der er sich nicht entziehen konnte, deutlich sichtbar werden.

Diese Menschen, so Vespucci, waren freundlich, hilfsbereit und liebenswert, untereinander wie im Umgang mit Fremden sanftmütig und gefällig. Sie waren unbekleidet, von hohem Wuchs, äußerst wohlgeformt und in ihren Bewegungen sehr behende. Ihr Haar war üppig und schwarz, und die Farbe ihrer Haut neigte ins Rötliche – laut Anmerkung des Autors eine Folge ihres Nacktseins, was wiederum den Schluß nahelegte, daß, wären sie bekleidet, ihre Hautfarbe sich von der der Europäer kaum unterscheiden würde. Sie hatten einen offenen Gesichtsausdruck und wären, so der bedauernde Kommentar, von makelloser Schönheit, würden sie diese nicht selbst zerstören, indem sie (allerdings nur die Männer) Wangen, Lippen, Nasenflügel und Ohren durchbohrten und in die nicht selten kirschgroßen Löcher bunte Steinchen, schneeweiße Knöchelchen und andere, kunstvoll gearbeitete Gegenstände hineinsteckten. Daß dieser Schmuck dem Europäer schier unbegreiflich erscheinen mußte, ist verständlich, widersprach er doch ganz erheblich dem eigenen ästhetischen Normempfinden. Und so konnte sich Vespucci der Zustimmung des Adressaten sicher sein, wenn er in seinem Brief vermerkte:

Sähest du etwas so Ungewöhnliches und einem Scheusal Ähnliches, nämlich einen Mann, der allein in den Wangen und in den Lippen 7 Steine trägt, von denen viele so groß wie eine halbe Handbreit sind, dann würdest du sicher sehr verwundert sein. (lt. 87 f.)

Nur wenige Zeilen widmete Vespucci der politischen, sozialen und religiösen Organisationsform, die schließlich nach seinem Eindruck nahezu inexistent war und somit kaum Raum bot für pittoreske Details. Dabei wurden Wahrnehmung und Darstellung des Autors gesteuert durch das, was ihm aus der eigenen Kultur bekannt war und in dieser für relevant erachtet wurde, so daß er sich schlichtweg darauf beschränkte aufzuzählen, welche der ihm vertrauten fundamentalen Institutionen und Vorstellungen bei diesen Menschen *nicht* anzutreffen waren, ohne dabei im geringsten zu zögern, für die Beschreibung der anderen Wirklichkeit die ihm geläufigen, vor dem Hintergrund der eigenen Kultur definierten Begriffe zu verwenden. So kannten diese Menschen laut Vespucci keinen „König" und keine „Herrschaft", keinen „Tempel" und kein „Gesetz", kein Privateigentum und keinen Handel. Kurzum: „Sie leben ganz nach den Gesetzen der Natur." (86) Mit besonderer Ausführlichkeit schilderte der Autor hingegen jene Besonderheiten dieser fremden Menschen, die ihn geradezu schockieren mußten, weil sie – wie etwa Inzest und Kannibalismus – gemäß der im eigenen Kulturkreis herausgebildeten ethischen Normen gleichzusetzen waren mit Abartigkeit und jeder *humanitas* entbehrenden Barbarei oder aber weil sie – wie etwa der weibliche Körper, Promiskuität und Sexualpraktiken – in der eigenen Gesellschaft aufgrund der restriktiven Sexualmoral tabuisiert waren. Dabei bewies Vespucci eine ausgesprochene Vorliebe für teils makaber, teils nahezu obszön anmutende Details, deren Darstellung für das Empfinden des damaligen Lesers hart bis an die Grenze der Schicklichkeit heranreichen mochten, die aber nicht selten den Eindruck hinterlassen, Vespucci habe sich hier nicht ungern in die Rolle eines Voyeurs begeben.

Kannibalismus war bereits von einigen indischen Völkern angenommen worden; doch nie zuvor hatte ein Autor diese Sitte in so bildhafter, ja geradezu konkret-faßbarer Weise beschrieben.[19] War schon das Verspeisen der Feinde für jeden „zivilisierten" Menschen ein Akt der Barbarei, so mußte die hier berichtete Tatsache, daß selbst die nächsten Verwandten, ja sogar die eigene Frau und die leibhaftigen Kinder nicht ausgespart und gegessen wurden, die Vorstellungskraft manches Zeitgenossen bei weitem übersteigen. Für denjenigen aber, dessen Phantasie in dieser Hinsicht begrenzt war, konnte Vespucci mit Details aufwarten, die gerade dadurch, daß sie zur eigenen alltäglichen Erfahrung in Beziehung gesetzt wurden, dem Leser in schauriger Deutlichkeit vor Augen stehen mochten; etwa wenn Vespucci berichtete, daß er sich längere Zeit in einem Ort aufgehalten habe, „wo ich in den Häusern an den Balken gesalzenes Menschenfleisch hängen sah, so wie es bei uns Brauch ist, Speck und Schweinefleisch aufzuhängen" (lt. 88). Und was schließlich mochte der zeitgenössische Leser davon halten, wenn ihm (durch die Feder des Autors) dieselben Menschenfresser gewissermaßen in Umkehrung der Werteskala vor Augen hielten, daß nach ihrer Ansicht nicht sie selbst, sondern die Fremden, d. h. die Europäer, ein unbegreifliches, weil für sie „normabweichendes" Verhalten bekundeten? Denn, so fuhr der Autor fort: „... sie sind verwundert, daß wir unsere Feinde nicht essen und deren Fleisch nicht in den Speisen verwenden, wo es doch, wie sie sagen, äußerst schmackhaft ist..." (lt. 88)

Die bei weitem längste Passage widmete Vespucci den Frauen, wobei er ihre Schönheit genauso detailliert beschrieb wie die bei ihnen festgestellte übermäßig entwickelte Libido und das daraus resultierende Sexualverhalten. Ihr Körper war – „auch wenn sie nackt gehen und äußerst triebhaft sind" (lt. 88) – von schönem Wuchs, sauber anzusehen, zwar leicht füllig, deshalb aber nicht ungestalt. Besonders erstaunte ihn, daß bei diesen Frauen weder die mehrfache Mutterschaft noch das Alter jene Spuren hinterließ, die in dem eigenen Kulturkreis das ästhetische Vergnügen an der nicht mehr ganz jugendlich-jungfräulichen Weiblichkeit erheblich beeinträchtigten:

Auffallend erschien uns, daß man unter ihnen keine mit hängenden Brüsten sah und diejenigen, die geboren hatten, sich in der Form des Bauches und der Spannkraft nicht von den Jungfrauen unterschieden; und genauso schien es in den anderen Körperteilen, die ich aus Schicklichkeit absichtlich unerwähnt lasse. (lt. 88 f.)

Die hier bewiesene schamhafte Zurückhaltung war nun allerdings dort nicht mehr geboten, wo es um die Darstellung einer Praxis ging, die Vespucci als „ganz ungeheuerlich", als „Gipfel menschlicher Grausamkeit" bezeichnete:

Da nämlich ihre Frauen triebhaft sind, bringen sie das Schamglied ihrer Männer so dick zum Anschwellen, daß es unförmig und ungestalt aussieht; dies durch den folgenden Kunstgriff ihrerseits: nämlich durch Speisen, die durch den Biß bestimmter Tiere vergiftet sind. (lt. 88)[20]

Ein solches Vorgehen konnte Vespucci – wie sein (vorwiegend männliches) Lesepublikum – aus verständlichen Gründen nur mit schauderndem Entsetzen zur Kenntnis nehmen. Ob allerdings die abschließende Feststellung des Autors – „Wenn sie mit Christen zusammenkommen konnten, besudelten sie, getrieben von ihrer außerordentlichen Begierde, eines jeden Schamhaftigkeit" (lt. 89) – dem Leser als für einen Europäer ernstzunehmende Bedrohung von Manneswürde und Manneszucht erschienen sein mag, sei dahingestellt.

Fassen wir kurz zusammen: Das Bild, das Vespucci von diesem Fremdvolk entwarf, war das von freundlichen und liebenswerten Menschen, die aufgrund ihrer bemerkenswert hellen Hautfarbe dem Europäer rassisch näherstanden als etwa die Neger Afrikas und die sich durch besondere Schönheit auszeichneten, was wiederum – ohne daß der Autor dies explizit hervorhob – auch auf ihre allgemeine moralische Disposition ein positives Licht warf, denn schließlich war nach traditionellem Verständnis die Tugend eher mit Schönheit gepaart als mit Häßlichkeit. Getrübt wurde dieses Bild allerdings durch mancherlei barbarische Sitten, denen in der Darstellung Vespuccis zweifellos die Funktion von Leitmerkmalen zukam, deren Eindruck jedoch kaum die positiven Aspekte überdeckte. So wurde beispielsweise der Kannibalismus in gebührender Weise als „schlechte Sitte" verurteilt; doch unmittelbar daran anschließend äußerte der Autor die Zuversicht, daß, hatte man diese Menschen erst einmal über die Abartigkeit ihres Tuns aufgeklärt, sie zweifellos davon ablassen würden. Und wenn diese Kannibalen nach dem Zeugnis des Autors ihrer Verwunderung darüber Ausdruck verliehen, daß die aus ihrer Sicht sonderbaren Fremden nicht gleichfalls ihre Feinde zu schmackhaften Speisen verarbeiteten, so sprach daraus eher naive, aus Unkenntnis resultierende Roheit denn bedachte Grausamkeit und Wildheit – Wesensmerkmale, die traditionellerweise mit dem Kannibalismus verknüpft waren. Und was schließlich die anderen, gleichermaßen als abartig dargestellten Sitten betraf, so konnte – etwa im Zusammenhang mit dem getadelten weiblichen Sexualverhalten – die heimliche Faszination, die der Reiz des Verbotenen und Tabuisierten auszuüben vermochte, bei manchem Leser die aus Sittlichkeitsgründen gebotene, vordergründig empfundene Abscheu verdrängen helfen.[21]

Innerhalb von nur zwei Jahren wurde die lateinische Fassung des Vespucci-Briefes in (mindestens) 15 Auflagen in West- und Mitteleuropa verbreitet. Hinzu kamen zahlreiche nichtlateinische, vulgärsprachliche, Fassungen, darunter allein von 1505 bis 1508 (mindestens) zwölf Auflagen einer deutschen Übersetzung mit dem Titel *Von der neü gefunden Region so wol ein welt genempt mag werden, durch den Cristenlichen künig, von Portigal, wunderbarlich erfunden*[22] – ein außergewöhnlicher Erfolg, der sich vermutlich durch die generelle Popularität von Flugschriften im vor-reformatorischen Deutschland erklärt. Versuchen wir aber, den Leserkreis des *Mundus Novus*-Briefes genauer einzugrenzen, so können wir wie bei dem Brief des Kolumbus wiederum nur Indizien folgen. Anzunehmen ist, daß er zunächst in denselben Kreisen zirkulierte wie jener. Die an der weit höheren Auflagenzahl abzulesende Steigerung des Interesses wird aber kaum dem engen Kreis der höheren Hof- und Regierungsbeamten, auch nicht den am internationalen Handel beteiligten Kaufleuten zuzuschreiben sein, da die hier berichteten Neuigkeiten diese nicht in dem Maße tangierten, wie es bei dem Kolumbus-Brief der Fall gewesen war. Tangiert war durch den Brief Vespuccis hingegen jener Kreis von wissenschaftlich vorgebildeten Lesern, die aus berufsbezogener Perspektive oder auch aus privatem Interesse in Fragen der Kosmographie bzw. Geographie mit der einschlägigen Literatur vertraut waren. Für sie mußte die hier enthüllte Neue Welt geradezu eine Sensation bedeuten, war sie doch – wie der Autor, der Folgenschwere seiner Entdeckung wohl bewußt, hervorhob – den Alten völlig unbekannt.

Wie nun dieser Leserkreis auf die von Vespucci gemachten Enthüllungen reagierte, mit wie großer Skepsis er dem Autor begegnete und welche Einzelinformationen als besonders überraschend, vielleicht sogar als befremdlich, wenn nicht gar als unglaubwürdig erachtet werden mochten – diese unter rezeptionshistorischen Gesichtspunkten bedeutsamen Aspekte können wir (zumindest teilweise) aus einem Brief Vespuccis erschließen, der an einen unbekannten Empfänger, vermutlich einen nahestehenden Verwandten oder Freund, gerichtet war.[23] Dieser war bereits in einem früheren Brief von Vespucci über dessen Reise informiert worden, hatte aber seinerseits in einem (nicht erhaltenen) Brief hinsichtlich der Glaubwürdigkeit so mancher Information erhebliche Zweifel angemeldet; Zweifel, die ihm selbst gekommen, die aber zum Teil auch von Dritten an ihn herangetragen worden waren. Und auf diese Einwände, die bei dem (oder den) unbekannten Kritiker(n) auf beachtliche kosmographische Kenntnisse schließen lassen, nahm Vespucci in seiner Antwort ausführlich Bezug; Einwände übrigens, die ihm nach eigener Aussage auch von anderer Seite entgegengebracht wurden und die er in aller Entschiedenheit und mit nicht geringer Verärgerung als Verleumdung und bösartiges Geschwätz zurückwies.

Bezweifelt wurden – neben astronomischen und navigationstechnischen Angaben zu Lage und Ausdehnung des von Vespucci nach eigenen Angaben entdeckten Kontinents – zunächst seine Ausführungen hinsichtlich des Klimas und der Vegetation, die nicht mit der bis dahin gültigen Annahme übereinstimmten, daß in der südlichen Hemisphäre je nach Breitengrad dieselben klimatischen Bedingungen vorherrschen mußten wie in der nördlichen Hemisphäre. Bezweifelt wurden demzufolge auch jene Angaben, die mit klimatischen Einflüssen in Beziehung gesetzt wurden: die unglaubwürdig erscheinende, weil bei der in bestimmten Regionen angenommenen Kälte wenig zuträgliche Nacktheit der Menschen ebenso wie deren als relativ hell beschriebene Hautfarbe, die unvereinbar war mit der als Lehrmeinung unwidersprochenen Annahme, daß alle in tropischen Breiten lebenden Menschen aufgrund der starken Sonneneinstrahlung so sein mußten wie die Bewohner Afrikas. Ebenso unglaubwürdig erschien den Kritikern

Vespuccis schließlich noch eine dritte von ihm aufgestellte Behauptung, die ihrer Ansicht nach nicht einmal einer argumentativ stichhaltigen Widerlegung bedurfte: das Fehlen von Privateigentum und der Umstand, „daß die dortigen Bewohner weder Gold noch andere Reichtümer schätzen, die von uns geschätzt und für wertvoll gehalten werden"[24].

Diese Behauptung überraschte die Handelsinteressen mit bedenkenden wissenschaftlich vorgebildeten Leser; sie wird jedoch kaum jenen Kreis mit traditionellen Topoi vertrauter Laien verwundert haben, der gleichfalls einen erheblichen Teil der Leserschaft stellte: jene, die das Büchlein zur Hand nahmen, weil sie sich von der Lektüre kurzweilige Unterhaltung versprachen – eine Erwartung, in der sie sich sicherlich nicht enttäuscht sahen, denn schließlich hatte der Autor recht ungewöhnliche und aufregende Dinge zu berichten. Und besonders faszinieren mochten diesen Leser so monströs anmutende Abnormitäten wie der Kannibalismus oder die so folgenschwere Sexualpraxis der Frauen, deren Schilderung selbst dort, wo der Autor aus vorgeblicher Scham auf die Erwähnung von Details verzichtete, eine sehr große Suggestivkraft besaß. Denn derlei Szenen kamen in vorzüglicher Weise dem entgegen, was der Historiker Robert Mandrou als psychische Konstante der Menschen dieses Jahrhunderts hervorgehoben hat: „das kollektive Vergnügen an der Gewalt", „eine ausgeprägte Vorliebe für die Schauspiele und Geschehnisse, bei denen der Tod in Erscheinung tritt"[25]; Schauspiele wie etwa eine wirkungsvoll inszenierte öffentliche Hinrichtung, die dem Europäer heute barbarisch erscheinen mag, an der sich aber die Zeitgenossen Vespuccis, und nicht nur das „gemeine Volk", mit Hingabe ergötzten.

In dieser Hinsicht mochte Vespucci Erwartungen seines Lesepublikums, das sich an Reiseberichten und der traditionellen, von Abnormitäten handelnden Portenta-Literatur orientierte, noch weit übertroffen haben. Denn hier wurde nicht von mißgestalten Monstern berichtet, bei denen derlei Sitten und Gebräuche kaum überraschten, sondern von Menschen; Menschen, die überdies trotz ihres merkwürdigen Gesichtsschmucks keinesfalls unansehnlich waren und sich sogar bis ins hohe Alter jene körperliche Schönheit und Jugendfrische bewahrten, die der Europäer so schmerzlich vermißte. Und gerade dieser für den Zeitgenossen in so eklatanter Weise zutagetretende Gegensatz zwischen bestialischen Sitten einerseits und physischer Schönheit andererseits wird die Faszination der Leser noch um ein Beträchtliches erhöht haben. Ob nun dieser Leserkreis von der Frage nach der Glaubwürdigkeit des Autors tangiert wurde, ist mit Bestimmtheit kaum zu sagen. Aus der ungebrochenen Popularität der Portenta-Literatur und der Autorität, die Autoren wie Mandeville noch während der gesamten ersten Hälfte des 16. Jahrhunderts genossen, können wir jedoch schließen, daß die meisten Leser in dieser Hinsicht kein allzu „kritisches" Bewußtsein entwickelt hatten, das von Vespucci gezeichnete Bild von der Neuen Welt folglich im wesentlichen als Kuriosum rezipiert worden sein wird.

Welche der beschriebenen Merkmale nun dieser Leserkreis als Leitmerkmale betrachtet haben mag, läßt sich aus Bild und Text eines Flugblattes erschließen, das um 1505 im deutschen Sprachraum zirkulierte und zweifelsfrei auf dem *Mundus Novus*-Brief basierte. Es resümierte genau das, was der Vespucci-Brief an auffälligen Dingen zu berichten hatte. So heißt es in der Bildunterschrift:

Dise figur anzaigt uns das volck und insel die gefunden ist durch den christenlichen künig zu Portigal oder von seinen underthonen. Die leüt sind also nacket hübsch, braun wolgestalt von leib, ir geübter [Häupter], halss, arm, scham, füss, frawen und mann ain wenig mit federn bedeckt. Auch haben die mann in iren angesichten und brust vid [sic] edel gestain. Es hat auch nyemantz nichts sunder sind alle ding gemain. Unnd die mann habendt weyber welche in gefallen, es sey mütter, schwester oder freüudt [sic], darinn haben sy kain underschayd. Sy streyten auch mit einander. Sy essen auch ainander selbs die erschlagen werden, und hencken das selbig fleisch in den rauch. Sy werden alt hundert und fünftzig jar. Und haben kain regiment.[26]

Kulturelle Vielfalt und konfliktive Wirklichkeit

Mit fortschreitender Erkundung der karibischen Inseln und des angrenzenden Küstensaums durch Kolumbus und seine direkten Nachfolger, mit der weiteren Erforschung der Ostküste Südamerikas durch die mit der Suche nach einer Ost-West-Passage betrauten Expeditionen und schließlich – ab 1519 – mit dem Einsetzen der großen kontinentalen Eroberungszüge unter Hernán Cortés, Francisco Pizarro und anderen gelangte während der ersten 25 Jahre des 16. Jahrhunderts eine derartige Fülle an Informationen nach Europa, daß das bei Kolumbus und Vespucci gezeichnete Bild von den neuentdeckten Regionen und ihren Bewohnern in seiner weitgehend einheitlichen und überschaubaren Zusammensetzung nicht mehr haltbar war. Angesichts der mit immer neuen, häufig unerwarteten Details angereicherten Vision, wie sie durch die zahllosen Berichte der Konquistadoren zunächst von einem kleinen Kreis Eingeweihter in Spanien, schließlich durch die wachsende Zahl von Publikationen auch von einem größeren Leserkreis außerhalb Spaniens rezipiert werden konnte, mußte dieses Bild einer Korrektur unterzogen werden, die der kulturellen Vielfalt der Menschen in der Neuen Welt in angemessener Weise Rechnung trug.

Doch nicht allein die festgestellten Unterschiede hinsichtlich der Sprache, der sozialen Struktur, der Religion oder der materiellen Kultur waren für die Aufspaltung des bis dahin relativ homogenen Bildes vom Amerikaner verantwortlich. Ein bedeutsamer, bei manchen Autoren sogar der entscheidende Faktor war die unterschiedliche Haltung der Eingeborenen gegenüber den Fremden und die Frage, ob sie bereit waren, den Wünschen und Forderungen der Neuankömmlinge zu entsprechen. War dies schon für Kolumbus und (wenn auch in geringerem Maße) für Vespucci bei ihren ersten und nur auf kurze Dauer ausgerichteten Kontakten ein für das Gesamturteil sehr wichtiger Aspekt, so gewann er für die nachfolgenden Expeditionen ein noch größeres Gewicht, denn schließlich waren ihre Teilnehmer gehalten, sich für einen längeren Zeitraum in der Neuen Welt einzurichten. Und da die spanischen Amerikafahrer sich als Konquistadoren, nicht aber als Siedler begriffen, somit bei der Ausbeute der amerikanischen Reichtümer, ja sogar in der Nahrungsmittelversorgung auf die Unterstützung oder aber, wenn diese verweigert wurde, auf die Zwangsarbeit der Eingeborenen angewiesen waren, wurde die Ausgestaltung der Kontakte zu einem – in gewissem Grade auch für die Europäer – existentiellen Problem, das ihre Einstellung gegenüber diesen Völkern bestimmte und häufig auch die Wahrnehmung ihrer kulturellen Leistungen beeinflußte.

Mit der Fülle an verfügbaren, kaum noch überschaubaren Einzelinformationen ergab sich schließlich auch – entsprechend einer unterschiedlichen Rezeptionsfähigkeit und einer unterschiedlichen Rezeptionsbereitschaft – eine Aufspaltung des vormals relativ homogenen Lesepublikums in zwei Gruppen: den Kreis jener, die aus primär wissenschaftlichem Interesse auf eine möglichst umfassende und detaillierte Berichterstattung bedacht waren und/oder aufgrund ihrer besonderen Vertrautheit mit der lateinischen Sprache die in Latein publizierten und zunehmend in voluminösen Sammelbänden zusammengefaßten Berichte mühelos lesen konnten; und den Kreis jener mehr oder weniger wissenschaftlich vorgebildeten Laien, die aufgrund mittelmäßiger Lateinkenntnisse eine in dieser Sprache publizierte Relation allenfalls dann zur Hand nahmen, wenn sie nur wenige Seiten umfaßte, die in zunehmendem Maße nach vulgärsprachlichen Texten verlangten und deren amerikaspezifisches Interesse durch einen überschaubaren und auf das „Wesentliche" reduzierten Abriß zu befriedigen war. So zirkulierten während der ersten Hälfte des 16. Jahrhunderts die Berichte von „Bestseller"-Autoren wie Vespucci, Anghiera und Cortés in zwei Fassungen, einer ausführlichen und einer resümierenden Version, von denen die letztere – häufig durch den Zusatz „Abriß" oder „Auszug" als solche ausgewiesen – den bei weitem größten Leserkreis erreichte.

Vom *Mundus Novus* zu den *Quatuor Navigationes*: Vespucci

Die Popularität des *Mundus Novus*-Briefes von Vespucci, der nicht – wie der Brief des Kolumbus – vornehmlich auf aktuelle Bezüge ausgerichtet und somit auch noch Jahre nach seiner Abfassung für den Leser von Interesse war, blieb über mehr als zwei Jahrzehnte hinweg ungebrochen: nach 1505 zunächst ausschließlich in vulgärsprachlichen Übersetzungen, nicht jedoch in der lateinischen Fassung, für die der Markt vorerst gesättigt schien.

Damit war die Nachfrage des Laienpublikums abgedeckt, das einen leicht lesbaren und nicht mit Details überfrachteten Abriß bevorzugte, nicht aber die Nachfrage jener Kreise, die aus vorwiegend wissenschaftlichem Interesse nach umfassenderer und differenzierter Information verlangten. Ebendiesem Bedürfnis entsprach nun in vorzüglicher Weise ein zweites Werk Vespuccis, das bereits 1505/06 unter dem Titel *Lettera di Amerigo vespucci delle isole nuovamente trovate in quattro suoi viaggi*[27] (Brief des A. V. über die Inseln, die er jüngst auf vier Reisen gefunden) in Florenz erschienen, dem aber erst in der lateinischen Fassung der zu erwartende Erfolg beschieden war: die *Quatuor Navigationes* (Vier Reisen), die, in den Rang eines wissenschaftlichen Traktats erhoben, 1507 im Anhang zur Kosmographie eines gewissen Martinus Ilacomilus oder Martin Waldseemüller in St. Dié in Lothringen publiziert wurden.[28] Zwar bot auch dieses Werk, wie aus dem Text hervorgeht, nur eine komprimierte Fassung jenes ausführlichen Tagebuches, von dessen Existenz der eingeweihte Leser bereits durch den *Mundus Novus*-Brief unterrichtet war[29]; da aber der Verfasser nicht nur über die von ihm im *Mundus Novus* als „dritte Reise" benannte Fahrt, sondern zusätzlich über drei weitere Reisen berichtete, die er nach eigenen Angaben teils im Auftrag des spanischen, teils im Auftrag des portugiesischen Königs in diese Regionen unternommen hatte, versprach das zweite Werk eine weit umfassendere Berichterstattung, als der erste Brief hatte bieten können.[30]

Betrachten wir nun, was die *Quatuor Navigationes* dem wißbegierigen Leser an noch unbekannten, über den *Mundus Novus*-Brief hinausreichenden Informationen lieferten, so begegnet uns zunächst eine Fülle detaillierter Angaben zum äußeren Verlauf der einzelnen Reisen: zur geographischen Lagebestimmung wie zur Position der Gestirne, zu den Gefahren und Mühen der langen Seefahrt sowie den technischen Schwierigkeiten, die zu überwinden waren. Einen größeren Raum gewann auch die Schilderung der direkten Begegnung mit den Menschen der verschiedenen Regionen, die zwar einer gewissen Schematisierung nicht entbehrt, die aber in einer Vielzahl teils angenehmer, teils ausgesprochen unangenehmer Episoden und Zwischenfälle von dem zunehmend konfliktreich verlaufenen Zusammenstoß der beiden Welten ein anschauliches Bild vermittelt.

In diesem Zusammenhang vollzog sich nun eine Aufspaltung des im *Mundus Novus*-Brief noch relativ einheitlich und mit Sympathie gezeichneten Menschenbildes in zwei klar voneinander getrennte Stereotype, die in Einklang mit der als angenehm oder unangenehm erlebten Begegnung positiv oder negativ gewertet sind. Auf der einen Seite steht der freundliche und liebenswerte, zwar in mancherlei Hinsicht ungesittete, einer naiven Unschuld jedoch nicht entbehrende „gute" Wilde, wie er vor allem in dem Bericht über die „erste Reise", die „Navigatio Prima" – analog zum *Mundus Novus*-Brief – geschildert ist. Auf der anderen Seite aber steht der hinterhältige und grausame, einer Bestie vergleichbare Wilde, mit dem Vespucci und seine Begleiter in der „Navigatio Secunda" und der „Navigatio Tertia" einige zum Teil äußerst schmerzhafte Erfahrungen machten. Und wenn schließlich detailliert berichtet wurde, wie diese kaum noch der menschlichen Spezies zuzurechnenden Wesen vor den Augen der versammelten Schiffsmannschaft einen gefangenen Christen zerlegten, rösteten und unter sichtbaren Anzeichen des Wohlgefallens verspeisten, ohne daß die Europäer in der Lage waren, „eine so unmenschliche Tat und so bestialische Grausamkeit"[31] zu rächen, geschweige denn zu verhindern, dann gewann das festgestellte Faktum des Kannibalismus bei dem (zumindest indirekt) betroffenen Autor wie bei seinem Leser die Bedeutung eines zentralen Leitmerkmals und überdeckte schließlich – durch die Benennung dieser Wesen als „Kannibalen" – alle anderen festgestellten Attribute.

Die (erste) *Oceani decas*: Anghiera und Trivigiano

Die *Quatuor Navigationes* wurden als Anhang zu Waldseemüllers kosmographischem Kompendium mehrfach wiederaufgelegt. Aufgrund der von den Herausgebern gewählten Publikationsform blieb das Werk aber zunächst auf die wissenschaftlich vorgebildeten Kreise beschränkt, bis es von Huttich und Grynaeus in ihre 1532 erstmals veröffentlichte, sehr erfolgreiche Reisesammlung

Novus Orbis aufgenommen und damit auch von einem größeren Kreis gebildeter Laien rezipiert wurde. Doch zu keinem Zeitpunkt war ihr Erfolg mit dem des *Mundus Novus*-Briefes vergleichbar, von dem wir bis 1555 knapp 60 Ausgaben benennen können, davon etwa 25 als Teil eines Sammelwerkes, das in mehreren Sprachen publiziert wurde und während der ersten Hälfte des 16. Jahrhunderts insbesondere in Frankreich und Italien für die amerikaspezifischen Vorstellungen des nicht wissenschaftlich vorgebildeten Lesepublikums die wichtigste Quelle war. Dieser Sammelband erschien zuerst 1507 in italienischer Sprache, herausgegeben von Francanzano (oder Fracanzio) da Montalboddo, unter dem Titel *Paesi novamente retrovati, & Novo Mondo da Alberico Vesputio Florentino intitulato* (Die jüngst gefundenen Länder und Neue Welt, die nach dem Florentiner A. V. benannt). Er enthielt – entgegen der Ankündigung des Titels – vorwiegend Briefe über die portugiesischen Unternehmungen in Afrika und dem Indischen Ozean, verfaßt oder übersetzt von italienischen Kaufleuten und Gesandten; unter den wenigen Texten über Amerika befand sich aber (neben dem *Mundus Novus*-Brief) ein ausführlicher Bericht über die ersten drei Reisen des Kolumbus sowie die Fahrten des Pedro Alonso Núñez und der Brüder Yáñez Pinzón, der die Aussagen Vespuccis mit einer Fülle von Details bestätigte und ergänzte. Dieser ohne Verfasserangabe publizierte Bericht war bereits Jahre zuvor als Einzeltext in Venedig erschienen und bot – ohne daß dies auf dem Titelblatt vermerkt wurde – das Resümee eines bis dahin noch nicht veröffentlichten Werkes: der (ersten) *Oceani decas* (Dekade über den Ozean) des in Spanien lebenden italienischen Humanisten Pietro Martire d'Anghiera oder Petrus Martyr Anglerinus, in italienischer Sprache verfaßt von einem gewissen Angelo Trivigiano.[32]

Der aus Mailand gebürtige, dem Humanistenkreis der Römischen Akademie eng verbundene Anghiera war bereits 1487 auf Veranlassung des damaligen spanischen Abgesandten bei der päpstlichen Kurie, Iñigo López de Mendoza, an den spanischen Hof gegangen, wo er zunächst als Erzieher der Pagen und offizieller Chronist der spanischen Krone, dann als Sekretär und Archivar des Indienrates, schließlich als dessen ordentliches Mitglied in den einflußreichen Kreisen enge Kontakte knüpfte und durch persönliche Begegnungen mit den Beteiligten, durch Einsichtnahme in deren Berichte und Begutachtung der mitgebrachten Kuriosa (einschließlich der Menschen) ständig Gelegenheit hatte, sich die Informationen über die Entdeckungsfahrten der Spanier aus erster Hand zu verschaffen. So sind seine Briefe, die er im Rahmen einer regen Korrespondenz insbesondere an seine Römischen Freunde und Förderer sandte und die unter Beibehaltung ihres Briefcharakters als Teilsammlungen sukzessive ediert wurden, hinsichtlich ihres Informationswertes den Augenzeugenberichten durchaus ebenbürtig, in mancher Hinsicht diesen sogar überlegen, da der Autor bemüht war, die Angaben seiner Informanten korrekt wiederzugeben, diese aber dort, wo der Bericht allzu unglaubwürdig und/oder der Gewährsmann nicht verläßlich erschien, mit kritischer Distanz betrachtete und mit Äußerungen der Skepsis oder des Zweifels nicht sparte. Doch bei allen Beteuerungen von seiten des Verfassers, nur das wiederzugeben, was ihm berichtet wurde, sind diese Briefe auch das Werk eines vom Geist der Antike erfüllten Humanisten, der an der Schwelle zu einem neuen Zeitalter die faszinierenden Enthüllungen der ersten Reisenden in dem Bezugsrahmen eines vergangenen, eines mythischen Zeitalters, des Goldenen, zu erfassen suchte; das Produkt eines Literaten, dessen Informationsaufnahme und -verarbeitung noch in weit stärkerem Maße, als dies bei den „gemeinen" Amerikafahrern der Fall war, durch ein Raster aus literarischen Reminiszenzen gefiltert wurde, der aber – da seine eigene Lebenspraxis von den geschilderten Ereignissen unberührt blieb – nicht jener Versuchung ausgesetzt war, der ein direkt am Geschehen Beteiligter wie Kolumbus oder Vespucci nur schwer entgehen konnte: das Messen der Realität am Erfolg und eigenen Verdienst.

Im Vordergrund der 1511 erstmals in der ungekürzten lateinischen Originalfassung veröffentlichten Dekade steht der Bericht über die äußeren Ereignisse: der Verlauf der Entdeckungsfahrten und die Gründung von Siedlungen; der Zustand der spanischen Kolonie auf Hispaniola und der erbitterte Machtkampf unter den Kolonisten; die Begegnung mit den Eingeborenen und die wechselvolle, keinesfalls sehr erfolgreiche „Indianerpolitik" der Konquistadoren, die Anghiera in zahlreichen kritischen Anmerkungen für die Konflikte mit den anfänglich so friedfertigen und entgegenkommenden Eingeborenen verantwortlich machte. Daneben widmete der Autor ausführliche Passagen der Landschaft, den klimatischen Bedingungen und der Fruchtbarkeit des Bodens – Faktoren, die auch schon Kolumbus mit Nachdruck hervorgehoben hatte. Und so ist es auch Kolumbus, den man hinter den Worten Anghieras zu vernehmen glaubt, wenn dieser berichtet, die Spanier hätten dort mitten im November in den dichten Wäldern dem Gesang der Nachtigall gelauscht. Doch dies ist auch der einzige Hinweis, der an den kolumbinischen *locus amoenus* erinnert. Denn bei Anghiera sind die topographischen Angaben weitaus spezifischer und zum Teil so präzise, daß sie durchaus als Wegbeschreibung hätten dienen können. Dasselbe gilt für Fauna und Flora, wobei den Autor insbesondere der Aspekt ihrer Verwertbarkeit interessierte; etwa die Frage, inwieweit bei den Eingeborenen gebräuchliche „Haustiere" wie der Leguan oder Nutzpflanzen wie Yucca und Mais, zu Speisen verarbeitet, mit europäischen Geschmacksgewohnheiten vereinbar waren.

Mit einer Fülle an Detailinformationen schilderte Anghiera auch die Aruak, denen die Spanier zuerst begegnet waren: ihr Aussehen und Verhalten, ihre Sitten und Gebräuche, ihre soziale und religiöse Organisationsform, ihre ethisch-moralische Verfassung. Und unter häufigem Verweis auf die antike Geschichte und Mythologie entstand ein Bild, das in seiner Aussagekraft bisweilen geradezu poetische Züge gewinnt und das beim Autor eine Einstellung verrät, die weit über die vorwiegend durch das äußere Erscheinungsbild und das Verhalten der Menschen begründete Sympathie eines Kolumbus oder Vespucci hinausgeht. Wie sie stellte auch Anghiera als erstes auffälliges Merkmal die Nacktheit dieser Menschen fest. Doch er präzisierte: „...jenes Volk lebt ohne Unterschied des Geschlechts völlig nackt *im Naturzustand...*"[33] Dieser Hinweis allein mochte genügen, um bei den Lesern, die gleich dem Autor mit der antiken Literatur bzw. den aus ihr hervorgegangenen Fremdvölkerstereotypen vertraut waren, die Erinnerung an all jene tugendhaften und glückseligen, im „Naturzustand" lebenden Völker wachzurufen, die am Rande der bekannten Welt angesiedelt worden waren. Und daß diese möglichen Assoziationen der amerikanischen Realität angemessen waren, wurde vom Autor ausdrücklich bestätigt, wobei er allerdings die traditionelle Vorstellung von diesen in der Wunschzeit des Goldenen Zeitalters lebenden Menschen in einem nicht unwesentlichen Punkt modifizierte:

Sie gehen nackt einher, kennen weder Maße und Gewichte noch das verderbenbringende Gold; kurz, sie leben in einem Goldenen Zeitalter, ohne Gesetze, ohne betrügerische Richter, ohne Bücher, zufrieden mit den Gaben der Natur und unbekümmert um die Zukunft. Aber von Machtgelüsten werden auch sie gequält, um derentwillen sie sich gegenseitig bekriegen. Ja, ich glaube, daß selbst das Goldene Zeitalter von dieser Seuche nicht verschont war und daß auch damals schon unter jenen Menschen das Wort galt: „Gib du nach, ich werde nicht nachgeben." (I, 42)

Trotz der festgestellten Machtgelüste also ein beneidenswertes Volk, bar jeder Sorge und Not, frei von verderblichem Besitzstreben und Korruption, bei dem, wie es an einer anderen Stelle des Textes heißt, „ein Streit um Mein oder Dein, die Wurzel allen Übels" (I, 61), nicht vorkam. Und wenn Anghiera – er war schließlich Geistlicher und schrieb an einen Kardinal – emphatisch bemerkte: „Wollten sie sich nur zur wahren Religion bekennen!" (I, 42), dann entsprang diese Äußerung allenfalls der von ihm zu erwartenden Sorge um das Seelenheil dieser Menschen, nicht aber einer kritischen Beurteilung ihrer ethisch-moralischen Verfassung. Denn diese, so der Autor, war geprägt durch ein natürliches Rechtsempfinden und die Vorstellung, daß der Weg der Gerechtigkeit im Leben nach dem Tode belohnt, das Unrecht hingegen bestraft wird.

Den Leser, dem die einschlägigen antiken Autoren bekannt waren – und dies können wir für die Mehrheit der Leser des lateinischen Originals annehmen – mochte eine solche Vorstellung bei diesen im „Naturzustand" lebenden Menschen kaum verwundern. Und es wird ihn ebensowenig überrascht haben, wenn ihm in der Person eines nackten Wilden ein Philosoph entgegentrat, der den Spaniern, hier konkret: Kolumbus, in gesetzten Worten ihr Tun vor Augen hielt und sie angesichts der drohenden Verdammnis zu gerechtem und damit christlichem Handeln gemahnte:

Uns wurde bekannt, daß du mit großer Macht alle bisher unbekannten Länder erkundet und den Einwohnern gewaltigen Schrecken verursacht hast. Daher mahne ich dich dringend zu bedenken, daß es für die Seelen zwei Wege gibt, wenn sie den Körper verlassen. Der eine ist dunkel und häßlich und für die geschaffen, die ihren Mitmenschen feindlich und unfreundlich begegneten, der zweite, angenehm und erfreulich, ist für jene bestimmt, die in ihrem Leben Frieden und Ruhe unter den Völkern stifteten. Wenn du also sterblich bist und wenn du daran denkst, daß einem jeden Menschen für seine irdischen Werke dereinst ein entsprechender Lohn zuteil wird, dann wirst du niemandem etwas Böses tun. (I, 60)

Die bei Anghiera in direkter Rede zitierten Worte dieses „nackten Philosophen" werden in der Form mit Sicherheit nicht gefallen sein. Sie sind vielmehr Ausdruck der kritischen Haltung des Autors angesichts der Exzesse, derer sich ein Teil der spanischen Eroberer schuldig machte, und so erscheint das bei ihm gezeichnete Bild vom genügsamen und friedliebenden Wilden auch als Gegenbild zum goldgierigen und aggressiven Konquistador. Da dieser aber in nur besonders eklatanter Weise eine Haltung bewies, die nach Ansicht des Autors unter Christen weit verbreitet, mit den Geboten der christlichen Ethik jedoch unvereinbar war, galt ihm das Bild vom „guten Wilden" auch als Gegenbild zur europäischen Zivilisation in ihrer Gesamtheit dort, wo die Vermehrung von Besitz und Wohlstand als oberstes Prinzip die Menschen regiert und Korruption wie Verderben nach sich zieht. Damit wird deutlich, daß die hier zum ersten Mal auch hinsichtlich der ethisch-moralischen Verfassung so explizit erfolgte positive Beurteilung des Amerikaners aus der Erkenntnis resultierte, daß fundamentale christliche Tugenden – also Prinzipien der europäischen Zivilisation und Kultur – bei diesen in einer Vollkommenheit ausgebildet waren, die man bei vielen Europäern vergeblich suchte. Und da Anghiera feststellte, daß sich die Praxis des Kollektivbesitzes etwa an Grund und Boden für ebendiese Vervollkommnung einer sittlichen Lebensführung wenn auch nicht als unabdingbare Voraussetzung, so doch zumindest als äußerst förderlich erwies, konnte er dieses den europäischen Praktiken entgegenstehende Prinzip (theoretisch) nur begrüßen.

Doch so attraktiv die Vorstellung von dem hier noch existierenden Goldenen Zeitalter auch erscheinen mochte: eine Welt, in der sich die Menschen ihre natürliche Tugend bewahrt hatten, in der sie sorglos und frei „in Gärten ohne Grenzen" (I, 61) lebten – als „Alternativmodell" für die eigene Gesellschaft wollte der Autor, der zu keinem Zeitpunkt in Erwägung zog, die ihm zweifellos zahlreich gebotenen Möglichkeiten zu einer Amerikareise zu nutzen, die hier festgestellte „natürliche" Lebensweise mit Sicherheit nicht verstanden wissen. So erweist sich das Stereotyp vom „guten Wilden" Amerikas bei Anghiera letztlich als Produkt eines den Mißständen der eigenen Gesellschaft kritisch gegenüberstehenden Geistes und mit dem antiken Gedankengut vertrauten Humanisten; als eine literarische Fiktion, die im Bericht über die anfängliche, ausschließlich von spanischer Seite brutalisierte Begegnung Gestalt gewann, die aber bei zunehmender Feindseligkeit der Eingeborenen gegenüber einem anderen, gleichermaßen als Stereotyp konzipierten Bild zurücktrat: dem Bild vom „ruchlosen Wilden" (I, 38), dessen „angeborene Bestialität" schon durch sein „entsetzliches" und „teuflisches" Aussehen erkennbar war (I, 39) und als dessen hervorstechende Eigenschaft der Kannibalismus zu gelten hatte.

Bis zur Gesamtausgabe der Dekaden 1530 erschien die Originalfassung der ersten Dekade in nur drei Ausgaben; der von Trivigiano verfaßte Abriß wurde bis zum selben Zeitpunkt hingegen in über 20 Ausgaben veröffentlicht, ein für die damalige Zeit beachtlicher Erfolg. Trivigiano hatte die Vorlage auf etwa ein Drittel reduziert. Entfallen waren neben den an den Adressaten der Briefe gerichteten persönlichen Bemerkungen zahlreiche Einzelepisoden und Detailinformationen; gestrichen waren auch all jene, in der Originalfassung zahlreich vorhandenen Exkurse, in denen Anghiera – mit häufig recht zweifelhaftem Erfolg – versucht hatte, Parallelen zur antiken Geschichte und Mythologie herzustellen. Erhebliche Lücken weist auch das Bild vom „guten Wilden" auf, das im Vergleich zum Original geradezu farblos und unspezifisch erscheint. So wurde zwar eingangs das „Außergewöhnliche" dieser Menschen festgestellt; doch was der Leser an Einzelheiten erfuhr, reduzierte sich im wesentlichen auf ihre (allerdings wiederholt festgestellte) Nacktheit, ihr schwarzes langes Haar, die Tatsache, daß sie den Himmel und die Planeten anbeten, und schließlich als sehr wichtiges Merkmal ihre Freundlichkeit und Hilfsbereitschaft. Auch die Kritik an den spanischen Eroberern wurde in diesem Zusammenhang nicht ausgespart; doch wurde sie wie in der Vorlage durch den Bericht über die Sitten der „Kannibalen" stark relativiert.

Dieser Teil des Originals wurde nun von Trivigiano – ganz im Gegensatz zu den ihm vermutlich allzu gelehrt erschienenen Ausführungen Anghieras über die Naturvölker und das Goldene Zeitalter[34] – wortgetreu und mit nur geringfügigen Auslassungen wiedergegeben. So erfuhr der Leser über die Kannibalen Einzelheiten, die den Bericht Vespuccis auf eindrucksvolle Weise ergänzten, indem sie zwecks größerer Anschaulichkeit mit den entsprechenden europäischen Gewohnheiten, namentlich der Aufzucht und Verwertung von Schlachtvieh, parallel gesetzt wurden:

Die Kinder, die sie fangen, kastrieren sie, wie wir es mit den Hammeln tun, damit sie zum Essen fett bleiben. Und wenn sie gereifte Männer fangen, töten sie sie und essen die Eingeweide ganz frisch. Die Gliedmaßen und den Rest salzen sie ein und bewahren sie auf, so wie wir es mit den Schinken tun. Die jungen Frauen, die sie fangen, essen sie nicht, sondern halten sie, damit sie Kinder bekommen, so wie wir die Hühner halten, damit sie Eier legen.[35]

Eine so eindringlich beschriebene Gepflogenheit mußte beim europäischen Leser einen nachhaltigen Eindruck hinterlassen. Und da eine solche Sitte nur als bestialisch zu bezeichnen war, konnte er das energische Vorgehen der Spanier gegen diese Kannibalen nur billigen. Und da schließlich – bei Anghiera wie bei Trivigiano – das anfangs nur dem Volk der Kariben zugeschriebene Merkmal des Kannibalismus im Verlauf des Berichts auf alle Eingeborenen übertragen wurde, die sich dem Begehren der Neuankömmlinge widersetzten – „indem sie um keinen Preis weder

Frieden noch Freundschaft noch irgendwelchen Handel wollten"[36] –, trat auch die Kritik an den anfangs als Bande habgieriger
Diebe und Mörder getadelten Konquistadoren in den Hintergrund.

Anghieras *Enchiridion* und die Briefe des Cortés

Neben Vespucci war Anghiera während der ersten Hälfte des 16.
Jahrhunderts der meistgelesene Autor von Amerikana. In der
Originalfassung zirkulierten seine Briefe lange vor ihrer Veröffent-
lichung in handschriftlichen Kopien vor allem in Spanien und
Italien[37]; und daß sie von ihren Empfängern keineswegs als
private Mitteilungen behandelt, sondern einem größeren Leser-
bzw. Hörerkreis erschlossen wurden, wissen wir von Papst
Leo X., den die Briefe Anghieras so begeisterten, daß er im Kreis
von Ordensschwestern und Kardinälen, wie er selbst an den
Verfasser schrieb, nach dem Abendessen und bis spät in die Nacht
hinein regelmäßig daraus vorlas.[38] Papst Leo X. war es auch, der
Anghiera zur Fortsetzung seines Werkes bewog. 1516 erschienen
die Dekaden 1 bis 3, 1521 die 4. Dekade und 1530 schließlich das
gesamte, 8 Dekaden umfassende, bis zum Anfang des Jahres 1526
führende Buch unter dem Titel *De orbe novo decades* (Dekaden
über die Neue Welt), das jedoch in der Gesamtausgabe erst 1587
in Paris wiederaufgelegt wurde, in dieser Form somit nur einem
sehr begrenzten Leserkreis zugänglich war. Große Verbreitung
auch über die Zirkel der gelehrten Humanisten hinaus fand
Anghiera im Abriß und als Teilveröffentlichung: mit der Trivigiano-Fassung der ersten Dekade – als Ergänzung zu Vespucci –
und mit dem *Enchiridion*, einer nur wenig gekürzten Fassung der
4. Dekade – als Ergänzung zum zweiten und dritten Brief des
Hernán Cortés, dessen verlorener erster Brief durch das *Enchiridion* vorzüglich ersetzt wurde.

Was nun Anghiera in seinem *Enchiridion* und Cortés insbesondere in seinem zweiten Brief berichteten, widersprach all dem, was
man bis dahin über die Neue Welt zu wissen glaubte. Seit dem
Brief des Kolumbus hatte sich über nahezu drei Jahrzehnte die

Ansicht verfestigt, daß in dieser Region nur nackte Wilde lebten, denen man zwar größtenteils ein natürliches Rechtsempfinden und eine natürliche Religiosität nicht absprach, die aber nach dem Verständnis der Europäer ausnahmslos ohne Gesetze lebten, ohne Religion und ohne *civilitas*. Nun aber entdeckten die spanischen Eroberer – „voll der Verwunderung"[39] – in Mexiko regelrechte Städte mit mehr als 20 000 Häusern, mit Tempeln und Palästen, großzügig angelegten Straßen und großen Plätzen, in denen die Menschen, nun nicht mehr nackt, sondern in kunstvoll gearbeitete Gewänder gekleidet, in staatlicher Ordnung lebten, regen Handel trieben und (zum allergrößten Erstaunen Anghieras) sogar Bücher besaßen. Besonders beeindruckend waren für den zeitgenössischen Leser die entsprechenden Passagen bei Cortés, der mit Details nicht sparte und deutlich erkennen läßt, wie bei ihm die Wahrnehmung durch Elemente gesteuert wurde, die ihm für den eigenen Kulturkreis als exemplarisch galten und die er hier, unter den „Wilden" Amerikas, nicht anzutreffen erwartete. So etwa bei der Beschreibung von Tlaxcala:

Diese Stadt ist ... so groß und bewunderswert, daß schon das wenige, was ich darüber sagen kann, kaum glaublich erscheinen muß. Sie ist viel größer und stärker befestigt als Granada, ist auch viel besser versorgt mit Brot, Vögeln, Wild, Fischen, Gemüsen und anderen Waren. Es gibt hier einen Markt, auf dem täglich über dreißigtausend Käufer und Verkäufer zusammenkommen, außerdem viele kleinere Märkte in den einzelnen Stadtteilen. Außer Lebensmitteln und Kleidungsstücken findet man hier Kleinodien von Gold, Silber und edlen Steinen und eine Art Federschmuck, wie man auf keinem Markt der Welt finden kann. Fayencen gibt es von allen Arten und den besten spanischen gleich. Man verkauft viel Holz und Kohlen und Kräuter als Medizin. Es gibt Barbierläden, wo man sich den Kopf waschen und scheren läßt, und auch Bäder. Man findet bei ihnen jegliche Art guter Ordnung und Polizei. Es ist ein praktisches und verständiges Volk, so daß das beste in Afrika ihm nicht gleichkommt.[40]

Hier in Mexiko entdeckten die Spanier nun jene Reichtümer, die Kolumbus vergeblich gesucht hatte: Gold, Silber und edles Gestein, das in der aufgefundenen Menge schon unvorstellbar war, das aber darüber hinaus mit einer derart unglaublichen

Kunstfertigkeit zu Schmuck- und Gebrauchsgegenständen verarbeitet war, daß Anghiera, der einige der an Kaiser Karl V. übersandten Geschenke Moctezumas selbst begutachten konnte, mit Bewunderung vermerkte: „Wenn in derartigen Kunstfertigkeiten talentierte Menschen je etwas Großes erreicht haben, werden jene Eingeborenen mit Recht den ersten Platz unter diesen einnehmen.“[41] Cortés als Augenzeuge „vor Ort“ bestätigte dieses Urteil mit Nachdruck, denn die Schmuckstücke aus Gold, Silber und Edelsteinen, der Federschmuck und die anderen wertvollen Gegenstände, die er zu Gesicht bekam, „waren, abgesehen von ihrem inneren Wert, so wunderbare Dinge, daß es kaum glaublich ist, daß irgendeiner von allen Fürsten der Welt dergleichen besitzen könne“ (89). Und was mochte schließlich der Leser davon halten, wenn ihm von einem Herrscher dieser bis dahin als kulturlos erachteten Völker berichtet wurde, daß er „von allen Dingen der Erde und des Meeres, die er kannte, Abbildungen in Gold und Silber, in Edelsteinen und Federschmuck in solcher Vollkommenheit besaß, daß sie gleichsam die Urbilder zu sein schienen“?

Allerdings waren von diesem Volk auch zutiefst barbarische Sitten zu berichten. So brachten sie in ihren „mezquitas“ ihren Göttern Blut- und Menschenopfer dar, indem sie das Herz bei lebendigem Leibe heraustrennten.[42] Doch Cortés wie Anghiera enthielten sich jedes weiteren kritischen Kommentars. Aus den Worten Anghieras spricht lediglich Mitleid für die Opfer; und bei Cortés trat das Entsetzen angesichts derartiger Sitten zurück vor der überwältigenden Pracht der Tempel und Götterbilder, und selbst das Wissen um das Menschenblut, das in den Teig, aus dem einige Göttergestalten geformt waren, gerührt wurde, vermochte beim Betrachter die von diesen kunstvoll gefertigten Figuren ausgehende Faszination nicht übermäßig zu beeinträchtigen.[43] Und schließlich hatte Cortés nach eigenem Bekunden selber feststellen können, daß es ein Leichtes war, diese Menschen von ihrem Irrglauben und ihren barbarischen Sitten abzubringen, denn bereits nach den ersten entsprechenden Vorhaltungen hätten Moctezuma und viele seiner Prinzipalen, wie Cortés befriedigt konstatierte, bereitwillig „und mit heiterer Miene“[44] geholfen, die

Tempel vom Blut der Menschenopfer zu säubern und die Götterbilder durch christliche Symbole zu ersetzen.

So kam Cortés, der in seiner detaillierten Schilderung dieses Fremdvolkes zweifellos von dem Wunsch geleitet war, den eigenen Erfolg angemessen herauszustellen, der aber auch sein Erstaunen und seine Bewunderung angesichts der kulturellen Leistungen dieser „Barbaren" nicht verhehlen mochte, zu dem folgenden abschließenden Urteil:

Um nicht zu weitschweifig zu werden, will ich nur noch sagen, daß dieses Volk etwa dieselbe Lebensart besitzt wie in Spanien, die gleiche Zweckmäßigkeit und Ordnung. Und wenn man bedenkt, daß diese Leute Barbaren sind und so weit entfernt von der Erkenntnis Gottes und vom Verkehr mit anderen zivilisierten Völkern, so ist es bewundernswert, wie sie es in allen Dingen halten. (97)

Damit waren die Menschen Mexikos in den Kreis der zivilisierten Völker aufgenommen. Die spezifische Ausprägung ihrer Kultur aber vermochte ein Cortés weder wahrzunehmen noch zu würdigen, da er aus ungebrochen eurozentrischer Perspektive nur das sah und als bewunderungswürdig erachtete, was in seinem eigenen Kulturkreis eine Entsprechung fand und was er unter Ungläubigen und Barbaren nicht vorzufinden erwartet hatte. Einzig Anghiera führte das Wissen um die Vielfalt menschlichen Seins zu einer Einsicht, die der erste Schritt auf dem Weg zur Überwindung ethnozentrischer Einstellung sein mochte: die Einsicht in die Standortgebundenheit des urteilenden Individuums und die daraus resultierende Relativität von Urteilen, zumindest einer bestimmten Klasse von Urteilen. So vermerkte er — nach einer ausführlichen Schilderung des bei den Menschen am Golf von Campeche üblichen Lippenschmucks — den folgenden Kommentar:

Ich erinnere mich nicht, je etwas Häßlicheres gesehen zu haben. Jene jedoch meinen, das sei der schönste Schmuck auf der ganzen Welt. An diesem Beispiel sehen wir, in wie törichter Weise die Menschen ihrem eigenen Vorurteil erliegen und wie sehr wir uns alle falschen Vorstellungen hingeben. Der Neger glaubt, seine schwarze Hautfarbe sei schöner als die helle, und der

Weiße glaubt es umgekehrt. Der Mensch mit geschorenem Haupt hält sich für hübscher als der mit langen Haaren, der mit Backenbart kommt sich eleganter vor als der glattrasierte. Weil das Empfinden uns beeinflußt und nicht die Vernunft uns leitet, neigen wir Menschen zu solchen Torheiten. Und jedes Land richtet sich nur nach seinem Gefühl – so wie der bekannte Philosoph sagt: „Wir wählen das Eitle; das Sichere und Angemessene lehnen wir ab."[45]

Fremdheit bzw. Andersartigkeit als Steuerungsfaktor der Wert-orientierung in Geschmacksurteilen (und nur darum geht es hier): mit dieser Erkenntnis war Anghiera bei der Beurteilung der ameri-kanischen Völker seinen Zeitgenossen zweifellos um einiges vor-aus. Doch seine kritische Anmerkung richtete sich allein gegen die „Torheit" der Menschen, die sich um „eitle" Dinge bekümmern und sich dabei in ihren Urteilen nicht von der Vernunft, sondern von ihren subjektiven Empfindungen leiten lassen. Auf weniger profane Bereiche als Fragen der Ästhetik mochte Anghiera die gewonnene Einsicht in die Relativität von Werturteilen hingegen nicht übertragen wissen. Und so stand auch für ihn die absolute Gültigkeit der essentiellen Normen und Werte der eigenen, der christlich-abendländischen, Kultur zu keinem Zeitpunkt in Frage.

Bis um die Mitte des 16. Jahrhunderts erschienen die Dekaden Anghieras in Teilveröffentlichungen oder einer Kurzfassung, in Einzelpublikationen oder Sammelbänden, in ca. 45, die Briefe des Cortés in ca. 20 Ausgaben. Damit schließt sich die Reihe jener Texte, die in diesem Zeitraum als wichtigste Quellen, je nach den Bedürfnissen eines unterschiedlich vorgebildeten und unterschied-lich motivierten Lesepublikums in einer ausführlichen oder einer resümierenden Fassung, das Amerikabild der Europäer geprägt haben. Gewiß, der interessierte Leser konnte auch auf andere Quellen zurückgreifen: in spanischer Sprache auf die ersten umfangreichen Chroniken von Gonzalo Fernández de Oviedo oder Francisco de Xerez; in deutscher Sprache auf die zahlreichen zumeist nur wenige Seiten umfassenden „Newen Zeytungen", etwa die aus *Presillg Landt* oder *Iucatan;* in französischer Sprache auf einige wenige Übersetzungen spanischer Texte, auf Pigafettas Bericht über die erste Weltumsegelung oder die ersten Berichte französischer Amerikafahrer wie Pierre Crignon und Jacques Cartier. Doch wenige der genannten Werke wurden bis zum Ende des Jahrhunderts wiederaufgelegt. Vespucci, Anghiera und Cortés hingegen wurden auch noch nach 1550 – wenn auch nicht mehr in der bis dahin gültigen Ausschließlichkeit – von einem größeren Leserkreis rezipiert; dies allerdings nun nicht mehr in handlichen Quart- oder Oktavbänden, sondern zunehmend in voluminösen Folianten, die dem potentiellen Käufer bzw. Leser hinsichtlich des finanziellen Aufwands und der Lesebereitschaft ein beträchtliches Engagement abverlangten.

Der von Johannes Huttich und Simon Grynaeus zusammengestellte Band *Novus orbis regionum ac insularum veteribus incognitarum* (Die Neue Welt der den Alten unbekannten Landschaften und Inseln) enthielt bereits in seiner ersten, 1532 in drei Auflagen publizierten Fassung neben dem *Mundus Novus*-Brief, den *Quatuor Navigationes,* der 1. Dekade Anghieras und dem *Enchiridion* zahlreiche Berichte auch über Regionen der Alten Welt, so die Reisebeschreibung Marco Polos; in der Ausgabe Basel 1555 wurde diese bereits ausgesprochen voluminöse Sammlung dann noch um den zweiten und dritten Brief des Cortés ergänzt. Das umfangreichste Konvolut von Amerikana, gewissermaßen die Summe aller um die Mitte des 16. Jahrhunderts über Amerika und den Amerikaner verfügbaren Informationen, war jedoch der 1556 in Venedig erschienene dritte Band der *Navigationi et Viaggi* (Schiffahrten und Reisen) von Giovanni Battista Ramusio, in den neben den bereits bekannten Texten von Anghiera und Cortés eine Fülle bis dahin nur in spanischer Sprache publizierter oder gänzlich unveröffentlichter Reiseberichte spanischer wie französischer Amerikafahrer in italienischer Übersetzung aufgenommen waren. Dieser Band, der 1565 – ebenfalls in Venedig – wiederaufgelegt wurde, fand gewiß auch außerhalb Italiens seine Leser, da die Kenntnis des Italienischen unter den Gebildeten verbreitet war. Doch wird dieser Kreis außerordentlich klein gewesen sein, was schließlich die geringe Auflagenzahl belegt.

Wer nun vor einem derart umfangreichen Konvolut zurückschreckte, mochte – sofern er überhaupt ein Interesse an völkerkundlich-geographischer Literatur und an Amerika bekundete –

auf die in zunehmendem Maße publizierten mehr oder minder umfangreichen, mehr oder minder aktualisierten kosmographischen Kompendien zurückgreifen; und wer schließlich – aus welchen Gründen auch immer – auf die Lektüre eines Buches gänzlich verzichtete, mochte seine amerikaspezifischen Kenntnisse aus ikonographischen und szenischen Darstellungen beziehen, die während der ersten Hälfte des 16. Jahrhunderts für weite Teile aller Gesellschaftsschichten den einzigen Zugang zu Amerika und dem Amerikaner vermittelten.

Anmerkungen

1 Zu den Ausgaben von Vespucci, Anghiera und Cortés in Einzelpublikationen und Sammelbänden bis um die Mitte des 16. Jahrhunderts vgl. die Synopse im Anhang (S. 340/41).

2 Bartolomeo Dias, dem mit der Umseglung der Südspitze Afrikas ein gleichermaßen als sensationell empfundener Vorstoß auf der Indienroute gelang, war (bei nur kurzer Erforschung der südafrikanischen Ostküste), als er im Dezember 1488 nach Lissabon zurückkehrte, mehr als 16 Monate unterwegs gewesen. Kolumbus hingegen hatte die Hinfahrt – nach eigenen Angaben – in 33 Tagen und die Rückfahrt (bis auf die Höhe der Azoren) in nur 28 Tagen zurückgelegt. Die Rückkehr nach Spanien bzw. Lissabon war durch einen Sturm um 14 Tage verzögert worden.

3 In: Sanz [113], S. 333 ff.

4 Zitiert wird hier und im folgenden aus einer modernen deutschen Übersetzung des spanischen Originals in der Fassung, die an Luis de Santángel adressiert ist und 1493 in Barcelona veröffentlicht wurde; abgedruckt im Anschluß an das Bordbuch des Kolumbus [34], S. 287 ff.; hier S. 295.

5 Im Bordbuch der ersten Reise, auf das hier nur am Rande verwiesen wird, da es den Zeitgenossen nicht zugänglich war und nur in einer Zusammenfassung bzw. in Auszügen des Kolumbus-Sohnes Fernando und des Las Casas überliefert ist, äußert Kolumbus die Überzeugung, daß es sich bei diesem Volk, das auf der Insel Bohío lebte und Caniba oder Canima genannt wurde, um die Untertanen des *Gran Can*, des Großen Khan, handelte. Der Vorwurf, sie seien Menschenfresser, rühre daher, „daß die Bewohner Bohíos nur schlauer und klüger als die anderen Eingeborenen seien, die von den ersteren wegen ihrer Kraft- und Mutlo-

sigkeit eingefangen und in die Sklaverei verschleppt wurden". ([34], S. 140).

6 Ein expliziter Hinweis auf das Irdische Paradies findet sich im Bordbuch unter dem Datum des 21. 2. Dort heißt es im Zusammenhang mit dem angenehmen Klima der Region: „Die Theologen und philosophischen Weisen haben mit ihrer Behauptung wohl recht, daß das irdische Paradies im äußersten Osten liege, da dieser ein überaus mildes Klima besitzt, während die Inseln, die ich jetzt entdeckt habe, ‚das Ende des Ostens sind'." (a.a.O., S. 269) Und als Kolumbus im Verlauf seiner dritten Reise vor der Küste des heutigen Venezuela aufgrund der starken seewärts gerichteten Strömung und des weit ins Meer fließenden Süßwassers die Existenz eines großen Flusses (des Orinoco) und damit auch die Existenz von Kontinentalmassen erahnte, glaubte er, daß sich dort, am Oberlauf dieses Flusses, das Irdische Paradies befinden müßte. (Brief an die Könige vom Oktober 1498).

7 Zu den Quellen des Kolumbus – vorzugsweise Pierre d'Aillys *Imago mundi*, Plinius' *Naturalis historia*, die *Historia de rerum ubique gestarum* des Aeneas Sylvio Piccolomini (Papst Pius II.) und der Reisebericht Marco Polos – vgl. Winsor [309], Bd. II, S. 24 ff. Besonders interessant sind in diesem Zusammenhang die ausführlichen Randnotizen, mit denen Kolumbus sein Exemplar der *Imago mundi* von d'Ailly versah und die in der von Buron besorgten Ausgabe [56] abgedruckt sind.

8 Abgedruckt in: Fernández de Navarrete [8], Bd. II, S. 20 f.

9 [113], S. 162.

10 Vgl. Giménez Fernández [164], S. 74 ff.

11 Die spanische Vorlage zu dieser Übersetzung war dem in Florenz lebenden spanischen Kaufmann Juan Sánchez von seinem Bruder Gabriel, Schatzmeister der Krone von Aragon, übersandt worden; derselbe Gabriel (oder Raphael) Sánchez (oder Sanxis), der in den lateinischen Ausgaben als Adressat des Briefes genannt wird, dessen Rolle aber, wie aus den zeitgenössischen italienischen Übersetzungen hervorgeht, darauf beschränkt war, für eine in den höfischen Kreisen in Barcelona zirkulierende, an einen unbekannten Adressaten gerichtete Fassung als Übermittler zu fungieren.

12 *Registrum huius operis libri cronicarum cum figuris et ymagibus ab inicio mundi* (Liber chronicarum), Nürnberg 1593.

13 In: Hakluyt [10], Teil III, S. 512.

14 Hinzu kommt eine gewisse Desillusionierung der anfangs – eben aufgrund des Kolumbus-Briefes – allzu euphorischen Amerikafahrer, die

auch in den interessierten Kreisen insbesondere in Italien nicht verborgen blieb. Vgl. hierzu die zahlreichen, mit einer Ausnahme damals nicht veröffentlichten Berichte von Teilnehmern der nachfolgenden Expeditionen, etwa den Brief des Michele de Cuneo vom 15.–28. Oktober 1495 an Gerolamo Annari über die zweite Reise des Kolumbus (in: Firpo [9]) oder den 1494/95 in Pavia veröffentlichten Bericht des Nicolò Syllacio (in: Sanz [114], Bd. I). Die zwischen 1493 und 1495 in fünf Auflagen erschienene italienische Nachdichtung von Giuliano Dati (in: Sanz [112]) verdankte ihren Erfolg sicherlich mehr der Reputation des Poeten als dem Interesse der Zeitgenossen an der Kolumbus-Reise.

15 Sanz ([113], S. 244 f.) vertritt die Ansicht, daß Kolumbus selbst diesen Nachdruck (in einer nur sehr geringen Auflage) veranlaßte, um in seinem Rechtsstreit vor den Königen seine Ansprüche zu untermauern.

16 Die Vorlage der deutschen Fassung war, wie aus dem Text hervorgeht, eine katalanische Übersetzung, die möglicherweise durch in Barcelona ansässige deutsche Kaufleute aus Spanien herausgebracht wurde. Dieser Text ist vermutlich identisch mit jener – verlorenen – gedruckten katalanischen Version, die der Sohn des Kolumbus, Fernando, nach eigenen Angaben besaß.

17 Zitiert wird hier und im folgenden vornehmlich aus der einzigen leicht zugänglichen modernen deutschen Übersetzung (in: *Die Neue Welt* [18]), die (nach Anghabe der Herausgeber) auf einer 1503 in Florenz erschienenen italienischen Ausgabe basiert. Da dieser (im übrigen nicht identifizierbare) Text – oder die Übersetzung – lückenhaft ist, wurde als Ergänzung eine von L. Firpo [9] in Faksimile herausgegebene lateinische Ausgabe herangezogen. Die Seitenangabe dieser Passagen wurde mit dem Zusatz „lt." versehen.

18 In der gedruckten lateinischen Übersetzung blieb dieser Gedanke unausgesprochen; in einer im Manuskript erhaltenen italienischen Fassung, die mit dem lateinischen Text im wesentlichen identisch ist und diesem vermutlich als Vorlage gedient hat, ist hingegen die Verbindung explizit hergestellt. Dort heißt es in einem Texteinschub: „Und sollte das Irdische Paradies irgendwo auf der Erde sein, so glaube ich, daß es von diesen Ländern gewiß nicht weit entfernt ist." ([54], S. 186) Die Auslassung erklärt sich vermutlich als „Zensur" von seiten des Übersetzers, dem der Hinweis auf die diesseitige Existenz des Irdischen Paradieses als unhaltbar erschienen sein wird.

19 Rituelle (seltener profane) Anthropophagie wurde zu allen Zeiten und in nahezu allen Kulturkreisen Fremdgruppen zugeschrieben. Von den am Rande der bewohnten Welt angesiedelten Androphagoi Herodots über

die indischen Menschenfresser Strabons, Marco Polos und Mandevilles bis hin zu den gleichfalls von den afrikanischen Völkern dieser Sitte verdächtigten europäischen Reisenden des 19. und 20. Jahrhunderts wurden Fremdvölker mit diesem Attribut belegt, galt Anthropophagie als Inbegriff von Unkultur und Grausamkeit oder als Begründung einer realen oder imaginären Bedrohung und somit als mögliche Rechtfertigung für feindliches Verhalten. In Amerika vermeinten die Europäer eine Vielzahl „kannibalischer" Völker entdeckt zu haben: auf den Inseln der Karibik und am Golf von Paria die Kariben, denen bereits bei den ersten Spaniern (aufgrund eines Hörfehlers) als „canibas" die (allerdings zweifelhafte) Ehre zuteil wurde, mit ihrem Namen die künftige Bezeichnung des Phänomens schlechthin zu liefern; die Azteken in Mexiko, die nach dem Bericht spanischer Chronisten regelrechte Massenschlachtungen mit anschließendem Gelage veranstaltet haben sollen; oder die Tupí-Stämme Brasiliens, deren kulinarische Raffinesse und Etikette bei der Zubereitung und Verteilung der Menschenspeise von den Reisenden des 16. Jahrhunderts detailliert beschrieben wurden. Über den Wahrheitsgehalt derartiger Behauptungen kann hier keine generelle Aussage gemacht werden. Verwiesen sei aber auf die Schwierigkeit, die sich für die Verifizierung derartiger Attribuierungen aus der Quellenlage ergibt, denn „Belege" für die Anthropophagie amerikanischer Völker finden sich nur in Sekundärquellen, d. h. in den Berichten europäischer Autoren – ein Faktum, das W. Arens [220] zu dem für manche Anthropologen sicherlich provokativen Ergebnis führte, daß für keine amerikanische Kultur Anthropophagie als erwiesen gelten kann.

20 Diese Passage fehlt nicht nur in der hier herangezogenen deutschen Übersetzung und damit möglicherweise auch in der benutzten italienischen Vorlage; auch in mehreren lateinischen Versionen fiel sie – vermutlich aus Gründen der Schicklichkeit – der Zensur zum Opfer.

21 Zu den späteren Darstellungen der hier beschriebenen Völkergruppe aus der Sprachfamilie der Tupí-Guaraní sowie unserem heutigen Kenntnisstand vgl. Kap. V.

22 Baginsky [102], Nr. 10 ff. Die Vorlage dieser deutschen Übersetzung war, wie im Text vermerkt, ein aus Paris verschicktes Exemplar. Dieser Hinweis könnte ein Indiz dafür sein, daß Paris zu jener Zeit nicht nur als Publikationszentrum, sondern möglicherweise auch als Nachrichtenbörse internationalen Ruf genoß und der Name Paris in diesem Kontext gleichsam für Qualität bürgte. Daß zudem eine der Pariser Ausgaben (vermutlich Nr. 26 in Harrisse [106]) als Erstausgabe anzunehmen ist, ergibt sich aus der Tatsache, daß der im Text genannte Übersetzer, der

aus Verona stammende Giovanni del Giocondo, von 1499 bis 1507 in Paris in städtischen Diensten als Architekt tätig war.

23 Abgedruckt in der von Levillier erstellten Ausgabe der Vespucci-Briefe [54].

24 A.a.O., S. 164.

25 [145], S. 80 und 79.

26 Zitiert nach Baginsky [102], Nr. 19. Zu den Elementen der bildlichen Darstellung auf diesem Flugblatt vgl. Kap. IV, S. 146f.

27 Der Brief trägt das Datum vom 4. September 1504, nennt jedoch nicht den Namen des Empfängers. Wie aber aus verschiedenen Hinweisen im Text hervorgeht, war er an den damaligen Bannerträger Pier Soderini in Florenz gerichtet. Das Original des Briefes ist nicht erhalten; es wird jedoch angenommen, daß es mit der vorliegenden italienischen Fassung weitgehend übereinstimmte. Zur Frage der Autorenschaft Vespuccis, die von zahlreichen Historikern bestritten wird, vgl. Matos, in: *Charles-Quint et son temps* [122].

28 In diesem relativ unbedeutenden Ort in den Vogesen hatte sich unter dem Namen „Gymnasium Vosagense" ein kleiner Kreis von Humanisten zusammengefunden, der unter der Protektion des Herzogs von Lothringen, René II. – er fungiert in dieser Ausgabe als Adressat –, eine rege Forschungs- und Publikationstätigkeit entfaltete. Die wissenschaftlich führende Position innerhalb dieses Zirkels besaß Martin Waldseemüller, der im Zusammenhang mit seinen Vorstudien zu einer geplanten Ptolemaeus-Ausgabe das im ersten Teil abgedruckte kosmographische Kompendium verfaßte und der auch für den kartographischen Anhang, eine Plankarte und einen Globus, verantwortlich zeichnete. Die Herausgabe des Vespucci-Briefes aber war ein Gemeinschaftswerk des *Gymnasium Vosagense*, wobei der Humanist und Poet Mathias Ringmann (Philesius Vogesigena) als Initiator wirkte. Dieser hatte längere Zeit als Student in Paris gelebt und war dort über den zur selben Zeit in Paris weilenden Übersetzer des *Mundus Novus*-Briefes, Giovanni del Giocondo, in den Besitz einer französischen Fassung gelangt, die dann in St. Dié von einem weiteren Mitglied des *Gymnasium* ins Lateinische übersetzt wurde.

29 Dieses Tagebuch, das Vespucci häufig erwähnte, hat zweifellos existiert, ist jedoch, ebenso wie die Originale der beiden gedruckten Briefe, verlorengegangen. Ebensowenig überliefert (und vermutlich nie vollendet oder gar nie begonnen) ist jenes von Vespucci geplante geographische oder kosmographische Werk, auf das er gleichfalls mehrfach Bezug nahm und in dem er, wie in einem Brief an einen unbekannten Adressaten erklärt, „mit der Hilfe irgendeines Gelehrten" ([54], S. 168) alle seine

Erlebnisse genauestens niederzuschreiben gedachte, damit, so der Autor im *Mundus Novus*-Brief, „die Erinnerung an mich bei der Nachwelt lebendig bleibt" (in: Firpo [9], S. 91).

30 Hinsichtlich der Anzahl der von Vespucci unternommenen Reisen bestehen erhebliche Zweifel. So ergibt sich aus zeitgenössischen Dokumenten, daß möglicherweise die letzte, mit Bestimmtheit aber die erste dieser „vier Reisen", auf der Vespucci 1497/98, also noch vor Kolumbus, den amerikanischen Kontinent entdeckt und das gesamte Küstengebiet des Golfs von Mexiko über Florida bis zur Küste des heutigen Virginia erkundet haben wollte, als apokryph zu gelten hat (vgl. v. a. Gay in: Winsor [309], Bd. II, S. 137 ff.). Dieses Faktum ist in dem hier gegebenen Zusammenhang zweifellos dann unerheblich, wenn es darum geht, im leidigen Prioritätenstreit Vespucci als Lügner zu „entlarven" und die ihm von Waldseemüller in dessen Kosmographie zuerkannte Ehre, dem vermeintlich von ihm entdeckten „vierten Teil der Welt" – Amerika – den Namen geben zu dürfen, als schwerwiegenden Irrtum und Usurpation eines allein Kolumbus zustehenden Privilegs anzuprangern. Nicht unerheblich ist dieses Faktum hingegen, wenn wir die *Quatuor Navigationes* hinsichtlich ihres Informationswertes überprüfen und dabei feststellen, daß der Bericht über die (apokryphe) erste Reise – „Navigatio Prima" – zu überwiegenden Teilen auf Aufzeichnungen beruhte, die sich auf die angeblich dritte Reise bezogen und bereits im *Mundus Novus*-Brief enthalten waren. Dies gilt in besonderer Weise für die Beschreibung der Menschen, die in der „Navigatio Prima" einen in sich geschlossenen, zudem typographisch als Einschub markierten Block bildet und, vom Autor (oder einem unbekannten Kompilator) aus dem chronologisch-geographischen Zusammenhang der „dritten" Reise herausgerissen, gewissermaßen als Versatzstück in die sonst möglicherweise allzu substanzlos erschienene „Navigatio Prima" eingebaut wurde.

31 Zitiert nach der von Firpo [9] herausgegebenen Faksimileausgabe, S. 92.

32 Trivigiano, der als Sekretär des Venezianischen Botschafters in Spanien, Domenico Pisani, in den Besitz einer Kopie des lateinischen Originaltextes gelangen konnte, hat andernorts selbst darauf verwiesen, daß er die zum damaligen Zeitpunkt noch unveröffentlichte 1. Dekade Anghieras als Vorlage benutzte (vgl. *Raccolta di documenti* [19], Teil III, Bd. II, S. 171). Anghiera seinerseits war ob dieses „Plagiats" äußerst aufgebracht, irrte sich aber hinsichtlich der dafür verantwortlichen Person, als er Ca' da Mosto des geistigen Diebstahls bezichtigte (2. Dekade, Buch VII, Kap. 37). Dieser Irrtum erklärt sich dadurch, daß der Sammelband Montalboddos, aus dem Anghiera von der Veröffentlichung Kenntnis gewonnen

haben wird, Ca' da Mosto als Autor des ersten Reiseberichts nennt.

33 Zitiert wird hier und im folgenden in der Übersetzung von Klingelhöfer [45]; hier Bd. I, S. 28 (Hervorhebung nicht im Original).

34 Die in der Fassung von Trivigiano ausgelassenen Hinweise auf das Goldene Zeitalter wie auch die Episode des „nackten Philosophen" finden sich in einem anderen, nur in französischer Sprache bekannten Abriß der 1. Dekade, der von der Trivigiano-Fassung des Sammelbandes von Montalboddo bzw. deren französischer Übersetzung von Redouer erheblich abweicht und nur in einem 1532 in Paris publizierten Sammelband [7] überliefert ist. Das hier gezeichnete Bild von den im Naturzustand lebenden Eingeborenen wird folgendermaßen resümiert: „Und zweifellos wären die Einwohner besagter Spanischer Insel glückselig, wenn sie in der Religion Christi unterwiesen wären. Denn sie leben ohne Gewichte, ohne Maß, ohne todbringendes Geld, ohne Gesetze, ohne Richter, ohne Verleumder, ohne Bücher, zufrieden mit dem Naturgesetz." (S. 11 r°) Der Band, in dem Zusammenfassungen der Dekaden 1 bis 4 sowie des 2. und 3. Briefes von Cortés enthalten sind, gibt konkrete Hinweise darauf, daß mit Bestimmtheit die 4. Dekade und der 2. Cortés-Brief, möglicherweise auch die Dekaden 1 bis 3 und der 3. Cortés-Brief in dieser Version bereits zuvor in Einzelausgaben publiziert worden waren. Keine dieser Ausgaben ist jedoch erhalten.

35 Zitiert nach der französischen Fassung von Redouer [17], S. 55 r°.

36 A.a.O., S. 69 r°.

37 Vgl. das Zeugnis des Autors in Buch I der 1. Dekade, Kap. 55.

38 Bestätigt in einem Brief Anghieras an Leo X. vom 7. Januar 1515, in: Opera [43], S. 553.

39 Zitiert nach der Erstausgabe des Enchiridion, Basel 1521 [44], S. 5.

40 Zitiert wird hier und im folgenden in der Übersetzung von Koppe [28]; hier S. 57 f.

41 Zitiert in der Übersetzung der Gesamtausgabe [45], Bd. I, S. 375.

42 Rituelle Tötungen – nicht aber Anthropophagie – als mythisch begründete und somit sinnbezogene Handlungen sind in den alt-mexikanischen Kulturen, so auch bei den Azteken, durch Originalzeugnisse vielfach belegt. Als Wiederholungsriten erinnerten sie an göttlich-schöpferische Vorgänge: die Erschaffung des Weltalters, in dem sie lebten, durch den Feuertod zweier Gottheiten, die dann als Sonne und Mond am Himmel emporstiegen, oder das Blutopfer Quetzalcóatls, der aus einem Teig vom Knochenmehl toter Menschen vergangener Weltalter, vermengt mit Kasteiungsblut aus seinem Penis, den Menschen erschuf. Als Opfer dienten sie dem Zweck, bestimmte Gottheiten, etwa den Regengott

Tláloc, gnädig zu stimmen oder ihn (durch Kinderopfer) gewissermaßen zu verjüngen und zu revitalisieren, oder aber – und diese Sinngebung hatte für die Menschen geradezu existentielle Implikationen – die Sonne als Spenderin allen Lebens in Bewegung zu halten. Denn die Menschheitsgeschichte war nach aztekischer Vorstellung eine Aufeinanderfolge vergänglicher Weltalter oder Sonnen, und somit war auch die Fünfte Sonne, in der sie lebten, dem Untergang geweiht, der nun allerdings – und hierin lag die entscheidende Begründung für die kollektiven Blutopfer – dadurch hinausgezögert werden konnte, daß der Sonne (in Gestalt des Gottes Huitzilopochtli) in möglichst großen Mengen die Substanz geopfert wurde, die für die Menschen als motorische Kraft lebensnotwendig war. Blutopfer waren somit eine kosmische Notwendigkeit und von daher auch Anlaß – oder Vorwand – für Kriegszüge, durch die man sich die keinesfalls als gering erachtete erforderliche Menge dieser Substanz verschaffen konnte. Der von den Spaniern angeführte Vorwurf der Grausamkeit war aus der Sicht der Azteken unbegründet; denn bei Wiederholungsriten erlitten die Opfer als Stellvertreter der betreffenden Gottheit einen ehrenvollen Tod, und wurden sie als Kriegsgefangene geopfert, erwartete sie nach dem Tod ein bevorzugtes Schicksal.

43 Diese riesigen Gebildbrote spielten als Abbild oder Stellvertreter der Gottheit insbesondere im Zusammenhang mit den Festen zu Ehren Huitzilopochtlis eine große Rolle. Und da die Stellvertreter-Funktion die Übernahme der Identität des jeweiligen Gottes bedeutete, konnte der Mensch durch das Verspeisen dieser Teigfiguren in einer kultischen Handlung auch etwas von der Kraft dieses Gottes in sich aufnehmen.

44 Vgl. hierzu die Anmerkungen der Herausgeberin einer spanischen Ausgabe, E. Gómez, die in ausgesprochen leidenschaftlicher Parteinahme hier (wie andernorts) Cortés der Lüge bezichtigt und die vorgebliche Entfernung der Götterbilder durch Cortés als Teil der von ihm mit Blick auf den Adressaten seiner Briefe, Karl V., erfundenen „messianischen Fabel" in Abrede stellt. Denn, so die Autorin: „Wer die tiefe Religiosität der Indios kennt, wird als kindisch erachten, was Cortés hinsichtlich der ‚heiteren Miene' behauptet, mit der sie ihre Götter gestürzt und andere, fremde Götter an deren Stelle gesetzt hätten; Götter, die ihnen mit den charakteristischen Insignien nicht als solche erschienen sein werden, sondern als simple Marionetten in menschlicher Gestalt, auf nachlässige Weise gekleidet, oder als nackter und gekreuzigter Mensch, den sie, da er schwer getroffen und tot war, entsprechend ihrem eigenen Weltbild nie für einen Gott gehalten hätten." ([27], S. 315 f.)

45 Zitiert in der Übersetzung der Gesamtausgabe [45], Bd. I, S. 368.

IV
Amerika zwischen Wissenschaftsroutine und Kuriositätenkabinett

Die Texte von Kolumbus, Vespucci, Anghiera und Cortés erreichten einen Leserkreis, der zumindest annähernd bestimmt werden kann. Wie nun aber die einzelnen Leser die vermittelten Informationen aufnehmen, welche Bedeutung diese für die individuelle Weltsicht gewinnen mochten – diese Frage kann für die Mehrheit nicht beantwortet werden, da sich diese als „schweigende Mehrheit", als nur passive Leser, nicht artikulierte. Einzig unsere Kenntnis dessen, was in der sozialpsychologisch ausgerichteten Geschichtsforschung – etwa bei Robert Mandrou – als „Kollektivbewußtsein" und „Kollektivhaltung" beschrieben wird, ermöglichen einige diesbezügliche Rückschlüsse; und diese weisen darauf hin, daß dort, wo berufsspezifische Interessen nicht involviert waren, Amerika und der Amerikaner im Bewußtsein des Lesers analog zu der (im allgemeinen) unüberwindbar erscheinenden geographischen Distanz auch in erfahrungs- und erlebnisspezifischer Distanz wahrgenommen und allenfalls als exotisches Kuriosum betrachtet wurden.

Wie aber stand es nun um diejenigen, die nicht zu dieser „schweigenden Mehrheit" gehörten, die als intellektuelle Elite schriftstellerisch tätig waren und somit als aktive oder produktive Leser hervortreten konnten, indem sie die durch Lektüre der Augenzeugenberichte erworbenen Kenntnisse in ihre – wie auch immer geartete – schriftstellerische Tätigkeit einbezogen? Schon ein erster Blick auf die während der ersten Hälfte des 16. Jahrhunderts veröffentlichte Literatur macht deutlich, daß Amerika und der Amerikaner auch für die meisten Vertreter dieser intellektuellen Elite keine aktuellen Themen waren und die sekundäre Vermittlung amerikaspezifischer Kenntnisse und Vorstellungen nahezu ausschließlich auf die kosmographische Fachliteratur beschränkt blieb.

Eine Vulgarisierung amerikaspezifischer Vorstellungen bewirkten hingegen zwei andere Medien, die – abgekoppelt vom literarischen Text und somit unabhängig von der Lesefähigkeit und der Lesebereitschaft des jeweiligen Rezipienten – auch jene Zeitgenossen erreichen konnten, die weder Reiseberichte noch kosmographische Kompendien diskursiv lesen konnten bzw. wollten: zum einen die ikonographische Darstellung, die als Illustration eines Textes von diesem unabhängig betrachtet oder, aus dem Text herausgelöst, in Form von Einblattdrucken als isolierte Informationsträger rezipiert wurden, zum anderen die szenische Darstellung, von den zahlreich veranstalteten Defilees oder Umzügen über die mit natürlichen Produkten, präparierten Tieren und Artefakten angefüllten Kuriositätenkabinette oder Kunst- und Wunderkammern bis hin zur Vorführung lebender Menschen, die bei Hof wie auf den Jahrmärkten gleichermaßen eine besondere Attraktion darstellten.

Die völkerkundlich-geographischen Wissenschaften

„Spanien", so das Urteil Anghieras, „verdient in unserem Zeitalter besondere Anerkennung dafür, daß es so viele Tausend bislang unbekannter Antipoden für die europäischen Völker entdeckt und den Wissenschaftlern reichen Stoff zur Bearbeitung geliefert hat."[1] Die Kenntnis dieser „Antipoden", so wurde Anghiera nicht müde zu betonen, bedeutete nun aber keineswegs eine nur quantitative Erweiterung von Wissensinhalten, sondern weit mehr eine Herausforderung der Wissenschaft, die bis dahin geläufigen Kategorien und Erklärungsmodelle mit Blick auf diese neuentdeckte Welt zu überprüfen und zu ergänzen:

Schöpferische Kräfte, die in unserer Welt etwas Neues gebären, ... verlieren ihre Zeugungskraft, sobald sie das Neue geschaffen haben, oder ruhen wenigstens eine gewisse Zeit danach aus. Unser Neuer Kontinent aber liefert und bringt ununterbrochen täglich neue Schöpfungen hervor. Dadurch wird den Gelehrten und den Männern, welche die jüngsten Entdeckungen studieren, in einem fort Material geboten, an dem sie ihren Geist betätigen können.[2]

Doch der Enthusiasmus Anghieras wurde außerhalb Spaniens unter seinen schriftstellernden Kollegen nur von wenigen geteilt; denn die Gelehrten, denen er nach eigenem Wunsch mit seinen Aufzeichnungen den Weg bereiten wollte, entdeckten zur selben Zeit eine andere, für sie weitaus faszinierendere „neue" Welt: die des klassischen Altertums – eine Welt, die es mit philologischer Akribie zu enthüllen galt und die das zeitgenössische Kräftepotential fast gänzlich absorbierte. So richteten auch im Bereich der allgemeinen Geographie wie in dem der Länderkunde die Gelehrten und ihre Verleger ihre nahezu ungeteilte Aufmerksamkeit auf die Erstellung und Verbreitung von unermüdlich überarbeiteten kritischen Textausgaben der wichtigsten „klassischen" Autoren, die bereits im voraufgegangenen Jahrhundert im Druck erschienen waren: Strabon, Plinius, Pomponius Mela, Solinus und schließlich Ptolemaeus mit seiner *Einführung in die Geographie,* Glanzstück antiker Erdkunde, zugleich aber auch Prüfstein für jeden humanistischen Geographen, der vor der schier unlösbar scheinenden Aufgabe stand, die notwendige Korrektur der enthaltenen Irrtümer mit dem geforderten Prinzip der Werktreue in Einklang zu bringen.[3]

Während des 16. und sogar noch während des 17. Jahrhunderts wurden diese Autoren in unzähligen Ausgaben verbreitet, und ihre Popularität blieb selbst dann noch ungebrochen, als die enthaltenen Informationen oder diskutierten Probleme – etwa die Frage der Bewohnbarkeit der „verbrannten" Zonen – durch die Erfahrung längst überholt bzw. gelöst waren. Nun war aber die Entdeckung Amerikas spätestens seit der Kosmographie des Martin Waldseemüller in humanistischen Kreisen nicht unbemerkt geblieben. Doch wie wenig manche Gelehrten in ihrer Wissenschaftsroutine von diesem Faktum berührt wurden, zeigt das Vorwort zur 1512 in Nürnberg erschienenen Ausgabe der *Cosmographia* von Pomponius Mela, verfaßt von dem angesehenen Humanisten Johannes Cochlaeus, der 1510 in Nürnberg als Leiter einer Knabenschule mit der Modernisierung des Curriculum beauftragt wurde und dessen Ansichten folglich auch auf die Lehrpraxis jener Zeit ein bezeichnendes Licht werfen. Die neue Welt, die *Americus Vesputius* entdeckt haben soll, so Cochlaeus, ist eine „zona incognita". Sie sei, so hieße es, größer als Europa. Doch, so fuhr er fort:

Mag dies nun wahr oder erfunden sein, zur Kenntnis der Kosmographie und Geschichte trägt es nichts oder nur wenig bei. Denn die Völker und auch die Gegend jenes Landes sind uns bis jetzt unbekannt und haben auch keinen Namen; und es werden auch keine Seereisen zu diesen Gegenden unternommen, es sei denn unter großen Gefahren. Daher sind sie für die Geographen nicht von Interesse.[4]

Diese Aussage eines zu seiner Zeit hochgeschätzten Gelehrten stammt aus dem Jahre 1512: ein Zeitpunkt, zu dem Vespuccis Enthüllungen von dieser „zona incognita" manchen Zeitgenossen noch mit Skepsis erfüllen mochten, eine zukünftige Nutzbarmachung für Europa gar völlig undenkbar schien. Doch auch während der nachfolgenden Jahrzehnte, in denen die auf Amerika ausgerichtete territoriale Expansion und die wirtschaftliche Nutzung der amerikanischen Ressourcen immer mehr in den Blickpunkt des europäischen Interesses rückten, zeigten sich zahlreiche Humanisten gegenüber der neueren völkerkundlich-geographischen Literatur indifferent, blieb der Rang der klassischen Autoren unangetastet. So war es nicht ungewöhnlich, wenn selbst in einem Land wie Portugal, das wie kaum ein anderer europäischer Staat in seiner alltäglichen Realität von der überseeischen Expansion geprägt war, noch um die Mitte des 16. Jahrhunderts die keinesfalls ärmlich ausgestattete Bibliothek eines zu den höchsten akademischen Würden aufgestiegenen Humanisten, des Rektors der Universität von Coimbra, zwar einen Plinius, aber keinen einschlägigen zeitgenössischen Autor aufzuweisen hatte.[5]

Und dennoch: bei aller Indifferenz, die so mancher gelehrte Humanist hinsichtlich der Beschaffenheit der Neuen Welt zur Schau stellen mochte, das Faktum ihrer Existenz vermochte auch während der ersten Hälfte des 16. Jahrhunderts kaum jemand aus diesem Kreis zu übersehen. Denn für die Propagierung der überseeischen Entdeckungen auch unter Humanisten sorgte neben den Berichten von Kolumbus, Vespucci, Anghiera und Cortés ein seit dem ersten Jahrzehnt des Jahrhunderts zunächst in Italien, dann vornehmlich im deutschen Sprachraum erstelltes umfangreiches

Kartenmaterial, das entweder als Einzelblätter, häufig in einer Auflagenhöhe von 1000 Exemplaren, vertrieben oder aber als Anhang den Neuauflagen klassischer Autoren beigefügt wurde, wodurch ohne allzu großen Aufwand dem möglicherweise beim Leser auftretenden Bedürfnis nach Aktualität begegnet wurde.[6] Diese Karten waren dort, wo sie auf Angaben von Expeditionsteilnehmern basierten, zumindest hinsichtlich der gezeichneten Küstenlinie relativ zuverlässig. Hinsichtlich des noch weitgehend unerforschten Hinterlandes sowie der großräumigen Dimensionierung der Landmassen basierten sie jedoch auf zum Teil ausgesprochen abenteuerlichen Spekulationen.

Die erste publizierte Weltkarte, in der die im Westen von Spanien und Portugal entdeckten Regionen berücksichtigt wurden, war die 1506 in Florenz gedruckte Karte von Giovanni Matteo Contarini (Abb. 2), die zwar keinerlei spezifische länderkundliche Angaben enthielt, die aber aufgrund der noch stark der Tradition verhafteten großräumigen Gliederung beim Betrachter bestimmte, an ebendiese Tradition gekoppelte Assoziationen hervorrufen mußte. So sind die im Auftrag der portugiesischen Krone von den Brüdern Corte-Real entdeckten nördlichen Regionen Teil der bei Marco Polo – als ehemals zum Reich des Presbyters Johannes gehörig – erwähnten Provinz *Tangut,* und die von Kolumbus entdeckten Inseln erscheinen als Vorposten der ebenfalls von Marco Polo für ihren Reichtum gerühmten Insel *Zinpangu.* Von einer „neuen" Welt war hier noch nichts zu erblicken; denn selbst die zum Zeitpunkt des Erscheinens dieser Karte bereits erforschte Küste vom Golf von Paria bis hin zu der von Cabral so benannten *Terra Crucis* erscheint als Teil jenes legendären Südkontinents, der *terra australis,* von dessen Existenz bereits in der Antike Autoren berichtet hatten und der auf vielen alten Karten (Abb. 1) als noch unerforschte Landbrücke zwischen Afrika und Asien das Indische Meer umgrenzt.

Ein ganz anderes Bild vermittelte hingegen die nur ein Jahr später gedruckte Weltkarte von Martin Waldseemüller (Abb. 3 und 4), die vorwiegend nach neueren portugiesischen Portulankarten sowie den Angaben der Contarini noch unbekannten *Quatuor Navigationes* von Vespucci angefertigt wurde. Hier nun erschienen die neuentdeckten Regionen zum ersten Mal als von Asien abgekoppelte Kontinentalmasse, die zudem (in ihrem südlichen Teil) mit einem Namen gekennzeichnet war, der eindeutig darauf verwies, daß es sich hier um einen bis dahin unbekannten, *Africa, Asia* und *Europa* vergleichbaren Erdteil handelte.[7] Damit war *America* auch kartographisch als „neue" Welt ausgewiesen, war dem Betrachter die Möglichkeit verwehrt, ihm geläufige, mit dem traditionellen Asien-Bild verknüpfte Vorstellungen gewissermaßen unbesehen auf die amerikanische Realität zu übertragen. Diese mochte zwar in der Vorstellung der Zeitgenossen in vielerlei Hinsicht dem vergleichbar sein, was man bereits über Asien zu wissen glaubte; doch indem sich die Idee von einem neuen Kontinent durchsetzte, entstand auch das Bewußtsein von einer spezifisch „amerikanischen" Realität, die man schließlich in zunehmendem Maße durch die Verwendung von Amerikanismen – etwa wenn aus den „Anthropophagi" „Canibali" wurden – auch sprachlich als solche kennzeichnete.

Der Erfolg der Waldseemüller-Karte war außerordentlich. Ursprünglich als Beilage zu seiner *Kosmographie* geplant, wurde sie zunächst in einer Auflage von 1000 Exemplaren auch als Einzelstück verbreitet; und da die *Mappamundi* als Wandkarte konzipiert und vermutlich auch als solche verwendet wurde, war sie zweifellos einer größeren Öffentlichkeit zugänglich als andere, kleinformatige Karten, die in Bücher eingebunden waren.[8] Darüber hinaus wurde sie in den nachfolgenden Jahrzehnten von zahlreichen Geographen kopiert: so von Petrus Apianus (oder Bienewitz), dessen 1520 angefertigte, auf ein kleineres Format reduzierte Weltkarte häufig mit den Werken klassischer und zeitgenössischer Autoren zusammengebunden wurde[9], und schließlich – über Apianus – auch von dem Urheber der sogenannten Grynaeus-Karte (Abb. 6), als der außer Symon Grynaeus selbst häufig auch Holbein der Jüngere genannt wird. Diese unter völkerkundlich-geographischem wie künstlerischem Aspekt interessanteste der während der ersten Hälfte des 16. Jahrhunderts gedruckten Weltkarten erschien zuerst in der 1532 in Basel gedruckten Sammlung *Novus Orbis* von Huttich und Grynaeus und wurde auch noch in die immerhin durch die Cortés-Briefe erweiterte Ausgabe von 1555 nahezu unverändert übernommen.

Wer nun aber unter den zeitgenössischen Lesern nach einer aktualisierten kosmographischen Gesamtdarstellung verlangte, um die aus den Berichten der ersten Amerikafahrer gewonnenen Kenntnisse mit den überlieferten Vorstellungen der Alten zu konfrontieren, hatte bis zur Mitte des Jahrhunderts keine große Auswahl. Griff er zu dem erstmals 1520 in Latein, bis zum Beginn des 17. Jahrhunderts in fünf Sprachen und insgesamt (mindestens) 23 Auflagen publizierten schmalen Bändchen von Johannes Boemus, *Omnium gentium mores, leges & ritus* (Über die Sitten, Gesetze und Riten aller Völker), stellte er fest, daß dieser Autor Amerika noch nicht einmal „entdeckt" hatte. Dasselbe galt für Jacques Signots *La Division du monde, contenant la declaration des provinces & regions D'Asie, Europe, & Aphricque* (Die Aufteilung der Welt, mit der Darlegung der Provinzen und Regionen Asiens, Europas und Afrikas), ein ebenfalls nicht sehr umfangreiches Werk, das von 1539 bis 1560 fünf Ausgaben erlebte und sogar 1599 noch unverändert wieder aufgelegt wurde. In dem 1534 gleichzeitig in Folio- und Oktavformat in einer Erstauflage von über 2000 Exemplaren in Zürich publizierten *Epitome trium terrae partium Asiae, Africae et Europae* (Abriß der drei Erdteile Asien, Afrika und Europa) von Joachim Vadianus (oder Watt) wurde zwar die Existenz gewisser „Inseln" im Atlantik bezeugt, doch waren diese gemäß der Vorstellung des Verfassers Teil Asiens. Und was über die Beschaffenheit dieser Inseln und ihrer Bewohner berichtet wurde, fußte ausschließlich auf den Werken von Plinius und Solinus; zeitgenössische Autoren wie Vespucci und Anghiera waren Vadianus unbekannt oder erschienen ihm nicht der Erwähnung wert. Daß aber noch 1534 eine Kosmographie, deren Titel bereits auf die Auslassung der Neuen Welt verwies, selbst in den international ausgerichteten Kreisen versierter Fachleute nicht als überholt galt, bezeugt der rasche Absatz dieses Werkes auf der Frankfurter Messe desselben Jahres, wo der Verleger Christopher Froschauer nach eigener Aussage von 2000 mitgebrachten Exemplaren die Hälfte verkaufen konnte; und daß im darauffolgenden Jahr auch die andere Hälfte abgesetzt werden würde, erschien Froschauer so gut wie sicher.[10]

Eine substantiellere Darstellung unter Einbeziehung auch der Neuen Welt lieferte allein die von Apianus 1524 begonnene und von seinem Schüler Gemma Phrisius (oder Phryson) verbesserte und erweiterte *Cosmographia*, ein Standardwerk des 16. Jahrhunderts, das in diesem Zeitabschnitt in ungekürzter Ausgabe oder einer Zusammenfassung in mehr als 35 Auflagen publiziert wurde. Apianus bezog seine Kenntnisse offensichtlich aus den *Quatuor Navigationes* von Vespucci, den er als Entdecker des vierten Erdteils apostrophierte; und so war das, was er über die dort lebenden Menschen – in ungeordneter Reihenfolge und mit nur wenigen Worten – zu Papier brachte, ein Abriß dessen, was jener als besonders charakteristisch hervorgehoben hatte. Die von Vespucci aufgrund angenehmer Erfahrungen mit diesen Menschen (allerdings nur in der „Navigatio Prima") bezeugte Sympathie vermochte Apianus jedoch nicht nachzuvollziehen; er beschränkte sich auf die zurückhaltende Feststellung: „Es heißt, sie seien sehr freimütig im Geben und sehr begierig im Nehmen."[11] Einzig das in den *Quatuor Navigationes* enthaltene Negativstereotyp vom grausamen Kannibalen vermochte Apianus uneingeschränkt, wenn auch unter Auslassung der von Vespucci gelieferten Details, zu bestätigen. „In dieser Neuen Welt", so die globale Charakterisierung, „gehen die Bewohner fast völlig nackt, sind Anthropophagen, das heißt, sie essen Menschen, und sehr grausam."[12]

Dieses wenig anziehende Bild vom Amerikaner wurde nun von Gemma Phrisius in einem Anhang – offensichtlich in Kenntnis der 1534 in Lyon erschienenen *Nouvelles certaines des Isles du Peru* (Gesicherte Nachrichten von den Inseln von Peru) – in bedeutungsvoller Weise erweitert. Denn dort, im „westlichen Teil" Amerikas, hatten die Spanier 1530 „wunderbare Dinge" entdeckt. Dort gab es Städte, „mit Gesetzen und Waffen ausgestattet", und Menschen, „wohlunterrichtet in umsichtigem Handeln, Anstand der Sitten, Kenntnis verschiedener Fertigkeiten". Auch die natürliche Umgebung in diesem Teil der Welt war dergestalt, daß – so der Autor – „man ihn für ein Irdisches Paradies halten könnte". Am phantastischsten aber waren die Schätze dieser Region, „die von allen bis dahin entdeckten die an Gold und

Gewürzen reichste ist" – Schätze, deren Schilderung bei Phrisius im zeitgenössischen, mit den Werken Marco Polos und Mandevilles vertrauten Leser wundersame Erinnerungen wachrufen mußte, wenn der Autor diese seine Behauptung mit konkreten Beispielen belegte:

Hier gibt es Gold und Silber in solcher Fülle, daß man daraus Töpfe herstellt, wie sie für niederen Gebrauch bestimmt sind. Und (was einem noch wunderbarer erscheint) in der Stadt *Colao* gibt es ein Haus, das ganz mit Gold bedeckt ist.[13]

Ein derartiger Reichtum erschien dem Autor geradezu unfaßbar und um so überraschender, als ihm die Briefe von Cortés und Anghiera – und somit auch die Kulturen in Yucatán – gänzlich unbekannt waren.[14]

Die *Cosmographia* von Apianus und Phrisius blieb während der ersten vier Jahrzehnte des 16. Jahrhunderts das einzige mit dem Anspruch auf Wissenschaftlichkeit verfaßte Werk, in dem zumindest ein Teil der bis dahin publizierten Amerikana berücksichtigt war. Erst mit der 1541 in deutscher, 1550 in lateinischer Sprache publizierten *Cosmographia* von Sebastian Muenster wurde das Angebot an sekundär vermittelter Information über die Neue Welt beträchtlich erweitert. Doch Muenster, dessen historisch ausgerichtete Erdbeschreibung wahrhaft enzyklopädischen Charakter besaß und mit den sukzessiv vorgenommenen Ergänzungen bis zum Ende des Jahrhunderts in ca. 35 Ausgaben publiziert wurde, stützte sich für die Beschreibung der Neuen Welt nicht nur auf moderne Autoren wie Kolumbus und Vespucci; seine Quellen waren vornehmlich Plinius, Solinus, Pomponius Mela, Marco Polo und Mandeville, so daß wir schließlich auch bei ihm – mehr als ein halbes Jahrhundert nach der ersten „Indienfahrt" des Kolumbus – neben den amerikanischen „Kannibalen" all jene monströsen Völker wiederfinden, die in der mittelalterlichen Tradition Indien und die Inseln des Indischen Meeres bevölkerten: die Acephali ebenso wie die bellenden Cynocephali, die großohrigen Phanesi ebenso wie die vom Geruch wilder Äpfel lebenden Astomi.

Damit hatte Muenster – auch wenn er sich gelegentlich veranlaßt sah, ob der Glaubwürdigkeit der Alten hinsichtlich der indischen Monster einige Skepsis anzumelden – in vorzüglicher Weise dem Rechnung getragen, was die Mehrheit der zeitgenössischen, mit der Portenta-Literatur vertrauten Leser noch um 1550 in einer Kosmographie anzutreffen erwarteten. Damit wurde schließlich in der zweiten Hälfte des 16. Jahrhunderts auf (vorgeblich) wissenschaftlicher Ebene eine Tradition fortgesetzt, die während der ersten Hälfte des Jahrhunderts die in zahlreichen Auflagen publizierten und lange Zeit als authentisch angesehenen Berichte Mandevilles und des Presbyters Johannes wachgehalten hatten – eine Tradition, die letztlich dafür verantwortlich war, daß die geographische Wissenschaft, wenn auch nur beim unterrichteten Leser, in Mißkredit geriet.

Wie ein solchermaßen unterrichteter Zeitgenosse die von den Kosmographen und Geographen angewandte Methode der Informationsbeschaffung und damit auch das Resultat ihrer „Recherchen" – in freilich satirischer Verzeichnung – beurteilen mochte, zeigt das Beispiel des François Rabelais, Mönch, Schriftsteller, Arzt und Humanist, der mit den verfügbaren Amerikana vertraut und durch die persönliche Bekanntschaft mit Amerikafahrern wie Jacques Cartier über die Neue Welt bestens informiert war. In einer Episode des 1564 vollständig erschienenen (hinsichtlich der Urheberschaft allerdings umstrittenen) „Fünften Buches" über die wunderbaren Abenteuer des Riesen Pantagruel wird berichtet, wie er und seine Gefährten auf ihren Streifzügen durch das *Tapezenland* plötzlich einen ungewöhnlichen durchdringenden Lärm hörten und, als sie diesem nachgingen, sich folgender Szene gegenübersahen:

[Wir] stießen endlich auf einen alten buckligen, mißgestalten, scheusäligen Zwerg, so den Namen Hörensag führte. Sein Maul war bis zu den Ohren aufgeschlenzt; darinnen lagen sieben Zungen, und eine jede war wieder in sieben Teile gespalten; mit allen sieben gab er zu gleicher Zeit verschiedene Reden in verschiedenen Sprachen von sich, und saßen ihm an Kopf und Rumpf so viel Ohren, als Argus voreinst Augen hatte; sonst aber war er stockblind und gichtbrüchig.

Um ihn herum scharten sich unabsehbar viele Manns- und Weibsbilder und horchten und lauschten eifrig, darunter etliche mit recht zutraulichen Mienen. Da war zum Exempel einer, der grad eine Weltkarte ausbreitet' und sie ihnen in kleinen Sätzen explizierte. Bei ihm wurden die Zuhörer im Nu Gelehrte und gebildete Leut' und sprachen fließend und überzeugend von wunderwürdig vielen Dingen, zu deren Kenntnis sonst ein hundertfältig Menschenleben nit ausreichte; erzählten von Pyramiden, vom Nil, von Babel und Bibel, von den Höhlenbewohnern, von Gegenfüßlern, von kopflosen Menschen, Pygmäen, Kannibalen, hyperboräischen Gebirgen und Faunen – und all das vom Hörensag.

Da bedunkt' mich, ich säh' Herodot, Plinius, Philostrat, Strabo und noch viele der Alten, ferners Albertus Magnus, Pius den Zweiten, Marko Paolo, Ludovicus Romanus, Peter Alvarez [*Pierre Testemoing* = Anghiera] und weiß nit wieviel andere neuere Geschichtsschreiber, und kauerten all' hinter einem Stück Tapezerei und kritzelten hehlings schöne Geschichten – und alles vom Hörensag.[15]

Die visuelle Vermittlung

Die ikonographische Umsetzung

Die ersten Illustrationen, die ohne allzu großen verlegerischen Aufwand in Form von Flugschriften und Broschüren gedruckt wurden, waren gemäß der bei diesem Schrifttum bis weit in das 16. Jahrhundert hinein geübten Praxis zumeist einfache, grob ausgeführte Holzschnitte, die nicht als Informationsträger intendiert waren, sondern ausschließlich dekorative Funktion besaßen und zu dem Inhalt des Textes, den sie begleiteten, in keiner oder einer nur sehr allgemeinen Beziehung standen. Hierunter finden sich Reisemotive wie Schiffe, Stadtansichten, Gesandtschaften auf ihrem Weg oder bei der Begrüßung durch einen Herrscher; religiöse Motive und allegorische Figuren; oder auch Porträts, die keine individuellen Züge aufweisen und häufig durch die beigefügten Insignien, häufig aber auch nur durch eine entsprechende Bildunterschrift als bestimmte Personen ausgewiesen waren – Motive also, die wie Versatzstücke ausgetauscht werden konnten und die in der Tat zumeist aus Gründen der Kostenersparnis mehrfach, häufig sogar für thematisch sehr unterschiedliche Texte verwendet wurden (Abb. 10, 11). Und selbst dort, wo etwa durch Ortsangaben die abgebildete Landschaft oder Stadtansicht geographisch lokalisiert und somit ein expliziter Bezug zum Text hergestellt wurde – etwa in den Illustrationen der 1493 und 1494 in Basel gedruckten Ausgaben des Kolumbus-Briefes (Abb. 12–15) –, ist die ohnehin kaum als „realistisch" zu bezeichnende Szenerie eindeutig europäischen Vorbildern nachempfunden.

Den europäischen Konventionen verhaftet blieb die ikonographische Ausschmückung aber auch dann noch, als mit dem wachsenden Bedürfnis nach einer texterläuternden Bebilderung Szenen und Motive dem gedruckten Text entlehnt und als charakteristischer Ausschnitt der in diesem Text dargestellten amerikanischen Wirklichkeit verstanden wurden. Dies gilt in besonders auffälliger Weise für das äußere Erscheinungsbild der Menschen, das kaum ethnospezifische Züge aufweist und dort, wo der Illustrator um eine künstlerische Ausgestaltung bemüht war, vornehmlich den ästhetischen und stilistischen Kanon einer europäischen Geistesbewegung widerspiegelt, die sich an den antiken Vorbildern orientierte und auch bei einem amerikanischen „Wilden" Schönheit und Ebenmaß nur in klassischen Dimensionen und Proportionen zu erfassen vermochte.

Gewiß, die Schwierigkeiten, denen sich der Illustrator gegenübersah, waren keinesfalls gering. So waren die im Text angewandten Verfahren der Negativ-Bestimmung oder des Vergleichs mit bekannten, europäischen Vorbildern in einer graphischen Darstellung nicht direkt umsetzbar; und ein zusätzliches Problem entstand dadurch, daß Farbschattierungen, etwa die als charakteristisch angesehene braune oder rotbraune Hautfarbe des Amerikaners, nur in handkolorierten Zeichnungen, nicht aber in Schwarz-Weiß-Drucken adäquat wiedergegeben werden konnten, was in den Buchillustrationen zu einer weiteren Nivellierung des äußeren Erscheinungsbildes führen mußte. Allein durch bestimmte Attribute und Tätigkeiten, die in der bildlichen Darstellung den Menschen zugeordnet wurden, konnten diese mehr oder weniger eindeutig als Angehörige eines anderen Kulturkreises ausgewiesen werden, wobei allerdings ein Blick auf die Ikonographie nicht-amerikanischer Fremdvölker deutlich macht, daß manche, ursprünglich als spezifisch „amerikanisch" angesehene Attribute wie der Federschmuck im Verlauf des 16. Jahrhunderts als Inbegriff des Exotischen schlechthin auch anderen Fremdvölkern zugeordnet wurden.

Mit welchen Attributen und Tätigkeiten man nun im Einzelfall in der zeitgenössischen Ikonographie die Menschen der Neuen Welt identifizierte, wird an einem besonders charakteristischen Beispiel deutlich – ein Beispiel, das darüber hinaus in anschaulicher Weise offenbart, welche Informationen aus einem konkreten, als Quelle benutzten Text – dem *Mundus Novus*-Brief Vespuccis – von einem realen Leser – dem unbekannten Künstler – als „wesentliche" Merkmale des Amerikaners herausgefiltert wurden. Bei dieser Darstellung handelt es sich um einen etwa 1505 entstandenen Holzschnitt (Abb. 20), der, versehen mit einer erklärenden Bildunterschrift[16], als Flugblatt im deutschen Sprachraum zirkulierte.

Der Schwarz-Weiß-Druck zeigt eine Gruppe von Eingeborenen in einem familiär-häuslichen Ambiente. Ihre Gesichtszüge sind eindeutig europäischen Vorbildern nachempfunden; es fehlt nicht einmal der Bart, gemäß der europäischen ikonographischen Konvention äußeres Zeichen einer altersmäßigen Differenzierung – ein „Schmuck", der allerdings von dem hier dargestellten Volk aus der Sprachgruppe der Tupí-Guaraní verschmäht und dessen Heranwachsen mit allen Mitteln verhindert wurde. Einzig der reichlich vorhandene Federschmuck und die Inkrustationen auf Wangen und Brust weisen diese Menschen in ihrem äußeren Erscheinungsbild als Bewohner der Neuen Welt aus, wobei ihr Federrock mehr der – beschränkten – Phantasie des europäischen Künstlers entsprang als der Wirklichkeit. Zusätzlich tragen einige einen Bogen, der neben dem Federschmuck in der gesamten Ikonographie des 16. Jahrhunderts als charakteristischstes Attribut des Amerikaners erscheint (Abb. 16–19).

Der unbekannte Künstler beschränkte sich jedoch nicht auf die Wiedergabe von äußerem Erscheinungsbild und Artefakten, sondern war bemüht, in Haltung und Gestik der dargestellten Personen auch die gesellschaftlich-familiären Beziehungen sowie verschiedene Aktivitäten dieser Menschen zu verdeutlichen: das liebevolle Verhältnis zwischen Mutter und Kind, sinnbildlich dargestellt in dem Akt des Stillens; der freundschaftliche Umgang der Menschen untereinander; der Krieg als wichtigste Beschäftigung[17]; und schließlich Kannibalismus als bemerkenswerteste Aktivität, welche die gesamte Szene beherrscht, wobei der Künstler bemüht war, das Vergnügen der Speisenden sichtbar zu machen, der Gesamteindruck einer friedlich und harmonisch zusammenlebenden Gemeinschaft jedoch nicht aufgehoben wird. So ist auch hier – wie in dem *Mundus Novus*-Brief Vespuccis – der Kannibalismus (noch) nicht als auch für die Europäer bedrohlicher Akt dargestellt, denn deren Präsenz, versinnbildlicht durch die im Hintergrund sichtbaren Schiffe, erschöpft sich (noch) in der Haltung passiver, nicht-involvierter Beobachter.[18]

Dieser als Flugblatt in mindestens zwei Auflagen gedruckte Holzschnitt wurde nun von einem anderen zeitgenössischen Künstler, dem Holländer Jan van Doesborch, als Vorlage für ein weiteres Flugblatt benutzt, das um 1520 entstand und unter einem englischen und einem lateinischen Titel vertrieben wurde (Abb. 23). Die erhebliche Verringerung der dargestellten Personenzahl läßt zunächst vermuten, daß auch die hier vermittelte Information im Vergleich zur Vorlage beträchtlich reduziert wurde. Doch dieser erste Eindruck täuscht, denn die Bildausschnitte wurden so gewählt, daß sowohl hinsichtlich des äußeren Erscheinungsbildes dieser Menschen als auch hinsichtlich ihrer Tätigkeiten und (allerdings ausschließlich) familiären Beziehungen ein größerer Informationsverlust vermieden werden konnte.

Eine so ausführliche Wiedergabe der in der jeweiligen Textvorlage enthaltenen Information durch Illustrationen findet sich in den Texten selbst hingegen nur selten.[19] Zumeist beschränkten sich die Illustratoren auf einige wenige monozenische Darstellungen, in denen neben dem äußeren Erscheinungsbild – charakterisiert durch Nacktheit bzw. Federschmuck – nur noch zwei Aktivitäten herausgestellt wurden: Krieg – versinnbildlicht durch die Beigabe von Pfeil und Bogen – und Kannibalismus, dargestellt in allen nur erdenklichen Teilaspekten, vom Erschlagen des Opfers über das Zerteilen der Gliedmaßen und die verschiedenen Formen

der Zubereitung durch Kochen, Grillen, Räuchern oder als Spieß-
braten[20] bis hin zum Akt des Verspeisens oder der Vorratshaltung.

Der Amerikaner als Kannibale: diese während der ersten Hälfte
des 16. Jahrhunderts in der Ikonographie stereotyp wiederkeh-
rende Vorstellung wurde außer durch Textillustrationen und Flug-
blätter auch durch das Kartenmaterial verbreitet, das neben den
topographischen Angaben häufig auch länderkundliche Informationen enthielt. So wurden die möglicherweise allzu „nackt"
erscheinenden Leerräume der noch unerforschten inneren Regionen des Kontinents, bisweilen aber auch der Kartenrand mit
Figuren und szenischen Darstellungen ausgefüllt, die zwar häufig
nur als Dekoration gedachte konventionelle Bilder und Konfigu-
rationen reproduzierten, die aber nicht selten auch als Aussage zur
amerikanischen Realität verstanden sein sollten. Und während die
handgezeichneten und kunstvoll kolorierten Karten eine Fülle an
– allerdings häufig recht phantastischen – Details zur natürlichen
Umgebung, zur Pflanzen- und Tierwelt und zu den verschiedensten Aktivitäten der amerikanischen Eingeborenen wie der europäischen Siedler enthielten[21], reduzierte sich das in den gedruckten Karten wiedergegebene Bild vom Amerikaner zumeist auf das
von nackten Menschenfressern: eben jenen *Canibali,* die auch
dort, wo eine bildliche Darstellung ausgespart war, als einzige
„Völkergruppe" der Neuen Welt mit Namen benannt wurden
(Abb. 5–8).

Doch wie sehr die Europäer selbst noch in der Darstellung
dieser gewiß als „artfremd" betrachteten Sitte europäischen Vorstellungen verhaftet waren, tadelte bereits Jean de Léry, der in
seinem 1578 veröffentlichten Reisebericht die von den Brasilianern angewandte Methode des „boucaner", die Zubereitung von
Menschenfleisch auf einem aufgebockten Holzgrill, ausführlich
beschrieb und unter Berufung auf die von ihm persönlich durchgeführte Inaugenscheinnahme erklärte:

Als irrig möchte ich zurückweisen, daß die Wilden Brasiliens, von denen ich
jetzt spreche, das Menschenfleisch am Bratspieß zubereiten – ähnlich wie wir
mit Hammel- und anderem Fleisch verfahren. Diese Leute [die Kartogra-
phen] haben auch Wilde abgebildet, die ihre Gefangenen mit großen Hack-

messern aus Eisen auf einer Schlachtbank zerschnitten und dann die einzelnen Stücke zur Schau stellten, etwa so wie die Metzger bei uns mit dem Rindfleisch verfahren. Das alles ist ebenso erlogen wie das, was Rabelais von Panurge erzählt, der völlig gespickt dem Bratspieß halb angebraten entronnen ist. Ohne weiteres kann man also sagen, daß die Hersteller solcher Karten, die die von ihnen dargestellten Dinge niemals kennengelernt haben, Ignoranten sind.[22]

Somit war auch die Kartographie – wie die Kosmographie durchaus selbstverschuldet – bei jenen in Mißkredit geraten, die mit den schriftlichen und mündlichen Berichten erfahrener Amerikafahrer vertraut waren und sich möglicherweise sogar auf die eigene Erfahrung berufen konnten. Denjenigen aber, die ihre amerikaspezifischen Kenntnisse vorwiegend, vielleicht sogar ausschließlich, aus Textillustrationen und Landkarten bezogen, wird sich das Stereotyp vom „nackten Menschenfresser" um so stärker und dauerhafter eingeprägt haben, als jede visuell vermittelte Information über eine Suggestivkraft verfügt, die ein Text in der Intensität gemeinhin nicht besitzt.

Die szenische Umsetzung

Ikonographische Darstellungen in Texten waren ebenso wie handgezeichnete oder gedruckte Karten mit völkerkundlichen Angaben bis zur Mitte des 18. Jahrhunderts weitgehend jenem Kreis von Personen vorbehalten, der ohnehin bereit sein mochte, sich der Lektüre eines einschlägigen Textes zu widmen. Die amerikaspezifischen Vorstellungen eines mit der Lektüre von Büchern nicht oder nur wenig vertrauten Publikums vermittelte hingegen zunächst die Zurschaustellung amerikanischer „Kuriosa", die seit Kolumbus als persönliches Andenken, als Geschenk oder aber als Beweis für den „exotischen" Charakter der bereisten Regionen – möglicherweise auch als Indiz für die zu erwartenden oder in Aussicht gestellten Gewinne – von nahezu allen Amerikafahrern mitgebracht und im Verwandten- und Freundeskreis, im populären Milieu der Hafenstädte ebenso wie bei Hof vorgezeigt und ausgestellt wurden. Die Beliebtheitsskala der Exotika reichte von

Pflanzen und Früchten über Artefakte wie Federschmuck und Waffen bis hin zu präparierten oder auch lebenden Tieren, unter ihnen der Papagei als Inbegriff des Exotischen schlechthin. Eine völlig unerwartete Bereicherung dieser Ansammlungen von Kuriosa brachte die Entdeckung der mittel- und südamerikanischen Hochkulturen: aus Gold, Silber, Edelsteinen und buntschillernden Federn gearbeitete Schmuck-, Kult- und Gebrauchsgegenstände, bei deren Anblick der Betrachter bereits ob des nominellen Wertes, den sie repräsentierten, in maßloses Erstaunen versetzt wurde, deren Kunstfertigkeit den Europäern nun aber geradezu unglaublich schien, hatte man die amerikanischen Völker doch bis dahin als kulturlose Barbaren eingestuft.

Die ersten aztekischen Schätze, die nach Europa gelangten, waren die Geschenke Moctezumas an Karl V., die Cortés 1519 nach Spanien verschiffen ließ. Sie wurden zunächst in Sevilla und Valladolid ausgestellt und gelangten 1520 nach Brüssel, wo sie im Sommer desselben Jahres auch Albrecht Dürer zu Gesicht bekam. Welchen Eindruck der Anblick dieser Gegenstände bei ihm hinterließ, können wir einer Eintragung aus dem *Tagebuch der Niederländischen Reise* entnehmen; dort heißt es:

Auch hab ich gesehen die dieng, die man dem könig auß dem neuen gulden land hat gebracht: ein gancz guldene sonnen, einer ganczen klaffter braith, deßgleichen ein gancz silbern mond, auch also groß, deßgleichen zwo kammern voll derselbigen rüstung, desgleichen von allerley ihrer waffen, harnisch, geschucz, wunderbahrlich wahr, selczsamer klaidung, pettgewandt und allerley wunderbahrlicher ding zu manigliche brauch, das do viel schöner an zu sehen ist dan wunderding. Diese ding sind alle köstlich gewesen, das man sie beschäczt umb hundert tausent gulden werth. Und ich hab aber all mein lebtag nichts gesehen, das mein hercz also erfreuet hat als diese ding. Denn ich hab darin gesehen wunderliche künstliche ding und hab mich verwundert der subtilen ingenia der menschen in frembden landen. Und der ding weiß ich nit außzusprechen, die ich do gehabt hab.[23]

Die Haltung, die in den Worten Dürers zum Ausdruck kommt, war zweifellos für die Mehrheit seiner Zeitgenossen, die gleich ihm die Kunstfertigkeit dieser Gegenstände bestaunten, repräsentativ. Doch bei aller Bewunderung, die man der „subtilen ingenia" dieses fremden Volkes zollen mußte, waren weder Dürer noch andere zeitgenössische Künstler in der Lage oder gewillt, diesen Objekten mehr als nur den Rang von Kuriosa zuzusprechen, denn Stil und Bedeutungsinhalte dieser Artefakte waren zu fremd, als daß sie die eigene künstlerische Produktion hätten beeinflussen können.

Zahlreiche dieser exotischen Schmuck- und Kultgegenstände wanderten in die Kunst- und Wunderkammern europäischer Fürsten, insbesondere in Deutschland und Italien, wo sie, der Öffentlichkeit entzogen, von einem nur kleinen Kreis von Liebhabern als Rarität bewundert werden konnten. Die meisten Objekte aber, waren sie aus Edelmetallen, wurden eingeschmolzen und zu barer Münze gemacht, denn schließlich bemaß sich ihr Wert für den Eigentümer im allgemeinen weniger nach Prinzipien der Kunst oder gar der ethnographischen Forschung, als nach ihrem Anteil an Gold, Silber und Edelsteinen.

Dies galt für die spanischen Könige ebenso wie für die Piraten oder Korsaren, denen während der ersten Hälfte des 16. Jahrhunderts so manch einträgliche Beute in die Hände fiel. Der erste einer Reihe geradezu fabulöser Beutezüge gelang dem berüchtigten Piraten Jean Fleury aus Honfleur, als er 1522 drei Karavellen aus einer anderen Flotte kapern konnte, mit der Cortés die Schätze Moctezumas nach Spanien sandte; und nur ein Jahr später wurde die gesamte Beute aus dem Palast des Guatemozín (oder Cuauhtémoc) von acht französischen Schiffen abgefangen, die im Auftrag des Schiffseigners Jean Ango aus Rouen und mit Billigung der französischen Admiralität den Spaniern die geraubten Schätze wieder abzujagen trachteten.

Die Schiffsladungen dieser Korsaren begründeten im populären Milieu der nordfranzösischen Hafenstädte den Ruf Amerikas als Land des märchenhaften Reichtums, als jenes „gulden Land", von dem sich selbst ein Albrecht Dürer über alle Maßen beeindruckt zeigte. Die Menschen aber, die derlei Dinge herzustellen wußten und somit doch immerhin kulturelle Leistungen erbrachten, die auch in den Augen eines Europäers Anerkennung finden konnten – diese Menschen waren den Franzosen während des 16. Jahrhunderts kaum gegenwärtig, denn ihr Bild vom Amerikaner wurde

geprägt durch „Exemplare", die nicht aus Mexiko, sondern aus anderen Regionen zumeist gegen ihren Willen als Demonstrationsobjekte nach Europa gebracht wurden: mit Fellen bekleidete „Wilde" aus *Terre Neuve* oder „nackte Kannibalen" aus Brasilien, die nun allerdings mit Rücksicht auf das europäische Publikum mit mehr oder weniger authentischen Federkleidern ihre Blößen bedecken mußten.[24] Wie diese zum Anschauungsobjekt degradierten Menschen ausgestellt wurden und welche zusätzlichen Informationen – durch den erläuternden Kommentar des Schaustellers und Agieren der vorgeführten Personen – dem neugierigen Betrachter gegeben worden sein mögen, erschließen wir aus einer Notiz des Pariser Verlegers Henri Estienne in den *Addenda* zu dem von ihm herausgegebenen *Chronicon* des Eusebius, Bischof von Caesarea. Dort heißt es für das Jahr 1509:

Sieben Wilde sind von dieser Insel (die neue Welt genannt wird) nach Rouen gebracht worden, mit ihren Booten, ihrer Kleidung und ihren Waffen. Sie haben die Farbe von Ruß, dicke Lippen und tragen Brandmale im Gesicht, die vom Ohr bis zur Kinnmitte wie bläuliche kleine Adern über die Backen gezogen sind. Ihr Haar ist schwarz und dick wie eine Pferdemähne. Sie tragen in ihrem ganzen Leben keinen Bart, und sie haben am ganzen Körper weder an der Scham noch auf der Haut Haare, außer auf dem Kopf und in den Achselhöhlen. Sie tragen einen Gürtel, an dem ein Stück Fell befestigt ist, um die Schamglieder zu bedecken. Sie formen die Sprache mit den Lippen und haben keine Religion. Ihre Boote sind aus Baumrinde, und ein Mann kann sie mit einer Hand auf die Schultern heben. Ihre Waffen sind ein breiter Bogen, die Saiten sind aus Eingeweiden oder Sehnen von Tieren. Die Pfeile sind Schilfrohr mit einer Spitze aus Stein oder Fischknochen. Ihre Nahrung ist geröstetes Fleisch, ihr Getränk Wasser. Brot, Wein und Geld gebrauchen sie überhaupt nicht. Sie gehen nackt einher oder bekleiden sich mit Tierfellen...[25]

Die hier beschriebenen Menschen waren bereits ein Jahr zuvor von einem gewissen Thomas Aubert, der im Auftrag von Jean Ango dem Älteren die Gewässer vor *Terre Neuve* erkundet hatte, nach Dieppe gebracht worden; und wie ein Zeitgenosse berichtete[26], wurden sie von ihrem Besitzer nicht nur in dessen Heimathafen und in Rouen, sondern auch in anderen Städten einem staunenden, vorwiegend volkstümlichen Publikum vorgeführt.

Einen exquisiteren Rahmen für die Zurschaustellung seiner übersseeischen Schätze wählte Jean Ango der Jüngere, der durch den Handel mit amerikanischen Produkten, aber auch mit den äußerst einträglichen Kaperfahrten gegen spanische und portugiesische Handelsschiffe den Grundstock für ein riesiges Vermögen legte. Auf seinem Landsitz in Varengeville, den er unter fachkundiger Mitwirkung Florentiner Maler, Bildhauer und Architekten erbauen und einrichten ließ, umgab er sich mit einem Prunk, der in dem kleinen nordfranzösischen Städtchen etwas von dem Luxus und dem Raffinement italienischer Renaissancefürsten erahnen ließ. Hier empfing er 1534 Franz I., und er scheute weder Kosten noch Mühe, seinem König vor Augen zu führen, welch unermeßlicher Gewinn auch der Krone zufließen würde, wenn sie sich nur stärker, als bis dahin geschehen, an der überseeischen Expansion beteiligte. Wie die Festlichkeiten im einzelnen vonstatten gingen, und welche amerikanischen Elemente in die Inszenierung der Umzüge und „lebenden Bilder" einflossen, können wir heute nicht mehr rekonstruieren. Es ist jedoch anzunehmen, daß auch einige der zahlreich nach Frankreich gebrachten amerikanischen Eingeborenen, insbesondere Brasilianer, ausgestattet mit den ihnen traditionellerweise zugewiesenen Attributen, zumindest als Dekor, möglicherweise sogar als Akteure, beteiligt waren.

Doch die Möglichkeiten eines Jean Ango waren in dieser Hinsicht zweifellos beschränkt und nicht zu vergleichen mit denen der Stadtverwaltung von Rouen, die im Oktober 1550 zu Ehren von Heinrich II. und Katharina von Medici im Rahmen einer *entrée royale* ein Spektakel veranstaltete, das alles bis dahin Gebotene in den Schatten stellte.[27] Prunkvolle Aufmärsche von Notabeln und Vertretern der Berufsstände, Triumphbögen und Triumphwagen mit allegorischen Figuren, ja selbst simulierte Zweikämpfe und Schlachten zu Land und zu Wasser gehörten beim Empfang königlicher Gäste zum Repertoire eines jeden Gemeinderats, der etwas auf sich hielt. Zum ersten Mal aber wurde hier in großem Maßstab ein amerikanisches Ambiente naturgetreu nachgebildet, in dem wie auf einer Simultanbühne ein großes Aufgebot an Akteuren die verschiedensten, einem amerikanischen Volk zugeschriebenen Aktivitäten simulierte, dies zudem in so realistischer

Manier, daß die Zuschauer zwischen den beteiligten „echten" und „falschen" Brasilianern nicht zu unterscheiden vermochten.

Die Szenerie (Abb. 25)[28] bildete ein an der Seine gelegenes Waldstück, dessen natürlicher Baumbestand durch künstliche Bäume und Sträucher ergänzt worden war. Die Stämme waren mit einer dem Brasilholz nachempfundenen rötlichen Farbe gestrichen, und in den Baumkronen hingen exotische Früchte und Blattwerk, das dem brasilianischer Bäume nachgebildet war. Papageien, Affen und andere exotische Tiere taten das ihre, um dieses brasilianische Ambiente authentisch erscheinen zu lassen. Die agierenden Personen, etwa 300 Männer und Frauen, waren nach Art der Brasilianer mit allerlei Schmuck herausgeputzt, ansonsten aber vollkommen nackt, „gänzlich ohne den Körperteil zu bedecken, den das natürliche Empfinden gebietet". Unter ihnen befanden sich etwa 50 „eingeborene Wilde, die gerade erst aus ihrem Land herübergebracht waren"; die anderen 250 Akteure waren Seeleute, die lange Zeit in Brasilien gelebt hatten und somit auf ihre Rolle bestens vorbereitet waren: „Sie sprachen die Sprache ebenso gut und vollzogen die Gebärden und Handlungen der Wilden auf so natürliche Weise, so als wären sie aus demselben Land gebürtig." Ihre Aktivitäten waren ausgesprochen vielfältig: Sie reichten von der Jagd mit Pfeil und Bogen und dem Fällen der Bäume über den Tauschhandel mit (nicht verkleideten und als Franzosen ausgewiesenen) „Fremden" bis hin zum Verladen des Holzes und – im keinesfalls ausgesparten familiär-privaten Bereich – vom Gruppentanz über die traute Zweisamkeit beim Gespräch und Spaziergang bis hin zum gemeinsamen Ruhen in der Hängematte. Am überraschendsten aber war für die Zuschauer sicherlich der (simulierte) Kampf zwischen zwei als verfeindete Stämme auftretenden Gruppen von Akteuren sowie die abschließende (nicht simulierte) Brandschatzung durch die „Sieger", ein Schauspiel, das, so der Berichterstatter, nach dem Urteil zahlreicher Anwesender, „die lange Zeit im Land von Brasilien und den Kannibalen gelebt hatten", den wahren Verhältnissen in jenem Land „täuschend ähnlich" nachempfunden war.

Die „Figure des Brisilians" – wie der unbekannte Kommentator das Spektakel umschrieb – war nur eine von vielen Szenen, die das

Auge der königlichen Gäste erfreuen sollten. Ob sie allerdings bei Heinrich II. denselben Beifall fand wie die gewiß mit Wohlgefallen betrachteten allegorischen Aufzüge, mit denen nach klassischem Vorbild die Tugenden des Königs gefeiert wurden, ist kaum anzunehmen, denn für Heinrich II. war Brasilien ein fernes Land, das die Interessen der Krone kaum berührte. Nicht so für die Bürger von Rouen, für die der Import brasilianischer Produkte eine wertvolle Einnahmequelle bedeutete und die – nicht anders als Jean Ango vor ihnen – mit ihrem brasilianischen Schaustück gewiß auch ein praktisches Ziel verfolgten: werben für ein Land, das reich war an natürlichen Ressourcen, dessen Einwohner trotz manch barbarisch anmutender Sitten mit den Franzosen friedlich verkehrten und das folglich ein Engagement auch von seiten der Krone auf jeden Fall lohnen würde.[29]

Fünf Jahre verstrichen, bis Heinrich II. sich bereit erklärte, dem Drängen seiner Untertanen nachzugeben und die Handelsaktivitäten der nordatlantischen Hafenstädte in Brasilien durch die Gründung einer Kolonie zu unterstützen und zu fördern. Inwieweit die Bürger von Rouen mit ihrem gewiß werbewirksamen Schauspiel zu dieser Entscheidung beigetragen haben, kann nicht ermessen werden; immerhin signalisiert die Präsenz Brasiliens und der Brasilianer in der *entrée royale* von 1550 das wachsende Interesse, das in Frankreich vor allem die am Überseehandel beteiligten Kreise um die Mitte des Jahrhunderts der Neuen Welt entgegenbrachten und das sich während der zweiten Hälfte des Jahrhunderts auch bei einem breiteren Leserkreis vorwiegend auf Brasilien konzentrierte.

Anmerkungen

1 Zitiert in der Übersetzung von Klingelhöfer [45], Bd. I, S. 125.
2 A.a.O., S. 264.
3 Das Werk, so wie es zu Beginn des 15. Jahrhunderts in der lateinischen Übersetzung eines Florentiner Humanisten der abendländischen Wissenschaft zugänglich wurde, besteht in der vollständig edierten Fassung (Bologna 1477) aus zwei Teilen: einer geodätisch fundierten Anleitung

zur kartographischen Erfassung von Punkten der Erdoberfläche nebst einer Auflistung von mehr als 8000 Ortsbestimmungen, sowie einem Atlantenteil von 27 Karten, in denen die durch Längen- und Breitengrade fixierten Orte eingezeichnet sind. Der schwerwiegendste Irrtum des Ptolemaeus war – neben der Annahme eines geozentrischen Weltbildes – der als viel zu gering erachtete Erdumfang und die daraus resultierende Verkürzung des äquatorialen Längengrades auf nur 50 geographische Meilen. Die Folge war eine Überdimensionierung in west-östlicher Richtung, die zwar dem Wunschdenken eines Kolumbus auf glückliche Weise entgegenkam, die aber bei den Ortsbestimmungen – im Verein mit zum Teil arbiträr anmutenden Angaben zu Längen- und Breitengrad – zu abenteuerlichen Ergebnissen führte.

4 Zitiert nach Goldschmidt [258], S. 133 f. Der hier ausgedrückte Standpunkt kennzeichnete auch andernorts die akademische Lehre. So waren zwar für den Erwerb des Grads eines Magister Artium elementare Kenntnisse in der Kosmographie erforderlich; diese beschränkten sich aber während des gesamten 16. Jahrhunderts im wesentlichen auf die einschlägigen Standardwerke des Aristoteles – *Über den Himmel*, die ersten drei Bücher der *Meteorologie* und die (Aristoteles zugeschriebene) kurze Abhandlung *Über die Welt* – sowie die *Erdkugel* von John of Holywood. (Vgl. hierzu die vorzüglich dokumentierte Analyse der in den Jesuitenkollegien zugrundegelegten Lehrpläne von Dainville [244]).

5 Carvalho [233], Bd. II, S. 158 ff. Dies galt auch für andere Humanisten, etwa für Erasmus; vgl. hierzu die Auflistung der in der Bibliothek des Erasmus enthaltenen Werke bei Husner [269].

6 Bereits seit 1482 erfolgte die notwendige Korrektur der *Geographie* des Ptolemaeus durch die Angliederung einer modernen Weltkarte oder mehrerer „tabulae novellae". In der als Musterbeispiel textphilologischer Akribie geltenden Straßburger Ausgabe von 1513, die unter entscheidender Mitwirkung Martin Waldseemüllers zustandekam, führte dieses Verfahren – nach der in einem Vorwort „An den Leser" explizit geäußerten Absicht – zu einer klaren Unterscheidung von „historischem" Atlas, bestehend aus den ursprünglich nach Ptolemaeus' Angaben angefertigten 27 Karten und einem „modernen" Atlas, bestehend aus 20 neuen Karten, in denen die Vorstellungen des Ptolemaeus entsprechend den neueren Erkenntnissen korrigiert und erweitert sind.

7 In seiner 1516 angefertigten *Carta Marina* ist Waldseemüller – möglicherweise nach einem Zusammentreffen mit Kolumbus' Bruder Bartolomeo – zur kolumbinischen Vorstellung von Kuba als einem Teil Asiens („Terra de Cuba – Asie partis") zurückgekehrt. Da diese Karte jedoch

nur in wenigen Exemplaren zirkulierte, vermochte sie der ursprünglich von Waldseemüller entwickelten Vorstellung nicht entgegenzuwirken.

8 Sie bestand aus 12 Tafeln im Format von 45,5 × 62 cm, die zusammengesetzt eine Fläche von ca. 3,50 × 1,40 m bedeckten. Bei dem von Fischer Anfang dieses Jahrhunderts in der Bibliothek von Schloß Wolfegg entdeckten Exemplar – dem einzigen, das erhalten ist – sind die Tafeln, die offensichtlich als Korrekturabzug dienten, als Atlas gebunden. Einen Faksimile-Nachdruck des gesamten Bandes, der u. a. auch die *Carta Marina* gleichen Formats enthält, besorgten Fischer und Wieser [252].

9 So in der 1520 in Wien erschienenen Ausgabe der Texte von Pomponius Mela und Solinus und in der ersten vollständigen Ausgabe (1530) der *Dekaden* von Anghiera.

10 Febvre/Martin [249], S. 325.

11 Zitiert aus der 2. Auflage der französischen Fassung [24], S. XXXII r°.

12 Ebd.

13 A.a.O., S. XXXII v°.

14 Zwar war Phrisius der Name *Iucatana* geläufig; doch galt er ihm als Bezeichnung für eine nicht weiter erwähnenswerte Kuba benachbarte Insel. (A.a.O., S. XLVII r°).

15 Zitiert in der Übersetzung von Hegaur und Owlglass [94], S. 741. Zur Frage, inwieweit Rabelais in seinem Romanschaffen seine Kenntnis der zeitgenössischen Reiseberichte umsetzte und seine geographisch-völkerkundlichen Fiktionen amerikaspezifische Züge aufweisen, vgl. Lefranc [279] und Tilley [306], Kap. 3.

16 Vgl. hierzu Kap. III, S. 108.

17 Pfeil und Bogen als Attribute amerikanischer Völker deuten häufig auch auf die Beschäftigung des Jagens hin; der Bildtext trifft hier jedoch eine eindeutige Aussage.

18 Der an einem Haken über dem Feuer „im Rauch" hängende Kopf könnte beim ersten Betrachten als der eines Europäers angesehen werden; der Bildtext schließt eine solche Interpretation jedoch aus.

19 Eine Ausnahme bilden die Illustrationen der 1509 in Straßburg erschienenen deutschen Fassung der *Quatuor Navigationes* von Vespucci (Abb. 19, 20), in denen sogar ein ausgesprochen delikates Detail festgehalten wurde: die von Vespucci (in der „Navigatio Prima") getadelte Angewohnheit der Einheimischen, während des Gesprächs selbst in Gegenwart von Fremden, ohne die geringste Scham zu zeigen, Wasser zu lassen.

20 Für diese Form der Zubereitung entschied sich der unbekannte Künstler der ältesten bekannten Darstellung kannibalischer Sitten bei amerikanischen Völkern (Abb. 7), die sich auf einer um 1502 angefertigten

handgezeichneten portugiesischen Portulankarte findet und vermutlich auf dem mündlichen Bericht eines Augenzeugen jener Episode basiert, die auch Vespucci, zuerst in der *Lettera delle isole nuovamente trovate*, kolportierte. Dort heißt es, er und seine Kameraden hätten hilflos zusehen müssen, wie die Eingeborenen einen der ihren töteten „und ihn über einem großen Feuer, das sie gemacht hatten, rösteten" ([54], S. 252).

21 Einer der schönsten handgezeichneten und handkolorierten Atlanten ist die 1555 von Guillaume Le Testu fertiggestellte, Admiral Coligny gewidmete *Cosmographie universelle*. Der Atlas besteht aus 59 Karten, auf denen eine Fülle von dekorativen Szenen und Figuren dargestellt wurden, die größtenteils noch der mittelalterlichen Portenta-Tradition verhaftet sind. Abbildungen aus diesem Atlas und aus der Produktion anderer Zeichner der damals berühmten Diepper Kartographenschule, so von Pierre Desceliers und Jean Rotz, finden sich bei Cumming et al. [157].

22 Zitiert in einer deutschen Übersetzung von [40], S. 267f.

23 [68], S. 65.

24 Indios aus Mexiko wurden allein in Spanien vorgestellt. So führte Cortés bei seiner Rückkehr 1528 neben märchenhaften Gold- und Silberschätzen, kunstvoll gearbeitetem Federschmuck und anderen bemerkenswerten Artefakten auch eine Gruppe von 39 Eingeborenen mit sich, unter ihnen drei Söhne Moctezumas, die, selbst reich geschmückt, dem Auftritt des Cortés bei Hof zusätzlichen Glanz verliehen.

25 [70], S. 172 v°.

26 In: Thwaites [23], Bd. III, S. 38.

27 Die ausführlichste, mit einer Serie eindrucksvoller Holzschnitte illustrierte Beschreibung gibt eine 1551 in Rouen veröffentlichte Broschüre [65]; sie ist zu ergänzen durch zwei weitere zeitgenössische Quellen, von denen eine 1550 in Paris gedruckt wurde (*L'Entrée du Roy nostre sire faicte en sa ville de Rouen ...*), die andere erst 1868 in Rouen im Druck erschien (*L'Entree du ... roy de France Henri deuxiesme ... en sa noble cité de Rouen ...*, hrsg. v. L. u. S. de Merval). Zum Ablauf der „entrée" vgl. die ausführliche Darstellung bei McGowan [284].

28 Wir folgen hier der Beschreibung in der 1551 veröffentlichten Broschüre [65], S. [K. iv v°–K. v r°]. Der im Anhang abgebildete Holzschnitt findet sich auf der Seite [K. iii v°–K. iv-r°].

29 Als weiterer Hinweis der Veranstalter auf die zu jener Zeit ausgesprochen vorteilhafte Ausgangsbasis Frankreichs im Brasiliengeschäft könnte der sich anschließende simulierte Kampf zwischen einem französischen und einem portugiesischen Schiff gedeutet werden – ein Kampf, der verständlicherweise zugunsten der Franzosen „entschieden" wurde.

V
Der Brasilianer als Requisit

Mit dem von Villegagnon 1555 unternommenen Kolonisierungsversuch in der Bucht des heutigen Rio de Janeiro rückte Amerika
– genauer: Brasilien – verstärkt in den Blickpunkt zumindest eines
Teils der französischen Öffentlichkeit. Hier, wo die Franzosen
bereits seit Beginn des Jahrhunderts mit den Eingeborenen vorteilhafte Handelsbeziehungen pflegten, bot sich der Krone nun endlich die Chance, sich in der Neuen Welt ein Territorium zu
sichern, das wirtschaftlichen wie machtpolitischen Gewinn versprach. Damit wuchs auch das Bedürfnis, über die amerikanische
Realität genauer informiert zu werden, und dies nun nicht mehr
aus der Sicht vorwiegend spanischer oder in spanischen Diensten
stehender Reisender, sondern aus der Sicht französischer Autoren,
die sowohl der Situation in der französischen Kolonie als auch den
nationalen Interessen in stärkerem Maße Rechnung tragen
mochten.

Spezifische Interessen standen denn auch im Vordergrund der
Berichterstattung jener Autoren, die sich über einen mehr oder
weniger langen Zeitraum in der Kolonie aufhielten und die entweder von dort oder kurz nach ihrer Abreise und Rückkehr nach
Frankreich unter dem noch anhaltenden Eindruck der gelebten
Erfahrung diese zu Papier brachten. Doch waren die Interessen
dieser Autoren kaum auf das gerichtet, was der Nation hätte
förderlich sein können. Vorrang hatte die religiöse Auseinandersetzung, die, von den Kolonisten nach Brasilien exportiert, letztlich den Untergang der Kolonie bewirkt hatte und schließlich in
der Diskussion das Interesse an Amerika zunehmend überlagerte.
Für den brasilienspezifischen Informationswert der Texte war
dieser Umstand gewiß nicht von Vorteil; ebensowenig wie die
Tatsache, daß die Verfasser nicht nur in ihrer Einschätzung des
Kolonisierungsunternehmens selbst, sondern auch in ihrem
Selbstverständnis weitgehend durch religiöse Faktoren geleitet

waren und dem Amerikaner bzw. Brasilianer eine Haltung entgegenbrachten, die sich vorrangig am Faktum ihrer „Gottlosigkeit" orientierte.

Das Bedürfnis der Franzosen nach Information über Brasilien war – ebenso wie die Kolonie selbst – nur von kurzer Dauer. Erst knapp zwei Jahrzehnte nach ihrem Untergang vermochte einer der Teilnehmer an diesem Unternehmen, Jean de Léry, das Interesse neuerlich zu wecken; und dies sowohl hinsichtlich der Verbreitung des von ihm publizierten Werkes als auch hinsichtlich der Resonanz des darin vermittelten Amerikabildes mit nicht geringem Erfolg. Die Einstellung gegenüber dem Brasilianer war bei dem Kalvinisten Léry durch dieselben Faktoren bestimmt wie bei seinen Weggenossen – eine Einstellung, der er im Rahmen der Kontroverse unmittelbar nach dem Untergang der Kolonie in einem ersten Werk unmißverständlich Ausdruck verliehen hatte. Die zeitliche und damit erlebnismäßige Distanz, verbunden mit einer vor dem Hintergrund der in Frankreich erlebten Gegenwart erfolgten perspektivischen Brechung, führten jedoch in diesem Werk zur Herausbildung und Popularisierung dessen, was in Frankreich als Topos vom amerikanischen „guten Wilden" in die literarische Tradition aufgenommen wurde.

Religiöse Intoleranz und moralischer Rigorismus: Villegagnon und die Kalvinisten

Die ersten schriftlichen Nachrichten, die aus dem Kreis der Expeditionsteilnehmer in Frankreich verbreitet wurden, zirkulierten in Form persönlicher Briefe an Freunde und Verwandte, die zwar (mit Ausnahme der Briefe von Nicolas Barré) unveröffentlicht blieben und somit nur einen sehr begrenzten Leserkreis erreichten, die aber entsprechend der Stellung und Autorität des Verfassers und/oder Adressaten auch über diesen begrenzten Leserkreis hinaus durch sekundäre mündliche Vermittlung rezipiert wurden. Für die Art der Rezeption mag hier entscheidend gewesen sein, daß sich Verfasser und Adressat als Mitglied ein und derselben Gruppe verstanden und Wahrnehmung wie Urteilsbildung des

Briefschreibers durch Prinzipien gesteuert wurden, die für die Konstituierung und den Zusammenhalt eben dieser Gruppe von vitaler Bedeutung waren, die übermittelte Einschätzung Brasiliens und des Brasilianers somit gewiß auf Zustimmung gestoßen sein wird.

Ein solches Einvernehmen zwischen Verfasser und Adressat kennzeichnete jene drei Schreiben, die kurz nach der Ankunft der Genfer Kalvinisten Villegagnon und die beiden reformierten Geistlichen Richer und Chartier an Calvin bzw. einen unbekannten, ebenfalls dem Kreis der Reformierten zuzurechnenden Adressaten verschickten. Im Vordergrund der Briefe stand eindeutig die Sorge um das gute Gelingen des Unternehmens, das für die beiden Pastoren wie für Villegagnon, zu diesem Zeitpunkt den Kalvinisten noch eng verbunden, vornehmlich darauf gerichtet war, das Reich Christi zu vergrößern, d. h. dem reinen und wahren christlichen Glauben in Brasilien eine neue Heimstatt zu verschaffen. Und da diese Heimstatt in erster Linie jenen zugedacht war, die in Europa aus Glaubensgründen verfolgt wurden – die Missionierung der Ungläubigen war diesem Ziel eindeutig untergeordnet –, wurde demzufolge auch die brasilianische Wirklichkeit primär unter dem Aspekt ihres diesbezüglichen Nutzwertes betrachtet und beurteilt. So bemaßen sich bei Villegagnon Natur und Mensch nach dem Kriterium ihrer Verwertbarkeit für die europäischen Siedler, d. h. in Hinblick auf die Lösung ihres dringlichsten Problems, der Versorgung mit Nahrung. „Die Gegend war gänzlich unbebaut"[1]: so der lapidare Kommentar Villegagnons über die natürliche Umgebung der Bucht des heutigen Rio de Janeiro, deren Schönheit andere Europäer nach ihm wortreich schilderten. Dementsprechend war auch das augenfälligste Merkmal der Eingeborenen für den Briefschreiber die Tatsache, daß sie von der Hand in den Mund lebten, keinen Ackerbau betrieben und demzufolge auch keine Lebensmittelvorräte anlegten, auf welche die Europäer hätten zurückgreifen können.

Angesichts dieses für die Siedler geradezu existenzbedrohenden Mangels erschien der Nutzwert dieser Menschen nur gering. Und da diese nach mehr als 50jähriger Erfahrung mit den Praktiken der Europäer gelernt hatten, ihre Dienstleistungen und Produkte angemessener einzuschätzen und zu bewerten, und demzufolge den Europäern nicht mehr nur mit jener Freigebigkeit begegneten, die noch ein Vespucci als so angenehm erlebt hatte, konnte ein Villegagnon schließlich auch hinsichtlich der Gesamtbeurteilung nur zu einem vernichtenden Ergebnis kommen: „Es waren Wilde, fern von jeder Kultur und menschlichen Gesittung, deren Bräuche und Verfassung von den unseren gänzlich verschieden sind, ohne einen Begriff von Ehre, Tugend, Recht oder Unrecht, so daß mir Zweifel kamen, ob wir nicht auf wilde Tiere in menschlicher Gestalt gestoßen waren."[2]

Mit diesem Verdikt war Villegagnon zur Tradition des griechischen Barbaren zurückgekehrt, eine Einschätzung, mit der er im Kreise der französischen Kolonisten nicht allein stand. Zitieren wir aus dem Brief des kalvinistischen Pastors Richer an einen unbekannten Glaubensbruder:

Eine Sache bedrückt und quält uns erheblich, nämlich die Barbarei der Menschen, die so groß ist, daß sie nicht größer sein könnte. Damit meine ich nicht, daß sie Menschenfresser sind, was gleichwohl bei ihnen so verbreitet ist wie nichts anderes; sondern mich schmerzt die starke Abgestumpftheit ihres Geistes, die selbst noch in der tiefsten Dunkelheit greifbar ist.[3]

Am verderblichsten erschien Richer an diesen Menschen ihre Unkenntnis von der Existenz Gottes, mithin ihr Unvermögen, „Sein Gesetz zu achten oder Seine Macht und Seine Güte zu schauen", was nach seinem Dafürhalten die Hoffnung, diese Menschen in naher Zukunft „für Christus zu gewinnen", zunichte machte. Dem naheliegenden Einwand, sie wären wie eine *tabula rasa*, „die leicht mit Seinen Farben bemalt werden könne, weil auf ihr nichts sei, was dem natürlichen Glanz dieser Farben widerspräche", begegnete der Verfasser mit dem Hinweis auf die Sprachenvielfalt und den Mangel an gottesfürchtigen Dolmetschern — ein Mangel, der erst dann behoben sein würde, so Richer, wenn die mitgeführten Knaben, die zwecks Ausbildung zum Dolmetscher unter den Eingeborenen heranwuchsen, deren Sprache beherrschten. Allerdings, so fügte er besorgt hinzu: „Möge Gott dafür gesorgt haben, daß dies für jene ohne jede Gefahr für ihre Seele geschehe."[4]

Denn daß der Umgang der Europäer mit den Einheimischen so mancherlei Gefahren in sich barg, diese Erkenntnis erfüllte Richer und Villegagnon gleichermaßen mit allergrößter Sorge. Der leiblichen Gefährdung durch einen möglichen Überfall der Eingeborenen, die nach Ansicht Villegagnons begierig danach trachteten, sich der Habe der Kolonisten zu bemächtigen, glaubte er durch Sicherheitsmaßnahmen noch wirkungsvoll begegnen zu können; doch der drohenden sittlichen Gefährdung, die nach Einschätzung Villegagnons wie Richers für das Gros der Siedler eine allzu große Familiarität mit den Ungläubigen, insbesondere den Frauen, nach sich ziehen würde, wußte Villegagnon schließlich nur dadurch zu begegnen, daß er jeden Kontakt außerhalb des Forts strikt untersagte, um so die ihm anvertrauten Männer vor etwaigen Versuchungen zu schützen.

Der sich hier offenbarende moralische Rigorismus, eine Konstante in der kalvinistischen Einschätzung des Brasilianers, gepaart mit der Sorge um den Bestand der Kolonie, versperrte Villegagnon wie Richer den Blick auf Einzelerscheinungen sowohl der ideellen als auch der materiellen Kultur dieser Menschen, so daß der Informationswert ihrer Briefe äußerst gering ist. Diesbezügliche Hinweise enthalten allein die Briefe, die Nicolas Barré, Adjutant Villegagnons, noch vor dem Eintreffen der Genfer Kalvinisten an seine Brüder schrieb und in denen zum ersten Mal aus dem Kreis der Kolonisten neben den Ereignissen der Überfahrt und den Anfängen der Kolonie auch Einzelheiten über die Menschen und ihre Umwelt berichtet wurden.[5] Den Standort der Kolonie beschrieb Barré als „von Natur aus schön und leicht zu schützen" (109) – letzteres ein Faktum, das insbesondere hinsichtlich der von portugiesischer Seite drohenden Gefahr von Vorteil war. Er vermerkte das ewige Grün der Bäume, die angenehm milde Luft und das klare Wasser der Flüsse, „das gesündeste, das ich je getrunken habe" (110). Ausführlicher berichtete der Verfasser auch über die Produkte, die der Boden hervorbrachte und die er einzeln benannte, über die Bodenschätze, die von Portugiesen nahe der französischen Kolonie gefunden wurden, und schließlich auch über die Eingeborenen, ihre Verfassung, Ordnung und Gebräuche ebenso wie ihre materielle Kultur. Und nicht anders als

Villegagnon und Richer stand auch Barré dieser so andersartigen Welt mit verächtlichem Unverständnis gegenüber. Dieses Volk, so der Verfasser, gewissermaßen zur Einstimmung auf die dann folgenden Details,

... ist, wie ich glaube, das barbarischste und von jeder Sittsamkeit entfernteste Volk, das es unter dem Himmel gibt. Denn sie leben ohne die Kenntnis eines Gottes, ohne Besorgnis, ohne Gesetz oder irgendeine Religion, nicht anders als die wilden Tiere, die nur durch ihren Instinkt geleitet werden. (110f.)

Besonders fassungslos zeigte sich Barré ob der Nacktheit dieser Menschen, die jede dem Europäer als naturgegeben geltende Scham vermissen ließ, und ob ihres Umgangs mit Kriegsgefangenen, denen sie für eine bestimmte Zeit ihre schönsten Mädchen zur Frau gaben, die sie aber nach Ablauf einer gesetzten Frist im fröhlichen Freundeskreis in Stücke teilten und als „Rostbraten" verzehrten.[6] So barbarisch erschienen ihm schließlich diese Wesen, daß er selbst auf einen heilsamen Einfluß der Europäer nicht zu hoffen wagte. „Ich glaube", so stellte er resignierend fest, „(wenn Gott sich nicht ihrer erbarmt) wird es sehr schwer fallen, sie zum Christentum zu bekehren; und nur unter großen Schwierigkeiten wird man ihnen diese elende Sitte austreiben können, sich gegenseitig aufzuessen." (112) Und wenn er mit Genugtuung berichtete, daß Villegagnon – in Erfüllung seiner Pflichten und als wohlanständiger, gottesfürchtiger Mann – seinen Leuten jeden Kontakt mit den einheimischen Frauen, „diesen wilden Hündinnen", untersagte, wußte er die von solchen Kontakten ausgehende Gefahr an einem eindrucksvollen Beispiel zu belegen. Sieben Jahre, so berichtete er, habe einer der Dolmetscher mit seiner „Hure" in allergrößter Schande und Sittenlosigkeit zusammengelebt, bis er schließlich nicht mehr fähig war, sich für ein „besseres Dasein" zu entscheiden und umzukehren, „um in der Gemeinschaft von Christen als wohlanständiger Mensch zu leben" (113).

André Thevet: zwischen Einstellung und dissonanter Wahrnehmung

Die beiden Briefe Nicolas Barrés wurden 1557 in Paris veröffentlicht und im darauffolgenden Jahr von demselben Verleger in zwei weiteren Auflagen nachgedruckt. Der rasche Absatz des schmalen Bändchens kam gewiß nicht unerwartet, denn es behandelte schließlich ein aktuelles Thema und bot ausreichend Stoff für jene, die sich in ihren Lesegewohnheiten vorwiegend am Neuigkeitswert des Gebotenen orientierten und die mit einer knappen Berichterstattung vollauf zufrieden waren. An den anspruchsvolleren – und geduldigeren – Leser richtete sich dagegen ein anderes Werk aus dem Kreis der Brasilienfahrer, das auch 1557 veröffentlicht und ebenfalls im darauffolgenden Jahr zweimal wiederaufgelegt wurde: *Les singularitez de la France antarctique, autrement nommée Amerique* (Die Eigentümlichkeiten der *France Antarctique*, auch Amerika genannt), verfaßt von dem Franziskanermönch André Thevet. Dieser hatte auf Empfehlung des Kardinals von Lothringen Villegagnon auf seiner Expedition begleitet, war jedoch bereits nach nur dreimonatigem Aufenthalt im Frühjahr 1556 nach Frankreich zurückgekehrt, wo er sich, dem wachsenden Interesse an dem Brasilien-Unternehmen entgegenkommend, sogleich daran setzte, ein umfangreiches Werk zusammenzuschreiben.

Was Thevet dem Leser – nach seiner durchaus zutreffenden Einschätzung „ein Freund von seltenen und seltsamen Dingen"[7] – offerierte, war das Besondere, das Außergewöhnliche: „les singularités", die er nach demselben, mehr dem Zufall als einer ordnenden Hand gehorchenden Prinzip auswählte wie die Gegenstände, die er seiner umfangreichen Kuriositätensammlung einverleibte. Geleitet habe ihn, so der Autor, als oberstes Prinzip „die Wahrheit dessen, was ich habe sehen und erfahren können" (53), und er wurde nicht müde zu betonen, daß die Erfahrung, „die Herrin aller Dinge" (115), seinem gesamten Werk zugrundelag. Doch diesen Vorsatz konnte Thevet schon dadurch nicht erfüllen, daß er sich einem zweiten Prinzip verschrieb, welches die löbliche Absicht einer selbstauferlegten Beschränkung zunichte machte:

„... den großen Wunsch, den ich hege, nichts wegzulassen, was für die Leser nützlich oder notwendig ist, denn es scheint mir die Pflicht eines Schriftstellers zu sein, alles, was zu seinem Thema gehört, zu behandeln, ohne auch nur das Geringste wegzulassen..." (114)

Getreu diesem Motto nutzte der Autor jede Gelegenheit, in weitschweifigem Diskurs seine Gelehrsamkeit zur Schau zu stellen, indem er unablässig eine Unmenge von ihm vorgeblich studierter, jedoch nur unzulänglich, häufig sogar fehlerhaft assimilierter Autoren bemühte, entweder um die eigenen Angaben zu untermauern bzw. zu erweitern oder aber die Überlegenheit *seines* vorgeblich auf der Erfahrung basierenden Wissens gegenüber den auf bloßer Vermutung beruhenden lückenhaften Kenntnissen und Irrtümern seiner Vorgänger gebührend herauszustellen. Dabei benutzte er als bevorzugte Quelle Plinius und Solinus, berief sich aber darüber hinaus auf eine Vielzahl von Autoren, die sowohl hinsichtlich der Menge – er bemühte mehr als 45 Namen – als auch hinsichtlich des mit diesen Namen verbundenen Prestiges beeindrucken mußte.

Das zitierte Motto galt dem Autor aber auch als willkommene Rechtfertigung, wenn er seinen kurzen Aufenthalt in der Bucht von Guanabara und die auf der Rückreise gemachte Zwischenlandung auf den Antillen zum Anlaß nahm, gleich die gesamte Neue Welt – von Patagonien über Peru, Mexiko und Florida bis hinauf nach Kanada und *Terre Neuve* – zu beschreiben, wobei er teils aus mündlichen Berichten ihm bekannter Seefahrer, teils aus ungenannten schriftlichen Quellen schöpfte. Informationen aus zweiter Hand lieferte Thevet aber auch dort, wo die von ihm ins Feld geführte Eigenerfahrung sich auf Bereiche bezog, die einem Reisenden in Brasilien zwar durchaus zugänglich sein konnten, die aber Thevet in so kurzer Zeit und in Unkenntnis der fremden Sprache in der dargebotenen Ausführlichkeit kaum aus eigener Anschauung erfahren und, wie er vorgab, durch persönliche Befragung der Eingeborenen erforscht haben konnte. Hier wird er als wichtigste Informationsquelle die „truchements" herangezogen haben, jene Seeleute, die häufig über viele Jahre im Lande blieben, die Sprache der Einheimischen beherrschten und im

Verkehr zwischen diesen und den neuankommenden Europäern als Mittelsmänner und Dolmetscher fungierten – eine Wahl, die sich für den Informationswert seines Buches als ausgesprochen förderlich erweisen sollte.

Das Spektrum der behandelten Themen war weit gefaßt: das Land, dessen Fruchtbarkeit und Schönheit Thevet, ohne allzu sehr ins Detail zu gehen, lobend hervorhob; die zahllosen Tier- und Pflanzenarten, die mit größter Sorgfalt inventarisiert und genau beschrieben wurden; und schließlich der Humanbereich, in dem nahezu alle Aspekte mit freilich unterschiedlicher Ausführlichkeit abgehandelt wurden. Doch bevor der Autor Einzelheiten berichtete, wurde der Leser – ähnlich wie bei Nicolas Barré – durch eine globale Charakterisierung darauf eingestimmt, was er von diesem Volk zu halten hatte. Und wie bei Barré reduzierte sich das vermittelte Bild auf einige wenige Elemente, die mit den von Barré aufgeführten Merkmalen eine so verblüffende Übereinstimmung aufweisen, daß der Schluß naheliegt, es handele sich hier weniger um eine auf persönlicher Erfahrung beruhende Einschätzung als vielmehr um die Reproduktion des den Zeitgenossen geläufigen „klassischen" Fremdvölkerstereotyps vom gesetz- und kulturlosen Barbaren, dessen sich der Autor hier, ohne Ansehen der spezifischen amerikanischen Realität, bediente. Amerika oder *France Antarctique,* so Thevet,

... wurde und wird bis auf den heutigen Tag ... von Menschen bewohnt, die wunderlich fremdartig und wild sind, ohne Glauben, ohne Gesetz, ohne Religion, ohne jede Gesittung, und die dagegen wie unvernünftige Tiere leben, so wie die Natur sie hervorgebracht hat ... (134 f.)

Der Amerikaner war also genau das, was der Europäer – zumindest in den Augen Thevets – *nicht* war; und der Autor wußte sich zweifellos eins mit seinem Leser, wenn er eingedenk dessen, dem dieser Umstand zu verdanken war, hinzufügte: „Weshalb wir den Schöpfer inniglich preisen müssen, der uns in allen Dingen erleuchtet hat, so daß wir nicht so unvernünftig sind wie diese armen Amerikaner ..." (135) Damit war in ausreichend expliziter Weise der Rahmen gesetzt, in dem der Autor die dann folgenden ausführlichen Darlegungen verstanden wissen wollte. Und in der formelhaften, unablässig wiederkehrenden Benennung der Amerikaner als „unvernünftiges" und „ungesittetes" Volk, als „Bestien" und „Kanaillen" war dieses Urteil stets präsent und dem gesamten Text als auktoriale Stellungnahme wie ein Grundmuster unterlegt.

Folgen wir nun aber dem Autor in seinen näheren Ausführungen, ergibt sich ein weit differenzierteres Bild, als die so apodiktisch angeführte „Bestialität" bei diesen Menschen vermuten läßt; auch werden zudem Einsichten in die fremde Kultur vermittelt, die bei der dezidiert negativen Einstellung des Autors überraschen und mit dieser schließlich sogar in einen für den unvoreingenommenen Leser unauflösbaren Konflikt geraten. Eine sachliche, auch dem fremden Standpunkt Rechnung tragende Darstellung bot Thevet etwa bei der Abhandlung des Kannibalismus, dem er in seinem Werk breiten Raum gewährte: von der vorzüglichen Behandlung, die dem Gefangenen über einen gewissen Zeitraum zuteil wurde, über die Vorbereitungen und den Verlauf des Tötungsaktes und des Verspeisens bis hin zu den rituellen Haß- und Rachetiraden des Opfers, wiedergegeben in wörtlicher Rede. Gleichermaßen informativ und differenziert sind die Ausführungen zu den religiösen Vorstellungen und Praktiken; und hier zeigt sich nun beispielhaft, wie der Konflikt zwischen Einstellung und dissonanter Wahrnehmung bzw. Information offenbar wird.

Eines der diesem Komplex gewidmeten Kapitel – es trägt die Überschrift: „Über die Religion der Amerikaner" – beginnt mit der bereits zuvor geäußerten Feststellung, „daß diese armen Menschen wahrhaftig ohne Religion und ohne Gesetz" leben. Doch die dann folgenden Ausführungen stehen zu dieser Behauptung in krassem Widerspruch, denn, so der Autor: Es gibt auf der Welt keine „vernunftbegabte Kreatur", die so „blind" ist, daß sie angesichts des wohlgeordneten Universums nicht auch die Hand „irgendeines größeren Erbauers, als es die Menschen sind", zu erkennen vermöchte; und es gibt kein Volk, „das so barbarisch ist, daß es nicht aus einem natürlichen Instinkt heraus irgendeine Religion oder Kenntnis eines Gottes besitzt" (136f.). So hatten auch diese Barbaren die Vorstellung von einer „Macht" oder „höheren Gewalt", deren wahre Natur ihnen allerdings, wie

Thevet betonte, verborgen war, da sie ja nicht zu denen gehörten, „denen sich Unser Herr allein durch seine Gnade zu offenbaren gewillt war" (137)[8]. Desgleichen glaubten sie an die Unsterblichkeit der Seele und ein Leben nach dem Tode, das sich nach den Taten der Lebenden bemaß: Die Seelen derer, die „tugendhaft" ihre Feinde bekämpft hatten, gelangten an einen Ort, der dem christlichen Paradies vergleichbar war (181)[9]; jene aber, die ihr Land unzureichend verteidigt hatten, gerieten unter die Herrschaft *Agnans,* jenes „bösen Geistes", der diese „armen Menschen" bereits zu ihren Lebzeiten – und nicht nur in ihrer Seele, sondern auch in ihrem Körper – mancherlei Qualen und Martern unterzog und der gemäß der Vorstellung Thevets niemand anderes sein konnte als der leibhaftige Satan.

Noch offenkundiger erscheint die Widersprüchlichkeit der Aussagen im Zusammenhang mit der Schilderung der Sitten, die, entgegen der kategorisch festgestellten „Sittenlosigkeit", hinsichtlich zahlreicher Aspekte bemerkenswert positiv ausfiel. So hob Thevet in mehreren Passagen hervor, daß diese Menschen im Umgang untereinander wie auch gegenüber Fremden, sofern diese nicht zu ihren Feinden zählten, liebenswürdig und entgegenkommend waren, „äußerst bereit, einem einen Dienst zu erweisen oder eine Freude zu machen" (145); „darüber hinaus äußerst barmherzig, so wie ihr Naturgesetz es ihnen gestattet" (225). Sie waren respektvoll, ehrten das Alter und zeigten in ihren Versammlungen „eine solche Höflichkeit und Bescheidenheit, daß sie stets einer nach dem anderen sprechen und dem, der gerade spricht, aufmerksam gelauscht wird" (184). Und was war schließlich davon zu halten, wenn der hier noch unausgesprochene, manchem zeitgenössischen Leser aber sicherlich auffallende Gegensatz zum Verhalten vieler „zivilisierter" Europäer bei anderer Gelegenheit, etwa bei der Schilderung der Eßgewohnheiten, ausdrücklich benannt wurde? Denn, so wußte der Autor zu berichten:

Während der Mahlzeiten wahren sie eine wunderbare Stille, die um so lobenswerter ist, als wir bei Tisch üblicherweise schwatzen. Sie kochen ihr Fleisch sehr gut und essen es mit größter Bedächtigkeit und spotten über uns, die wir bei Tisch schlingen, statt zu essen... (148)[10]

Doch selbst derlei Beobachtungen konnten den Autor in seinem Gesamturteil nicht beirren, und so lesen wir in demselben Kapitel, in dem die als so angenehm empfundenen Eßmanieren der Amerikaner hervorgehoben werden, die kategorische Feststellung: „Man wird leicht begreifen, daß diese guten Leute in ihrem Essen nicht anständiger sind als in anderen Dingen." (147)

Die hier nur an wenigen Beispielen aufgezeigte Diskrepanz von vorgefaßter Meinung und sachbezogener Information bzw. Erfahrung ist für umfangreiche Passagen des Werkes nachzuweisen. Dort, wo sich der Autor auf eine nahezu kommentarlose Wiedergabe der größtenteils von seinen Informanten, den „truchements", vermittelten Daten beschränkte, besitzt das Werk als ethnographisches Zeugnis einen hohen Grad an Objektivität und Zuverlässigkeit. Dort aber, wo Thevet den eigenen Standpunkt markierte und die reine Sachinformation in einem wertenden Kommentar zusammenfaßte – wobei in der Regel andernorts vermittelte Einsichten in die fremde Kultur zurückgenommen wurden –, offenbart sich das Werk als das Produkt eines Mannes, der dieser Kultur mit demselben Unverständnis gegenüberstand wie seine Weggenossen. Doch im Gegensatz zu Villegagnon, Richer und Barré, deren Bild vom Amerikaner mit Verachtung, ja sogar Abscheu – und nicht selten mit Furcht – durchsetzt war, wurde bei Thevet im Zusammenhang mit den brasilianischen „Wilden" der eigenen Gefühlslage kaum in sonderlich emphatischer Weise Ausdruck verliehen. Und über weite Passagen entsteht sogar der Eindruck, daß der Autor den berichteten Phänomenen mit einer affektiven Distanz oder gar Indifferenz gegenüberstand, die wir bei einem Villegagnon oder einem Richer vergeblich suchen würden; eine Distanz, die es schließlich gestattete, der eigenen Einstellung entgegenstehende Informationen aufzugreifen und an den Leser weiterzugeben.

Diese im Umfeld der Kolonisten bemerkenswerte Haltung erklärt sich im wesentlichen aus persönlichkeitsspezifischen Faktoren und der sehr unterschiedlichen Interessenlage. Zum einen war Thevet frei von jenem moralischen Rigorismus, dessen sich insbesondere die Kalvinisten befleißigten. Zum anderen war er ganz gewiß zu keinem Zeitpunkt entschlossen, seinen Aufenthalt in Amerika länger als für seine Zwecke erforderlich auszudehnen, geschweige denn die Sache der Kolonisten zu seiner eigenen zu machen, so daß die Sorge um den Erhalt und den Aufschwung der Kolonie, die bei den vorgenannten Autoren Urteil und Einstellung gegenüber den Eingeborenen in erheblichem Maße bestimmte, ihn kaum berührte. Und das Gebot der Christianisierung der amerikanischen Barbaren war für ihn allenfalls ein hypothetischer Imperativ, dem er seine eigenen, völlig anders gelagerten Neigungen und Interessen entgegenstellte.

Welches nun diese Interessen waren, kann aus der Biographie des Autors, aber auch aus seiner geradezu ausufernden Produktion erschlossen werden. Thevet, der in den bäuerlichen Stand geboren wurde, hatte sich, bevor er seine erfolgreiche Karriere als Weltreisender, Kosmograph und Sammler von Kuriosa begann, über den Eintritt in einen religiösen Orden die Möglichkeit verschafft, seiner intellektuellen Neugier zu genügen, und sich als Autodidakt ein umfangreiches, wenn auch nur oberflächlich assimiliertes Wissen angelesen. Die Mönchskutte eröffnete ihm aber auch den Zugang zu den höfischen Kreisen, in denen er einflußreiche Persönlichkeiten für seine hochgesteckten Reisepläne und literarischen Ambitionen gewinnen konnte und die ihm schließlich den ersehnten sozialen Aufstieg ermöglichten. Somit erweist sich unser Autor als ein Emporkömmling, der nach erheblichen Mühen und gegen mancherlei Widerstände sowohl in der Wissenschaft als auch bei Hofe reüssierte und dem es kaum gelingen konnte, sich aus dem literarischen und sozialen Umfeld, das diesen Aufstieg ermöglicht und sanktioniert hatte, herauszulösen.

Auf literarischem Gebiet waren es – wie zu jener Zeit nicht anders zu erwarten – vornehmlich die klassischen Autoren, durch die Thevet die „kulturellen Weihen" empfangen hatte; und so war es durchaus erklärlich, wenn er seine diesbezüglichen Prätentionen vornehmlich dadurch zu untermauern suchte, daß er diese seine so mühsam erworbene Bildung unablässig zur Schau stellte. Geprägt wurde Thevet aber auch durch die mittelalterliche kosmographische Tradition, die in seinem Werk durch mancherlei Fabeln und Legenden weiterlebte und der er sich in besonderem Maße dort verpflichtet fühlte, wo er mit dem enzyklopädischen

Anspruch der mittelalterlichen Summen und Kompendien das gesamte verfügbare Wissen zu erfassen suchte – ein Anspruch, den er für Amerika bereits in den *Singularitez de la France antarctique* erhob[11] und der schließlich in der 18 Jahre später veröffentlichten monumentalen *Cosmographie universelle* mit einem so unerschütterlichen Vertrauen in die eigene Kompetenz und Unfehlbarkeit vorgetragen wurde, daß ihm dieses Werk von zeitgenössischen wie von modernen Kritikern als unverdauliches Produkt einer nachgerade ungeheuerlichen Anmaßung verübelt wurde.

Konservativismus und ein sich in den ungefährlichen Bahnen unangefochtener Wissenschaftstraditionen bewegender Drang nach Selbstdarstellung prägten auch das Verhältnis Thevets zu den Kreisen, die ihm die „gesellschaftlichen Weihen" verliehen hatten und in deren Mitte er seine Stellung bis zu seinem Tod über alle politischen, religiösen und dynastischen Krisen hinweg behaupten konnte. Als er 1592 etwa 80jährig starb – sein Ordensgewand hatte er bereits seit langem abgelegt –, hatte er neben der ehrenvollen Tätigkeit als Schloßkaplan der Königinmutter Katharina und „Wächter der königlichen Kuriositäten" vier Königen als offizieller Kosmograph gedient. Ansätze zur Überwindung des primär religiös begründeten Soziozentrismus waren von Thevet somit nicht zu erwarten; und so wurde bei ihm der Konflikt zwischen der traditionellen, vermeintlich rational begründeten Vorstellung vom ungläubigen und daher gesetz- und kulturlosen Wilden und der in Teilaspekten widersprüchlichen Wahrnehmung bzw. Information – sofern ihm dieser Konflikt überhaupt erkennbar war – schließlich dadurch „gelöst", daß die beobachteten oder von seinen Informanten übermittelten dissonanten Fakten als vom Reisenden gesammelte „singularités" zwar zugelassen, durch die Autorität des Königlichen Kosmographen aber stets in der diesem Volk von Ungläubigen einzig angemessen erscheinenden Bewertung wieder zurückgenommen wurden.

Der Brasilianer als *quantité négligeable*:
der Streit um den Untergang der Kolonie

Die *Singularitez de la France antarctique* wurden in knapp zwei Jahren in drei Ausgaben publiziert. Nach 1558 aber wurde das Werk in Frankreich bis in die neuere Zeit nicht wieder aufgelegt; und bis zum Jahre 1575, als Thevet seine *Cosmographie universelle* veröffentlichte, erschien auf dem französischen Buchmarkt auch kein anderes völkerkundlich-geographisches Werk, in dem Brasilien und die Tupinambá in nennenswerter Weise behandelt wurden. Angesichts des französischen Engagements in Brasilien mag dieses offenkundige Desinteresse zunächst überraschen. Versucht man aber, die Hintergründe zu erhellen, so erweist sich auch dieses Faktum als Folgeerscheinung jener unsäglichen Querelen, die das Klima in der französischen Kolonie vergiftet und letztlich ihr Scheitern verursacht hatten und die nun mit Beginn der 6oer Jahre vor dem Hintergrund der in Frankreich tobenden politisch-religiösen Auseinandersetzungen das Land mit einer Flut von Streit- und Schmähschriften überschwemmten.

Als Villegagnon 1559 nach Frankreich zurückkehrte, war am Hof die Religionsfrage noch keineswegs entschieden. Nach dem Tod von Heinrich II. hatte sich zwar die anti-kalvinistische Partei der Herzöge von Guise gegen die Bourbonen durchsetzen können; doch noch während des Jahres 1560 gelang es der auf einen Ausgleich zwischen den Parteien bedachten Königinmutter, die eigenen Positionen auszubauen, wobei sie sich, um die übermächtigen Guisen zu schwächen, stärker den Kalvinisten annäherte, die sich um den Prinzen Ludwig von Condé und Admiral Coligny formiert hatten. Dies erklärt, warum in dem zu diesem Zeitpunkt einsetzenden publizistischen Gefecht zwischen Villegagnon und den Genfer Kalvinisten beide Seiten den Kreis um die Königinmutter in ihre Dienste zu stellen suchten.

Den Verlauf dieses Gefechts und die Argumentation der involvierten Parteien detailliert nachzuzeichnen, kann hier nicht von Interesse sein.[12] Da aber neben dem rein theologischen Disput auch die Zustände in der Kolonie Gegenstand der Auseinandersetzung waren, enthüllen die Texte direkt oder indirekt auch einen Einblick in die Haltung der Beteiligten gegenüber den Eingeborenen. Unter diesem Aspekt sind die von Villegagnon verfaßten Pamphlete insofern aufschlußreich, als in ihnen der Brasilianer mit keinem Wort erwähnt wurde.[13] Dort, wo der Autor bemüht war, sich als gelehrter und orthodoxer Theologe zu erweisen und dem Vorwurf, er habe anfänglich der Sache der Kalvinisten gedient, diese dann aber schmählich verraten, wirksam entgegenzutreten, war das Aussparen der amerikanischen Realität verständlich, lag es gewiß in der Natur der Sache. Wenn aber auch dort, wo sich Villegagnon mit den Zuständen in der Kolonie auseinandersetzte und die ihm von seinen Kritikern abgesprochenen Führungsqualitäten zu belegen suchte, jeder Hinweis auf die einheimische Bevölkerung fehlt, dann ist dies ein weiteres Indiz für eine Haltung, die bereits in dem zitierten Brief Villegagnons an Calvin zu erkennen war. Wichtig erschien ihm einzig der Erhalt der Kolonie und die Sorge um den Lebenswandel der ihm anvertrauten Christen. Die Eingeborenen waren für Villegagnon hingegen ohne Belang, eine *quantité négligeable;* und selbst ein Hinweis auf die nunmehr verspielte Chance ihrer Christianisierung – ein Faktum, das entsprechend seiner Argumentation die Kalvinisten mit zusätzlicher Schuld beladen hätte – fehlt.

Dieselbe Vernachlässigung amerikanischer Realität zeigt sich in den (mit einer Ausnahme) anonym publizierten Streitschriften der Kalvinisten.[14] Ihr Bedauern galt einzig der Tatsache, daß sich die Hoffnung auf einen Zufluchtsort für ihre in Europa verfolgten Glaubensbrüder nicht erfüllt hatte; und auch ihnen erschien das Schicksal der nun weiterhin in Finsternis lebenden Wilden nicht erwähnenswert. Nur bisweilen floß in den Text eine Bemerkung ein, die immerhin ihre Existenz bezeugte: etwa wenn Villegagnon vorgehalten wurde, er hätte nicht nur seine angeborenen Laster zu verantworten, sondern auch noch jene „guten Sitten, die du aus diesen von den Barbaren bewohnten Gegenden mitgebracht hast"[15]; oder wenn im Zusammenhang mit der von Villegagnon bestrittenen Einladung an die Genfer Kalvinisten mit dem Argument gekontert wurde, ohne eine diesbezügliche dringliche Aufforderung hätte Calvin seine Pastoren sinnvoller und effektiver eingesetzt, als sie zu den „Antipoden" zu schicken, „die kaum noch menschliche Gestalt besitzen"[16].

Derlei in Nebensätze einfließende Hinweise auf die „Bestialität" der in Brasilien lebenden Menschen werden beim „naiven" und hinsichtlich der amerikanischen Realität wenig unterrichteten Leser – und zu dieser Kategorie gehörten zweifellos die meisten Konsumenten dieser Pamphletliteratur – einen nachhaltigeren Eindruck hinterlassen haben als jede diesbezügliche moraltheologische Diskussion. Doch wenn der Historiker Charles-André Julien feststellt: „Dieser Abtausch von Pamphleten machte Amerika bekannter, als es die kosmographischen Traktate und die Reiseberichte taten..."[17] – dann bedarf diese Aussage einer Präzisierung. Die Kontroverse zwischen Villegagnon und den Genfer Kalvinisten bewirkte zweifellos, daß bei vielen Zeitgenossen, denen bis dahin nicht einmal die Existenz der Neuen Welt bekannt war, Amerika und der Amerikaner in das Bewußtsein rückten; doch Amerika „kennen" bedeutete hier allenfalls bloße Kenntnisnahme einer geographisch wie erfahrungsgemäß in unermeßlicher Ferne liegenden „Realität" und unreflektierte Übernahme eines Stereotyps, das in seinem Kern nur noch eine Aussage enthielt: der Amerikaner ein Barbar, der eher der animalischen als der menschlichen Spezies zuzurechnen war.

Jean de Léry: zwischen gelebter Gegenwart und erinnerter Vergangenheit

Die französische Brasilienexpedition und die in ihrem Gefolge einsetzende Polemik bewogen noch einen weiteren Teilnehmer und Augenzeugen, sich zu Wort zu melden: Jean de Léry, der den Genfer Kalvinisten angehörte und gemeinhin als Förderer, wenn nicht gar als Erfinder des Topos vom amerikanischen „guten Wilden" apostrophiert wird. Dieser Ruf gründet auf seiner erstmals 1578 veröffentlichten *Histoire d'un voyage fait en la terre du Brésil* (Geschichte einer Reise in das Land Brasilien), die sich im 16. und 17. Jahrhundert großer Beliebtheit erfreute und die als bemerkenswerte Ausnahme unter den französischen Reiseberichten des 16. Jahrhunderts auch in neuerer Zeit zahlreiche Auflagen erlebte.

Zweifellos steht das in diesem Werk gezeichnete Bild von Brasilien und dem Brasilianer in auffallendem Gegensatz zu den Aussagen von Lérys Zeitgenossen, die gleich ihm die amerikanische Wirklichkeit vor dem Hintergrund der eigenen Erfahrung beschrieben haben; zweifellos ist auch das Verdienst Lérys in Hinblick auf eine angemessenere Darstellung und Beurteilung der außereuropäischen Kulturen, wie sie in Frankreich im letzten Viertel des 16. Jahrhunderts sichtbar wird, sehr groß. Seine Persönlichkeit und sein Wirken lassen sich aber nur dann angemessen beurteilen, wenn ein zweites, bereits 1561 von ihm verfaßtes Werk berücksichtigt wird. Denn der Vergleich beider Texte verdeutlicht, in welchem Umfang die Perspektive eines Autors und damit das von ihm gezeichnete Amerikabild durch seine Motive bedingt waren, in welchem Umfang schließlich auch die zeitliche und erfahrungsmäßige Distanz vor dem Hintergrund der erlebten europäischen Wirklichkeit einen Wandel in der Darstellung bewirken konnte.

Brasilien als Erfahrung

Das erste Werk Lérys erschien auf dem Höhepunkt der Auseinandersetzungen zwischen Villegagnon und den Kalvinisten unter dem Titel: *Histoire des choses memorables advenues en la terre du Bresil, partie de l'Amerique Australe, sous le gouvernement de N. de Villeg. depuis l'an 1555 jusques à l'an 1558* (Bericht über die denkwürdigen Dinge, die sich in dem Land Brasilien, Teil des südlichen Amerika, unter der Herrschaft von N. de V. von 1555 bis 1558 zugetragen haben).[18] Wie die meisten kalvinistischen Pamphlete erschien auch dieser Text anonym[19], die Urheberschaft Lérys ergibt sich jedoch aus textinternen Bezügen in den verschiedenen Fassungen und wurde vom Autor selbst, wenn auch nur indirekt, in seinem zweiten Werk bestätigt. In diesem Zusammenhang nannte Léry auch die Motive, die ihn zur Abfassung des Textes bewogen hatten. Nachdem er nach seiner Rückkehr aus

Brasilien, so der Autor, von vertrauenswürdigen Informanten erfahren habe, wie drei seiner Gefährten, die aus Furcht vor der gefahrvollen Rückreise nach Frankreich in die Kolonie zurückgekehrt waren, auf Geheiß Villegagnons aufgrund ihres Glaubens ertränkt worden seien, habe er – eingedenk der Tatsache, daß auch er ursprünglich hatte umkehren wollen und somit Gott für seine Errettung zu danken hatte – alles daran gesetzt, daß deren in schriftlicher Form hinterlassenes Glaubensbekenntnis der Nachwelt erhalten blieb. Zu diesem Zweck habe er bereits 1558 das ihm zugeleitete Dokument an den Genfer Verleger Jean Crespin weitergegeben, damit es, zusammen mit einem Bericht über die unmittelbar voraufgegangenen Ereignisse, in das von diesem herausgegebene *Livre des Martyrs* (oder *Histoire des Martyrs*) aufgenommen würde.[20]

Dementsprechend schilderte Léry vorrangig jene Ereignisse, die das Scheitern der brasilianischen Kolonie heraufbeschworen und zu dem Märtyrertod der drei Kalvinisten geführt hatten. Über die amerikanische Wirklichkeit berichtete er nur wenig; und dies auch nur dann, wenn das Schicksal der Europäer – etwa durch die als feindlich erlebte Umwelt – direkt betroffen war. Doch diese wenigen, häufig nur als Randnotizen niedergeschriebenen Bemerkungen sagten deutlich, was nach seiner Ansicht vom Brasilianer zu halten war: ein Menschengeschlecht, „das der menschlichen Natur so fremd und von ihr so entfernt ist wie kein anderes unter dem Himmel"[21], „das ohne die geringste Kenntnis Gottes, ja sogar ohne den geringsten Anstand und Schicklichkeit lebt" (453). Entsprechend unchristlich und unzivilisiert war nach der Schilderung Lérys auch das Verhalten dieser Wilden gegenüber den Europäern, denn statt die gebotene Gastfreundschaft walten zu lassen, nahmen sie diesen im Tausch gegen die dringend benötigten Nahrungsmittel alles ab – eine Erfahrung, die auch dem Autor selbst nicht erspart geblieben war. Denn während der zwei Monate, die er und seine Gefährten nach dem Verlassen der Kolonie bis zur Rückreise unter den Wilden verbrachten, lebten sie in großer Not, und nur ihr Vorrat an Kleidungsstücken bewahrte sie davor, dasselbe Schicksal zu erleiden wie jener Franzose, der es vorzog, unter den Eingeborenen zu leben, der aber schließlich, als er „bis auf sein Hemd" nichts mehr besaß, von diesen verjagt wurde und jämmerlich verhungerte.

Doch der Umgang mit den Wilden bedeutete für die Christen nicht nur Gefahr für Leib und Leben. Auch an ihrer Seele, so der besorgte Léry, konnten sie Schaden nehmen, denn der Einfluß dieser ohne jede Kenntnis der christlichen Religion lebenden Menschen war der Tugend nicht sonderlich zuträglich. Eingedenk dieser drohenden Gefahr erschien den Kalvinisten sogar das Dasein unter der tyrannischen Herrschaft Villegagnons als das geringere Übel, und sie verließen die Kolonie erst, als sie von diesem gleich den anderen lästigen Kritikern von der Insel verjagt wurden. Und selbst die tödliche Gefahr, die dem kleinen Häufchen der Zurückkehrenden von seiten Villegagnons drohte und die sich schließlich in dem Martyrium der drei Kalvinisten erfüllte, glaubten diese leichteren Herzens ertragen zu können als den Verzicht auf die Gemeinschaft der Christen und die Aussicht, trotz der ihnen von den Eingeborenen gebotenen Annehmlichkeiten ihr Leben unter diesen Wesen zu fristen, „denen jede christliche Schicklichkeit abging" (507). Und so sah Léry nach eigenem Bekenntnis der Rückkehr nach Europa mit größter Ungeduld entgegen.

Brasilien in der Retrospektive

Als Léry 1558 nach Frankreich zurückkehrte, befand sich in seinem Gepäck, wie er versicherte, ein umfangreiches Bündel von Aufzeichnungen und Notizen zu allen nur erdenklichen Themenbereichen, und es lag vermutlich von Anbeginn in seiner Absicht, diese Fülle an Material in Form eines Reiseberichts den interessierten Zeitgenossen zur Kenntnis zu bringen. Doch bis es soweit war, vergingen fast 20 Jahre: eine Zeit der religiösen Verfolgung und des Bürgerkriegs, in der auch Léry, mittlerweile zum Pastor ausgebildet, auf seinen Missionen in Frankreich mehrfach nur durch eine überhastete Flucht dem Tod entkommen konnte.

Den nachhaltigsten Eindruck hinterließen in ihm seine Erlebnisse während der Belagerung der von den Reformierten gehaltenen Stadt Sancerre (1573), wohin er vor den im Gefolge der Bartholomäus-Nacht im September 1572 auch in der Provinz einsetzenden Hugenottenjagd geflohen war. Dort nun, in der von der Außenwelt abgeschnittenen und von den königlichen Truppen ausgehungerten Stadt, erfuhr er aus nächster Nähe und unter den eigenen Glaubensbrüdern, zu welch grausamer, geradezu widernatürlicher Handlungsweise der Mensch, wie er beklagte, in der Grenzsituation extremer Not und Verzweiflung fähig war. Die letzten Monate des Widerstandes und die fortschreitende Verrohung der Belagerten, die in ihrer Hungersnot selbst vor dem Akt des Kannibalismus nicht halt machten, schilderte Léry in seiner 1574 veröffentlichten *Histoire mémorable de la ville de Sancerre* (Denkwürdige Geschichte der Stadt Sancerre), in der sich die pessimistische Grundhaltung des Autors gegenüber dem sittlichen Bewußtsein wie dem praktischen Handeln der Menschen im allgemeinen und seiner Zeitgenossen im besonderen offenbarte: eine Haltung, die in ihrem Ursprung in der kalvinistischen Ethik begründet war und die vor dem Hintergrund der gelebten Erfahrung in einer Radikalität zum Ausdruck kam, die letztlich zu jener – für Brasilien und den Brasilianer so „vorteilhaften" – Perspektivverschiebung führte, die der Vergleich seiner beiden Werke erkennen läßt.

Wie in den *Singularitez de la France antarctique* André Thevets ist auch in Lérys *Histoire d'un voyage fait en la terre du Brésil* den Vorgängen um die Kolonie relativ wenig Raum gegeben. Ihre Schilderung bildet den Rahmen, innerhalb dessen der Autor zwar mit polemischen Spitzen gegen Villegagnon nicht sparte, sich aber weitgehend um eine bündige, auf die wichtigsten Ereignisse konzentrierte Berichterstattung bemühte. Sein Hauptaugenmerk richtete sich auf das Land und seine Bewohner. Dabei galt ihm als oberstes Prinzip – und hierin ist Léry trotz zahlreicher Unterschiede seinem Vorgänger durchaus vergleichbar –, nur das wiederzugeben, was er selbst gesehen und gehört hatte, gleichzeitig aber den jeweiligen Gegenstand umfassend, möglichst sogar erschöpfend abzuhandeln. Daß Léry weit besser als Thevet gerüstet war, diesen Anspruch zu erfüllen, konnte er mit gutem Recht von sich behaupten, denn schließlich hatte er nahezu ein Jahr,

Thevet hingegen nur knapp drei Monate in der amerikanischen Kolonie zugebracht. Doch das Streben nach Ausführlichkeit verführte auch Léry zu jener Manie der Abschweifung in literarische Diskurse, die als Tribut an zeitgenössische Konventionen zu werten sind und die bei den *Singularitez* Thevets das Lesevergnügen erheblich minderten; allerdings galt Léry als wichtigste und verläßlichste Quelle die Bibel, und die Hinweise auf klassische wie moderne Autoren halten sich – zumindest in den ersten Ausgaben – in Grenzen.[22]

Hiermit sind die Übereinstimmungen zwischen beiden Autoren aber noch keineswegs erschöpft. Léry, der gleich vielen seiner Zeitgenossen Thevet heftig kritisierte, hatte sowohl die *Singularitez de la France antarctique* als auch die *Cosmographie universelle* gelesen, und diese Lektüre war für sein eigenes Werk ganz offensichtlich von nicht unerheblichem Nutzen. Zwar liegen die inhaltlichen Übereinstimmungen, sofern sie der Wirklichkeit entsprachen, in der Natur der Sache und lassen sich dort, wo sie nicht auf eigenem Erleben beruhten, auf die gemeinsame Quelle, die von Thevet wie von Léry (von letzterem eingestandenermaßen) häufig zu Rate gezogenen „truchements" zurückführen. Doch in manchen Passagen – etwa der detaillierten Schilderung des Tötungsrituals und des voraufgehenden Wortgefechts zwischen Opfer und Vollstrecker – sind die Übereinstimmungen in der Argumentation, ja sogar in den gewählten Formulierungen derart weitreichend, daß sich Léry hier den Vorwurf des Plagiats gefallen lassen muß. Und betrachtet man schließlich das vom Brasilianer gezeichnete Bild in seiner Gesamtgestalt, so findet sich diese bisweilen frappierende Übereinstimmung nicht nur in einzelnen Details. Denn beide Werke kennzeichnet dieselbe Widersprüchlichkeit in der Gedankenführung, dieselbe Zweideutigkeit in der Aussage, die nun allerdings bei Léry aufgrund einer unterschiedlichen Gewichtung dazu führte, daß sein Werk in einer Weise rezipiert werden konnte, die der Einstellung des Autors gegenüber dem Brasilianer nicht unbedingt entsprach.

Diese kennzeichnete auch bei Léry eine verächtliche, allenfalls durch das gebotene christliche Mitleid leicht gemilderte Herablassung. Der Grund war derselbe wie bei Thevet: Sie lebten „wie die wilden Tiere" völlig ohne Religion; einzig der Glaube an die Unsterblichkeit der Seele und ein Leben nach dem Tode war, so Léry, was „ihnen noch in der dichten Finsternis der Unwissenheit, in der sie gefangen sind, geblieben ist"[23]. Dessen ungeachtet gab es nach Léry von diesen Ungläubigen und Wilden vielerlei Positives zu berichten: ihre Freundlichkeit und Nächstenliebe, ihren Respekt vor dem Alter, ihre gesitteten Eßmanieren – Verhaltensweisen, die bereits Thevet lobend erwähnt und dem ungesitteten Benehmen mancher Europäer gegenübergestellt hatte. Doch das bei Thevet nur vereinzelt angewandte Verfahren, Kritik an ungesitteten oder irregeleiteten Europäern durch den Vergleich mit den Barbaren zu untermauern, wurde nun bei Léry gewissermaßen zur Regel. Und die sich ihm erschließenden Ergebnisse waren nicht mehr, wie noch bei Thevet, auf Einzelerscheinungen gerichtet, sondern trafen die Gesellschaft in ihrer Gesamtheit dort, wo die Normen einer auf christlichen Prinzipien gründenden Ethik weder im privaten noch im öffentlichen Bereich in der anzustrebenden Vollkommenheit erfüllt wurden.

So zeichnete Léry auf der Seite der Barbaren das Bild vom friedvollen Miteinander in einer Gemeinschaft, die keine Gesetze kannte und dennoch ohne Streit, ohne Gefahr für den einzelnen zum Wohle aller funktionierte, wo persönlicher Ehrgeiz und Streben nach Reichtum unbekannt waren und jeder gab, was des anderen Herz begehrte – für den Autor „eine fast unglaubliche Angelegenheit, und man kann nicht darüber sprechen, ohne die zu beschämen, in deren Händen bei uns die Überwachung der göttlichen und menschlichen Gesetze liegt" (306). Demgegenüber standen auf der Seite der Christen Mißtrauen, Habsucht, Neid und Ehrgeiz, „die uns die Knochen zerfressen, das Mark aussaugen, den Körper verkümmern und den Geist abnutzen" (168); oder die Heuchelei derer, die „nur mit Worten" trösten und „meilenweit entfernt von der Humanität dieser Wilden [sind], die sie indes als Barbaren bezeichnen" (321); und schließlich das Gebaren der europäischen Weiblichkeit, für Léry Zielscheibe besonders heftiger Kritik, über die er selbst seine durchgehend im Text geäußerte Abscheu vor den in ihrer Nacktheit und vorgeblichen Wollust als Inbegriff der Sünde verdammten Frauen vorübergehend vergaß:

Zum Schluß möchte ich nur noch betonen, daß das Herausputzen, die Schminke, die Perücken, das Wickeln der Haare, die großen gekräuselten Kragen, die Hüftwulste, die vielen Kleidungsstücke übereinander und zahllose andere Kleinigkeiten, mit denen sich bei uns Frauen und Mädchen verunstalten und an denen sie gar nicht genug tun können, daß all diese Dinge viel schlechter sind als die schlichte Nacktheit der Frauen bei den Wilden. Dabei stehen ihnen die letzteren in bezug auf die natürliche Schönheit keineswegs nach. (185)

Ebensowenig schmeichelhaft für die Europäerinnen fiel der Vergleich der Praktiken bei der Kinderpflege und -erziehung aus, nach Ansicht des Autors wichtigste Aufgabe der Frau und ihre eigentliche Bestimmung. Die Tatsache, daß die brasilianischen Frauen ohne große Komplikationen gebaren und bereits kurz nach der Niederkunft ihrer normalen Arbeit nachgingen, die europäischen Frauen hingegen zwei bis drei Wochen im Kindbett blieben, mochte noch durch externe Faktoren wie etwa die klimatischen Verhältnisse bedingt sein. Unbegreiflich und unentschuldbar aber war für Léry das Verhalten mancher Europäerinnen nach der Geburt eines Kindes:

Die meisten Frauen sind so zart, daß sie – wiewohl sie an keiner Krankheit leiden, die sie am Stillen, wie es die amerikanischen Frauen tun, hindern könnte – so unmenschlich sind, ihre Kinder, sobald sie geboren sind, weit weg zu schicken – so weit, daß sie oft ohne ihr Wissen sterben. Erst wenn die Kinder etwas größer sind, werden sie als Zeitvertreib wieder bei den Müttern geduldet. (302)

Und um den möglichen Einwand, er habe sich hier eines unzulässigen Vergleichs bedient, entgegenzuwirken, fuhr der Autor fort:

Vielleicht gibt es einige Zierpuppen, die glauben, daß ich ihnen Unrecht tue, vergleiche ich sie mit den Frauen der Wilden, deren rohe Sitten, wie sie meinen, nichts mit ihren so zarten und delikaten Körpern zu tun haben. Ich möchte mich daher damit begnügen, um die bittere Pille zu versüßen, sie bei den im Freien lebenden Tieren in die Schule zu schicken. Diese – sogar die zarten Vögelchen – werden ihnen folgende Lektion erteilen: Alle sind auf ihre Art bemüht, die eigene Nachkommenschaft selber aufzuziehen. (302 f.)

Über der Kritik an zeitgenössischen Mißständen und den Lastern und Irrtümern der europäischen Zivilisation wurde nun auch der Abscheu angesichts der kannibalischen Sitten dieser Menschen, wenn auch nicht gemindert, so doch relativiert. Gewiß, Kannibalismus war für Léry eine Sitte, die wohl geeignet war, „Entsetzen zu verbreiten, daß sich die Haare sträuben". Der Leser aber, so der Autor weiter, möge bedenken, „was hierzulande bei uns geschieht":

In erster Linie möge man an das, was unsere Wucherer tun, denken. Sie saugen Blut und Mark, verspeisen demnach zahllose Witwen, Waisen und sonstige arme Menschen bei lebendigem Leibe. Menschlicher würden sie handeln, wenn sie ihren Opfern sofort, anstatt sie dahinsiechen zu lassen, die Kehle durchschnitten. Sie sind demnach grausamer als die Wilden, von denen ich gesprochen habe. (274)

Oder schließlich die Geschehnisse der jüngsten Vergangenheit, „diese abscheuliche Schlächterei, die vom französischen Volk begangen wurde", die „alles übertraf, was man je gehört hatte" (275), und die den Kannibalismus der brasilianischen Wilden in einem weit weniger grellen Licht erscheinen ließ, als mancher Zeitgenosse wahrhaben mochte:

Man verabscheue demnach die Grausamkeiten der wilden Anthropophagen – das heißt Menschenfresser – nicht allzusehr, denn unter uns gibt es weit mehr noch zu verachtende und schlimmere Elemente dieser Spezies. Wie oben gezeigt wurde, fallen diese nicht nur über die mit ihnen verfeindeten Völker her. Sie haben vielmehr gewütet im Blut ihrer Angehörigen, Nachbarn und Landsleute. Daher braucht man nicht allzuweit oder sogar bis nach Amerika zu gehen, um solche abscheulichen Greueltaten zu sehen. (275)

Angesichts eines solchermaßen beschworenen zeitgenössischen Panoramas erschien nur folgerichtig, daß der Autor mit dem Ausdruck des Bedauerns jener Zeit gedachte, da er als Fremder unter Fremden weilte, mit denen er die Erfahrung machte, „daß ich diesem Volk, das wir als die ‚Wilden' bezeichnen, mehr trauen und uns unter ihnen sicherer fühlen konnten als bei unredlichen und entarteten Leuten an vielen Orten Frankreichs" (323). Und

183

die Erinnerung an den Moment seiner Abreise, die er nach dem Zeugnis der *Histoire des choses mémorables* aufgrund der ihm unerträglichen Lebensbedingungen unter den Barbaren mit Ungeduld herbeigesehnt hatte, war für ihn nun, zwei Jahrzehnte danach, Anlaß zu dem folgenden Geständnis:

... um nun Amerika Lebwohl zu sagen, bekenne ich insgeheim, wie sehr ich auch stets meine Heimat geliebt habe und sie noch liebe, so bedauere ich doch häufig, daß ich nicht mehr unter den Wilden weile, an denen ich (so wie ich es ausführlich in dieser Geschichte gezeigt habe) mehr Wahrhaftigkeit erlebte als an vielen Menschen hier, die sich zu ihrer Schande Christen nennen.[24]

So führte bei Léry das Bewußtsein der trostlosen Gegenwart, gepaart mit der verklärenden Kraft der Erinnerung, in der Rückschau zu einer perspektivischen Brechung, die, verbunden mit einer zweckbestimmten Gewichtung der festgestellten Merkmale, ein Bild vom Brasilianer erstehen ließ, das – wollen wir seinem Zeugnis in der *Histoire des choses mémorables* Glauben schenken – zu der gelebten Erfahrung in krassem Widerspruch stand. So enthüllt sich uns die in seiner *Histoire* entworfene Figur des „guten Wilden" auch als Nachfahre des „tugendhaften Barbaren" der abendländischen Tradition, der gleichermaßen über die Projektion unerfüllter Wünsche und Idealvorstellungen als Spiegelbild der eigenen Gesellschaft fungierte – eine Wirkabsicht, die bei Léry mit seiner auch durch die zeitliche wie geographische Ferne kaum abgeschwächten Geringschätzung für diese in gottloser Finsternis lebenden „armen blinden Amerikaner" durchaus vereinbar war.

Die Wirkung Jean de Lérys war in zweifacher Hinsicht bemerkenswert. Sein erster Bericht erschien (als separat gedruckte Streitschrift oder als Teil der *Histoire des martyrs*) bis 1619 insgesamt in mindestens zehn Ausgaben. Aus dem zentralen Anliegen des Verfassers wie aus der Publikationsform läßt sich schließen, daß er überwiegend im Kreis der Kalvinisten rezipiert wurde, für die das Martyrologium Crespins bis weit über das 16. Jahrhundert hinaus als fester Bestandteil einer jeden Hausbibliothek gewissermaßen zur Pflichtlektüre gehörte. Die *Histoire d'un voyage fait en la terre du Brésil* zielte hingegen auf ein breiteres, nicht konfessionell gebundenes Publikum ab; und da sie als Einzelwerk erschien – bis zum Ende des Jahrhunderts in der französischen Fassung in mindestens acht Auflagen, in einer lateinischen Übersetzung in mindestens drei Auflagen –, ist ihr Erfolg weit höher zu bemessen als der des ersten Berichts.

Der Grund für diese Popularität war gewiß zu einem nicht unerheblichen Teil auf die literarischen Qualitäten des Buches zurückzuführen: die bildhafte Beschreibung, durchsetzt mit volkstümlichen Redewendungen und pittoresken Details, die rasche Abfolge wirksam in Szene gesetzter, häufig dialogisch abgehandelter Episoden und schließlich der gelegentliche Einschub lyrischer Passagen, in denen die Rückbesinnung auf den subjektiven Erlebnisvorgang und die Gefühlslage vor der reinen Sachinformation in den Vordergrund trat – all dies Faktoren, die der eher trockene und lapidare Erzählstil der kosmographischen Kompendien vermissen ließ. Doch damit allein ist der außergewöhnliche Erfolg der *Histoire d'un voyage fait en la terre du Brésil* noch nicht hinreichend erklärt. Zu berücksichtigen ist zunächst als weiterer Faktor die Ausschaltung Thevets als einzigem möglichen „Konkurrenten", die von diesem zum Teil selbst verschuldet, von Léry und anderen Reformierten aber auch mit einer Energie und Ausdauer betrieben wurde, die – ausgelöst durch die wiederaufflammende Polemik um die Person Villegagnons und die Vorgänge in der brasilianischen Kolonie – vor dem Hintergrund der in Frankreich tobenden Religionskriege durch die Unversöhnlichkeit der streitenden Parteien noch verstärkt wurden. Ausgelöst wurde der Streit durch die Veröffentlichung von Thevets *Cosmographie universelle* 1575, die Léry, wie er im Vorwort zu seiner *Histoire d'un voyage* vermerkte, dazu veranlaßt hatte, sich seinerseits zu Wort zu melden und die bis dahin nicht mehr für opportun gehaltene Veröffentlichung seiner Notizen und Materialien doch noch in die Wege zu leiten. Denn Thevet hatte sich bemüßigt gefühlt, den mittlerweile längst vergessenen Disput zwischen Villegagnon und den Genfer Kalvinisten wiederaufzugreifen und den seiner Ansicht nach zu Unrecht der Häresie bezichtigten Villegagnon von jedem Verdacht reinzuwaschen. Dies mochte Léry noch wenig berühren; was nun aber seinen Zorn erregte, war die von Thevet erhobene Beschuldigung, die Genfer Pastoren hätten in dem Bestreben, sich am Gut anderer zu bereichern, in der Kolonie einen Aufstand angezettelt, mehrere Männer getötet und beinahe den Untergang aller besiegelt, denn – so Thevet: „Die Wilden waren angesichts eines solchen Trauerspiels derart erzürnt, daß nur wenig fehlte, und sie hätten sich auf uns gestürzt und was übrig war zu Tode gebracht."[25]

Diesen ungeheuerlichen Vorwurf zurückzuweisen, war für Léry ein Leichtes, denn schließlich gab es genügend Beweise dafür, daß die Kalvinisten zum Zeitpunkt der in Frage stehenden Revolte noch gar nicht in der Kolonie weilten und daß überdies Thevet, der behauptete, er selbst habe gegen den verheerenden Einfluß dieser „netten Prediger" angekämpft, bei ihrer Ankunft bereits seit langem nach Frankreich zurückgekehrt war. So hatte sich Thevet letztlich selbst disqualifiziert, und Léry konnte von ihm mit Fug und Recht behaupten, „daß er in dieser Hinsicht ein ebenso frecher Lügner wie törichter Verleumder war" (336).

Doch bei diesem konkreten Vorwurf ließ es Léry keinesfalls bewenden, denn, so argumentierte er: War es nicht naheliegend, einem Autor, der hinsichtlich einer so schwerwiegenden Behauptung ohne Mühe der Lüge überführt werden konnte, auch hinsichtlich anderer Aussagen die Glaubwürdigkeit abzusprechen? Für Léry war dieser Schluß zwingend, und er zögerte nicht, das Ergebnis seiner diesbezüglichen Überlegungen in kategorischer Form darzulegen: „... alles, was er sagt, [ist] nichts als törichtes Geschwätz..." (337). Und es empörte ihn regelrecht zu sehen, welchen Erfolg dieser damit erzielte:

Nicht nur zieht nämlich der, von dem ich hier spreche, Geld und – schlecht angelegten – Lohn aus dem Titel, mit dem er sich zum „Kosmographen des Königs" aufbläht, sondern noch weit schlimmer ist, daß solch unwürdige Albernheiten, für die es nicht einmal in einem einfachen Sendschreiben Platz geben dürfte, vom königlichen Namen gedeckt und autorisiert werden. (347)

Diese bitterböse Kritik aus der Feder eines Mannes, dem man aufgrund der religiösen Differenzen zwar eine gewisse Parteilichkeit unterstellen durfte, der aber hinsichtlich des abgehandelten Themas erwiesenermaßen über die längere Erfahrung verfügte, verfehlte nicht ihre Wirkung auf die Zeitgenossen. Und so geriet der Königliche Kosmograph, dessen erstes publiziertes Werk bereits bei manchem Kenner der Materie auf Kritik gestoßen war[26], mit seiner *Cosmographie universelle* in weiten Kreisen des interessierten und insbesondere des kompetenten Publikums – und dies nicht nur unter den Protestanten – vollends in Mißkredit. Und während Léry für sich und sein Werk einen erheblichen Prestigegewinn verbuchen konnte, fand sich für Thevet kein Verleger mehr, der bereit gewesen wäre, seine bis ins hohe Alter unermüdlich zusammengeschriebenen kosmographischen Arbeiten zu veröffentlichen.

Die Ausschaltung Thevets als Konkurrent im Werben um die Gunst des Publikums, zu der neben textimmanenten Faktoren die Beweisführung Lérys in erheblichem Maße beigetragen hatte, war für den Absatz der *Histoire d'un voyage fait en la terre du Brésil* sehr förderlich. Noch bedeutsamer für den Erfolg des Werkes aber war zweifellos der zur selben Zeit geführte publizistische Feldzug gegen Spanien: die sogenannte „leyenda negra", die vor dem Hintergrund des französischen Debakels in Florida und der politisch-religiösen Auseinandersetzung in Europa über die Kritik an der spanischen Eroberungs- und Kolonisierungspraxis die Vorstellung vom „guten Wilden" Amerikas propagieren half.

Anmerkungen

1 Villegagnon an Calvin am 31. 3. 1557, in: Calvin [64], Bd. XVI, col. 437.
2 A.a.O., col. 437 f.
3 Richer an einen unbekannten Adressaten am 31. 3. 1557; in: Calvin [64], Bd. XVI, col. 434.
4 Ebd.
5 Der erste Brief ist auf den 1. Februar 1556 datiert, der zweite auf den 25. Mai desselben Jahres. Zitiert wird im folgenden aus dem von Ternaux-Compans ([22], Bd. I, S. 102 ff.) besorgten Nachdruck.

6 Unsere Kenntnis von der rituellen Anthropophagie der Tupinambá stützt
sich auf die Berichte zeitgenössischer europäischer Reisender: die Werke
André Thevets und Jean de Lérys, die Relationen französischer und
portugiesischer Jesuiten und den Bericht des Deutschen Hans Staden, der
als Gefangener der Tupinambá – wie er hervorhob – selbst von einem
solchen Schicksal bedroht war und dessen 1557 zuerst veröffentlichter
Erlebnisbericht mit insgesamt ca. 80 Auflagen zu einem wahren Bestseller wurde; dies sicherlich nicht zuletzt aufgrund des ausgesprochen
reißerischen Titels: *Vahrhaftige beschreibung eyner Landschafft der
wilden, nacketen grimmigen menschenfresser leuthen in der newen welt
America gelegen. Vor und nach Christi Geburt im land zu Hessen
unbekant biß uff dise zwey negst vergangene jar da sie Hans Staden von
Homberg auß Hessen durch sein eygne erfarung erkant und ytzt durch
den Truck an tag gibt* (modernisierte Fassung: [50]). Trotz erheblicher
Vorbehalte gegenüber diesen (europäischen) Quellen kann – so Kenner
der Materie wie Métraux und Fernandes *exogener* Kannibalismus für die
meisten Völker der Tupí-Guaraní-Sprachgruppe, so auch für die Tupinambá, als erwiesen gelten. Der Beweggrund war zum einen das Gebot
der Rache, die nur durch die völlige, auch körperliche, Zerstörung des
Feindes vollendet wurde, wobei die Überzeugung vorherrschte, daß die
Kraft des Gegessenen in die, die von seinem Fleisch aßen, überging, was
wiederum erklärt, warum – wie die meisten Europäer berichteten –
insbesondere die Alten und Gebrechlichen sich bei der Verteilung der
Rationen geradezu unersättlich zeigten. Ein zweites Motiv war die im
Zusammenhang mit bestimmten Bestattungsriten gebotene Reverenz
gegenüber den Vorfahren und Verwandten, die ihrerseits als Kriegsgefangene von den Feinden gegessen worden waren, wobei man davon ausging, daß der zu opfernde Gefangene von deren Fleisch gekostet hatte
und man folglich, indem man von diesem aß, die eigenen Toten in die
Gemeinschaft reintegrierte. Der gelegentlich von den Reisenden erhobene
Vorwurf des *endogenen* Kannibalismus war wohl aus der Sicht der
Europäer, nicht aber aus der Sicht der Betroffenen gerechtfertigt. Denn
die Kinder, die ein Gefangener während seiner Gefangenschaft mit einer
ihm beigegebenen Frau zeugte und die – zum allergrößten Entsetzen der
Europäer – gleichfalls gegessen wurden (wobei der Mutter die erste
Ration zustand), wurden mit der Stammesgruppe des Vaters identifiziert
und somit folgerichtig als Feinde betrachtet.

7 Zitiert wird nach dem von Gaffarel besorgten Nachdruck [52]; hier S.
262.

8 Zu Wesen und Wirken dieses Schöpfergottes Monan oder Maire-Monan,

der als „Verwandler" oder Kulturheros, als Gesetzgeber und Lehrer zugleich, gemäß der Vorstellung der Tupinambá ihren Vorfahren die Grundlagen ihrer materiellen und ideellen Kultur übermittelt hatte, vgl. Métraux [285], S. 7ff.

9 Die Vorstellung von einem "Land ohne das Böse", das alle charakteristischen Züge des christlichen Paradieses aufwies, zu dem der Mensch aber nicht erst nach dem Tod, sondern bereits in seiner diesseitigen Existenz Zugang finden konnte, hatte vor der Ankunft der Europäer unter den Tupí-Guaraní mehrfach zu messianischen Bewegungen geführt, die unter dem Einfluß mächtiger Schamanen ganze Stämme dazu veranlaßten, ihre angestammten Regionen zu verlassen und in großen Wanderbewegungen die Suche nach diesem Land und damit nach einer besseren Existenz anzutreten. Durch die Eingeborenenpolitik der Portugiesen, die mit der fortschreitenden Besiedlung des Landes und der damit steigenden Inanspruchnahme der indianischen Arbeitskraft die Eingeborenen in *aldeias* unter jesuitischer Verwaltung zusammenzogen und faktisch versklavten, wurde die bei diesen latent vorhandene Bereitschaft, derartigen messianischen Impulsen nachzugeben, noch verstärkt, so daß es bis zum Ende des 16., vereinzelt noch bis zur Mitte des 17. Jahrhunderts immer wieder zu solchen Wanderbewegungen kam, die nun gen Westen gerichtet waren und einige Stämme sogar bis nach Peru führten.

10 Kritik am Fehlverhalten der Europäer floß mehrfach in den Text ein; doch nur selten ging sie, wie in dem zitierten Beispiel, mit einem Lob der Amerikaner einher. Europäische Mißstände und Irrlehren – wie etwa die Hexenplage, die Nacktheit der Adamiten oder der Atheismus – wurden allenfalls als schwerwiegender getadelt, da schließlich nach Thevet den Europäern als Christen durch die Kenntnis Gottes und seiner Gesetze die Einsicht in die Abartigkeit ihres Tuns gegeben war.

11 Die geographischen und völkerkundlichen Kenntnisse, die Thevet im letzten Drittel der *Singularitez* (Kap. LX–LXXXIII) unter Beweis stellte, zeugen von einer verblüffenden Ignoranz. Relativ gut informiert zeigte er sich allein über Kanada (Kap. LXXVII–LXXIX), wo er auf ihm bekannte Augenzeugen wie Jacques Cartier und (nach eigenem Bekunden) den nach Frankreich verschleppten Indianer Donacona als Informanten zurückgreifen konnte. Das von den amerikanischen Völkern gezeichnete Bild weist durchgängig dieselbe Qualität auf, die bereits im Zusammenhang mit den Tupinambá der brasilianischen Küstenregion festzustellen war: relativ zuverlässige und differenzierte Darstellung im Detail in den Passagen, in denen der Autor sich auf den mündlichen Bericht von *Insidern* stützen konnte; Reproduktion des Stereotyps vom „bestiali-

schen Barbaren" dort, wo im auktorialen Kommentar ein Gesamteindruck vermittelt wurde, wobei sichtbar wird, daß die süd- und mittel-
amerikanischen Hochkulturen dem Autor gänzlich unbekannt waren.
Den Tenor des Gesamtwerkes illustriert vorzüglich das nachfolgende
Zitat, in dem der Autor erklärt, warum Amerika den Namen „Westindien" erhielt. So benannt wurde es laut Thevet von den ersten Entdek-
kungsreisenden „in Anbetracht der Bestialität und Grausamkeit dieser so
barbarischen Menschen, die ohne Glauben sind und ohne Gesetz und den
verschiedenen Völkern Indiens, Asiens und Afrikas ähnlich sind, die
Plinius in seiner ‚Naturgeschichte' ausführlich erwähnt" (345).

12 Vgl. hierzu Haag [132], Bd. V, S. 983 ff.

13 Bibliographische Angaben bei Hauser [108], Bd. II, Nr. 1268; zu ergänzen durch die einschlägigen Kataloge der Bibliothèque Nationale in Paris.
Besonders aufschlußreich erscheint in diesem Zusammenhang, daß Villegagnon in einem Brief vom 6. Juli 1560 an den Magistrat und die Kirche
in Genf (abgedruckt in: Calvin [64], Bd. XVIII, col. 149 ff.) Calvin zu
einem öffentlich auszutragenden Disput aufforderte und dabei die
Lutheraner (!) als Schiedsrichter vorschlug. Allerdings wurde er von
seiten der Genfer Kalvinisten nicht einmal einer Antwort für würdig
befunden.

14 Bibliographische Angaben bei Hauser, a.a.O.; zu ergänzen durch die
einschlägigen Kataloge der Bibliothèque Nationale in Paris.

15 Le leurre de Nicolas Durant [76], S. [A v v°].

16 A.a.O., S. [A vi v°]. Calvin selbst fühlte sich gleichfalls bemüßigt, in die
Debatte einzugreifen, wie aus einer Eintragung im Registre des Rats von
Genf vom 6. Juni 1561 hervorgeht. Dort heißt es: „Der ehrenwerte Jehan
Calvin ersuchte um die Erlaubnis, einige Schriftstücke gegen Villegagnon
drucken zu dürfen, der Schriften gegen Gott und die Seinen verfaßte,
welche die einfachen Geister zu Irrtümern verleiten könnten, wenn man
ihnen nicht widerspricht. Was ihm gewährt wurde." Bei diesen „Schrift-
stücken" handelte es sich um eine – heute unauffindbare – Schrift mit
dem annähernden Titel *Remonstrances faites à la Reine mère*, auf die
sich Villegagnon in einem seiner Pamphlete (*Responce par le Chevalier de
Villegaignon aux remonstrances faictes à la Royne mere du Roy*, Paris
1561) bezog und als dessen Verfasser in einer der kalvinistischen Schriften (*La suffisance de Maistre Colas Durant …*, o.O. 1561) Calvin
expressis verbis genannt ist.

17 [165], S. 213.

18 Der Erscheinungsort ist nicht genannt; aus einer Eintragung im *Registre*
des Genfer Rats vom 8. April 1561 geht jedoch hervor, daß für ein Werk

mit diesem Titel einem gewissen Louïs du Rozu die Druckerlaubnis erteilt wurde.

19 Die Schutz bietende Maske der Anonymität war bei diesem Schrifttum die Regel. Bei den gegen Villegagnon gerichteten Pamphleten spiegelt die Wahl dieser Publikationsform darüber hinaus die Haltung ihrer Autoren, die sich bewußt als Mitglieder eines Kollektivs im Dienst der gemeinsamen Sache zur Wehr setzten. Ein Verzicht auf die Anonymität war nur dann geboten, wenn – wie etwa im Falle Richers – der Verfasser als Autorität gelten konnte, was für den gerade 25jährigen Léry kaum zutraf.

20 Dieses Werk wurde seit der Erstauflage 1554 in den nachfolgenden Ausgaben sukzessive ergänzt, bis es 1619 von dem Nachfolger Crespins, Simon Goulart, abgeschlossen wurde. Daß Léry hier auf das Martyrologium, das erstmals in der Fassung von 1564 seinen Bericht enthielt, nicht aber auf die verschiedenen bereits seit 1561 publizierten Einzelauflagen verwies, erklärt sich aus der Tatsache, daß dieses Buch im Prinzip jedem kalvinistischen Leser zugänglich war und der Hinweis auf seine Mitwirkung an einem so renommierten Werk für sein eigenes Ansehen nur förderlich sein konnte.

21 Zitiert wird hier und im folgenden aus der von Crespin in seiner *Histoire des martyrs* publizierten, mit dem Einzeldruck der *Histoire des choses mémorables* weitgehend übereinstimmenden Fassung [29], Bd. I, S. 448–466 und 506–519; hier S. 420.

22 In der letzten von Léry selbst durchgesehenen und erweiterten Auflage (Genf 1611) ist allerdings von dieser zweifellos durch die zunächst noch geringen literarischen Kenntnisse des Autors bedingten Beschränkung nichts mehr zu spüren. Hier war Léry darauf bedacht, durch ständige Verweise auf klassische wie moderne Autoren die inzwischen erworbene Belesenheit eindrucksvoll zu dokumentieren. Darüber hinaus unterzog er sich der Mühe, eine Liste der konsultierten Werke anzufügen.

23 Zitiert wird hier und im folgenden (wenn nicht anders vermerkt) aus einer deutschen Übersetzung [40]; hier S. 278 f.

24 Zitiert nach der Originalausgabe [39], S. 342.

25 Zitiert nach dem von Lussagnet besorgten auszugsweisen Nachdruck [53], S. 15.

26 So z. B. Martin Fumée im Vorwort zu der von ihm übersetzten und 1568 unter dem Titel *Histoire Générale des Indes Occidentales & Terres neuves* erstmals veröffentlichten Chronik von Francisco López de Gómara, den auch Léry für seine Argumentation bemühte.

VI
Der Amerikaner im Dienst europäischer Politik und Propaganda

„Oh, du unglückseliges Spanien! Tausendmal habe ich in der Erinnerung deine Altertümer und Annalen durchstöbert, doch ich fand nicht heraus, womit du eine so hartnäckige Verfolgung verdienst!" So empörte sich, indigniert, der spanische Romancier, Satiriker und Poet Francisco de Quevedo 1609 in seinem Traktat *España defendida y los tiempos de ahora de las calumnias de los noveleros y sediciosos* (Verteidigtes Spanien und die jetzigen Zeiten voller Verleumdungen der Phantasten und Aufrührer). Und nach einem Tadel für seine Landsleute, die es sträflicherweise unterlassen hatten, diesen Verleumdungen beizeiten entgegenzutreten, fuhr er fort:

Nicht genug damit, daß wir bei allen Völkern so verhaßt sind, daß die ganze Welt sich uns als Kerker offenbart, als Strafe und ewige Wanderschaft, während unser Spanien allen in gleichem Maße Heimat und Herberge ist! Wer nennt uns nicht Barbaren? Wer sagt nicht von uns, daß wir gänzlich unwissend und überheblich seien, während wir doch nur Laster haben, die wir dem Umgang mit ihnen verdanken?[1]

Der Versuch Quevedos, im Bewußtsein spanischer Größe und spanischer Tugenden die eigene Nation zu rehabilitieren, kam zu spät. Denn über ein halbes Jahrhundert hatte das Ausland – mit Unterstützung spanischer „Dissidenten" – gegen den mächtigen Feind einen Propagandafeldzug geführt, der kaum erfolgreicher hätte sein können und der außerhalb wie auch innerhalb Spaniens seine Wirkung nicht verfehlte.

Ihren Ursprung hatte die „leyenda negra", wie das Produkt dieser Kampagne gemeinhin genannt wird, in Italien. Dort war bereits während des 14. und 15. Jahrhunderts, bedingt durch die Konkurrenz katalanischer Kaufleute und die politische Vormachtstellung Aragons, gegenüber dem Nachbarn auf der Iberischen Halbinsel erheblicher, mit Argwohn und spöttischer Herablassung durchsetzter Unmut laut geworden – eine Haltung, die sich während der ersten Hälfte des 16. Jahrhunderts angesichts der dauerhaften Präsenz aragonesischer und zunehmend auch kastilischer Soldaten wie Verwaltungsbeamter noch verstärkte. Vor diesem Hintergrund entstand das Negativstereotyp vom stolzen und eitlen Spanier: großsprecherisch und überheblich, dabei unwissend und ohne jede Kultur; faul und träge, jeder sinnvollen Betätigung abgeneigt, hingegen für Waffenhändel stets zu haben; darüber hinaus rachsüchtig, bisweilen sogar grausam und brutal und, handelte es sich um einen „hidalgo", einen Edelmann, stets sorgsam darauf bedacht, den Umstand seiner adligen Herkunft in gebührender Weise zur Geltung zu bringen. Zu dieser meist karikaturistisch verzerrten Kennzeichnung spanischer „Wesensart" gesellte sich der Vorwurf, die Spanier seien in ihrer Mehrheit als Nachfahren von Mauren und Juden „schlechte Christen" – ein Tadel, der insbesondere nach dem massiven Zuzug aus Spanien vertriebener Juden zunächst in Italien, schließlich auch andernorts dazu führte, daß in der antispanischen Propaganda der Spanier mit dem Marranen, dem getauften Juden, gleichgesetzt wurde.

In der ersten Hälfte des 16. Jahrhunderts konnten Hohn und Spott, womit die Italiener die ungeliebten Eindringlinge bedachten, im Bewußtsein imperialer Größe noch ohne Schaden für das nationale Selbstverständnis verkraftet werden. Die Anwürfe, die während der Regierungszeit Philipps II. vor dem Hintergrund der religiösen und politischen Auseinandersetzungen vor allem in Flandern und Frankreich gegen die Spanier erhoben wurden, waren jedoch nicht mehr dadurch abzuwehren, daß man sie allein dem unversöhnlichen Haß derer zuschrieb, die Spanien als Bollwerk des Katholizismus verteufelten, oder derer, die politisch und militärisch unterlegen waren und Spanien ob seiner Vormachtstellung in Europa und seiner amerikanischen Reichtümer beneideten. Denn die kompromißlose Haltung Philipps in Fragen der Orthodoxie, die sich im Lande selbst im übermäßigen Eifer der Inquisition manifestierte und auch das Verhältnis zu den europäischen Nachbarn weitgehend bestimmte, sowie das unerbittliche Vorgehen gegen die aufständischen Provinzen der Niederlande, insbesondere während der Schreckensherrschaft des Herzogs von Alba, gaben den Gegnern Spaniens hinreichend Argumente an die Hand, die es ihnen ermöglichten, ihre Anklage auch vor jenen glaubhaft zu vertreten, die nicht der Häresie verdächtig waren oder sich den Vorwurf gefallen lassen mußten, aus nationalem Eigeninteresse den mächtigen Gegner in den Augen einer kritischen Öffentlichkeit zu diffamieren.

Intoleranz und religiöser Fanatismus, gepaart mit Niedertracht, Rachsucht und gnadenloser Grausamkeit: das waren während der zweiten Hälfte des 16. Jahrhunderts für die Propagandisten der „leyenda negra" die hervorstechenden Merkmale des Spaniers, potenziert in der Person Philipps, der als Inbegriff des bigotten, grausamen Despoten den Haß der Feinde Spaniens auf sich konzentrierte.[2] Und als das Ausland schließlich, Jahrzehnte nachdem man in Spanien selbst mit den eigenen Landsleuten ins Gericht gegangen war, die Eroberungs- und Kolonisierungspraxis in der Neuen Welt in dem Prozeß gegen die spanische Nation als zusätzliches Belastungsmaterial heranzog, rückte auch der Amerikaner – als Opfer und Nebenkläger zugleich – verstärkt in den Blickpunkt des Interesses.

Das Massaker in Florida und die tagespolitische Aktualität

Noch bevor in Genf und in Antwerpen 1578 durch die Übersetzung und Veröffentlichung des wichtigsten Beweismaterials, der *Historia del Mondo Nuovo* von Girolamo Benzoni und der *Brevísima relación de la destrucción de las Indias* von Bartolomé de las Casas, das Verfahren um die spanische Eroberungs- und Kolonisierungspraxis eröffnet wurde, waren in Frankreich die Ereignisse in Florida 1565[3] Gegenstand einer Kampagne gewesen, die in weiten Teilen der französischen Öffentlichkeit – und nicht nur in dem kleinen Kreis der direkt Betroffenen – dem Ansehen des ohnehin nicht sonderlich geliebten Nachbarn weiteren Schaden zufügte. Denn die wenigen Überlebenden des Massakers, die auf einem Schiff nach Frankreich hatten entkommen können oder als Gefangene nach Sevilla gebracht und von dort entweder entflohen oder (nach Intervention der französischen Krone) freigelassen worden waren, wußten von Einzelheiten zu berichten, welche die ohnehin den Spaniern zugeschriebenen Eigenschaften der Rachsucht und Grausamkeit in einem besonders grellen Licht erscheinen ließen.

Der erste Bericht eines Augenzeugen, der das Massaker in Fort Caroline, wenn auch aus sicherer Entfernung, teilweise mitangesehen hatte und sich für die Schilderung der nachfolgenden Ereignisse auf das Zeugnis eines der wenigen von den Spaniern verschonten Matrosen berufen konnte, erschien bereits im Mai 1566 in Dieppe unter dem sprechenden Titel *Discours de l'histoire de la Floride, contenant la cruauté des Espagnols, contre les subjets du Roy, en l'an mil cinq cens soixante cinq. Redigé au vray par ceux qui en sont restez, chose autant lamentable à ouïr, qu'elle a esté proditoirement & cruellement executee par lesdits Espagnols: Contre l'autorité du Roy nostre Sire, à la perte & dommage de tout ce Royaume* (Geschichte Floridas mit einem Bericht über die Grausamkeit der Spanier, verübt an den Untertanen des Königs im Jahr 1565. Verfaßt so, wie es sich zugetragen hat, von denen, die übrig geblieben sind. Was zu hören um so schrecklicher ist, als es vorsätzlich und grausam von den Spaniern gegen die Autorität des Königs unseres Gebieters und zum Schaden dieses ganzen Königreichs geschehen ist). Ergänzt wurde dieser Augenzeugenbericht durch die Karl IX. im Namen der Hinterbliebenen vorgelegte anonyme Bittschrift, die *Requeste au Roy, faite en forme de complainte par les femmes vefves, petits enfans orphelins & autres leurs amis, parens & alliez de ceux qui ont esté cruellement envahis par les Espagnols, en la France anthartique* (sic), *dite la Floride* (Gesuch an den König, vorgetragen als Klage der Witwen, Waisen und anderer Freunde, Verwandter und Verschwägerter jener, die in der *France Antarctique*, genannt Florida, von den Spaniern grausam überfallen wurden).

Was der Verfasser des *Discours*, der aus Dieppe stammende Nicolas Le Challeux, im einzelnen berichtete, konnte von den (direkt oder indirekt betroffenen) Zeitgenossen nur als Schandtat eines Gegners betrachtet werden, dessen Anmaßung und Überheblichkeit man zwar hinlänglich zu kennen meinte, den man aber einer solchen Infamie und Perversion bis dahin nicht für fähig gehalten hatte. Denn selbst dann, wenn der Angreifer rechtens gehandelt hätte (was hier keinesfalls gegeben war), verstieß ein solches Vorgehen, wie im Text ständig betont, gegen alle im Krieg waltenden Gepflogenheiten. So hätten die Spanier nach ihrem Überraschungsangriff ohne jedes Blutvergießen Fort Caroline besetzen und die Franzosen gefangennehmen können; doch statt sich mit dem Sieg zu begnügen, veranstalteten sie ein wahres Blutbad, „bei dem sie alle um die Wette Männer, gesunde wie kranke, Frauen und kleine Kinder niedermetzelten, wie man sich im Traum kein Massaker vorstellen kann, das diesem an Grausamkeit und Barbarei vergleichbar wäre"[4]. Dasselbe Schicksal ereilte diejenigen, denen zunächst die Flucht in die naheliegenden Wälder gelungen war, die sich aber dann aus Furcht vor wilden Tieren und dem unausweichlich scheinenden Hungertod den Spaniern ergeben hatten. Sie wurden ohne Erbarmen niedergemacht und mit den anderen Toten auf einen Haufen geworfen, genau im Blickfeld der Überlebenden, die auf eines der wenigen im Besitz der Franzosen verbliebenen Schiffe hatten fliehen können. Und hier nun spielte sich nach dem Zeugnis des Verfassers eine Szene ab, die jeden Leser ob des geschehenen Frevels mit Entsetzen erfüllen mußte:

Da richtete dieser rasende Haufen seinen Zorn und grimmige Wut gegen die Toten, und sie präsentierten sie den Franzosen, die auf dem Wasser waren, wie Ausstellungsstücke; und die sie nicht hatten massakrieren können, wie sie wollten, waren sie bemüht, im tiefsten Innern zu treffen, indem sie den Toten die Augen herausrissen, diese auf ihre Degen spießten und dann mit Gebrüll und Geschrei und wahrer Freude zu unseren Franzosen auf dem Wasser hinüberwarfen. (221)

Nicht anders erging es schließlich Jean Ribault und seinen Männern, die sich gegen das Versprechen, man würde ihr Leben schonen – nach Le Challeux reine Täuschung und Heuchelei –, den Spaniern ergaben. Sie wurden gefesselt und „wie eine Herde Vieh, die man zum Schlachthof treibt", zu ihrem Richtplatz geführt. Dort, so der Autor weiter,

... entlud sich die Vermessenheit dieser rasenden Spanier beim Klang von Pfeifen, Trommeln und Hörnern gegen diese beklagenswerten Franzosen, die gefesselt und geknebelt waren. Da wetteiferten sie drum, wer den schönsten Stoß mit der Pike, der Hellebarde und dem Schwert versetzte, so daß sie in einer halben Stunde alles hinter sich brachten und einen solchen ruhmreichen Sieg davontrugen, indem sie beherzt jene töteten, die sich ergeben und auf Treu und Glauben unter ihren Schutz gestellt hatten. (231)

Einen letzten Frevel verübten die Spanier (wiederum nach dem Zeugnis Le Challeux') an der Person Jean Ribaults:

Um das Maß ihrer Grausamkeit und Barbarei vollzumachen, schnitten sie ihm als Beweis für den Erfolg ihrer Expedition den Bart ab und schickten diesen bald darauf nach Sevilla. Und als Trophäe ihres Ruhms und ihres Sieges zerstückelten sie den Leib dieses ergebenen und treuen Dieners des Königs und teilten seinen Kopf in vier Viertel, die sie auf vier Piken spießten, welche sie dann an den vier Ecken des Forts aufpflanzten. (232 f.)

Die Frage, ob sich die Spanier unter Menéndez de Avilés tatsächlich der hier geschilderten Exzesse schuldig machten oder aber der Autor bzw. sein Gewährsmann in seiner Empörung über die unzweifelhaft stattgefundene, auch von spanischer Seite nicht bestrittene Massenexekution diesbezügliche Gerüchte leichtfertig als Tatsachen ausgab, möglicherweise sogar die eigene Phantasie bemühte, kann heute nicht mehr mit Bestimmtheit beantwortet werden. Unter den zeitgenössischen Lesern wird allerdings kaum jemand die Glaubwürdigkeit des Autors, der sich unter der Last seines fortgeschrittenen Alters eher resignierend als rebellierend der leidvollen Erfahrung erinnerte, in Zweifel gezogen haben. Und so wird die gerechte Empörung über das Vorgehen der Spanier, nicht aber das Interesse an Amerika, den raschen Absatz dieses Büchleins gefördert haben, das noch im Jahr seiner Erstveröffentlichung in mindestens vier Auflagen erschien.

Doch das Massaker an den französischen Siedlern verlor als tagespolitisches Ereignis zumindest außerhalb jenes kleinen Kreises von Betroffenen sehr schnell an Aktualität, so daß der *Discours de l'histoire de la Floride* nach 1566 (vorerst) in Vergessenheit geriet. Und selbst die anonyme Schrift über den von Dominique de

Gourgues im darauffolgenden Jahr geführten Vergeltungsschlag wurde, soweit bekannt, nur in einer, allenfalls in zwei Auflagen veröffentlicht. Damit war den Berichten im Zusammenhang mit der Diskussion um die französische Niederlage in Übersee ein nur kurzfristiger publizistischer Erfolg vergönnt. Vor dem Hintergrund gesamteuropäischer Konflikte aber wurden der *Discours* von Le Challeux und die Bittschrift an Karl IX. etwa ein Jahrzehnt später wiederentdeckt und bis weit in das 17. Jahrhundert hinein in zahlreichen Auflagen und mehreren europäischen Sprachen verbreitet; nun allerdings nicht mehr als Zeugnis eines isolierten Ereignisses von tagespolitischer Aktualität, sondern als nachhaltiges, dem Zeitgeschehen entrücktes Dokument und willkommenes Beweismittel in einem Prozeß, in dem nunmehr nahezu ein Jahrhundert spanischer Eroberungs- und Kolonisierungspraxis verhandelt wurde und folglich der Amerikaner, der in der Diskussion um das Geschehen in Florida allenfalls als Randfigur in Erscheinung trat, als Leidtragender in den Vordergrund rückte.

Der Amerikaner als Opfer

Den ersten Kronzeugen, den die Anklage bemühte, stellten die Spanier selbst: Bartolomé de Las Casas, als Katholik, Missionar und Bischof der Häresie gänzlich unverdächtig, überdies als seinem König treu ergebener Spanier über jeden Verdacht erhaben, mit dem feindlichen Ausland zu „kollaborieren" und dementsprechend im Dienst der antispanischen Propaganda die Tatsachen zu verfälschen. 1552 erschienen seine wichtigsten Traktate zum ersten Mal im Druck, darunter auch jenes Werk, das außerhalb Spaniens zu einem Bestseller werden sollte, die *Brevísima relación de la destrucción de las Indias* (Kurzgefaßter Bericht von der Verwüstung Westindiens), die der Autor bereits zehn Jahre zuvor verfaßt hatte in der Absicht, Karl V. im Ringen um eine wirkungsvolle Gesetzgebung zum Schutz der Indios deren dringende Notwendigkeit eindrucksvoll vor Augen zu führen.

Mit Blick auf die 1542/43 erlassenen „Neuen Gesetze" war Las Casas zweifellos erfolgreich; mit Blick auf das Ansehen Spaniens im Ausland aber mußte er sich von spanischer Seite den Vorwurf gefallen lassen, seinem Land unermeßlichen Schaden zugefügt zu haben. Bereits die Originalfassung seiner wichtigsten Traktate gelangte, so der Verfasser einer anonymen Schrift aus dem Jahr 1571, „in die Hände jener Nationen, die Feinde der Kirche sind", mit der Folge, daß „die gesamte Christenheit und unter den Christen die Spanier als grausam und als Diebe und Tyrannen geschmäht werden"[5]. Doch erst 1578 bzw. 1579, als der Kampf der Niederlande um die Unabhängigkeit von Spanien durch den Zusammenschluß der Nordprovinzen in eine neue, erfolgversprechende Phase eintrat, erschienen in Antwerpen die ersten Übersetzungen ins Holländische und Französische, denen bis 1583, dem Höhepunkt des Konflikts, fünf weitere Ausgaben folgten, davon 1582 eine in Genf und zwei in Paris gedruckte französische Fassungen.

Schon das Titelblatt der französischen (wie auch der holländischen) Ausgabe sprach hinsichtlich der Wirkabsicht des Herausgebers bzw. Übersetzers eine deutliche Sprache: *Tyrannies et cruautez des Espagnols, perpetrees ès Indes Occidentales, qu'on dit Le Nouveau monde...: Pour servir d'exemple & advertissement aux XVII Provinces du pais bas* (Tyrannei und Grausamkeiten der Spanier, begangen in Westindien, genannt die Neue Welt...: als abschreckendes Beispiel und Warnung für die 17 Provinzen der Niederlande); gefolgt von dem Motto „Wohl dem, der durch den Schaden anderer klug wird"[6]. In einem Vorwort wurde diese Wirkabsicht zwecks Einstimmung des Lesers auf das, was ihn erwartete, näher erläutert:

Man wird in diesem Werk lesen, wie so viele Millionen Menschen umgebracht wurden, daß man auf der ganzen Welt kaum so viele Spanier finden wird, wie diese in Westindien Menschen getötet und massakriert haben auf jede nur erdenkliche Weise, welche die Barbarei auf dem Amboß der Grausamkeit hat schmieden können. Sie haben Länder zerstört mehr als dreimal so viel wie die Christenheit. Die von ihnen erdachten Martern und verräterischen Taten waren so groß und übermäßig, daß die Nachwelt kaum zu glauben vermöchte, daß es auf der Welt je eine so barbarische und grausame Nation gegeben hat wie diese, wenn wir es sozusagen nicht mit eigenen Augen gesehen hätten und dabei gewesen wären. (ij r°)

Derlei Anschuldigungen mochten zunächst ungeheuerlich erscheinen und angesichts der aktuellen politischen Situation beim kritischen Leser den Verdacht erwecken, es handle sich bei dem vorliegenden Band um ein polemisch überspitztes, im Dienst der antispanischen Propaganda verfaßtes Pamphlet, dessen Urheber es mit der Wahrheit nicht so genau nahm. Er selbst, so bekannte der Herausgeber, sei auch durchaus nicht unvoreingenommen: „...ich gebe zu, daß ich diese Nation allgemein wegen ihres unerträglichen Stolzes nie besonders geliebt habe..." (ij r°) Doch nicht Haß habe ihn bewogen, dieses Werk zu publizieren, sondern ein ausgesprochen pragmatisches, an alle Provinzen der Niederlande gerichtetes Anliegen:

... daß sie sich genauer ansehen, mit was für einem Feind sie es zu tun haben, und daß sie wie auf einem Gemälde dargestellt sehen, wie es ihnen selbst ergehen wird, wenn sie durch ihre Nachlässigkeit, Streitereien, Zwistigkeiten und Eigennutz einem solchen Feind die Tür öffnen, und was sie von ihm zu erwarten haben... Und ich hoffe, daß auf diese Weise alle wohlanständigen Leute lernen werden, sich zu ändern und den Entschluß zu fassen, mutig sich zu vereinigen, und dies nicht nur durch Worte, sondern auch durch Taten, um einen derart arroganten und unerträglichen Feind zurückzuschlagen. (ij v° und vij v°)

Welcher Exzesse sich die Spanier nach dem Zeugnis des Las Casas in einem halben Jahrhundert der Herrschaft über die Neue Welt schuldig gemacht hatten, mußte dem Leser nachgerade unfaßbar erscheinen. Die Habgier und Grausamkeit einzelner Konquistadoren hatten auch andere, den Zeitgenossen in zahlreichen Ausgaben zugängliche Chronisten wie Anghiera oder López de Gómara kritisiert; für Las Casas aber waren derlei Vorkommnisse keine Einzelerscheinungen. Raub, Vergewaltigung, Versklavung und Mord: das war nach seiner Kenntnis der Regelfall, und die Unterschiede zwischen den Verbrechen einzelner waren allenfalls gradueller Natur. Das Leid, das mit den Spaniern über die friedfertigen Menschen der Neuen Welt hereinbrach, ließ sich nach der traurigen Erfahrung des Autors nur auf folgende Weise resümieren:

Unter diese sanften Schafe... fuhren die Spanier, sobald sie nur ihr Dasein erfuhren, wie Wölfe, Tiger und Löwen, die mehrere Tage der Hunger quälte. Seit vierzig Jahren haben sie unter ihnen nichts anders getan, und noch bis auf den heutigen Tag tun sie nichts anders, als daß sie dieselben zerfleischen, erwürgen, peinigen, martern, foltern, und sie durch tausenderlei ebenso neue als seltsame Qualen, wovon man vorher nie etwas ähnliches sah, hörte oder las, und wovon ich weiter unten einige Beispiele anführen werde, auf die grausamste Art aus der Welt vertilgen.[7]

Die Folgen waren laut Las Casas verheerend:

Wir können hier als eine gewisse und wahrhafte Tatsache anführen, daß in obgedachten vierzig Jahren durch das erwähnte tyrannische und teuflische Verfahren der Christen, mehr als zwölf Millionen Männer, Weiber und Kinder auf die ruchloseste und grausamste Art zur Schlachtbank geführt wurden, und wir würden in der Tat nicht irren, wenn wir die Anzahl derselben auf fünfzehn Millionen angäben. (12)

15 Millionen Tote – an anderer Stelle wird sogar die Zahl von 20 Millionen genannt: diese Feststellung mochte ungeheuerlich erscheinen. Doch weit mehr als die Zahl der Opfer werden den Zeitgenossen die Methoden beeindruckt haben, derer sich die Spanier nach der Darstellung des Las Casas bedienten, um die begehrten Schätze zu erpressen oder den wehrlosen Menschen schlichtweg die als notwendig erachtete Ehrfurcht vor der Übermacht der Christen einzuflößen:

Sie drangen unter das Volk, schonten weder Kind noch Greis, weder Schwangere noch Entbundene, rissen ihnen die Leiber auf, und hieben alles in Stücken, nicht anders, als überfielen sie eine Herde Schafe, die in den Hürden eingesperrt wäre. Sie wetteten miteinander, wer unter ihnen einen Menschen auf einen Schwertstreich mitten voneinander hauen, ihm mit einer Pike den Kopf spalten, oder das Eingeweide aus dem Leibe reißen könne. Neugeborene Geschöpfchen rissen sie bei den Füßen von den Brüsten ihrer Mütter, und schleuderten sie mit den Köpfen wider die Felsen. Andere schleppten sie bei den Schultern durch die Straßen, lachten und scherzten dazu, warfen sie endlich ins Wasser und sagten: da zapple nun, du kleiner schurkischer Körper! Andere ließen Mutter und Kind zugleich über die Klinge springen, und stießen sie mit den Füßen vor sich hin. Sie machten auch breite Galgen, so, daß die Füße beinahe die Erde berührten, hingen zu Ehren und zur Verherrlichung des Erlösers und der zwölf Apostel je dreizehn und dreizehn Indianer an jedem derselben, legten dann Holz und Feuer darunter, und verbrannten sie alle lebendig. Andern banden, oder wickelten sie dürres Stroh um den Körper, zündeten es an und verbrannten sie. Andern, die sie bloß deswegen am Leben ließen, hieben sie beide Hände ab, banden sie ihnen an, jagten sie sodann fort, und sagten: gehet hin (wohl zu merken) mit diesem Sendschreiben, und bringt euern Landsleuten, die sich ins Gebirge geflüchtet haben, etwas Neues! Große und Edle brachten sie gewöhnlich folgendergestalt um: sie machten Roste von Stäben, die sie auf Gabeln legten, darauf banden sie die Unglücklichen fest, und machten ein gelindes Feuer darunter, bis sie nach und nach ein jämmerliches Geschrei erhoben, und unter unsäglichen Schmerzen den Geist aufgaben. (15 f.)

Einige der hier beschriebenen Todesarten waren manchem zeitgenössischen Leser gewiß nicht unbekannt; eine ausgesprochene Neuheit war hingegen eine andere Methode, mit deren Schilderung die einschlägigen Auszüge aus der hinreichend bekannten Schrift des Las Casas abgeschlossen werden soll: der systematische Einsatz von Jagdhunden, die darauf abgerichtet waren, „daß sie jeden Indianer, den sie nur ansichtig wurden, in kürzerer Zeit, als zu einem Vaterunser erforderlich ist, in Stücke zerrissen" (16). Die Jagd mit diesen Hunden auf entflohene Indios war nach Las Casas für viele Spanier ein beliebter Zeitvertreib; und um ihrer Meute das tägliche Futter zu sichern, führten sie auf ihren Streifzügen angekettete Indios mit sich, die „wie eine Herde Schweine einhergetrieben wurden". Und, so Las Casas weiter:

Man schlachtet dieselben, und bietet Menschenfleisch öffentlich feil. Dann sagt einer zum andern: Borge mir doch einmal ein Viertel von einem dieser Schurken (*Bellacos*). Ich werde nächster Tage auch einen schlachten; dann gebe ich dir's wieder. Nicht anders, als wenn sie einander ein Viertel von einem Schwein oder Schöpse liehen! (112 f.)

Inwieweit Las Casas in dem Bemühen, seinem Anliegen durch eine eindrucksvolle Dokumentation den nötigen Nachdruck zu verleihen, sowohl hinsichtlich der Zahl der Opfer als auch hinsichtlich der Einzelvorkommnisse sich den Vorwurf der Übertreibung gefallen lassen muß, wurde von der Geschichtsforschung bereits hinlänglich diskutiert.[8] Doch in Frage gestellt wurde das Werk unter den Zeitgenossen vorwiegend nur von spanischer Seite; und gerade die Vehemenz, mit der diese die Anschuldigungen des Las Casas zurückwies, war in den Augen derer, die das Werk in den Dienst der antispanischen Propaganda stellten, der beste Beweis für ihren Wahrheitsgehalt.

Das Ziel, den Haß und den Abscheu gegenüber Spanien zu schüren, wurde durch die zahlreichen Übersetzungen der *Brevisima relación* zweifellos erreicht[9]; doch damit war die Wirkung dieses Traktats noch nicht erschöpft. Denn in dem Maße, wie die geschilderten Exzesse den verhaßten Gegner diskreditierten, gewann der Amerikaner als unschuldiges Opfer unter den zeitgenössischen Lesern unzweifelhaft an Sympathien, wurde schließlich dem Stereotyp des grausamen und goldgierigen spanischen Konquistador das nicht minder stereotype und der Vielfalt der amerikanischen Kulturen in keiner Weise Rechnung tragende Bild vom genügsamen und friedfertigen „guten Wilden", wie es bei Las Casas in Erscheinung trat, gegenübergestellt:

Alle diese unzähligen Menschen von verschiedenem Schlage schuf Gott einfältiglich, ohne Falsch und Arg. Sie waren sehr folgsam, äußerst treu, sowohl ihren ursprünglichen Herren, als den Christen welchen sie dienten; waren demütig, geduldig, friedliebend und ruhig; kannten weder Streit, noch Zwietracht, noch Zank; wußten nicht einmal, daß Groll oder Haß oder Zwietracht oder Rachsucht in der Welt vorhanden sei ... Sie sind hiernächst sehr arme Leute, besitzen wenig von den Gütern der Erde und trachten auch nicht darnach; deswegen sind sie auch weder stolz, noch hoffärtig, noch habsüchtig ... Sie sind von schnellem, unbefangenem, durchdringendem Fassungsvermögen; gelehrig und empfänglich für gute Grundsätze, voll Fähigkeit unsern heiligen katholischen Glauben anzunehmen, und sich an gottseligen Wandel zu gewöhnen. In dieser Rücksicht findet man bei ihnen weit weniger Hindernisse als bei allen übrigen Sterblichen, die Gott auf diesem Erdball erschuf. (9 f.)[10]

Wie weit war doch dieses Bild von dem des kriegerischen und grausamen Kannibalen entfernt, dessen Propagierung nach dem Urteil des Las Casas allein dazu dienen mochte, die alltägliche Praxis von Raub und Mord zu rechtfertigen. Denn, so derselbe kategorisch:

Damit nun ein jeglicher Christ desto mehr Mitleid mit diesen schuldlosen Völkerschaften empfinden, ihr Verderben und ihren Untergang desto mehr betrauern, hingegen den Übermut, die Habsucht und Grausamkeit der Spanier desto herzlicher verabscheuen möge; so nehme man die von mir verbürgte Wahrheit ein für allemal als ausgemacht an, daß nie ein Indianer, seit der Entdeckung Indiens bis auf den heutigen Tag, auch nur einem einzigen Christen, auf welche Art es auch immer sein möge, das geringste zuwider tat, wofern sie nicht vorher durch die Treulosigkeit, Bosheit und Raubgierde derselben dazu gereizt wurden. Sie betrachteten die Spanier vielmehr als Unsterbliche, die vom Himmel kämen, und behandelten sie so lange als solche, bis ihre Werke zu erkennen gaben, wer sie waren und was sie eigentlich wollten. (113 f.)

Doch selbst die gerechte Vergeltung war nur die Ausnahme, und die von den Indios geübte Notwehr bestand zumeist darin, sich durch Flucht dem Zugriff der Spanier zu entziehen; und dies, so der ironische Kommentar des Las Casas, „pflegen die Spanier Empörung und Aufruhr zu nennen" (107).

Der Amerikaner als Nebenkläger

Mit Blick auf die Ereignisse in den Niederlanden war für die *Brevísima relación* von Las Casas der Zeitpunkt der Veröffentlichung gut gewählt: die erste holländische Übersetzung 1578, am Vorabend der Utrechter Union; ein Jahr später die erste französische Übersetzung, gerichtet an die Wallonen der Südprovinzen; und schließlich für den Buchmarkt in Frankreich drei weitere Auflagen 1582, auf dem Höhepunkt der französischen Intervention durch die Truppen des Grafen von Anjou. Zur selben Zeit erwuchs den Propagandisten der „leyenda negra" in den Niederlanden unerwartete Unterstützung aus dem Kreis der Genfer Kalvinisten, die auf der Suche nach einem Kronzeugen für die Tyrannei des verhaßten katholischen Spanien gleichermaßen erfolgreich waren.[11]

Bereits 1565 war in Venedig, ohne zunächst allzu großes Aufsehen zu bewirken, ein kleiner Band erschienen, dessen Titel noch keinen Hinweis darauf enthielt, welch aufsehenerregende, gera-

dezu skandalöse Enthüllungen hinsichtlich der spanischen Eroberungspraxis den Leser erwarteten. Der Autor dieser *Historia del
Mondo Nuovo*, Girolamo Benzoni, war aus Mailand gebürtig und
hatte nach eigenen Angaben 14 Jahre, von 1542 bis 1556, außer
Mexiko alle spanischen Besitzungen in Amerika bereist. Doch
Benzonis Werk hatte zunächst kaum Resonanz gefunden.[12] Zwar
war 1572, ebenfalls in Venedig, eine erweiterte Neuauflage
erschienen; ein publizistischer Erfolg aber wurde die *Historia* erst
in der Übersetzung und Bearbeitung des Genfer Kalvinisten
Urbain Chauveton, der den Text mit einem Vorwort und z.T. sehr
ausführlichen Anmerkungen versah und den mittlerweile längst
vergessenen Bericht Le Challeux' über das Massaker in Florida
sowie die Bittschrift an Karl IX. hinzufügte.

1578 erschien die lateinische, ein Jahr später die französische
Ausgabe mit dem vielsagenden Titel: *Histoire nouvelle du Nouveau Monde, Contenant en somme ce que les Hespagnols ont fait
jusqu'à present aux Indes Occidentales, & le rude traitement
qu'ils font à ces povres peuples-la... Ensemble, Une petite
Histoire d'un Massacre commis par les Hespagnols sur quelques
François en la Floride* (Neue Geschichte der Neuen Welt, in der
insgesamt enthalten ist, was die Spanier bis heute in Westindien
getan, sowie die rohe Behandlung, der sie jene armen Völker
unterziehen... Dazu ein kurzer Bericht über ein Massaker, das die
Spanier an einigen Franzosen in Florida verübten). Wie Las Casas
vermochte auch Benzoni, der sich teils auf die eigene Erfahrung,
teils auf Autoren wie Anghiera, López de Gómara und Las Casas
selbst berief, über das Wirken der Spanier in der Neuen Welt
nichts Positives anzugeben. Raub, Versklavung, Folter, Mord: das
war auch nach seinem Zeugnis seit über 50 Jahren für die
amerikanischen Völker alltägliche Realität; und dieses Faktum
wurde von Chauveton in den von ihm eingeführten Kapitelüber-
schriften und Marginalglossen in gebührender Weise herausgestellt.

Hinsichtlich der Anzahl der von ihm berichteten, die Grausamkeit und Habgier der Spanier dokumentierenden Einzelepisoden
konnte Benzoni durchaus mit Las Casas konkurrieren. Doch
anders als sein Vorgänger beschränkte er sich nicht darauf, eine

Greueltat auf die andere folgen zu lassen – ein Verfahren, das bei dem Leser mit fortschreitender Lektüre eine gewisse Ermüdung oder gar Abstumpfung bewirken mochte. Er ließ in ausführlichen Kommentaren und Zwiegesprächen die Betroffenen selbst als leidende und reflektierende Personen in den Vordergrund treten. Dadurch gewannen diese weit mehr als bei Las Casas an Profil, wurde auch das von ihnen erfahrene Unrecht, ihre Angst und ihr Schrecken ebenso wie die von ihnen an den Spaniern geübte Kritik vom Leser unmittelbarer und intensiver nachempfunden, als dies bei einer Aneinanderreihung von Einzelepisoden oder Kommentaren des Verfassers möglich gewesen wäre. Und Anlaß zur Kritik bot das Verhalten der Spanier nach Meinung der Amerikaner, mit denen Benzoni (tatsächlich oder vorgeblich) zusammentraf, zur Genüge; Kritik an Menschen, die sich Christen nannten, die aber in ihren Worten und Taten den christlichen Geboten mitnichten Folge leisteten. Jenen unter den Eingeborenen, die in der christlichen Lehre unterwiesen worden waren, so der Verfasser, konnte diese Diskrepanz nicht verborgen bleiben. Und so mußten sich die Europäer (nach dem Zeugnis Benzonis) von einem Amerikaner sagen lassen:

Christ, Gott gebietet dir, nicht unnütz bei seinem Namen zu schwören, und bei dem allergeringsten Anlaß tust du es und schwörst einen Meineid. Gott verbietet uns, falsch Zeugnis zu reden, und ihr Christen tut nichts anderes als euch gegenseitig zu verleumden und schlecht voneinander zu sprechen. Gott gebietet, daß du deinen Nächsten liebst wie dich selbst und ihm verzeihst und ihm seine Schulden erläßt, so wie du möchtest, daß er dir die deinen erläßt. Und ihr tut genau das Gegenteil. Denn ihr mißachtet die Kleinen und die, welche sich nicht wehren können; und wenn euch jemand etwas schuldet, laßt ihr ihn auf der Stelle ins Gefängnis bringen und wollt, daß er euch bezahlt, auch wenn es ihm unmöglich ist. Und wenn unter euch ein armer Christ ist, schickt ihr ihn aus Angst, ihm etwas von eurem Hab und Gut geben zu müssen, zu uns, damit wir ihm Almosen schenken.[13]

Den Namen Gottes führten die Christen nach dem Urteil der von Benzoni zitierten Eingeborenen zwar stets im Munde; doch ihr wahrer Gott, so deren Vorwurf, hieß „Gold":

Aus Liebe zum Gold sind sie aus Kastilien in unser Land gekommen; aus Liebe zum Gold haben sie uns unterjocht, gepeinigt und in die Sklaverei verkauft. Darum haben sie uns zehntausend Qualen und Beleidigungen zugefügt. Darum bekriegen und töten sie sich gegenseitig. Um es zu erlangen, geben sie keine Ruh, spielen sie, lästern sie Gott, verleugnen sie ihn, streiten sie, stehlen sie, rauben sie sich gegenseitig die Frauen. Schließlich gibt es keine Art von Gemeinheit, die sie nicht aus Liebe zum Gold begehen. (527)

Vergeblich, so Benzoni, habe er versucht, diese Menschen davon abzubringen, die mit den Spaniern gemachten Erfahrungen auf alle zu übertragen, die sich Christen nannten, und sie davon zu überzeugen, daß es unter diesen gute und schlechte Menschen gebe. Doch auf seinen Einwand habe man ihm nur entgegengehalten: „Wo sind denn diese Guten, von denen du sprichst? Ich jedenfalls habe bislang nur Böse erlebt." (499) Derartige Erfahrungen bewirkten nach dem Urteil des Verfassers, daß die meisten Eingeborenen keine besondere Neigung zeigten, sich zum Christentum zu bekehren; und er wußte diesen schwerwiegenden Schluß mit einem eindrucksvollen Beispiel zu belegen. Als ein spanischer Gourverneur einem Häuptling erklärte, „daß er Christ sei, Sohn Gottes, des Schöpfers des Himmels und der Erde, und daß er eigens gekommen sei, um ihn das Gesetz dieses Gottes zu lehren", da habe ihm dieser entschieden entgegnet: „Wenn es dein Gott ist..., der dir befiehlt, durch fremde Länder zu ziehen und zu plündern, zu brandschatzen, zu töten und all die Missetaten zu begehen, die dir in den Sinn kommen, dann sollst du wissen, daß wir nicht an ihn glauben werden, und noch weniger an sein Gesetz." (478) Denn, so die gewiß nicht der Logik entbehrende Argumentation der von Benzoni angeführten Amerikaner: „... was mag das für ein Gott sein, der eine so bösartige Menschenrasse gezeugt hat? Wenn der Vater den Kindern ähnlich ist, wird er nicht besonders gut sein." (118)[14] Nein, Gott konnte nach dem Urteil dieser Eingeborenen nicht der Schöpfer einer solchen Menschenrasse sein. Und sie vermochten nicht einmal zu glauben, so Benzoni weiter, „daß unser Ursprung derselbe wie der der anderen Menschen ist, und auch nicht, daß wir auf der Erde entstanden sind; und sie sagten, es sei unmöglich, daß ein so blutrünstiges Tier von einem Mann und einer Frau gezeugt wurde" (702).

Das also war das Fazit dessen, was nach Benzoni die Betroffenen aus dem Wirken der Spanier in der Neuen Welt gelernt hatten, und selbst ein so vehementer Kritiker wie Las Casas hätte das Urteil nicht eindrucksvoller formulieren können; zudem ein Urteil aus dem Munde von Ungläubigen und Wilden, denen man als Opfer der spanischen Tyrannei seine Sympathien nicht versagen mochte, die aber dennoch – und darüber ließen sowohl Benzoni als auch Chauveton keinen Zweifel aufkommen – trotz einiger positiver Eigenschaften in ihrem Charakter wie in ihren Sitten ausgesprochen „bestialisch" waren. Ausführlich zitierte Benzoni in diesem Zusammenhang das Zeugnis eines spanischen Missionars, der nach seinen Erfahrungen mit den Kariben seinen König davon zu überzeugen suchte, daß er gut beraten wäre, diese Wilden der Sklaverei zu unterwerfen, statt sie in Freiheit zu belassen, und der u. a. folgende Argumente anführte:

Die Indianer auf dem Festland sind Götzendiener, Sodomiten, Spötter, Lügner, gemein, niederträchtig, Wesen ohne Verstand und ohne Urteilskraft, versessen auf alles Neuartige, wild, unmenschlich und grausam... Um mit einem Wort zu sagen, was man sehr wohl ausführlicher darlegen könnte, versichere ich, daß man unter dem Himmel kein bösartigeres und kein verderblicheres Volk finden wird. (174f.)

Hier nun hätte sich für Benzoni die Gelegenheit geboten, den Zusammenhang zwischen der von ihm kritisierten spanischen Eroberungspraxis und dem aus spanischer Sicht vermittelten Urteil über die Betroffenen aufzudecken und das beschworene Bild vom grausamen und sittenlosen Wilden als Rechtfertigung für ein Verhalten zu entlarven, das, wie er zu betonen nicht müde wurde, in seiner Unmenschlichkeit um so deutlicher zutage trat, als die Indianer der spanischen Tyrannei völlig wehrlos ausgeliefert waren. Doch Benzoni sah keinen Anlaß, dem Urteil des Spaniers zu widersprechen; einzig die damit begründete Entscheidung, diese Menschen zu versklaven, bewog ihn zu einem kritischen Kommentar. Und Chauveton, der (zumindest in seinen Anmerkungen zum 1. Buch) kaum eine Gelegenheit ausließ, seine Belesenheit unter Beweis zu stellen, fühlte sich sogar bemüßigt, das Urteil des unbekannten Missionars durch eine anerkannte Autorität zu bestätigen und zu untermauern. So zitierte er ausführlich Fernández de Oviedo, nach seinem Urteil „einer der hervorragendsten Chronisten Spaniens" (181). Die Ausrottung der Indianer war nach dessen Urteil gewiß zu einem Teil jenen anzulasten, die sich als schlechte Christen durch den Schweiß dieser „armen Menschen" nur bereichern wollten; doch ihr Untergang, so Oviedo (nach Chauveton) weiter, war gleichermaßen selbstverschuldet, „verursacht durch die eigenen großen, ungeheuerlichen und verabscheuungswürdigen Sünden dieser wilden und bestialischen Wesen". Denn:

... unter den Provinzen, die bis auf den heutigen Tag entdeckt wurden, auf den Inseln ebenso wie auf dem Festland, gibt es nicht eine, wo man nicht Menschen gefunden hat und immer noch findet, die Sodomiten, Feiglinge und Götzendiener sind und sich verschiedenen anderen Lastern und Todsünden hingeben, die man weder sagen noch hören kann, ohne zu erröten. Zumindest behaupten dies jene, die dort gewesen sind und es gesehen haben. Ansonsten sind die Menschen jener Länder die undankbarsten der Welt, haben ein geringes Gedächtnis und noch weniger Fassungsvermögen. Und wenn man an ihnen, solange sie noch jung sind, zufällig etwas Gutes und und den Anschein von Tugend entdeckt, so geben sie sich, wenn sie groß sind, so sehr den Lastern hin, daß es abscheulich ist, nur davon sprechen zu hören. (177f.)[15]

Positives gab es nach Meinung beider Autoren von diesen Menschen nur wenig zu berichten. Für Benzoni war ihre bemerkenswerteste Qualität ihre Freigebigkeit und die geringe Wertschätzung irdischer Güter – eine Tugend, die er bei den Spaniern so sehr vermißte und auch ihm (wie manch anderem der hier benannten Autoren) Anlaß bot, seinen Zeitgenossen den Spiegel vorzuhalten. „... wollte doch der Allmächtige dafür Sorge tragen", so der scheinbar selbstkritische Kommentar, „daß auch wir ebensowenig an den irdischen Gütern hängen wie sie und ebenso freigebig damit umgehen wie sie." (315) Chauveton konnte diesem Urteil gewiß mit voller Überzeugung zustimmen. Noch bemerkenswerter erschien ihm aber ein anderes Phänomen, das er ausführlich kommentierte: die Institution der Ehe, die – „obgleich

Satan Natur und Sitten dieser wilden Völker auf wunderliche Weise verwirrt hat" – auch von ihnen in hohen Ehren gehalten wurde, „so wie Gott es gebietet" (323 f.).

Die wenigen positiven Aspekte dieser Menschen änderten ebensowenig wie das immer wieder bekundete Mitleid mit ihrem Schicksal an dem vernichtenden Gesamturteil beider Autoren, in dem sich Benzoni wie Chauveton mit der Mehrheit der spanischen Chronisten einig wußten. Hinsichtlich der ursächlichen Begründung der indianischen Bestialität aber vermochte Chauveton den Spaniern nicht mehr zu folgen, und er verwahrte sich in seinem Vorwort entschieden gegen die Behauptung López de Gómaras, die westindischen Völker seien Nachfahren von Ham (oder Cham) und daher mit demselben Fluch beladen, den einst Noah über seinen mißratenen Sohn, den Stammvater Kanaans, verhängt hatte.[16] Eine solche Behauptung, so Chauveton, entbehre jeder Grundlage, und er vermochte nicht einzusehen, warum gerade sie und nicht andere Völker als „Erben" Hams zu gelten hatten. Denn Nacktheit, Götzendienst und Menschenopfer seien zu allen Zeiten unter den Heiden weitverbreitet gewesen und, so der Autor weiter, „auch wir selbst würden dasselbe tun, wenn Gott uns nicht durch seine besondere Barmherzigkeit aus der Gewalt des Teufels befreit hätte" (iij r°). Nicht im Fluch Noahs war der Grund für ihre Bestialität zu suchen, sondern in der Tatsache, daß sie nicht teilhatten an der Gnade Gottes. Und der Fluch, mit dem López de Gómara die westindischen Völker belegte, war nach der Erkenntnis Chauvetons „nichts anderes als der auf allen lastende Fluch, den die gesamte Menschheit auf sich zog zuerst durch den Gesetzesverstoß Adams und dann durch die Sünden, die ein jeder dem hinzufügte...; der Fluch aller, der weiterhin auf all jenen lastet, die nicht an das Evangelium glauben und unserem Herrn Jesus Christus folgen" (iij v°). Und indem nun Gott die Christen nach Amerika führte, so Chauveton,

...wollte er uns in der Gestalt dieser armen Wilden zeigen, wie es um unsere eigene arme Natur steht, wenn sie der Kenntnis Gottes beraubt ist, und uns im Antlitz der anderen gewissermaßen selbst schauen lassen. Denn, was sind wir aus uns selbst heraus anderes als jene? Arme Blinde, völlig nackt,

Götzenanbeter, ohne jedes Gute und behaftet mit allen Übeln. Und was wir an Einsicht, Vernunft, Klugheit, Anstand, Gesittung und Religion haben, ist uns das nicht alles von dem gegeben, für den es keine Finsternis gibt? Gott wollte uns dies durch das Beispiel anderer zeigen und uns auf demselben Wege auffordern, von den Götzen abzulassen und uns dem wahren Gott zuzuwenden und in der Gegenwart, dem Evangelium folgend, gottgefällig und sittsam zu leben, das heißt: dem Namen und der Tat nach Christen zu sein. (iij v° f.)

Mit der Einsicht in die Verderbtheit der menschlichen Natur und das geringe Verdienst, das sich die Christen hinsichtlich ihrer Wandlung vom kulturlosen Barbaren zum zivilisierten Christen selbst zuschreiben konnten, war es diesen zwar genommen, mit selbstgefälliger Arroganz auf jene herabzublicken, die, da sie nicht an der Gnade Gottes teilhatten, auf der Stufe von wilden Tieren verharrten. Die ihnen zugeschriebene Bestialität aber war dadurch keinesfalls gemildert.[17] Nur zu tadeln waren sie nicht, da es die Spanier sträflicherweise unterlassen hatten, sie dem Dunkel ihrer gottlosen Existenz zu entreißen. Zu tadeln waren einzig und allein die Christen selbst, die sich als echte Barbaren erwiesen. Um sie zu beschämen,

... hat [Gott] bewirkt, daß Menschen, die nicht einmal das Alphabet kannten, ihnen die Leviten lasen, ja sogar die Gebote Gottes eines nach dem andern anführten und sie ihrem Lebenswandel gegenüberstellten, sie der Lüge überführten und ihnen zeigten, daß Christ sein nicht bedeutet, den Namen Gottes im Munde zu führen und sich zu rühmen, ein solcher zu sein, sondern den Geboten Gottes zu folgen und seinen Nächsten zu lieben. (v r°)

Die Reaktualisierung Floridas und der Feldzug gegen die Heilige Liga

Während die ersten Übersetzungen der *Brevísima relación* von Las Casas, darunter auch die erste französische Fassung, primär für den Vertrieb in den niederländischen Provinzen bestimmt waren, richtete sich Chauveton mit seiner Benzoni-Ausgabe an das französische Publikum, so daß es nahelag, den Bericht über die an den amerikanischen Völkern begangenen Verbrechen der Spanier durch das Zeugnis Le Challeux' vom Massaker der Franzosen in Florida zu ergänzen.[18] Die Gründe, die ihn hierzu bewogen hatten, benannte Chauveton selbst: Zum einen handele es sich bei beiden Texten nahezu um dasselbe Thema; zum anderen sei der Bericht über die Ereignisse in Florida vorzüglich geeignet, „den Spaniern ein für allemal den Mund zu stopfen und ihnen endlich die schöne Maske des religiösen Eifers herunterzureißen, mit der sie all die barbarischen Taten, die sie in Amerika begangen haben, verdecken" (3). Denn das von den Spaniern (laut Chauveton) zur Rechtfertigung ihres Vorgehens angeführte Argument, sie hätten bei ihrem Einsatz zur Christianisierung der Eingeborenen aus Notwehr gehandelt, da sie sonst von den Wilden gegessen worden wären, konnte im Zusammenhang mit den Geschehnissen in Florida nicht als Vorwand oder Entschuldigung dienen. Denn, so Chauveton weiter:

Hier handelt es sich nicht um Kannibalen oder irgendein anderes wildes Volk, das Spanier bei lebendigem Leib gehäutet und auf Kohlen geröstet hätten. Hier handelt es sich um Franzosen, die einst im Ruf standen, eine der humansten Nationen der Welt zu sein (wie sehr sie auch heute zu meinem großen Bedauern nachgelassen haben), und die gegenüber den Spaniern, wenn sie diesen überlegen waren, stets ganz besonders fair gehandelt haben. (4)

Die Verbrechen der Spanier sowohl an den Franzosen als auch an den Amerikanern waren somit unentschuldbar. Und daß sich die Spanier weit eher als letztere den Vorwurf gefallen lassen mußten, sich wie „wilde Bestien" zu gebärden, das, so Chauveton, mochte der Leser dem Bericht Benzonis dort entnehmen,

...wo die Indianer, ohne etwas von Dialektik gelernt zu haben, zutreffend und kategorisch beweisen, daß die Spanier, die ihr Land verwüsteten, gefährlicher sind als die wilden Tiere, rasender als die Winde, furchtbarer als das Feuer, die Fluten und all das, was auf der Erde alles andere an Heftigkeit und Unbeständigkeit übertrifft. (11)

Mit der Erinnerung an das Florida-Massaker verfolgte Chauveton aber noch ein anderes Ziel. Zwar war das Ereignis selbst im politischen Kontext nicht mehr aktuell; als Präzedenzfall mochte es aber auch im europäischen Konflikt von jenen ins Feld geführt werden, die in dem übermächtigen Nachbarn eine ständige Bedrohung sahen und die weder in der Gegenwart noch in der Zukunft Frankreich vor der Rachsucht und Grausamkeit der spanischen Nation sicher wähnten. Überdies, so Chauveton, seien bereits damals bestimmte Kreise in Frankreich der Parteinahme für die Spanier verdächtigt und beschuldigt worden, Philipp II. durch heimliche Boten zum Eingreifen aufgefordert zu haben; dies mit der Begründung, der Tod der Siedler in Florida, angeblich ausnahmslos Hugenotten und somit „Störenfriede" und „Feinde des Königs", könne für Frankreich selbst nur von Vorteil sein. Ob dieser Vorwurf fundiert war, wußte Chauveton nicht zu sagen. Um dies zu erfahren, müsse man sich, so meinte er, schon an jene wenden, die es eigentlich wissen sollten: nämlich jene, die vom spanischen König eine „Pension" bezögen (95). Somit gewann der Bericht über das Massaker in Florida neuerliche Aktualität mit Blick auf die Haltung derer, die in der religiösen und politischen Auseinandersetzung der Gegenwart auf seiten der Orthodoxie standen und nicht davor zurückschreckten, zwecks Durchsetzung ihrer Ziele gegen den eigenen König mit den Spaniern zu paktieren.

Die Resonanz der französischsprachigen Ausgabe war jedoch bescheiden: nur drei Neuauflagen bis zum Ende des Jahrhunderts, davon zwei in den Jahren 1589 und 1590 – ein kurzfristiger Erfolg, der jedoch nicht zufällig war. Bereits in der Vergangenheit hatte Philipp II. durch die gezielte Verteilung politischen Geldes erheblichen innenpolitischen Einfluß gewinnen können. Durch die Ende 1584 anläßlich der Gründung der (zweiten) Heiligen Liga mit der Partei der Guisen getroffenen Vereinbarungen und die Übermacht, welche diese gegenüber dem Königshaus erringen konnte, war dieser Einfluß mittlerweile derart gewachsen, daß für die Gegner der Liga der „Ausverkauf" Frankreichs an Spanien bereits begonnen hatte.

Als am 1. August 1589 Heinrich III., der sich kurz zuvor mit dem Anführer der Hugenotten-Partei, Heinrich von Navarra, gegen die Liga verbündet hatte, von einem Jakobinermönch ermordet wurde, eröffneten sich für Philipp II. über die Frage der Nachfolge des kinderlos gebliebenen Königs, des letzten Valois, verlockende Möglichkeiten. Nach dem gültigen Erbfolgerecht, der *Lex Salica,* das allein die männliche Erbfolge zuließ, war der rechtmäßige Anwärter auf den französischen Thron der Bourbone Heinrich von Navarra. Dieser aber war Hugenotte; und einen Häretiker als König Frankreichs zu akzeptieren, wäre für die kompromißlosen Ligisten und ihre Anhänger nachgerade einem Sakrileg gleichgekommen. In Anbetracht dieser für seine Pläne äußerst günstigen Konstellation erhob Philipp seinerseits Anspruch auf den französischen Thron; dies im Namen seiner Tochter Isabel Clara Eugenia, die der Ehe mit Isabella von Valois entstammte. Durch die finanzielle und militärische Unterstützung der Liga glaubte er, sich ihre Führer verpflichtet zu haben. Doch weder die Partei der „Politiker" – so genannt, weil sie die politischen Belange vor die religiösen stellte – noch die Ligisten um den selbst nach der französischen Krone strebenden Herzog von Mayenne, nach der Ermordung seines Bruders Heinrich 1588 Haupt der Guisen, zeigten sich geneigt, dem Wunsch Philipps zu entsprechen. Und auch unter der Pariser Bevölkerung, die das Ende der Belagerung durch Heinrich von Navarra nach Intervention spanischer Truppen 1590 noch stürmisch gefeiert hatte, war spätestens seit der dauerhaften Stationierung einer Garnison spanischer Soldaten in der Hauptstadt die ohnehin stets latente Abneigung gegen die als überheblich geltenden Spanier wieder aufgebrochen.

Als auf den 1593 anberaumten Generalständen die spanischen Unterhändler weder durch juristische Argumente noch durch Bestechung die Deputierten dazu bewegen konnten, die spanische Infantin als Königin anzuerkennen – entscheidend war die Weigerung Philipps, vorab einen (französischen) Prinzen als ihren zukünftigen Gemahl zu benennen –, als schließlich noch im selben Jahr Heinrich von Navarra dem reformierten Glauben abschwor, fand sich kaum noch jemand bereit, die Ansprüche der Spanier zu unterstützen. Anfang 1595 erklärte der inzwischen allseits als

König anerkannte Heinrich IV. Spanien den Krieg, um endgültig jede Einmischung in die inneren Angelegenheiten Frankreichs abzuwehren. 1598, wenige Monate vor dem Tod Philipps, wurde in Vervins der Friede geschlossen, der im wesentlichen die im Friedensvertrag von Cateau-Cambrésis getroffenen Vereinbarungen bestätigte.

Vor dem Hintergrund dieser hier nur in sehr verkürzter Form wiedergegebenen innenpolitischen Auseinandersetzungen[19] war in Paris wie auch in den größeren Städten der Provinz ein erbitterter Federkrieg entbrannt, in dem die Propagandisten der „leyenda negra" mit ihren bis zu 300 Seiten umfassenden, in der Regel anonym veröffentlichten Streit- und Schmähschriften bisweilen große publizistische Erfolge erringen konnten.[20] Die Argumente, die sie gegen die verhaßten Spanier ins Feld führten, waren den Zeitgenossen größtenteils geläufig. „Seht euch an, wie unterschiedlich diese beiden Charaktere sind", so der Verfasser des 1589 publizierten *Manifeste de la France:*

... der Franzose ist freizügig, freundlich, großherzig, liebenswürdig und ein Freund der Schlichtheit; der Spanier ist hochmütig, geizig, grausam, mißgünstig, argwöhnisch, anmaßend, großsprecherisch, protzig und mithin unverträglich. Wenn er sich dann erst einmal unter euch gemischt hat, dann ist es vorbei mit der Keuschheit eurer Frauen, vorbei mit der Rechtschaffenheit in eurem Gemeinwesen, vorbei mit eurer Freiheit, vorbei mit allen euren Freuden.[21]

„Frankreich zum Sklaven Spaniens zu machen", das sei, so der Verfasser eines anderen Pamphlets, das Ziel jener „Bastarde", die gegen den Widerstand der „echten und legitimen Franzosen" das Vaterland an die Spanier verschachern wollten[22]: „diese Neuchristen, die in ihrem Herzen zumeist noch Juden und Sarazenen sind"[23], „diese spanischen Marranen, schlechten Juden und abtrünnigen Christen, Schurken und Verräter wie Mauren"[24]. Wie der Herrscher eines solchen Volkes – „der führende Kopf unter all den Köpfen dieser Hydra der Verwüstung"[25] – beschaffen sein mußte, darüber konnte kein Zweifel bestehen: ein barbarischer Tyrann, eine Ausgeburt an Perfidie und Grausamkeit,

...der auf der Erde nur als Plage weilt, um sie zu geißeln, ein rasendes Werkzeug der Höllenfurien, ein Riese, der die Berge übereinander türmt, um den Himmel zu erklimmen, der vom Escorial, wo er im übrigen feige sein Leben zubringt, die ganze Erde in den Griff nimmt und, so als hätte er mit dem Tod einen Pakt abgeschlossen, in aller Bequemlichkeit seine Raubzüge in fremde Reiche plant...[26]

Ein solchermaßen gezeichnetes Charakterbild mochte dann an Überzeugungskraft gewinnen, wenn die Kritik durch konkretes Belastungsmaterial untermauert wurde. Und hier nun entdeckten die Gegner der Spanier und der in ihrem Sold stehenden Ligisten, daß neben den Vorgängen im benachbarten Flandern auch die spanische Eroberungs- und Kolonisierungspraxis in Amerika als Waffe in der innenpolitischen Auseinandersetzung von Nutzen sein konnte, wobei allerdings – entsprechend der Wirkabsicht und der für ein Pamphlet gebotenen Prägnanz und Eindeutigkeit – zur amerikanischen Realität nur einige wenige, stereotype Vorstellungen vermittelt wurden. Zumeist beschränkten sich die Verfasser auf die globale Verurteilung der von den Spaniern bewiesenen Grausamkeit und ihrer Folgen: „die furchtbaren Mordtaten, die Amerika entvölkert haben und mehr Menschen den Tod brachten, als heute noch auf der Erde leben"[27]; oder: „all die blutigen Greueltaten, die es in der Hölle gibt, begangen an den beklagenswerten Bewohnern der westindischen Inseln, von denen sie in vierzig Jahren mindestens 20 Millionen getötet haben"[28]. Einzelne Beispiele für die getadelte Praxis – etwa das Schicksal jener, „deren Fleisch wie in einem Fleischerladen feilgeboten wurde, um ihre Hunde zu ernähren"[29] – wurden nur selten benannt. Weit wichtiger erschien den Autoren der Hinweis darauf, daß die Franzosen, wären die Spanier erst einmal die Herren im Land, dasselbe Schicksal erleiden würden wie die versklavten und mißhandelten Amerikaner, wobei die Vorstellung, die Spanier könnten dem in ihren entvölkerten Besitzungen herrschenden Mangel an Arbeitskräften durch den massiven Einsatz gewaltsam exportierter Franzosen abhelfen wollen, von zahlreichen Pamphletisten beschworen wurde. „...ihr werdet zu Tausenden nach Amerika transportiert, um dort in den Minen zu schürfen"[30], so der

Verfasser des *Manifeste de la France;* und ein anderer Autor war hinsichtlich dessen, was seine Landsleute erwartete, noch deutlicher: „Sie haben es auf eure Freiheit abgesehen, und jeder von euch ist schon als Sklave vorgemerkt. Schon sind die Eisen erhitzt, mit denen sie auf eurer Stirn das Zeichen einbrennen werden, und bald werdet ihr dort den spanischen Löwen sehen. Dann wird es Amerika nicht mehr an Menschen fehlen...“[31] Das aber, so die übereinstimmend geäußerte Zuversicht, würde jeder, der als „echter und legitimer Franzose“ dachte und fühlte, zu verhindern suchen. Denn, so der Verfasser des *Antiespagnol,* an die Adresse der Spanier gewandt: „ihr habt es nicht mit euren Tupinambá zu tun“[32]; mit denen mochte man so verfahren, nicht aber mit den Franzosen, die den Charakter und die Absichten der Spanier wohl durchschauten und sich nicht wie Schlachtvieh massakrieren lassen würden.

Hier nun wird deutlich, mit welcher Geringschätzung die meisten der zitierten Autoren den Menschen der Neuen Welt begegneten. Sie waren „arme Wilde“, deren Schicksal allenfalls zu einer flüchtigen Mitleidsbekundung veranlaßte und deren Natur ansonsten nur dort in Erscheinung trat, wo sie – als „Kannibalen“ apostrophiert – Maßstäbe setzten, an denen die Grausamkeit der Spanier auf eindrucksvolle Weise gemessen werden konnte: eine Grausamkeit, „die schlimmer war als die der Kannibalen“, weitaus weniger entschuldbar bei Menschen, die Christen waren als bei jenen, „die von Natur aus grausam sind“[33].

Wenig Positives über die Indianer in ihrer Gesamtheit wußte auch der Verfasser eines 1596 erschienenen Pamphlets zu berichten, der den Einfall hatte, seine Kritik einem der Betroffenen selbst in den Mund zu legen, indem er ihn als Autor ausgab und selbst nur als „Übersetzer“ in Erscheinung trat. *Harangue d'un cacique indien, envoyee aux François, pour se garder de la Tyrannie de L'Espaignol* (Mahnrede eines indianischen Kaziken, den Franzosen zugesandt, damit sie sich vor der Tyrannei des Spaniers hüten): so lautet der Titel dieses kuriosen Werkes, in dem ein „Wilder“ Einsichten und Erkenntnisse vermittelte, die man recht eigentlich von den Franzosen erwartete, da deren geistige Überlegenheit schließlich außer Frage stand. So äußerte der namenlose

217

Kazike sein Erstaunen darüber, daß ein Volk wie die Franzosen, das doch mit der Kriegsmaschinerie der Spanier vertraut sei, das überdies in der Vergangenheit seinen Mut und seine Tapferkeit hinreichend unter Beweis gestellt habe, sich von den Spaniern täuschen ließ und damit Gefahr lief, dasselbe Schicksal zu erleiden wie seine Artgenossen, bei denen die Passivität noch zu erklären sei, denn schließlich seien sie einfältige Wilde.

Der vorgebliche Autor aber war offensichtlich alles andere als ein kulturloser Wilder. In gewählter Rede, ausgeschmückt mit zahlreichen lateinischen Zitaten, verwies er auf Beispiele aus der antiken wie der modernen Geschichte, um seine Vorwürfe gegen die Spanier zu untermauern. Und für den Fall, daß die an den Indianern verübten Verbrechen den Leser unbeeindruckt ließen, wußte er das Massaker in Florida anzuführen, das die Franzosen selbst betraf. Denn, so der Kazike weiter: „Glaubt ihr, daß der Spanier sich seitdem in seinem Charakter verändert hat? Gewiß nicht: *Lupus pilum, non animum mutat* [Der Wolf wechselt den Pelz, aber nicht den Charakter]."[34] Dieser weisen Erkenntnis mochte sich gewiß kaum ein Leser verschließen. Und nicht weniger weise zeigte sich der Kazike bei dem Rat, den er den Franzosen erteilte:

So schließt euch denn zusammen, Ihr Franzosen! Flieht diese spanischen Dublonen, weist diese Pensionen zurück! *Timeo Danaos, & dona ferentes* [Ich fürchte die Danaer, auch wenn sie Geschenke bringen]. Das sind die vergoldeten Köder, mit denen er [der Spanier] nach eurer Freiheit angelt. Habt Ihr nicht bei Aristoteles gelesen, *qui beneficium invenit, compedes invenit* [wer einen Gunstbeweis ersinnt, ersinnt auch Fußfesseln]? Sagt euch nicht der Mime: *Quae beneficium accipere, libertatem suam vendere est* [Einen Gunstbeweis annehmen heißt, seine Freiheit verkaufen]? Und wenn diese verloren ist, sind alle Freuden der Welt freudlos, reizlos, lustlos; wenn diese verloren ist, ist das, was man Leben nennt, nur noch ein fortdauernder Tod.[35]

Die *Harangue d'un cacique indien* wurde – soweit bekannt – nach 1596 nicht wieder aufgelegt und wird daher nur einem sehr beschränkten Leserkreis zugänglich gewesen sein. Für die große Mehrheit der Konsumenten dieser Pamphletliteratur – und dazu gehörten, allerdings nur in den größeren Städten, alle Bevölkerungsschichten – enthüllte sich der Amerikaner hingegen schlichtweg als Wilder, der der eigenen Realität so weit entrückt war, daß kaum mehr als seine bloße Existenz wahrgenommen wurde. Doch auch diejenigen, die zu umfangreicherer Literatur Zugang hatten, mochten durchaus denselben Eindruck gewinnen, denn das Werk, das im Zusammenhang mit der „leyenda negra" die stärkste Resonanz erfuhr, war die *Histoire nouvelle du Nouveau Monde* von Benzoni in der Bearbeitung von Chauveton, die bis zum Ende des 16. Jahrhunderts allein im französischen Sprachraum in (mindestens) neun Auflagen erschien und die dort, wo die Natur des Amerikaners erörtert wurde, von diesem gewiß kein sehr ansprechendes Bild vermittelte.

Benzoni war auch die wichtigste Quelle für den Verfasser der *Harangue;* ein Werk, das erkennen läßt, auf welchem Weg die von Benzoni suggerierte, von Chauveton überdies (vorgeblich) rational begründete Annahme des Negativstereotyps von der „wilden Bestie" durch den Leser unterlaufen werden mochte. „Ohne etwas von Dialektik gelernt zu haben", so hatte Chauveton in seinem Vorwort das Zeugnis Benzonis resümierend vorweggenommen, hätten die Indianer den Spaniern „zutreffend und kategorisch" ihre Brutalität vor Augen geführt; dieselben Indianer, denen derselbe Chauveton ansonsten Einsicht und Vernunft ebenso kategorisch abzusprechen pflegte. Und dieselbe „Dialektik" bewies der ungenannte Kazike, der sich zwar als Ausnahme aus der Masse der Wilden heraushob, der aber als Fiktion des „nackten Philosophen" eine solche Suggestivkraft besaß, daß er – als Instrument der Polemik, aber auch als Gegenbeweis für die angebliche Bestialität des Amerikaners – in der Folgezeit ausgesprochen Karriere machte.

Die spanische Eroberungs- und Kolonisierungspraxis in Amerika blieb auch nach Las Casas und Benzoni (Chauveton) für zahlreiche französische Autoren ein mit Blick auf die amerikanische Wirklichkeit zentrales Thema: für Montaigne in seinem Essay „Des Coches" ebenso wie für die Kalvinisten La Popelinière (in seiner 1582 erschienenen Kosmographie *Les trois mondes*), Marc

Lescarbot (in der *Histoire de la Nouvelle France* von 1609) oder Simon Goulart in den ab 1600 vielfach edierten *Histoires admirables et mémorables de nostre temps*. Den nachhaltigsten Beitrag zur Propagierung der „leyenda negra" aber leistete Theodore de Bry, ein aus Lüttich gebürtiger Protestant, der sowohl die *Brevísima relación* von Las Casas als auch die von Chauveton kommentierte *Historia del Mondo Nuovo* Benzonis in einer sehr ansprechenden Publikationsform herausgab.[36] Das Novum und in Hinsicht auf die Wirkabsicht de Brys entscheidende Vehikel waren die im Text eingefügten Illustrationen und die im Anhang angefügten Bildtafeln, die, zumeist mit einer Erläuterung versehen, auch isoliert vom Textkorpus rezipiert werden konnten[37] und somit auch für diejenigen, die nicht diskursiv zu lesen vermochten, in sehr eindrucksvoller Weise veranschaulichten, was die Spanier in der Neuen Welt geleistet hatten (Abb. 26–29). Die Wirkung dieser Bildtafeln, die auch unabhängig vom Text ediert wurden, war für das Ansehen Spaniens im Ausland zweifellos katastrophal; und der spanische Historiker Rómulo D. Carbia hatte nicht Unrecht, als er bitter beklagte: „Verletzte schon die Abhandlung von Las Casas in jeder Hinsicht das Ansehen Spaniens als erobernde Nation, so bewirkten diese 17 Tafeln ihren Untergang."[38]

Anmerkungen

1 In: *Obras completas*, [92], S. 490.

2 In diesem Zusammenhang blieb auch der Bereich der persönlich-privaten Beziehungen Philipps und der Intrigen am spanischen Hof nicht ausgespart, den zuerst Wilhelm I. von Oranien (*Apologie ou Defense contre le Ban & Edict publié par le Roy d'Espagne*, 1581) und nach ihm mit besonderer Detailkenntnis der ehemalige Sekretär und Vertraute Philipps, Antonio Pérez (*Relaciones*, 1594), in den Dienst der antispanischen Propaganda stellte. Die Anschuldigungen waren ungeheuerlich: Inzest, Bigamie, Ehebruch und schließlich Mord sowie Anstiftung zum Mord, begangen an der Königin, Isabella von Valois, und dem eigenen Sohn,

dem Prinzen Don Carlos, dem die literarische Tradition als freiheitlich gesinntem Gegenspieler und Märtyrer eines rachsüchtigen und tyrannischen Vaters zu nachhaltigem, allerdings kaum den historischen Tatsachen angemessenen Ruhm verhalf.

3 Vgl. hierzu Kap. I, S. 34 f.

4 Zitiert wird hier und im folgenden nach dem von Lussagnet [15] besorgten Nachdruck; hier S. 216 f.

5 „Copia de Carta ... donde se trata el verdadero y legítimo dominio de los Reyes de España sobre el Perú, y se impugna la opinión del Padre Fr. Bartolomé de las Casas", in: *Colección de documentos* [4], Bd. XIII, S. 439. Bataillon ([225], S. 273 f.) nennt als Verfasser den Jesuitenpater Jerónimo Ruiz del Portillo, Beichtvater des Vizekönigs von Peru, Francisco de Toledo.

6 Die hier benutzte Ausgabe ist ein 1582 in Paris erschienener unveränderter Nachdruck der Erstausgabe [37]. Einzig die auf dem Titelblatt abgedruckte Adresse an die Niederlande wurde weggelassen. Der Band enthält neben der *Brevísima relación* Auszüge aus vier anderen, ebenfalls 1552 zuerst in spanisch veröffentlichten Traktaten des Las Casas.

7 Da die hier benannte französische Fassung eine weitestgehend getreue Übersetzung der spanischen Vorlage ist, wird hier und im folgenden nach der leichter zugänglichen deutschen Übersetzung von Andreä [38] zitiert; hier S. 11.

8 Verwiesen sei hier nur auf die vorzügliche Übersicht von Comas, in: Friede/Keen [253], S. 487 ff.

9 Zusätzliche Argumente boten darüber hinaus die anderen, in Auszügen übersetzten Traktate, insbesondere jene Passagen („Entre les remèdes", [37], S. 144 ff.), in denen sich Las Casas ausführlich mit der Institution der *encomienda* und dem mangelhaften Erfolg bei der Christianisierung der Indios auseinandersetzte.

10 Der an anderer Stelle („Entre les remèdes", [37], S. 148 f.) durchgeführte Vergleich von spanischem Konquistador und Indio läßt die Qualitäten und Tugenden des letzteren in einem noch klareren Licht erscheinen: „...wer die Indianer [mit den Spaniern] vergleichen möchte, wird entdecken, daß die Indianer tugendhafter und gottgefälliger sind als sie. Denn die Indianer haben, wenngleich sie Ungläubige sind, dennoch nur ein und dieselbe Frau, so wie die Natur und die Notwendigkeit es gebietet. Und sie sehen, daß die Spanier vierzehn und mehr haben, was Gottes Gesetz verbietet. Die Indianer rauben niemandes Hab und Gut, sie fluchen nicht, sie quälen, unterjochen und töten niemand. Und sie sehen, daß die Spanier alle Sünden, Schlechtigkeiten, Missetaten und

Gewissenlosigkeiten begehen, die von den Menschen gegen jede Gerechtigkeit begangen werden können."

11 Wertvolles Beweismaterial für den Vorwurf der Intoleranz und des religiösen Fanatismus hatte bereits Jahre zuvor ein nach Heidelberg geflüchteter Spanier geliefert. Sein unter dem Namen Reginaldus Gonzalvius Montanus 1567 zunächst in Latein in Heidelberg publiziertes Werk mit dem Titel *Sanctae Inquisitionis Hispanicae artes aliquot detectae, ac palam traductae* (Einige Kunstgriffe der spanischen Heiligen Inquisition, aufgedeckt und der Öffentlichkeit zugänglich gemacht) wurde auch in mehrere moderne Sprachen übersetzt und erreichte während des 16. und 17. Jahrhunderts große Popularität.

12 Eine Erklärung mag darin zu suchen sein, daß – wie F. Anders (in der Einleitung zur Faksimileausgabe [25], S. X f.) vermutet – eine größere Verbreitung der italienischen Ausgaben von spanischer Seite durch systematischen Aufkauf bzw. Konfiskation verhindert wurde; ein Verfahren, das die Spanier mehrfach, so auch im Zusammenhang mit der *Historia general* von López de Gómara, praktizierten.

13 Zitiert wird hier und im folgenden nach der Erstauflage der von Chauveton besorgten Ausgabe [26]; hier S. 526 f.

14 Auch Las Casas hatte darauf hingewiesen, daß das wenig christliche Verhalten der Spanier unter den Indios dem Ansehen Gottes (wie dem des spanischen Königs) erheblich schadete. So heißt es in dem von Chauveton gleichermaßen (in Auszügen) übersetzten Traktat „Entre les remèdes": „Die Indianer spotten über das, was man ihnen von Gott sagt, und einige glauben kein Wort davon und machen sich lustig, so daß sie tatsächlich von unserem Gott die Vorstellung haben, daß er der ungerechteste und schlechteste aller Götter ist, da ihm solche Menschen dienen. Und Eure Majestät halten sie für den ungerechtesten und grausamsten aller Könige, da Ihr so schlechte Untertanen dorthin schickt und hier behaltet, und sie denken, daß Eure Majestät sich von Menschenblut und Menschenfleisch ernährt." ([37], 149) Und noch eindrucksvoller war für den Zeitgenossen sicherlich jene von Las Casas in der *Brevísima relación* berichtete Episode, in der ein Kazike kurz vor seinem gewaltsamen Tod sich weigerte, die Taufe entgegenzunehmen mit dem Argument: wenn es wahr sei, daß die Christen, also auch die Spanier, in den Himmel kämen, dann wolle er ein solches Zusammentreffen doch tunlichst vermeiden.

15 Vgl. Fernández de Oviedo [32], Buch III, Kap. 6.

16 Genesis 9:21 ff.; López de Gómara [42], Buch V, Kap. 217.

17 Unerheblich waren für Chauveton in diesem Zusammenhang die kultu-

rellen Leistungen der „Barbaren" in Mexiko und Peru, die er mit keinem Wort erwähnte, über die er aber vorzüglich unterrichtet war, da er außer der *Histoire d'un voyage fait en la terre du Brésil* von Léry als wichtigste Quelle für seine Exkurse den 3. Band der *Navigationi et Viaggi* von Ramusio zu Rate zog.

18 Das Werk erschien in einer erweiterten Fassung unter dem Namen Chauvetons sowohl im Anhang zur *Histoire nouvelle du Nouveau Monde* von Benzoni als auch separat unter dem Titel *Brief Discours et Histoire d'un voyage de quelques François en la Floride: & du massacre autant injustement que barbarement executé sur eux, par les Hespagnols, l'an mil cinq cens soixante cinq ... Ensemble une requeste presentee au Roy Charles neufiesme*, o.O., 1579. Der Text von Le Challeux wurde unverändert übernommen (Kap. IV ff.); aus der Feder Chauvetons stammen neben einem kurzen Nachwort die Kap. I bis III, in denen sich dieser ausführlich mit den frühen Florida-Expeditionen und den darauf begründeten Ansprüchen von Spaniern einerseits und Franzosen andererseits beschäftigte.

19 Unter den in der Bibliographie genannten Werken zur politischen Geschichte Frankreichs wird in diesem Zusammenhang insbesondere auf die Arbeit von Yardeni [150] verwiesen (mit ausführlicher Bibliographie zeitgenössischer und moderner Autoren).

20 Einer der produktivsten und erfolgreichsten Propagandisten der „leyenda negra" war Antoine Arnauld, Advokat am Parlament von Paris, der auch in der Kampagne gegen die Jesuiten wortgewaltig hervortrat. Seine *Premiere* und *Seconde philippique à la France* [60], die 1592 anonym in einem Band erschienen, sind eine Summe dessen, was zu jener Zeit in jedem nur denkbaren Zusammenhang an Anschuldigungen gegen die Spanier und speziell gegen Philipp II. vorgebracht wurde. Ein besonderer Erfolg gelang ihm mit dem 1590 gleichfalls anonym veröffentlichten *Antiespagnol* [59], von dem (mindestens) sechs Ausgaben und sogar eine englische Übersetzung erschienen und das die Gegenseite sogar mehrerer Gegendarstellungen für würdig befand.

21 Zitiert wird aus einem 1590 in Tours erschienenen Exemplar [79]; S. 16 f.

22 *La Contre Ligue* [66], S. 29 und 46.

23 *La fleur de lys* [71], S. 53.

24 *Les lauriers du roy* [75], S. 168. Kurioserweise richtete sich der Vorwurf, schlechte Christen bzw. verkappte Juden zu sein, bisweilen auch gegen die Familie der Guisen, wenn sie, die aus Lothringen stammten, als verhaßte Ausländer mit den Spaniern in einem Atemzug genannt wurden; so in einem 1590 in Tours veröffentlichten Pamphlet [84], S. 29 v°.

25 [Arnauld], *La premiere philippique* [60], S. 8.

26 A.a.O., S. 8 f.

27 *La fleur de lys* [71], S. 7.

28 [Arnauld], *La premiere philippique* [60], S. 13.

29 *La Contre Ligue* [66], S. 30.

30 *Le manifeste de la France* [79], S. 17.

31 [Arnauld], *La seconde philippique* [60], S. 5.

32 [Arnauld], Antiespagnol [59], S. 9. Die Tupinambá der brasilianischen Ostküste waren offenbar als einziges Volk der Neuen Welt dem zeitgenössischen französischen Leser so bekannt, daß ihr Lebensraum nicht näher präzisiert zu werden brauchte und sie nicht selten stellvertretend für den Amerikaner schlechthin genannt wurden. So auch in einem von Pierre du Belloy verfaßten Pamphlet von 1587 [67], in dem der Autor das Versäumnis bedauerte, die verhaßten Lothringer rechtzeitig – und auf eine zweifellos originelle Weise – „in die Wüste" geschickt zu haben: „... es wäre für die Untertanen des französischen Königs sehr viel besser gewesen, wenn sie vom König beizeiten die Erlaubnis erhalten hätten, Geld zu sammeln, um für diese Herren das Reich der Tupinambá oder von Cathay zu kaufen, damit sie uns in Frieden leben lassen...".

33 [Arnauld], *La premiere philippique* [60], S. 10.

34 [72], S. 3 v°.

35 A.a.O., S. 4 v° f. Die lateinischen Zitate sind in einem Anhang in französischer Übersetzung wiedergegeben und ausführlich erläutert; ein Indiz dafür, daß sich das Pamphlet keineswegs ausschließlich an den gebildeten und der lateinischen Sprache kundigen Leser wandte. Daß der Verfasser auch mit Blick auf sein weniger gebildetes Publikum nicht auf die lateinischen Sentenzen verzichtete, mochte in dem Wunsch begründet sein, die Autorität seines „Wilden" eindrucksvoll zu untermauern.

36 Die *Brevísima relación* erschien zuerst 1598 in lateinischer Übersetzung; der Band enthält dieselben Ergänzungen wie die französische Ausgabe von 1579 und ist begleitet von 17 Bildtafeln. Nach Hanke/Giménez Fernández ([105], S. 215) wurde diese Edition mehrfach aufgelegt, bis 1614 eine neue Ausgabe publiziert wurde. Das Werk von Benzoni/ Chauveton erschien zuerst 1594, 1595 und 1596 als 4., 5. und 6. Band der insgesamt 13 Bände umfassenden Reisesammlung *India occidentalis vel Historia Americae sive Novi Orbis*, in der bereits 1591 die *Brevis narratio* über die Florida-Expedition der Franzosen mit den Illustrationen von Le Moyne de Morgues erschienen war.

37 Eine vorzügliche Analyse der Illustrationen bietet Bucher [230].

38 [232], S. 83.

VII
Der Amerikaner als Demonstrationsobjekt

Während in der ersten Hälfte des 16. Jahrhunderts dem an Information über Amerika interessierten Leser nur einige wenige, in einer ausführlichen und einer resümierenden Version verbreitete Texte zur Verfügung standen, war in der zweiten Hälfte des Jahrhunderts, bedingt durch die nun endgültig vorgenommene Eingliederung Amerikas in das geographische Weltbild zumindest des gebildeten europäischen Lesers, das Angebot weitaus differenzierter. Doch unter der Vielzahl der publizierten Werke waren es wiederum nur wenige, die mehrfach aufgelegt oder in einzelnen Ländern gar zu einem verlegerischen Erfolg wurden: unter den spanischen Chronisten der erstmals 1554 in Antwerpen erschienene erste Teil der *Historia general de las Indias* von Francisco López de Gómara, der besonders in der französischen Übersetzung sehr erfolgreich war; unter den französischen Berichten über die Brasilienexpedition neben den *Singularitez de la France antarctique* von Thevet vor allem Lérys *Histoire d'un voyage fait en la terre du Brésil;* im Zusammenhang mit der Kritik an der spanischen Eroberungs- und Kolonisierungspraxis die Werke von Benzoni/Chauveton und Las Casas; unter den völkerkundlich-geographischen Erdbeschreibungen die Kosmographie von Sebastian Muenster in deutscher oder lateinischer Version sowie in einer französischen Übersetzung, die zuerst 1552 erschien und 1575 von François de Belleforest überarbeitet sowie für Amerika durch den *Mundus Novus*-Brief Vespuccis ergänzt wurde.[1]

Diese Werke gehörten in der zweiten Hälfte des 16. Jahrhunderts zum Grundbestand an Amerikana für diejenigen unter den Zeitgenossen, die mehr als nur ein oberflächliches Interesse an der Neuen Welt bekundeten. Wer nun diese Zeitgenossen waren, kann vor dem Hintergrund der allgemeinen Bucherwerbs- und Lesepraktiken des 16. Jahrhunderts wiederum nur annähernd bestimmt werden: die am Fernhandel beteiligten Kreise in Wirtschaft und Verwaltung; interessierte Laien aus der aufsteigenden, für die Neuerungen auf dem Buchmarkt relativ aufgeschlossenen Bourgeoisie; seltener ein Angehöriger des Adels, etwa dann, wenn er als Diplomat selber weitgereist war; sowie, mit zunehmender Tendenz, die Vertreter der intellektuellen Elite, die nunmehr, trotz des auch weiterhin gebotenen Respekts gegenüber den Alten, die Standardwerke der modernen Geographie, der Historiographie und der Reiseliteratur in einem Maße zu Rate zogen, wie es vor 1550 niemals denkbar gewesen wäre. Und auch die Dichter, die – wie das Haupt der berühmten französischen Neuerungsbewegung der „Pléiade", Pierre de Ronsard – den Topos vom Goldenen Zeitalter neu belebten, fanden in den Berichten über Amerika hinreichend Material, mit dem sie das antike Modell gewissermaßen verjüngen konnten.[2]

Doch die von diesen Autoren vollzogene „produktive Rezeption" erschöpfte sich gemeinhin in der schlichten Wiedergabe der angebotenen, in der Tradition der Amerikana bereits fest verwurzelten Stereotype: dem des kulturlosen „Barbaren" und „Kannibalen" einerseits und dem des in einer glücklichen, von dem korrumpierenden Einfluß europäischer Zivilisation noch unberührten Vorzeit lebenden „guten Wilden" andererseits. Einzig der französische Philosoph Michel de Montaigne vermochte es, über die Einsicht in die Natur des Vorurteils in allgemeinen Erkenntnisprozessen und die Steuerungsmechanismen ethnozentrischer Einstellung in der besonderen Situation der interkulturellen Begegnung zu einem angemesseneren, die Stereotypisierung allerdings nicht ausschließenden Verständnis des Amerikaners zu gelangen; dies zudem mit einer Entschiedenheit, die dem Autor zwar (nicht ohne Eigenverschulden) von vielen modernen Kritikern abgesprochen wird, die aber sowohl hinsichtlich der erkenntnistheoretischen Einsichten als auch hinsichtlich der Aussagen über den Amerikaner das herkömmliche Bild von dem „Skeptiker" Montaigne keinesfalls bestätigt.

Ethnozentrismus und Quellenkritik

Im ersten Buch seiner 1580 erstmals erschienenen und in einer späteren Auflage erheblich erweiterten *Essais* befaßte sich Montaigne mit jenen Menschen der Neuen Welt, die den Franzosen des 16. Jahrhunderts unter allen amerikanischen Völkern am vertrautesten waren und deren Name nach dem Verständnis vieler Zeitgenossen den Amerikaner bzw. den Brasilianer schlechthin bezeichnete: die Tupinambá oder *Toupinamboulx* der *France Antarctique*. Die Kapitelüberschrift aber lautete nun nicht „Von den *Toupinamboulx*" oder „Von den Amerikanern", sondern „Von den Menschenfressern" – „Des cannibales" –, wodurch sich der Autor *a priori* in die Gruppe jener einzureihen schien, für die der Brasilianer oder der Amerikaner schlechthin nichts anderes war als ein Wilder, ein Barbar, dessen Grausamkeit und Perversion in der vorgeblich zu Recht als entscheidendes Merkmal hervorgehobenen Sitte des Kannibalismus am deutlichsten in Erscheinung traten. Doch der Titel, so stellte der Leser sehr bald fest, war eine Täuschung, denn der Autor traf die angesichts der Kapitelüberschrift geradezu provozierende Feststellung: „Nun finde ich..., daß es nach dem, was man mir davon berichtet hat, an diesem Volke nichts Barbarisches oder Wildes gibt..."[3]

Diese „Ent-täuschung" seines Lesers hatte Montaigne durch einige Anmerkungen zur Unzulänglichkeit des menschlichen Erkenntnisvermögens im allgemeinen und zum Konflikt zwischen vorgefaßter Meinung und Erfahrung im besonderen eingeleitet. „Ich fürchte fast", so seine kritische Einschätzung hinsichtlich der Fähigkeit des Menschen, neue Informationen aufzunehmen und zu verarbeiten, „daß unsere Augen größer sind als unsere Mägen und unsere Neugierde größer als unsere Fassungskraft." (230) Und hinsichtlich der Urteilsfähigkeit des Menschen glaubte er in der Geschichte genügend Beispiele dafür zu finden, daß man „auf seiner Hut sein [muß], um sich nicht von der gemeinen Sage verführen zu lassen, sondern nach Anleitung der Vernunft und nicht nach Volksmeinungen zu urteilen"[4]. Mit anderen Worten: Neuerer Erfahrung können wir nur dann angemessen begegnen, wenn wir uns hüten, bestehende Vorurteile und Klassifikationsschemata vorschnell und unreflektiert zu übernehmen, und uns statt dessen von der Vernunft leiten lassen, denn nur sie verhilft uns zu einem unvoreingenommenen, dem Gegenstand unserer Erfahrung gerecht werdenden Urteil.

Diese Einsicht galt nun in ganz besonderem Maße dort, wo die angetroffene Wirklichkeit zum eigenen Lebensbereich in großer erfahrungsmäßiger Distanz stand und – wie etwa bei der Begegnung mit anderen Völkern – das Erlebnis der Fremdheit dazu verführte, zwecks konfliktloser Verarbeitung des Unbekannten und Andersartigen die jeweiligen Fremden an den Normen und Gebräuchen der eigenen Kultur zu messen und bei Feststellen erheblicher Unterschiede als minderwertig zu betrachten. Dieser Methode, so Montaigne, bedienten sich bereits die Griechen, die alle fremden Völker „Barbaren" nannten; und die in dieser vorgefaßten Meinung enthaltene perspektivische Verzerrung sowohl hinsichtlich der Wahrnehmung als auch hinsichtlich der Beurteilung fremder Völker habe sich bis in die Gegenwart erhalten mit der Folge, „daß jedermann das Barbarei nennt, was nicht seiner Gewohnheit entspricht" (231); und Montaigne weiter:

... wie wir denn in der Tat keinen Prüfstein der Wahrheit und der Vernunft haben als das Beispiel und Vorbild der Meinungen und Bräuche des Landes, in dem wir leben. Hier herrscht stets die vollkommene Religion, die vollkommene Staatsordnung, die vollkommene und unübertreffliche Gepflogenheit in allen Dingen. (231)

Dieser extreme Ethnozentrismus – so die dem heutigen Sprachgebrauch angepaßte Formulierung – war nun auch, nach Ansicht des Autors, dafür verantwortlich, daß die Menschen der Neuen Welt, eben weil sie den Europäern fremd waren, von diesen als Barbaren und Wilde angesehen und verurteilt wurden. Wie wenig dieses Urteil nun aber der Wirklichkeit entsprach, das wußte Montaigne auf eindrucksvolle Weise dadurch zu belegen, daß er in konsequenter Fortführung seines Gedankengangs den in seiner Bedeutung ambivalenten Begriff des „Wilden" kritisch betrachtete. „Wilde", so das erste Ergebnis seiner diesbezüglichen Überlegungen, mochte man die Amerikaner nennen, „so wie wir die

Früchte wild nennen, welche die Natur von selbst und nach ihrem gewohnten Gang hervorgebracht hat". Da nun aber, so der Autor weiter, die Natur, nicht jedoch das Werk der Menschen, als Maß aller Dinge zu gelten habe, seien eher jene Früchte „wild" zu nennen, „die wir durch unsere Eingriffe verfälscht und der gemeinen Ordnung abspenstig gemacht haben". Denn: „In jenen sind die wahren, tauglicheren und ursprünglicheren Kräfte und Eigenschaften lebendig und mächtig, die wir in diesen verunstaltet haben, nur um sie dem Vergnügen unseres verdorbenen Geschmacks anzubequemen." (231) Die eigentlichen Barbaren waren somit nicht, folgte man der Argumentation Montaignes, die „kulturlosen" Amerikaner, sondern die „zivilisierten" Europäer. Und somit lautete das Ergebnis dieser notwendigen und sich für die Herausarbeitung der im Sinne Montaignes angemessenen Wertkorrelation als aufschlußreich erweisenden Begriffsbestimmung des Wortes „barbarisch": „Diese Völker scheinen mir also in diesem Sinne barbarisch, daß sie nur sehr wenig Zuschliff von Menschengeist erfahren haben und ihrer ursprünglichen Unbefangenheit noch sehr nahe sind" – eine Aussage, die ihr rechtes Gewicht erhielt durch die unmittelbar voraufgehend angeführte Sentenz Platons: „Alle Dinge... sind durch die Natur, das Glück oder die Kunstfertigkeit erzeugt; die größten und schönsten durch eines der beiden ersten; die geringeren und unvollkommeneren durch die letztere." (232)

Vorurteilsvolles, an überlieferten Wahrnehmungs- und Bewertungsmustern orientiertes Denken und Urteilen aus ethno- bzw. eurozentrischer Perspektive war jedoch nicht der einzige Tadel, den Montaigne an seine Zeitgenossen im allgemeinen und die Historiker wie Kosmographen im besonderen richtete. Gleichermaßen kritikwürdig erschienen ihm zwei weitere Untugenden, die er insbesondere in den zeitgenössischen Quellen über Amerika auszumachen glaubte: die Unwissenheit und Anmaßung derer, die, statt sich auf den Gegenstand ihrer unmittelbaren Erfahrung zu beschränken, sich für kompetent hielten, alle Bereiche der jeweiligen Materie abzuhandeln[5]; sowie die Haltung derer, die entsprechend einer vorgefaßten Meinung den Bericht über Fakten mit Kommentaren unterlegten und die Wirklichkeit im Lichte einer bestimmten Wirkabsicht verzerrten oder gar verfälschten. Insbesondere dieser letztgenannten Untugend entsagten, so Montaigne, nur wenige Autoren:

> ... um ihre Auslegung recht überzeugend zur Geltung zu bringen, können sie es sich nicht versagen, die Geschichte ein wenig zurechtzubiegen: sie stellen euch die Dinge niemals unverfälscht dar, sie drehen und verkappen sie nach der Gestalt, in der sie ihnen erschienen sind, und um ihrem Urteil ein Ansehen zu geben und es uns einzureden, schmücken sie die Sache gern nach dieser Seite hin aus, fügen hinzu und bauschen auf. (230)

Derjenige, dem an einer unverfälschten und durch keinerlei Wirkabsicht verzerrten Wiedergabe der Tatsachen gelegen sei, könne allein auf das Zeugnis des „einfachen Mannes" bauen, der so unverbildet und einfältig sei, „daß er gar nicht imstande ist, unwahre Erfindungen zu ersinnen und ihnen Wahrscheinlichkeit zu geben, und der auch keine vorgefaßten Meinungen hat" (230).

Angesichts so schwerwiegender Vorbehalte gegenüber Historikern und Geographen war es nur konsequent, wenn der Autor die Absicht bekundete, auf deren Werke zu verzichten und für seine Einschätzung Amerikas und des Amerikaners einzig das Zeugnis eines solchen Mannes gelten zu lassen: eines „einfachen und ungeschlachten Menschen", den er lange Zeit in seinen Diensten gehabt und der zuvor über mehr als ein Jahrzehnt unter den Menschen der *France Antarctique* gelebt hatte. Nun hatte aber Montaigne, wie die moderne Forschung nachweisen konnte, keinesfalls auf die Lektüre schriftlicher Quellen verzichtet; und es ist inzwischen hinreichend bekannt, welche der zu jener Zeit verfügbaren Kosmographien und Amerikana ihm zugänglich waren: für die Abfassung des in der Erstausgabe von 1580 publizierten Essays „Des cannibales" die *Kosmographie* Sebastian Muensters in französischer Übersetzung, Lérys *Histoire d'un voyage fait en la terre du Brésil* sowie die *Singularitez de la France antarctique* von Thevet; für den in der 1588 veröffentlichten erweiterten Fassung enthaltenen Essay „Des coches" (Über Kutschen) die *Historia* von Benzoni in der kommentierten Übersetzung Chauvetons[6] und die Werke López de Gómaras, die 1584 in französischer Übersetzung erschienene fünfte, erweiterte Auflage des ersten Teils der *Historia general* sowie die 1576 in Venedig publizierte italienische Übersetzung des zweiten Teils, die *Historia di Don Ferdinando Cortes.*

War somit die in dem Essay „Des cannibales" verkündete vorgebliche Abstinenz im Umgang mit schriftlichen Quellen – wie Joseph R. de Lutri meint – lediglich „part of the essayist's rhetoric of persuasion"[7]? Gewiß nicht, so sei im Vorgriff auf die noch zu leistende Textanalyse entgegnet. Denn die Einsicht Montaignes in den fundamental dualistischen Charakter jeder Information, die nicht nur über das Objekt, sondern auch über Haltung und Wirkabsicht des Subjekts eine Aussage macht, ist Teil jener erkenntnistheoretischen Vorgaben, die den Autor beim Umgang mit seinen schriftlichen Quellen geleitet haben und die ihm bei der Abfassung des Essays über die Kannibalen – gewiß nicht zufällig – vornehmlich solche Informationen als erwähnenswert erscheinen ließen, welche die Verfasser seiner wichtigsten Quellen, Thevet und Léry, durch das Zeugnis eines „einfachen und ungeschlachten Menschen" erhalten hatten: eben jener „truchements", deren Verdienste im Zusammenhang mit dem Informationswert der genannten Texte bereits ausführlich gewürdigt worden sind.

Kannibalismus und Fremdheit

Das Bild, das Montaigne zunächst in einer globalen Charakterisierung von den Kannibalen entwarf, war – entsprechend der zuvor gelieferten Auslegung der „Barbarei" als „ursprüngliche Unbefangenheit" – das von Menschen, die, noch vollkommen unberührt vom korrumpierenden Einfluß gesellschaftlicher Normen und Institutionen, allein den Naturgesetzen gehorchten:

Dies ist eine Nation, ... in der es keinerlei Art von Handelsgeschäften gibt; keine Kenntnis der Schrift; keine Zähl- und Rechenkunst; keine Begriffe für Würdenträger oder staatliche Obrigkeit; keinen Zustand der Dienstbarkeit, des Reichtums oder der Armut; keine Verträge; keine Erbfolgen; keine Güterteilungen; keine anderen Beschäftigungen als Zeitvertreib; keine Rücksicht auf Verwandtschaft als auf die allen gemeinsame; keine Bekleidung;

keinen Ackerbau; kein Metall; keinen Gebrauch des Weins oder des Getreides. Unerhört sogar die Worte, welche die Lüge, den Verrat, die Verstellung, den Geiz, den Neid, die Verleumdung, die Verzeihung bezeichnen. (233)

Ein wahrhaft glücklich zu nennendes Volk also, das überdies in einer paradiesisch anmutenden natürlichen Umgebung lebte – „einem höchst lieblichen und sehr milden Landstrich" (233) –, über Fisch und Fleisch im Überfluß verfügte und weder von Alter noch von Krankheit geplagt wurde. Hier, so Montaigne, war durch die Erfahrung der Beweis erbracht, daß der Mensch ohne „Zurichtung" und „Verkittung" imstande war, das Ideal einer glücklichen Gemeinschaft zu verwirklichen; dies zudem in einer Vollkommenheit, die selbst ein Philosoph wie Platon sich nicht hatte vorstellen können und die auch jene schönen Phantasiebilder übertraf, „mit denen die Dichtkunst das Goldene Zeitalter ausgeschmückt hat", sowie „alle Erfindungen, um einen glücklichen Zustand der Menschheit auszumalen" (232).

Amerika und der Amerikaner als literarische Reminiszenz, so enthüllt sich uns das hier von Montaigne entworfene Bild; als Reproduktion des den Zeitgenossen geläufigen Stereotyps vom tugendhaft-glücklichen „Naturvolk", das auf dieselbe Weise zustandegekommen war wie das Stereotyp vom kulturlosen „Barbaren": durch Aufzählung all jener Faktoren und Phänomene, die für die eigene Gesellschaft als charakteristisch galten, bei diesem fremden Volk jedoch keine Entsprechung fanden. Allerdings – und hier zeigen sich die ersten Früchte der zuvor skizzierten erkenntnistheoretischen Einsichten – verfuhr Montaigne in der Wahl der Begriffe weit umsichtiger und einsichtiger als seine Vorgänger, die sich mit der Formel „ohne Gesetz, ohne Herrschaft, ohne Religion" der Möglichkeit einer notwendigen Differenzierung beraubten und bei der Schilderung von Einzelerscheinungen zu dem vorab gegebenen Gesamturteil in einen unauflösbaren Widerspruch gerieten. Hinsichtlich der Wirkabsicht verfuhr Montaigne jedoch nicht anders als sie: Auch ihm galt die vorab gegebene globale Charakterisierung als Einstimmung auf die nachfolgenden Details, als Bezugsrahmen, der geeignet war, den Leser zu einer „angemessenen", d. h. dem (positiven) Urteil – oder

Vorurteil? – des Autors entsprechenden Einordnung und Bewertung der Einzelinformationen anzuleiten.

Diese Einzelinformationen beschränkten sich für die materielle Kultur auf einige wenige Bereiche: die Jagd, Schmuckgegenstände, Hausbau, Eß-, Trink- und Schlafgewohnheiten. Weit größere Aufmerksamkeit und Ausführlichkeit widmete der Autor der ideellen Kultur und hier speziell den Fragen von Erziehung und Moral. Und so erfuhr der Leser mit gewiß nicht geringem Staunen, daß dieses als „Kannibalen" apostrophierte Volk ein ausgeprägtes sittliches Bewußtsein besaß und ethische Prinzipien vertrat, die jenen antiker Denker und Philosophen nicht unähnlich waren; daß überdies größte Sorgfalt darauf verwendet wurde, den einzelnen in der Gemeinschaft zu sittlichem Handeln zu erziehen und dazu anzuleiten, stets den Geboten von Tugend, Pflicht und Ehre Folge zu leisten. Diese Gebote umfaßten nach Montaigne zweierlei: „die Tapferkeit gegen die Feinde und die Liebe zu ihren Frauen" (235); und es verging kein Tag, so der Autor weiter, an dem nicht einer der Alten – im morgendlichen Vortrag innerhalb der Wohngemeinschaft – oder einer ihrer Priester und Propheten – vor einer größeren, aus festlichem Anlaß zusammengekommenen Versammlung – sie zu der Erfüllung ihrer Pflicht und der Vervollkommnung ihrer Tugend gemahnte.[8]

Gewiß, der Katalog ihrer sittlichen Prinzipien war nicht besonders umfangreich; die Beharrlichkeit und Entschlossenheit aber, mit der sie für diese eintraten, waren geradezu vorbildlich. Und so fand Montaigne in der Tugend der „Standhaftigkeit", die diese Menschen mit Kampfgeist, Mut und Stärke jeder Gefahr unerschrocken ins Auge sehen ließ und die selbst im Angesicht des Todes durch keine noch so geringe Regung der Schwäche oder der Resignation ins Wanken geriet, das erforderliche Argument, mit dem er die starre und unversöhnliche Haltung jener aufzubrechen suchte, für die der Vorwurf des Kannibalismus ausreichte, um diesem Volk jede menschliche Gesinnung und Gesittung abzusprechen.

Um dieses nach seinem Dafürhalten zweifellos entscheidende Glied in seiner Argumentationskette einzuführen, bediente sich Montaigne zunächst eines Verfahrens, das bereits Thevet und insbesondere Léry, wenn auch mit anderer Zielsetzung, angewendet hatten. Er verglich den Kannibalismus mit der Behandlung, welche die Europäer ihren Feinden – und nicht nur diesen – angedeihen ließen:

Ich bin nicht ungehalten darüber, daß wir die barbarischen Greuel in einer solchen Handlung [i. e. dem Kannibalismus] brandmarken, wohl aber sehr, daß wir, die wir so gut über ihre Fehler urteilen, für die unsern so blind sind. Ich denke, daß es eine schlimmere Barbarei ist, einen Menschen lebendig zu fressen, als tot zu fressen, einen noch von Gefühlen belebten Körper mit Foltern und Qualen zu zerreißen, ihn bei langsamem Feuer zu rösten, ihn von Hunden und Schweinen zerbeißen und zerfleischen zu lassen (wie wir es nicht nur gelesen, sondern in jüngster Zeit gesehen haben, und dies nicht unter alten Feinden, sondern unter Nachbarn und Mitbürgern und, was noch schlimmer ist, unter dem Vorwand der Frömmigkeit und der Rechtgläubigkeit), als ihn zu braten und zu verspeisen, nachdem er verendet ist. (237)

Genau das waren die Argumente Lérys, dem angesichts der Mißstände der europäischen Zivilisation im allgemeinen und der Greuel der Religionskriege im besonderen der Kannibalismus der amerikanischen Wilden in einem weit weniger grellen Licht erschienen war. Doch Léry wie auch Thevet diente der Vergleich ausschließlich der Kritik an der eigenen Gesellschaft. Eine Einsicht in die Abhängigkeit der Urteile vom eigenen Standort blieb ihnen verwehrt, und wenn in ihrer Darstellung der Europäer den Amerikaner an Grausamkeit und Perversion zu übertreffen schien, dann waren die festgestellten Unterschiede allenfalls gradueller, nicht aber prinzipieller Natur. Für Montaigne hingegen war die Kritik an der eigenen Zivilisation, die aus dem Vergleich europäischer und amerikanischer Praktiken in so eindrucksvoller Weise zutage trat, nicht Selbstzweck, sondern Teil jener Argumentationskette, die darauf abzielte, im Zusammenhang mit den amerikanischen Kannibalen die zu Beginn seines Essays vermittelten Einsichten in die Natur des Vorurteils und die ethnozentrische Grundlegung von Urteilen über fremde Völker an einem konkreten Beispiel zu veranschaulichen. So zielte der Hinweis auf die eigene Unzulänglichkeit darauf ab, den Leser zu verunsichern und darauf hinzuweisen, daß die Selbstgefälligkeit, mit der die Europäer die amerikanischen Völker der Barbarei bezichtigten, gänzlich unangemessen war: „Wir mögen sie also im Hinblick auf die Vorschriften der Vernunft Barbaren nennen, aber nicht im Hinblick auf uns selbst, die wir sie in jeder Art von Barbarei übertreffen." (238)

Damit war der letzte Beweis dafür erbracht, daß der Begriff der „Barbarei" als Kriterium für die Beurteilung fremder Völker gänzlich unbrauchbar war, denn neben der ihm anhaftenden ethnozentrischen Perspektivverschiebung erwies er sich geradezu als kontraproduzent. Nun erst vermochte der Autor – und mit ihm der seiner Argumentation folgende Leser – den Kannibalismus der Amerikaner auf eine Weise wahrzunehmen und zu beurteilen, die sich nicht mehr ausschließlich an europäischen Normen und Verhaltensweisen orientierte, sondern dem von der Fremdkultur herausgebildeten Bezugsrahmen selbst Rechnung trug.

Dieser Bezugsrahmen war nun nach Montaigne die diesem fremden Volk eigene Vorstellung von Tugend, Ehre und Pflichterfüllung, wie sie im Zusammenhang mit seinen Kriegszügen offenbar wurde. „Ihre Kriegsführung", so Montaigne, „ist völlig edel und großherzig, und es eignet ihr so viel Rechtfertigung und Schönheit, wie dieser Seuche der Menschheit nur zugestanden werden kann: der Krieg hat unter ihnen keinen andern Grund als einzig den Wetteifer der Tapferkeit." (238) Denn der Drang nach territorialer Ausdehnung und die Gier nach reicher Beute waren diesen Menschen fremd, da sie über das Lebensnotwendige verfügten und noch die beneidenswerte Fähigkeit besaßen, „sich ihrer Lage in glücklicher Zufriedenheit zu erfreuen". Der einzige Gewinn des Siegers war „der Ruhm und die Auszeichnung, sich an Kraft und Tapferkeit überlegen gezeigt zu haben" (238). Daher gaben sie alles darum, von ihren Gefangenen das Eingeständnis der Niederlage zu erringen.

In diesem Kontext kam nun dem Kannibalismus – wie Montaigne zweifellos richtig erkannte – sowohl für den Sieger als auch für den Besiegten eine zentrale Bedeutung zu. Die Freizügigkeit und gute Behandlung, die den Gefangenen zuteil wurde, „damit ihnen das Leben um so teurer sei", wie auch die beständigen Drohungen und die beredt zur Schau gestellte Vorfreude auf das genüßliche Mahl, das man aus ihnen zu bereiten gedachte – all dies diente einzig und allein dem Zweck, „ihren Lippen irgendein weichliches oder kleinmütiges Wort zu entreißen oder sie zur Flucht zu reizen und damit den Triumph zu gewinnen, sie in Furcht versetzt und ihre Standhaftigkeit überwältigt zu haben". Für die Gefangenen aber war der drohende Tod willkommene Gelegenheit, ebendiese Standhaftigkeit unter Beweis zu stellen; und, so Montaigne: „... es findet sich nicht einer, der es nicht vorzöge, getötet und aufgegessen zu werden, als auch nur eine Bitte um Verschonung zu tun." (239) Das Gegenteil, so Montaigne weiter, war der Fall: „... während der zwei oder drei Monate ihrer Gefangenschaft [tragen sie] eine frohgemute Haltung zur Schau; sie stacheln ihre Herren dazu an, sie doch schnell dieser Prüfung zu unterwerfen; sie fordern sie heraus, beleidigen sie, werfen ihnen ihre Feigheit und die Zahl der Schlachten vor, die sie gegen die ihren verloren haben." (240) Einer solchen Haltung konnte man nach Ansicht des Autors seine Bewunderung kaum verwehren, denn:

Die Würde und der Wert eines Mannes liegen in seinem Herzen und seinem Willen; dort ruht seine wahre Ehre; die Mannhaftigkeit, das ist nicht die Stärke der Beine und der Arme, sondern des Mutes und der Seele: sie besteht nicht in der Trefflichkeit unseres Pferdes, noch unserer Waffen, sondern unser selbst. Derjenige, der mit ungebrochenem Mute fällt, si succidit, de genu pugnat [wenn er gestürzt ist, kämpft er knieend weiter]; der angesichts naher Todesgefahr nichts von seiner Fassung verliert; der noch, wenn er die Seele aushaucht, seinen Feinden mit festem und stolzem Blick ins Auge sieht, der ist geschlagen, doch nicht von uns, sondern vom Schicksal; er ist gefallen, nicht besiegt. (239 f.)

Doch in dem Maße, wie Montaigne in bildhafter Rede darlegte, auf welche Weise sich diese so bewundernswerte Widerstandsethik im einzelnen äußerte, mochten beim Leser – dem zeitgenössischen wie dem heutigen – Zweifel darüber aufkommen, ob die hier so engagiert vorgetragene Verteidigungsrede zugunsten der amerikanischen Kannibalen denn gar so ernst gemeint war; etwa wenn ein Lied zitiert und kommentiert wurde, das angeblich von einem Gefangenen stammte:

Mögen sie nur kühnlich kommen allesamt und sich versammeln, um von ihm zu essen; denn sie werden damit doch nur ihre eigenen Väter und Ahnen verzehren, die seinem Leib zu Speise und Nahrung gedient haben. Diese Muskeln, sagt er, dieses Fleisch und diese Adern sind die euren, arme Narren, die ihr seid; ihr merkt nicht, daß Saft und Mark der Glieder eurer Ahnen noch darin wohnen: laßt sie euch munden, ihr werdet darin den Geschmack eures eigenen Fleisches finden. Eine Erfindung, die in keiner Weise nach Barbarei klingt. (240)

Daß der zeitgenössische Leser dem Autor hier in seinem Urteil zu folgen vermochte, ist kaum anzunehmen. Und verwirren mußte ihn überdies der dann folgende Kommentar, in dem die zuvor so eloquent geäußerten Ansichten und Einsichten – scheinbar – zurückgenommen wurden. „Ohne Lüge", so das abschließende Urteil über den Kannibalismus der Amerikaner, „welch wilde Menschen sind dies doch im Vergleich zu uns; denn entweder müssen wahrlich sie es sein, oder wir müssen es sein: es liegt ein ungeheuerlicher Abstand zwischen ihrem Wesen und dem unsern." (241)

Mit dieser gewiß nicht nur für seine Zeitgenossen verwirrenden Bemerkung schien Montaigne zu seinen Kannibalen gewissermaßen auf Distanz zu gehen; eine Distanz, die – von der modernen Kritik durchaus richtig gesehen – durch eine ironische Wendung hervorgerufen wurde, die nun aber keinesfalls – wie der bereits zitierte Joseph R. de Lutri meint – darauf schließen läßt, daß der gesamte Essay als „rhetorical exercise"[9] zu betrachten sei. Eine solche Interpretation übersieht die fundamentale Bedeutung dieser nur scheinbar paradoxen Aussage. Die hier vom Autor vollzogene ironische Wendung[10], die mehr Distanz zu sich selbst als zum Gegenstand seiner Betrachtung signalisierte, bildete das Schlußglied der Montaigneschen Argumentationskette, denn hier nun zeigte sich, daß auch derjenige, der – wie eben Montaigne – bemüht war, sich der fremden Kultur unvoreingenommen zu nähern, um sie von innen heraus zu betrachten und an ihren eigenen Normen zu messen, zwar manch wertvolle Einsicht gewinnen konnte, in seinem Verständnisvermögen aber dort an Grenzen stieß, wo die Äußerungsformen der eigenen und der fremden Kultur extrem differierten. Andersartigkeit und Fremdheit, dieser „ungeheuerliche Abstand zwischen ihrem Wesen und dem unsern", müssen die angemessene Würdigung der anderen Kultur erschweren und werden sie bisweilen sogar – wie im Fall des Kannibalismus – unmöglich machen. Und damit war das zuvor scheinbar unlösbare Paradox auf glückliche Weise gelöst: Dem Europäer war es unbenommen, den kannibalischen Sitten der Amerikaner mit Unverständnis, ja sogar mit Abscheu zu begegnen; dies jedoch nur dann, wenn er seine ablehnende Haltung mit dem eigenen, durch die Andersartigkeit der Amerikaner hervorgerufenen Unvermögen, die andere Kultur tiefer zu durchdringen, begründete, nicht jedoch mit ihrer vorgeblichen „Barbarei".

Wenn nun aber der Europäer aufgrund seines eigenen Unvermögens, die Fremdkultur zu begreifen, sich das Recht nahm, die bei dieser bestehenden Abweichungen von der eigenen Kultur kritisch festzuhalten und (bei extremer Abweichung) abzulehnen, dann mußte er, so Montaigne, den Vertretern dieser Fremdkultur dasselbe Recht zugestehen. Denn schließlich war die europäische Kultur keinesfalls so beschaffen, daß ein Außenstehender nicht manches hätte als verwunderlich erachten oder gar kritisieren mögen. Und so erschien es nur recht und billig, wenn Montaigne anläßlich einer zweifellos stattgefundenen Audienz vor dem damals noch minderjährigen König Karl IX. in Rouen den anwesenden Vertretern dieser Fremdkultur ihrerseits die nachfolgenden – möglicherweise tatsächlich gefallenen, möglicherweise aber auch fiktiven – Äußerungen des Erstaunens und der Kritik in den Mund legte:

Sie sagten, sie hätten es zum ersten sehr seltsam gefunden, daß so viele große Männer, bärtig, stark und gewaffnet, die den König umgaben (wahrscheinlich sprachen sie von den Schweizern seiner Leibwache), sich herbeiließen, einem Kind zu gehorchen, und daß man nicht eher einen von ihnen wählte, um den Befehl zu führen; zum zweiten (sie haben in ihrer Sprache eine Ausdrucksweise, derart, daß sie die Menschen als Hälften voneinander bezeichnen) hätten sie bemerkt, daß es unter uns üppige, mit allen Annehmlichkeiten gesättigte Menschen gebe und daß ihre andern Hälften, von Armut und Hunger ausgemergelt, bettelnd vor ihren Türen stünden; und fänden es wunderlich, wie diese derart bedürftigen Hälften eine solche Ungerechtigkeit ertragen könnten und daß sie nicht die andern an der Gurgel packten oder Feuer an ihre Häuser legten. (242 f.)

Diese von Montaigne zitierte Rede der Amerikaner als Kritik an seiner eigenen, der französischen, Gesellschaft deuten zu wollen – wie von zahlreichen Interpreten geschehen –, erscheint absurd. Montaigne war keinesfalls ein Gegner der Erbmonarchie; und es gibt desgleichen keinen Hinweis darauf, daß er eine Lösung des gewiß auch von ihm bedauerten Problems der Armut darin sah, den Betroffenen das Faustrecht zuzugestehen oder gar den Antagonismus zwischen arm und reich durch eine Umgestaltung der Eigentumsverhältnisse aufzulösen. Bedeutsam ist hier allein, daß von den Amerikanern zwei Prinzipien als „seltsam" erachtet wurden, die dem Europäer als selbstverständlich galten, ebenso selbstverständlich wie dem Amerikaner der Kannibalismus.

Damit hatte Montaigne das Stereotyp vom amerikanischen „Wilden" und „Barbaren" in seinem Kern gesprengt. Die gleichermaßen als wesentliches Merkmal hervorgehobene Promiskuität der Amerikaner zu begründen und ihren vorgeblichen Mangel an geistigen Fähigkeiten zu widerlegen, dazu bedurfte es nach der Auseinandersetzung mit dem delikaten Problem des Kannibalismus nur noch einer geringen Anstrengung. Den Vorwurf der Nacktheit aber, der gleichermaßen zum Kern der im Stereotyp vom Kannibalen zusammengefaßten Merkmale gehörte, mochte Montaigne nun nicht mehr ernsthaft erörtern; und so ist die von der modernen Kritik häufig als nur witzige Pointe apostrophierte Schlußbemerkung: „All das ist so übel nicht: aber einerlei, sie tragen keine Beinkleider" (243), ironischer Ausdruck störrischer Verweigerung und Resignation mit Blick auf jene Leser, die seinem Argumentationsgang nicht folgen würden und sich der Einsicht in die Notwendigkeit der von ihm mit Entschiedenheit geforderten Bemühung um die Überwindung einer ethnozentrischen Einstellung verschlossen. Ein Ansinnen, mit dem Montaigne, wie er gewiß erkannte, seine Zeitgenossen zweifellos überforderte.

„Leyenda negra" und Kulturkritik

Während Montaigne in dem Essay „Des cannibales" Wahrnehmung und Einstellung des Europäers gegenüber fremden Völkern
im allgemeinen und dem Amerikaner im besonderen einer kritischen Prüfung unterzog, um sie als Produkt von Ethnozentrismus
und negativem Vorurteil zu entlarven, galt in dem etwa zehn Jahre
später entstandenen Essay „Des coches" seine Aufmerksamkeit
dem Verhalten der Europäer gegenüber den amerikanischen Völkern. Dieses Verhalten fand in der negativen Einstellung seinen
Ursprung und seine Rechtfertigung und war für Montaigne aufgrund der irreparablen Schäden nun nicht mehr mit dem Hinweis
auf die einem angemessenen Verständnis entgegenwirkende Kraft
von Fremdheit und Andersartigkeit zu entschuldigen. Diese the-
matische Verschiebung erforderte naturgemäß eine Differenzierung des Amerikabildes; in dem Essay „Des cannibales" hatte
Montaigne vorwiegend jene Aspekte berücksichtigt, die in dem
Strukturkern des Stereotyps vom „Kannibalen" bzw. „Wilden"
oder „Barbaren" als Leitmerkmale hervorgehoben worden waren,
und demzufolge die Hochkulturen von Mexiko und Peru außer
acht gelassen.

Zunächst aber erschien auch in „Des coches" der Amerikaner
dem Leser im Licht der von Montaigne so geschätzten „ursprünglichen Unbefangenheit". Diese von den Europäern entdeckte
Welt, so begann er seine Beschreibung, ist „so neu und noch so in
der Kindheit, daß man sie noch das Abc lehrt: es sind noch keine
fünfzig Jahre her, daß sie weder von Buchstaben, von Gewicht,
von Maß, noch von Kleidung, von Getreide und von Wein etwas
wußte. Sie lag noch ganz nackt im Schoße und nährte sich nur von
der Brust ihrer Nährmutter." (716) Eine Welt also, die der Natur
noch ganz nahe war; dieselbe Welt, in der auch jene Kannibalen
angesiedelt waren, die Montaigne bereits von dem Vorwurf der
Barbarei reingewaschen hatte und die er auch hier den Europäern
als Vorbild an Tugend- und Mannhaftigkeit vor Augen führte:

In Hinsicht auf Herzhaftigkeit und Mut, auf Entschlossenheit, Ausdauer,
Standhaftigkeit gegen Schmerzen, Hunger und Tod würde ich mich nicht

scheuen, die Beispiele, die ich unter ihnen fände, den ruhmvollsten Beispielen des Altertums zur Seite zu stellen, die wir in den Denkwürdigkeiten dieser unserer Alten Welt besitzen. (717)

Überraschen mochte auch nicht die Hervorhebung der bereits bei den Kannibalen festgestellten geistigen Fähigkeiten, „daß sie uns an Witz und natürlicher Klarheit des Geistes um nichts nachstanden" (716). Neu aber war der Hinweis auf ihren „Kunstfleiß", ihre – wie Dürer es umschrieb – „subtile ingenia" auf dem Gebiet der materiellen Kultur, welche die bei ihnen noch vorherrschende „ursprüngliche Unbefangenheit" keinesfalls ausschloß.

Die Schöpfungen dieser „ingenia" erfüllte Montaigne mit höchster Bewunderung: „die ungeheure Pracht ihrer Städte Cuzco und Mexiko"; „die Schönheit ihrer Arbeiten aus edlen Gesteinen, aus Federn, aus Baumwolle und ihrer Werke der Malerei"; als besonders eindrucksvoller Beweis ihrer Kunstfertigkeit (und ihres Reichtums) der Garten Moctezumas, „in dem alle Bäume, Früchte und Kräuter nach der Ordnung und Größe, die sie in einem Garten haben, meisterlich aus Gold nachgebildet waren" (716); oder der „Weg der Inca" von Quito nach Cuzco, der mit seinen Pflastersteinen und seiner schnurgeraden, von Bäumen, Bächen und hohen Mauern begrenzten Trassenführung als Wunderwerk von Menschenhand gelten konnte.

Doch diese neue, noch junge Welt, die gerade erst den Aufbruch in eine vielversprechende Zukunft begonnen hatte, um ihre höchste Blüte zu erleben, wenn (nach Montaigne) die Alte Welt längst versunken wäre, sah nun, nachdem Europa sie für sich entdeckt hatte, vorzeitig ihrem Untergang entgegen. „Es war eine kindliche Welt" (716), so Montaigne mit Bedauern; und: „Wie leicht wäre es gewesen, aus so unberührten, so lernbegierigen Seelen, die meistenteils schon von Natur so schön begonnen hatten, reiche Früchte zu ziehen." Doch die vorgeblich geleistete zivilisatorische Mission der Europäer zeitigte ein ganz anderes Resultat:

Wir haben uns im Gegenteil ihrer Unwissenheit und Unerfahrenheit bedient, um sie nach dem Beispiel und Vorbild unserer Sitten desto leichter zum Verrat, zur Ausschweifung, zur Habsucht und zu jeder Art von Unmenschlichkeit und Grausamkeit abzurichten. Wer hat jemals den Vorteil des

Handels und Schachers so hoch angeschlagen? So viele Städte sind dem Erdboden gleichgemacht, so viele Völker ausgerottet worden, soviel Tausende und aber Tausende von Menschen mußten über die Klinge springen, und die reichste und schönste Weltgegend ward verwüstet, um mit Perlen und Pfeffer Handel zu treiben: kalte und tote Siege. Noch nie hat der Ehrgeiz und der Völkerhaß die Menschen gegeneinander zu so scheußlichen Gewalttaten getrieben und solchen Jammer verbreitet. (716)

Welche europäische Nation konkret eine so unermeßliche Schuld auf sich geladen hatte, war für den Zeitgenossen – auch für den, der weder Benzoni noch Las Casas kannte – offensichtlich; und so mochte die dann folgende Detailschilderung der von den Spaniern begangenen Verbrechen den (französischen) Leser (vorerst) vergessen lassen, daß der Autor bis dahin weder ihn noch sich selbst als Angehörige desselben Kulturkreises, zu dem auch die Spanier zählten, von der Verantwortung ausgenommen hatte.

Die Anklage gründete sich, wie Montaigne hervorhob, auf das Zeugnis spanischer Autoren, die selbst ausführlich über die Geschehnisse berichteten, „denn sie gestehen diese Taten nicht nur ein, sie rühmen sich ihrer und posaunen sie aus" (723).[11] Doch die Darstellung der mehr als 50jährigen Geschichte spanischer Eroberungspraxis wußte der Autor entsprechend seiner Wirkabsicht auf sehr eindrucksvolle Weise auf nur wenige Einzelepisoden zu konzentrieren und ihr überdies besondere Anschaulichkeit dadurch zu verleihen, daß er – in noch stärkerem Maße als Benzoni – nicht die Sieger, sondern die Besiegten als beobachtende, urteilende und handelnde Personen in den Vordergrund treten ließ. So schilderte er die Ankunft der Spanier aus der Sicht der Eingeborenen, und damit war durch die Umkehrung des Blickwinkels nicht der Amerikaner, sondern der Europäer der andere, der Fremde, der zunächst die größte Verwunderung hervorrief:

...das berechtigte Staunen, mit dem diese Völkerschaften so unversehens bärtige Menschen von ganz anderer Sprache, anderem Glauben, Gehaben und Körperbau, aus einem so entlegenen Winkel der Welt ankommen sahen, wo sie nie irgendwelche bewohnte Gegenden vermutet hatten, reitend auf großen, unbekannten Ungeheuern, gegen sie, die nicht nur nie ein Pferd, sondern überhaupt noch nie ein Tier gesehen hatten, das dazu abgerichtet war, einen Menschen oder eine andere Last zu tragen; ausgestattet mit einer harten und blinkenden Haut und einer scharfen, blitzenden Waffe, gegen sie, die für das glänzende Wunder eines Spiegels oder eines Messers einen ganzen Schatz von Gold und Perlen zum Tausch hergaben, und die weder die Kenntnis noch ein Metall besaßen, mit dem sie, auch wenn sie alle Muße dazu gehabt hätten, unsern Stahl hätten durchdringen können... (717)

Doch auf die anfängliche Verwunderung folgte bei den Indios sehr schnell die Einsicht, daß sie, „unter dem Deckmantel der Freundschaft und der Redlichkeit überlistet und durch die Neugier, so fremde und unerhörte Dinge zu sehen, verführt" (718), von diesen Fremden nur Versklavung oder Tod zu erwarten hatten. Besonders beeindrucken mochten den Leser in diesem Zusammenhang jene Passagen, in denen Montaigne am Beispiel herausragender Persönlichkeiten Einzelschicksale benannte, die in exemplarischer Weise verdeutlichten, mit welch heroischer Größe diese Menschen unter der Folter wie in der Stunde ihres Todes der perfiden Grausamkeit der Spanier begegneten. Nur ein Beispiel sei hier erwähnt: das jenes „Königs von Mexiko", den die Spanier „gegen ihr gegebenes Wort und gegen alles Völkerrecht" zusammen mit einem seiner Würdenträger bei lebendigem Leibe auf kleinem Feuer rösteten und der, als sein Leidensgenosse, wie um Hilfe und Erlösung zu erbitten, flehentlich zu ihm hinübersah, diesem mit fester Stimme „und als Vorwurf seiner Feigheit und Kleinmütigkeit" die folgenden Worte entgegnete: „Und ich, bin ich denn auf Rosen gebettet? bin ich nicht [sic] weit besser daran als du?" (722)

Für die Propagandisten der „leyenda negra" lieferte Montaigne höchst eindrucksvolles Beweismaterial; und auch dem Einwand jener, die das Vorgehen der Spanier mit dem Hinweis auf ihren religiösen Eifer zu entschuldigen suchten, trat er mit Entschiedenheit entgegen:

Wäre es ihr Vorsatz gewesen, unsern Glauben auszubreiten, so hätten sie bedacht, daß er nicht durch die Macht über Ländereien, sondern durch die Macht über Menschenseelen gemehrt wird, und hätten sich nur zu gern mit dem Blutvergießen begnügt, das die Notwendigkeit des Kriegs mit sich bringt, ohne dazu noch ungerührten Sinnes eine grenzenlose Schlächterei anzurichten, wie unter wilden Tieren, so viel sie nur mit Feuer und Schwert niederzumetzeln vermochten, und mit Vorbedacht nur so viele übrigzulassen, wie sie als elende Sklaven zur Fronarbeit in ihren Bergwerken verwenden wollten... (723)

Doch Schuld, so Montaigne, traf nicht allein die Spanier. „Ich fürchte gar sehr", so hatte er eingangs die vorgebliche Zivilisierung der „neuen" Welt durch die „alte" in ihrem Ergebnis resümiert, „daß wir ihren Verfall und Untergang durch unsere Ansteckung sehr stark beschleunigt und ihr unsere Lehren und unsere Künste überaus teuer verkauft haben werden." (716) Damit war das Prinzip der individuellen bzw. nationalen Schuld unterlaufen, wurden auch die anderen europäischen Nationen keinesfalls von der Verantwortung ausgenommen. Denn Spanien war ein Teil der Alten Welt; und diese war in ihrer Gesamtheit der mit der Entdeckung der Neuen Welt an sie herangetretenen Herausforderung und Aufgabe nicht (mehr) gewachsen. Eine verpaßte Chance für die Europäer und eine tragische Wende für die Amerikaner, denen das Unglück widerfuhr, zu spät für die Alte Welt entdeckt zu werden:

Warum ist eine so herrliche Eroberung nicht Alexander oder den alten Griechen und Römern zugefallen, und warum geschah eine derartige Erschütterung und Umwälzung so vieler Reiche und Völker nicht unter Händen, die mit Milde bezähmt und gerodet hätten, was da noch in Wildheit war, und die den guten Samen, den die Natur ausgestreut hatte, gepflegt und entwickelt und zum Ackerbau und zur Zier der Städte nicht nur die Kunstfertigkeiten von diesseits des Meeres, soweit sie dort mangelten, sondern auch die griechischen und römischen Tugenden zu den Eingeborenen des Landes hinzugesellt hätten! (718)

In diesem kleinen Exkurs in eine Vergangenheit, die nicht stattfand, enthüllt sich nun ein Programm, das keinesfalls mehr den Blick zurück auf ein nostalgisch verklärtes Goldenes Zeitalter gestattete: der Entwurf einer „geistigen Eroberung", die dem unzweifelhaft gelungenen Fortschritt des menschlichen Geistes und der europäischen Zivilisation in gebührender Weise Rechnung trug, die aber auch den amerikanischen Naturvölkern das

Recht einräumte, die eigenen Vorstellungen geltend zu machen. Nur so hätte nach Montaigne erreicht werden können, was die Eroberung der Neuen Welt als hervorragende Leistung der Alten Welt, als „Aufschwung für dieses ganze Weltgetriebe" (718), ausgewiesen hätte: „eine brüderliche Gemeinschaft" (719).

Montaigne oder die Tugenden der undogmatischen Persönlichkeit

Mit der Erkenntnis in die Steuerungsmechanismen ethnozentrischer Einstellung hatte Montaigne sich und seinen Lesern in der Begegnung mit dem Amerikaner eine Perspektive eröffnet, die es gestattete, bei Anwendung seines erkenntnistheoretischen Rahmenmodells die fremde Kultur von innen heraus zu betrachten und damit Einsichten zu gewinnen, die für seine Zeit nachgerade revolutionär waren. Gewiß, vor ihm war es auch anderen gelungen, zumindest bei der Darstellung einzelner Aspekte einen hohen Grad an Objektivität zu erreichen; etwa André Thevet und Jean de Léry dort, wo sie sich auf die kommentarlose Wiedergabe der von den „truchements" gelieferten Insider-Informationen beschränkten. Doch bei Thevet und Léry war die bisweilen erreichte Objektivität nicht Ergebnis einer konsequent angewandten Methode und mußte dort in einen Widerspruch münden, wo die Autoren die eigene, ungebrochen ethnozentrische Perspektive durch eine klare Standortmarkierung zur Geltung brachten.

Montaigne hingegen ging systematisch vor: Nach Aufgabe seiner ethnozentrischen Einstellung war sein Blick frei für die sachliche Einschätzung dessen, was die Fremdkultur an eigenen Werten und Normen herausgebildet hatte. So konstatierte er bei dem Amerikaner das Bewußtsein ethischer Prinzipien wie Ehre, Tugend, Pflichterfüllung und ermittelte deren inhaltliche Bestimmung, die er – mit Blick auf das zu widerlegende Stereotyp vom „Kannibalen" – im wesentlichen in dem Gebot der Standhaftigkeit begründet sah. Nun war diese Erkenntnis zumindest einem Teil der Leser nicht neu, betraf sie doch eines der wesentlichen Merkmale jenes tugendhaften Barbaren, den bereits die Antike

gekannt hatte und den einige Autoren im Amerikaner wiederzu-
finden glaubten. Neu war jedoch das Vorgehen Montaignes, die
Verhaltensweisen dieser Menschen im einzelnen an ihrem eigenen
Normensystem zu messen – mit dem Ergebnis, daß er selbst den
Kannibalismus rational zu rechtfertigen vermochte; ein Ergebnis,
welches auch dadurch nicht wieder aufgehoben wurde, daß die
extreme Fremdheit, der „ungeheuerliche Abstand zwischen ihrem
Wesen und dem unsern", für den Europäer eine angemessene
Bewertung zumindest dieses Phänomens schließlich doch unmög-
lich machte.

Die Faktoren, die Montaigne den entscheidenden Schritt zur
Überwindung seiner ethnozentrischen Einstellung ermöglichten
und ihn in die Lage versetzten, die Annahme des gängigen Stereotyps vom amerikanischen Kannibalen zu verweigern und dies
auch rational zu begründen, waren mannigfaltig. Zum einen
erfolgte bei ihm die Begegnung mit dem Untersuchungsgegen-
stand nicht, wie bei den Konquistadoren und anderen Amerikareisenden, über den unmittelbaren Kontakt, so daß Wahrnehmung
und Urteil weder durch eine direkt involvierte Motivations- und
Interessenlage noch durch möglicherweise aufgetretene Konflikte
getrübt oder gar verfälscht wurden. Zum anderen lebte Montaigne fernab vom Machtzentrum des Hofes, finanziell abgesi-
chert und in seinen politischen wie sozialen Funktionen unabhängig, so daß er seine Stellung innerhalb der eigenen Gesellschaft
ohne allzu große Rücksichten auf kollektive Interessen behaupten
und es sich sogar leisten konnte, in seiner Meinung von der Norm
abzuweichen, ohne deshalb mit der Umwelt oder mit sich selbst
und seiner ansonsten konservativen und keinesfalls rebellischen
Haltung in Konflikt zu geraten.

In diesem Zusammenhang kommt der Persönlichkeit des
Autors, wie sie sich uns vor seinem biographischen Hintergrund
und in seinem Werk enthüllt, entscheidende Bedeutung zu. Montaigne als „tolerante" und „undogmatische" Persönlichkeit – so
erschließt sich uns der Verfasser der *Essais*, der all jene Tugenden
aufweist, die von der sozialpsychologischen Forschung als für
diesen Personentypus charakteristisch ermittelt wurden[12]: Ablehnung von monolithischen Kategorien bzw. Stereotypen, Toleranz

gegenüber Mehrdeutigkeit und Mehrwertigkeit, gewohnheitsmäßige Skepsis und schließlich die Bereitschaft, Unwissenheit und Fehlurteile zuzugeben. Montaigne auch als Persönlichkeit mit „offener" Bewußtseinsstruktur, die im Umgang mit vermittelter Information – und auf die allein konnte er im Zusammenhang mit dem Amerikaner rekurrieren – größte Vorsicht walten ließ und nicht geneigt war, irgendeine Quelle *a priori* als absolute Autorität anzuerkennen. Dies galt besonders dort, wo der Urheber der Information sich als vorurteilsvolle, möglicherweise sogar als „dogmatische" Persönlichkeit enthüllte, die – wie die von Montaigne kritisierten Geographen im allgemeinen und Thevet wie Léry im besonderen – gemäß einer vorgefaßten Meinung und einer entsprechenden Wirkabsicht die Wirklichkeit nur im Ausschnitt wiedergaben oder gar absichtlich verfälschten.

Einen Ausschnitt gab allerdings auch Montaigne; doch nahm er für sich nicht in Anspruch, die Vielfalt und Komplexität der Fremdkultur auch nur annähernd erfassen zu wollen. Sein Ziel war es, die im Strukturkern des gängigen Stereotyps vom „Kannibalen" zusammengefaßten Merkmale innerhalb des sie bedingenden normativen Bezugsrahmens rational zu begründen, um so an einem konkreten Beispiel Wahrnehmung, Einstellung und Verhalten des Menschen in der Begegnung mit dem anderen und Fremden als Produkt von Vorurteil und Ethnozentrismus zu entlarven.

Anmerkungen

1 Wer vor dem Umfang (und dem Folioformat) enzyklopädischer Werke wie Muensters *Kosmographie* zurückschreckte, konnte auch zu kürzeren, zumeist in handlichen Oktavbänden publizierten Darstellungen greifen: etwa zu der auch während der zweiten Hälfte des 16. Jahrhunderts noch vielfach aufgelegten *Kosmographie* von Petrus Apianus und Gemma Phrisius; oder zu anderen, ausgesprochen gehaltlosen, bisweilen nicht einmal 50 Seiten umfassenden „Kosmographien", die – wie etwa der *Discours des choses necessaires & dignes d'estre entendues en la Cosmographie* (Abhandlung über das, was in der Kosmographie wichtig

und hörenswert ist) von G. de Terraube (Paris 1559) – zu Amerika nichts weiter zu berichten wußten, als daß von dort das Brasilholz geholt wurde, daß dort „Wilde" lebten und dieser Teil der Welt im übrigen – neben „den Pygmäen, Cathay, den Kannibalen und den Molukken" – im äußersten Osten Asiens liege (S. 37f. der 2. Ausgabe von 1566). Und wer unter den zeitgenössischen Lesern auf Text nahezu ganz verzichten wollte, konnte schließlich zu einem Atlas greifen; etwa dem 1570 zuerst publizierten *Theatrum orbis terrarum* (Schauplatz der Welt) von Abraham Ortelius, das in der Originalfassung wie in vulgärsprachlichen Übersetzungen unter verschiedenen Titeln zumeist in Taschenbuchformat bis zum Ende des Jahrhunderts in unzähligen Ausgaben erschien und über die geographische Ortsbestimmung hinaus kaum Informationen vermittelte.

2 Der Dichterkreis der Pléiade, dem André Thevet – sei es aufgrund freundschaftlicher Verbundenheit, sei es aufgrund seiner angesehenen Position bei Hof – nahestand, bietet zahlreiche Beispiele dafür, wie ein Werk, die den meisten Mitgliedern der Pléiade zumindest in Auszügen bekannten *Singularitez de la France antarctique* desselben Thevet, gemäß einer bestimmten Erwartungshaltung einseitig und sogar in eklatantem Widerspruch zu der vom Autor selbst plakatierten Meinung rezipiert werden konnte. Vgl. hierzu die von Le Moine zusammengestellte Anthologie [14].

3 Zitiert wird hier und im folgenden in der Übersetzung von Lüthy [46]; hier S. 231.

4 Da dieser Passus in der hier benutzten deutschen Ausgabe fehlt, wird nach der von Wuthenow herausgegebenen Auswahl zitiert: [47], S. 82.

5 Der Vorwurf der Inkompetenz und Anmaßung richtete sich konkret gegen Thevet dort, wo Montaigne (unter Anspielung auf eine von diesem unternommene Palästinareise) speziell die geographischen Wissenschaften ins Visier nahm: „Wir hätten Topographen nötig, die uns eine eingehende Darstellung der Gegenden gäben, in die sie gekommen sind. Aber kaum hat einer vor uns voraus, daß er Palästina gesehen hat, so will er auch gleich das Vorrecht genießen, uns von der ganzen übrigen Welt Neuigkeiten zu erzählen. Ich wollte, daß jeder schriebe, was er weiß, und soviel er davon weiß, nicht nur in dieser, sondern auch in jeder andern Sparte. Denn es kann einer eine besondere Kenntnis oder Erfahrung von einem Fluß oder einer Quelle haben, der im übrigen nur weiß, als was jedermann weiß. Gleichwohl wird er, um seinen Brocken an Mann zu bringen, eine ganze Naturlehre schreiben. Aus diesem Unwesen entspringen manche und große Unzuträglichkeiten." (230f.) Thevet hatte bereits

in seinem ersten publizierten Werk, der *Cosmographie du Levant* von 1554, unter Berufung auf die eigene Erfahrung einen weitaus größeren geographischen Raum beschrieben, als er selbst bereist hatte.

6 Die 1579 publizierte Benzoni-Übersetzung lag Montaigne, wie Chinard ([237], S. 197 ff.) nachgewiesen hat, noch vor der Drucklegung der ersten Ausgabe der *Essais* vor, blieb jedoch für die Darstellung des Amerikaners in dem Essay „Des cannibales" unberücksichtigt.

7 [282], S. 78.

8 Aktivitäten und Macht der Schamanen, dieser „falschen Propheten", waren sowohl bei Thevet als auch bei Léry Gegenstand ausführlicher Erörterungen und bitterböser Kommentare, die keinesfalls auf einen noch so geringen positiven Einfluß schließen ließen. Montaigne hingegen enthielt sich im Zusammenhang mit ihrem Wirken als Propheten (zunächst) jedes kritischen Kommentars und berichtete lediglich, daß sie Gefahr liefen, in Stücke zerhackt zu werden, wenn sich ihre Voraussagen nicht erfüllten. Erst in der letzten, 1595 postum veröffentlichten Fassung der *Essais* ist diese Passage durch eine generelle Anmerkung zum Thema der Weissagungen ergänzt, die dann, wenn sie zu Mißbrauch führten, nach Ansicht des Autors bestraft werden sollten.

9 [281], S. 209.

10 Die nach dem Urteil Goethes für Montaigne so bezeichnende „unschätzbar heitere Wendung" bedeutet nicht Rücknahme der zuvor gewonnenen Einsicht; sie ist vielmehr Ausdruck für das, was H. Friedrich – in seiner für das Gesamtverständnis von Autor und Werk grundlegenden Monographie – als Konstante des „Skeptikers" Montaigne bezeichnete: das „Unbehagen an apodiktischem und systematischem Denken" ([254], S. 76). Sie ist aber auch willkommenes Stilmittel, um nicht in den Geruch der Pedanterie zu geraten, für Montaigne nachgerade eine Todsünde.

11 Dieser Verweis traf in besonderem Maße auf López de Gómara zu, der trotz manch kritischer Anmerkungen zu einzelnen, als Ausnahme deklarierten Exzessen für die Leistung der Spanier in Amerika äußerst lobende Worte fand und der die Taten der Konquistadoren in einer Weise glorifizierte, die den Indienrat dazu veranlaßte, zwecks Wahrung der königlichen Autorität gedruckte Exemplare seiner *Historia general* einzuziehen. (León Pinelo [110], S. 70) Um kurz den Tenor seines Werkes zu dokumentieren, sei hier aus dem Schlußkapitel des ersten Teils zitiert: „So viele Regionen, wie ich berichtet habe, wurden von unseren Spaniern in 60 Jahren der Eroberung entdeckt, erkundet und bekehrt. Nie zuvor hat ein König oder ein Volk so viel wie unsere in so kurzer Zeit erkundet und unterworfen; nie zuvor hat ein Volk so viel geleistet und sich

Verdienste erworben im Waffenhandwerk und der Seefahrt ebenso wie in der Verbreitung des heiligen Evangeliums und der Bekehrung von Ungläubigen. Daher gebührt den Spaniern in der ganzen Welt allerhöchstes Lob. Gedankt sei Gott, der ihnen solche Gnade und Kraft verlieh! Lob und Preis gebührt unseren Königen und den Männern Spaniens, daß sie die Indios dazu brachten, einen Gott, einen Glauben und eine Taufe anzunehmen und vom Götzendienst, den Menschenopfern, der Menschenfresserei, der Sodomie und anderen schweren und bösen Sünden abzulassen, die unser lieber Gott sehr verabscheut und bestraft. Sie brachten sie von der Vielweiberei ab, althergebrachte Sitte und Ergötzen all jener wollüstigen Menschen; sie zeigten ihnen Bildung, ohne die die Menschen wie Tiere sind, und den Umgang mit Eisen, das der Mensch so dringend braucht; desgleichen zeigten sie ihnen viele gute Sitten und Grundsätze, damit sie besser leben. All dies und sogar jede Sache für sich genommen ist ohne Zweifel sehr viel mehr wert als die Feder, Perlen, das Silber und Gold, das sie ihnen genommen haben, zumal diese sich der Metalle nicht als Geld bedienten, wie es ihrem eigentlichen Gebrauch und Nutzen entspricht. Allerdings wäre es besser gewesen, wenn sie ihnen nichts weggenommen und sich mit dem zufriedengegeben hätten, was sie aus den Minen, den Flüssen und den Gräbern herausholten." ([42], S. 294)

12 Vgl. hierzu die Ausführungen im „Exkurs".

VIII
Der Amerikaner als Held und *honnête homme*

Mit Beginn des 17. Jahrhunderts wurden vornehmlich in Frankreich für die Verbreitung amerikaspezifischer Kenntnisse und Vorstellungen zwei literarische Gattungen erschlossen, die bis dahin keinen oder einen nur geringfügigen Beitrag geleistet hatten: die Missivschreiben der Missionare und der Roman. Erste Missivschreiben, vornehmlich von Jesuiten verfaßt, waren vereinzelt bereits während des 16. Jahrhunderts publiziert worden. Diesem Beispiel folgten die Kapuziner, die von 1612 bis 1615 in einer nur wenige Jahre überdauernden französischen Siedlung am Maranhão die vor den Portugiesen geflüchteten Tupinambá zu missionieren suchten.[1] Als schließlich auf dem nordamerikanischen Festland und den Inseln der Karibik dauerhafte Stützpunkte und Siedlungen entstanden, berichteten von hier aus die Missionare in einer Weise, die, der modernen Auslandsberichterstattung durchaus vergleichbar, eine aktuelle und kontinuierliche Nachrichtenvermittlung garantierte. Die größten publizistischen Erfolge errangen dabei die Jesuiten mit ihren ab 1616 zunächst noch unregelmäßig, von 1632 bis 1673 dann in jährlichem Rhythmus veröffentlichten Berichten aus Kanada, die in Paris wie in den großen Städten der Provinz häufig in mehreren Auflagen erschienen[2] und dadurch, daß sie in den Kollegien der Jesuiten auch als Unterrichtsmaterial verwendet wurden, von einem sehr großen Leser- bzw. Hörerkreis rezipiert wurden.

Diese von den Missionaren „vor Ort" verfaßten, von den Provinzialoberen mit Blick auf die Veröffentlichung sorgsam redigierten Berichte dienten zunächst dazu, die personellen und finanziellen Anstrengungen bei der Missionierung der Ungläubigen zum Ruhm des Ordens ins rechte Licht zu setzen. Sie verfolgten aber auch ein ausgesprochen pragmatisches Ziel, da sie vorzüglich geeignet waren, unter den frommen – und zahlungskräftigen – Lesern um die so dringend benötigte finanzielle Unterstützung zu werben. Für den Informationsgehalt der Berichte war diese spezifische Wirkabsicht natürlich nicht unerheblich. So spiegelt sich in ihnen das persönliche Interesse der einzelnen Missionare ebenso wie das kollektive Interesse des Ordens, der nur dann auf die erhoffte Zuwendung zählen konnte, wenn die Missionsarbeit – bei angemessener Würdigung der Schwierigkeiten und Hindernisse – als aussichtsreiches Unternehmen dargestellt wurde. Und dies vermochte wiederum nur dann zu überzeugen, wenn die Eingeborenen trotz der Laster, die man ihnen vorwarf, in einem positiven Licht erschienen und ihre „guten Anlagen" als Voraussetzung für den Missionierungserfolg gebührend herausgestellt wurden.

Wollte man nun aber die Mitteilungen der Missionare einzig unter diesem Aspekt betrachten, würde man dem Verdienst der Verfasser nicht gerecht, würde auch dem zweifellos hohen Informationswert der Berichte nur ungenügend Rechnung getragen. Denn der Missionar, der häufig über einen langen Zeitraum unter den Eingeborenen lebte und gewillt war, sich deren Lebensbedingungen weitgehend anzupassen, war wie kaum ein anderer Europäer (mit Ausnahme der „truchements") in der Lage, die fremde Kultur von innen heraus zu betrachten sowie Detailinformationen zu liefern und angemessen einzuordnen, die einem Außenstehenden entgehen oder unverständlich erscheinen mußten. Für den Informationsgehalt der kanadischen Missivschreiben erwies sich überdies als sehr förderlich, daß die Jesuiten bei all ihren missionarischen Unternehmungen den Erfolg dadurch zu begünstigen suchten, daß sie um ein tiefgehendes Verständnis der Fremdkultur bemüht waren und ihre Missionare darauf trainierten, in ihrer Beobachtung und ihrem Urteil von europäischen Denk- und Verhaltensmustern möglichst weitgehend abzusehen.

Während in den Missivschreiben der Jesuiten der sich durch seine „natürliche Tugend", seine einfachen Sitten und sein im Geiste der Gleichheit und Brüderlichkeit begründetes Gemeinwesen auszeichnende „gute Wilde" im Vordergrund stand, die natürliche Umgebung jedoch weitgehend vernachlässigt wurde[3], widmeten die Dominikaner in ihren Berichten über die Westindischen Inseln der Naturschilderung besondere Aufmerksamkeit; eine

Natur, die durch ihre üppige Schönheit, das angenehme Klima und die Fruchtbarkeit des Bodens die Inseln als wahres Paradies erscheinen ließ und die noch heute (allerdings nur außerhalb der Region) propagierte Vorstellung von den „Glücklichen Antillen" begründete.[4] Kanada und die Inseln der Karibik waren somit während der ersten Hälfte des 17. Jahrhunderts die Regionen, über die sich der französische Leser mühelos und umfassend informieren konnte. Über die Völker des mittel- und südamerikanischen Festlands war die Auswahl an gehaltvoller Literatur hingegen bescheiden und beschränkte sich vorwiegend auf Übersetzungen spanischer Werke, etwa der *Historia natural y moral de las Indias* (Natur- und Sittengeschichte Westindiens) des Jesuiten José de Acosta oder die *Comentarios reales* (Königliche Kommentare) von Garcilaso de la Vega *el Inca*. Daneben erschienen mehrere Reiseberichte französischer Autoren, die als – tatsächliche oder vorgebliche – Weltreisende auch Amerika einen zumeist nur kurzen Besuch abgestattet hatten: etwa die *Voyages en Afrique, Asie, Indes Orientales & Occidentales* (Reisen nach Afrika, Asien, Ost- und Westindien) von Jean Mocquet und die *Voyages fameux du sieur Vincent Leblanc* (Die berühmten Reisen des Herrn V. L.) von Pierre Bergeron, die nur geringe völkerkundlich-geographische Informationen enthielten und statt dessen romanesken Elementen und der Schilderung der exotischen Umwelt breiten Raum gewährten.

Die in den letztgenannten Werken erkennbare Tendenz einer verstärkten Fiktionalisierung führte schließlich im Verlauf des 17. Jahrhunderts dazu, daß Amerika als Handlungsort und der Amerikaner als Handlungsträger von zahlreichen Autoren für den Roman erschlossen wurden. Der erste „kanadische Roman" ist der 1601 publizierte Roman *Les amours de Pistion et de Fortunie* (Die Liebesabenteuer von P. und F.) von Antoine Du Périer.[5] Der Autor, der nach eigenen Angaben länger in Kanada gelebt hatte, war zwar bemüht, durch Beschreibung der Landschaft und Bewohner zu Beginn des Romans seinem Werk ein gewisses Lokalkolorit zu verleihen; doch die Schauplätze, an denen sich die handelnden Personen bewegen, sind, wie diese selbst, eher der imaginären Welt der Ritterromane nachempfunden als der kanadischen Wirklichkeit. Weit interessanter erscheint dagegen ein zweites Werk, dem dieses abschließende Kapitel gewidmet sein soll: der in vier, zum Teil stark voneinander abweichenden Versionen erschienene Roman *Polexandre* von Marin Le Roy de Gomberville, der von den Zeitgenossen als Meisterwerk gefeiert wurde, heute jedoch – zu Unrecht – vergessen ist.

Alte und Neue Welt in der Gemeinschaft der Liebenden

Polexandre ist in seiner vierten und endgültigen Fassung von 1637[6] der Prototyp des heroisch-galanten Romans, wie er sich in Anlehnung an die Tradition des byzantinischen Abenteuerromans und der Ritterromane während der ersten Hälfte des 17. Jahrhunderts in Frankreich herausbildete. Die Handlungsfülle dieses Romantyps ist geradezu überwältigend. Sie bietet eine ununterbrochene Abfolge von außerordentlichen, bisweilen sogar ausgesprochen phantastischen Abenteuern, in denen sich der illustre Held, zumeist in Erfüllung göttlicher Prophezeiungen, im Kampf gegen mächtige Feinde, gegen Thronräuber, Rivalen, Piraten oder übernatürliche Wesen, in fremden, exotisch anmutenden Ländern bewähren und sich der Liebe seiner Angebeteten würdig erweisen muß; dazu als spannungsfördernde oder retardierende Momente Stürme und Schiffbrüche, Entführungen, Kindesaussetzungen und -verwechslungen, vermeintlicher Tod der Geliebten oder eines nahen Verwandten, Wiedererkennen und Wiederfinden der verloren Geglaubten, schließlich Entdeckung der eigenen Identität, zumeist verbunden mit der Erlangung eines dem Helden rechtmäßig zustehenden Königreichs, und glückliche Vereinigung mit der Geliebten. Hintergrund und psychologisches Movens zugleich ist die unerfüllte oder zunächst ausssichtslos erscheinende Liebe des Helden zu seiner Angebeteten von gleichermaßen illustrer Herkunft – eine Liebe, die sich in Wort und Tat entsprechend den in der mondänen Gesellschaft des 17. Jahrhunderts geltenden Regeln der Galanterie und Urbanität entfaltet.

Das Vorbild eines solchermaßen agierenden Helden ist Polexandre: direkter Abkömmling der Könige von Frankreich und

„Prinz der Kanarischen Inseln", der, in Liebe entbrannt zu Alcidiane, Herrscherin auf der Unzugänglichen Insel, auf der Suche nach der Geliebten in einer nahezu unüberschaubaren Reihe von Abenteuern seinen Mut, seine Stärke und seine für einen wahren Helden unabdingbare Beständigkeit unter Beweis stellt. Doch Polexandre ist nicht der einzige Held, dessen Lebensgeschichte den Leser in Spannung versetzt. Denn für Gombervilles Roman trifft in vorzüglicher Weise das zu, was sein Zeitgenosse Gerzan im Vorwort zu seiner *Histoire africaine de Cléomède et de Sophonisbe* für jeden Roman zum obersten Prinzip erhob:

> Er muß auf jeden Fall viele Intrigen enthalten, die häufig unterbrochen werden müssen, damit der Leser beständig in Atem gehalten wird; und diese Intrigen müssen so gut miteinander verknüpft sein, daß man keine herausnehmen kann, ohne den Faden der Geschichte zu zerreißen.[7]

So wird die zumeist wechselvolle Lebensgeschichte von etwa 50 Personen erzählt, die zudem häufig durch Ereignisse der Rahmenhandlung unterbrochen und erst Hunderte von Seiten später wiederaufgenommen wird, so daß der Leser Mühe hat, sich in den parallel gesponnenen und miteinander verwobenen Intrigen zurechtzufinden.[8]

Unter der Vielzahl der handelnden und erzählenden Personen treten neben Polexandre drei weitere Helden in den Vordergrund: der Bruder Polexandres, Iphidamante; der Pirat Bajazet *alias* Almanzor, rechtmäßiger Thronerbe des Senegal; und Zelmatide, Sohn des Inka *Guina Capa*. Diese vier Helden, die der Zufall zu Beginn des Romans auf der Pirateninsel Bajazets zusammenführt, bilden die Stützpfeiler, auf denen das Gerüst der Handlung ruht[9]; eine Handlung, die sich hinsichtlich der Situationen und Konflikte kaum von dem Schema der zur Zeit Gombervilles beliebten Abenteuer- und Liebesromane unterschied, die aber nun den Leser in Regionen führte, die für den Roman bis dahin noch niemand erschlossen hatte: neben den Kanarischen Inseln und Afrika der Atlantik mit seinen Inseln, die Neue Welt von den Antillen über Mexiko und Panama bis nach Peru, die Molukken, China und die portugiesischen Besitzungen in Indien.

Schauplatz des Geschehens ist somit die gesamte, in der ersten Hälfte des 17. Jahrhunderts bekannte Welt. Doch die damit möglich gewordene Weltumsegelung in westlicher Richtung findet im Roman noch nicht statt, denn die Rahmenhandlung – vom Zusammentreffen der vier Haupthelden auf der Insel Bajazets bis zur Landung Polexandres auf der Insel Alcidianes und seiner Vereinigung mit der Geliebten – umspannt die Jahre von 1501 bis 1504. Und da der Autor um die Einhaltung des Gebots der Wahrscheinlichkeit bemüht war, ist in dem Bericht über die Lebensgeschichte der Helden aus der Alten Welt ein geographischer Rahmen gewählt, der die den Europäern zu jener Zeit bekannten Regionen nicht überschreitet.

Diesem Vorsatz, Anachronismen zu vermeiden, entsprach der Autor etwa dort, wo er seinen Helden Polexandre auf dessen im Kielwasser der spanischen Karavellen unternommenen Entdeckungsfahrt gen Westen begleitete. Ausgangspunkt dieser Reise sind die Kanarischen Inseln, Brückenkopf der spanischen Expansionsbewegung, die gegen Ende des 15. Jahrhunderts als geographische Realität dem Bereich der Fabeln und Legenden längst entzogen waren, die aber noch lange Zeit mit der Erinnerung an die Glückseligen Inseln verknüpft blieben – eine Erinnerung, die auch im *Polexandre* häufig beschworen wird. Westlich der Kanarischen Inseln aber liegt die noch unerforschte Weite des Atlantischen Ozeans, die Gomberville gemäß den Vorstellungen um 1500 mit all jenen Inseln füllte, die in der mittelalterlichen Tradition mit dem Namen des Heiligen Brandanus oder dem angeblichen Auszug der sieben portugiesischen Bischöfe verknüpft waren.[10] Und hier wie dort finden wir den Topos von der Insel als Wunschort verloren geglaubter paradiesischer Glückseligkeit oder als Ort einer „realen" Utopie.

Eine solche „reale" Utopie spiegelt die der Alten Welt am nächsten liegende Insel, die „Republik" der Piraten, die unter der Anleitung Bajazets als ein Gemeinwesen strukturiert wurde, das man, so ihr Schöpfer mit Stolz, als „Meisterwerk des menschlichen Geistes und der menschlichen Stärke"[11] bezeichnen konnte. Gegründet ist dieses Gemeinwesen nun allerdings nicht – wie etwa der Staat in Thomas Morus' Utopien – auf der Gomberville offensichtlich als Illusion oder zumindest als wenig verläßlich erschienenen „natürlichen Tugend" des Menschen. Denn schließlich hat es Bajazet ja mit Piraten zu tun, bei denen sich die Pflege dieser natürlichen Tugend für das Geschäft als ausgesprochen abträglich erweisen würde. So zeigt sich Bajazet als Realist, den die nüchterne Erkenntnis der Gegebenheiten aber nicht daran hindert, auf der Grundlage des Abschreckungsprinzips in seiner Republik das Ideal einer gerechten Gesellschaft zu verwirklichen.

Je weiter Polexandre nun gen Westen vordringt, um so mehr verlieren sich die Inseln des Atlantik im Nebel von Mythos und Legende, um nur dann und wann an die Oberfläche der (Roman-) Realität emporzutauchen. Auf einer dieser Inseln, der Unzugänglichen Insel, liegt das Reich Alcidianes; und wie Antillia und die verlorene Insel entzieht auch sie sich dem Zugriff der Fremden, da niemand ihre Lage genau zu bestimmen weiß. Dem Reisenden zu Hilfe kommen mag allein der Zufall, vielleicht aber auch jene „wundersamen Vögel, durch deren Flug man wie durch die Nadel eines Kompasses dorthin geführt wird" (IV, 526). Polexandre, der die Insel zum ersten Mal durch einen Zufall entdeckte, nach mancherlei Heldentaten und Seefahrten in Diensten Alcidianes den Weg zurück aber nicht wiederfand, glaubt sogar an einen unerklärlichen Zauber, der die Insel jeden Tag ihren Standort wechseln läßt.

Die Inseln des Atlantik zwischen Mythos, Utopie und Wirklichkeit: das ist der Schauplatz, auf dem sich Polexandre in der erinnerten Vergangenheit wie der gelebten Gegenwart bewegt. Nach Amerika gelangt er nicht; doch die Kenntnis von der Ankunft der Spanier in der Neuen Welt erhalten er und seine Freunde auf der Insel Bajazets durch einen spanischen Matrosen, den die Piraten gefangengenommen haben und der seinen Bericht folgendermaßen beginnt:

Ihr habt vielleicht erfahren, daß der kühne *Chrystofle Colomb*, nachdem er meinen Königen versprochen hatte, eine neue Welt voll Gold und kostbarer Steine für sie zu entdecken, das Wagnis unternahm, einen Weg über den Ozean zu finden, und in seiner Unternehmung so erfolgreich war, daß er nach einer Reise von 60 Tagen auf der Insel *Guanahan* vor Anker ging. (I, 184)

Es folgen Einzelheiten über den weiteren Verlauf dieser Reise, die Rückkehr und den triumphalen Empfang, der Kolumbus durch die spanischen Könige bereitet wurde, sowie das eigene widrige Schicksal, das den Matrosen in die Hände der Piraten fallen ließ, nachdem er acht Jahre „im Land des Goldes und der Perlen" (I, 186) verbracht und ungeheure Reichtümer erworben hatte. Polexandre, Bajazet oder den Inka-Prinzen Zelmatide vermag der Hinweis auf derartige Reichtümer natürlich nicht besonders zu beeindrucken. Für die Piraten aber ist diese Nachricht Anlaß zu einem Freudenfest, da sie nunmehr in jedem spanischen Schiff „Berge von Gold" vermuten. Verständlich, daß sie da nicht lange zögern, die gerade in Sicht kommende Flotte Bobadillas anzugreifen, „um den Spaniern ihre erste Beute aus der Neuen Welt wieder zu entreißen". (I, 202)

Der unermeßliche Reichtum ist das Wichtigste, was ein Repräsentant der Alten Welt wie der spanische Matrose zu diesem Zeitpunkt über die neuentdeckten Regionen an Bemerkenswertem mitzuteilen weiß. Gewichtige Informationen auch über die Menschen der Neuen Welt in ihrer Gegenwart und Vergangenheit liefert hingegen einer der Ihren: Garruca, auch er Sohn eines Inka, der in Begleitung von Zelmatide gleichermaßen in die Hände der Piraten gefallen war und in Vertretung des bescheiden in den Hintergrund tretenden Helden dessen Lebensgeschichte sowie seine eigene erzählt. Daß er den Menschen aus der Alten Welt noch weit mehr, zudem gänzlich Unbekanntes, zu berichten hatte als der zuvor gehörte Spanier, lag auf der Hand, kam er doch aus einem Teil der Neuen Welt, der zu diesem Zeitpunkt noch gar nicht von den Europäern entdeckt war. Doch dies ist nicht der einzige Faktor, der sein Zeugnis so wertvoll macht. „Ihr seid natürlich erstaunt", so erklärt er seinen aufmerksam lauschenden Zuhörern, „und dies euer Staunen rührt daher, daß ihr die Gebräuche unserer Welt nach denen eurer Welt beurteilt. Ich aber besitze genügend Kenntnis von der Art und Weise, wie ihr lebt, um euch sagen zu können, daß sie ganz anders ist." (I, 281 f.)

Zurückweisung eurozentrischer Überheblichkeit einerseits, Behauptung der eigenen Urteilskompetenz andererseits[12]: dies spricht aus den Worten Garrucas, der – noch bevor die Europäer

258

Amerika entdeckten – von der Küste des südamerikanischen Kontinents aus in westlicher Richtung über China, Goa und Mecca nach Europa gereist war, um am Hof des portugiesischen Königs die Sitten der Europäer zu studieren und schließlich am Hof der spanischen Könige Kolumbus bei der Rückkehr von seiner ersten Amerikafahrt gewissermaßen in Empfang zu nehmen. „Dort", so sein Bericht, „erfuhr ich, daß ein Genuese namens Christoph Kolumbus eine neue Welt entdeckt hatte; und an der Beschreibung, die man mir davon gab, erkannte ich, daß es die sein mußte, in der ich geboren worden war." (I, 646) Von Heimweh geplagt, war Garruca, wie er erzählt, mit dem Sohn des Kolumbus zunächst nach Haiti und Kuba gesegelt, um schließlich, nach mancherlei Abenteuern, in seine geliebte Heimat zurückzukehren. Und mit nicht geringem Stolz bemerkt er, daß er es gewesen sei, der als erster mit einem Schiff aus der Alten Welt an der Küste Perus landete.

Nicht ein Europäer, sondern ein Amerikaner hatte sich somit in der Fiktion Gombervilles als erster auf den Weg gemacht, um eine „neue" Welt zu entdecken: eine faszinierende Vorstellung und ein beweiskräftiges Argument für jene, die in den Amerikanern nicht ausschließlich Barbaren sahen und die diesen die Fähigkeit zuerkannten, Leistungen zu erbringen, die denen der Europäer ebenbürtig, möglicherweise sogar überlegen waren.

Natur und Kultur der amerikanischen Völker erwiesen sich nun nach der Schilderung Garrucas als äußerst unterschiedlich und vielfältig. Die Pracht der Städte, Tempel und Paläste in Mexiko wie das Raffinement der dortigen höfischen Kultur waren unübertrefflich; für den Charakter der Mexikaner aber findet Garruca nur Worte des Tadels und der Verachtung. Dieses Volk war „das unbeständigste, gemeinste und feigste Volk, das es je gegeben hat" (I, 603); und es besaß in dem schwächlichen *Montezume* genau den Herrscher, den es verdiente. Die den Mexikanern im offenen Kampf gegen ihre Feinde ermangelnde Standhaftigkeit und Entschlossenheit schienen sie nun aber im Umgang mit Kriegsgefangenen durch übermäßige Grausamkeit zu kompensieren, was Garruca durch die eindrucksvolle Schilderung von Menschenopfern belegt: etwa dort, wo er die Feierlichkeiten beschreibt, mit denen *Montezume* nach einem (unverdienten) Sieg über die feindlichen Thevitier im Tempel des Kriegsgottes seinen Dank darbrachte:

Dort ließ er die blutige Opferung der Sklaven feierlich begehen. Und sogleich sah man, wie überall in diesem Tempel das Blut in Strömen floß und die Leiber dieser armen Thevitier zu Hunderten dorthin gebracht wurden, wo sie ihr Grab finden sollten. Nachdem diese abscheuliche Andacht beendet war, kehrte Montezume so, als sei nichts geschehen, in seinen Palast zurück und veranstaltete ein prachtvolles Festessen... Nachdem man sich von der Tafel erhoben hatte, verbrachte man den Rest des Tages mit Musik, Spielen und tausenderlei Artigkeiten, wie sie die Mexikaner in Wohlstand, Frieden und Sinnenlust erfunden haben. (I, 563 f.)

Weitaus sympathischer erschienen dem Peruaner da die Menschen in dem zwischen Mexiko und Peru gelegenen Reich des Königs Quasmez, dem Land der Smaragde und der Perlenfischerei; oder die Amazonen, „diese edlen Damen", die nicht nur unvorstellbar reich waren, sondern überdies eine solche Schönheit und Anmut besaßen, daß ihre Feinde, „um ihnen nicht zu mißfallen" (I, 714), sich ihnen willig ergaben. Die größten Leistungen aber, so Garruca bei aller gebotenen Bescheidenheit, hatten seit der Begründung ihrer Herrschaft durch den großen *Mango Capa,* „Sohn der Sonne", die Inka vollbracht. „Die Ordnung ihrer Errungenschaften, die Heiligkeit ihrer Gesetze, der Reichtum ihrer Tempel, der Prunk ihrer Opferhandlungen und die unglaubliche Pracht ihres Hofes" (I, 238 f.): diese einer detaillierten Schilderung gewiß würdigen Aspekte ihrer großartigen Kultur werden von Garruca aber nur kurz gestreift. Weit wichtiger und rühmlicher – dies insbesondere mit Blick auf die ihm lauschenden Europäer – erscheint ihm die Leistung der Inka als Zivilisatoren, etwa die von *Guina Capa,* dem Vater Zelmatides. Er allein bekriegte und unterwarf unzählige barbarische Völker, „die durch den Verlust einer unglückseligen und gemeinen Freiheit den Gebrauch der Vernunft, die Kenntnis der Götter und die Freuden der zivilisierten Gemeinschaft kennenlernten" (I, 240). Das Verdienst der Sieger bestand nun aber nicht allein darin, die Barbaren der Zivilisation zugeführt zu haben. Noch lobenswerter war nach der

Schilderung Garrucas die Umsicht etwa eines *Guina Capa*, mit der dieser unter Verzicht auf Gewalt, geleitet durch das Prinzip der Toleranz, seine zivilisatorische Mission in der Praxis verwirklichte:

Sobald er diese Barbaren für den Frieden gewonnen hatte, ließ er alle Feindseligkeiten beenden, und um sie leichter für sich zu gewinnen, nahm er ihnen von ihren gewohnten Freiheiten nur die, Menschen zu essen und ihren Götzen zu opfern... Und da er ihnen ihre Unterwerfung angenehm machen wollte, sagte er ihnen, daß er zu ihrem Herrscher keinen fremden Prinzen ausersehen habe, sondern einen, der aus ihrer Mitte stamme und der ihr Landsmann sei. (I, 248 f.)

Angesichts einer so weisen und gerechten Herrschaft mußte das Vorgehen der Spanier den Zeitgenossen Gombervilles in einem um so grelleren Licht erscheinen; dies allerdings nur dann, wenn der Leser den vielfachen Beteuerungen des Verfassers, er könne seine Angaben durch das Zeugnis vieler anerkannter, von ihm sogar namentlich genannter Autoren stützen, Glauben schenkte.[13] Für Garruca und die anderen Personen der Handlung ist der Untergang der amerikanischen Kulturen noch nicht Teil der gelebten Erfahrung. Die Propheten aber konnten – wenn auch nur annähernd – ermessen, was den Völkern der Neuen Welt in einer nahen Zukunft bevorstand. Für den Inka Zelmatide war dies das Erlebnis einer ungeheuren Frustration: „Ihr werdet", so einer der peruanischen Seher, „den Thron eines Reiches erlangen, das so groß wie die Erde sein würde, wenn im Himmel nicht beschlossen wäre, daß es bald in die Hände einer Nation fallen wird, die uns noch unbekannt ist." (I, 300) In seiner Warnung an *Montezume*, dem dasselbe Schicksal bevorstand, war ein mexikanischer Prophet sogar noch deutlicher:

Ich sehe aus einer anderen Welt Ungeheuer kommen, die über das Meer fliegen und von allen Seiten Feuer spucken. Sie werden an deinen Ufern unbekannte Menschen ausspeien, die allein durch ihre Anwesenheit den Völkern, die dir gehorchen, den Tod bringen werden. Und du selbst wirst deinen Untergang bereitwillig hinnehmen und zulassen, daß einer dieser Männer dich in deinem eigenen Palast gefangensetzt und im Siegeszug durch das herrliche Mexiko führt. Diese großen Umwälzungen sind zeitlich vorbestimmt. Der Augenblick ist nah. Dein Unglück rückt heran. Deine Feinde verlassen ihr Haus, und einige der Ungeheuer, die sie hervorbringen werden, sind bereits an unseren Küsten erschienen. (I, 546)

Für Peru und damit für Garruca und Zelmatide ist die Schreckensvision von der Ankunft der Spanier noch nicht Wirklichkeit geworden, wohl aber für Alcidiane, deren im Atlantik gelegene Insel diese bereits entdeckt, nicht aber erobert haben. Und um ihre Untertanen dem korrumpierenden Einfluß der Fremden zu entziehen, sieht sie nur einen Ausweg: diesen den Zugang zu ihrem Reich strikt zu untersagen. Doch diese Maßnahme erweist sich als nutzlos. Als Polexandre nach jahrelanger Odyssee – und nach nahezu 4000 Romanseiten – die Unzugängliche Insel wiederentdeckt und seine Liebe zu Alcidiane im Ehebund ihre glückliche Erfüllung findet, muß er erkennen, daß die anfängliche Gewißheit, hier auf der „glückseligen", der „wundersamen", der „himmlischen" Insel das verlorengeglaubte Paradies gefunden zu haben, ein tragischer Irrtum ist. Denn der Vormarsch der Fremden wird nicht mehr aufzuhalten sein. Und so ist es recht eigentlich der Abgesang auf ein dem Untergang geweihtes Paradies, wenn Alcidiane ihren Gott flehentlich beschwört:

Bezeuge diesem Volk auch weiterhin deine Liebe! Und da du es vom Rest der Welt geschieden hast, um es in jener Reinheit zu erhalten, die am Anfang aller Dinge stand, dulde nicht, daß der ehrgeizige Fremde ihm das unglückselige Verlangen nach Eroberung einflößt, daß der Verweichlichte und Wollüstige es aus seiner glücklichen Genügsamkeit herausreißt, noch daß der Hinterlistige und Betrüger ihm seine ungeschlachte, aber unschuldige Einfalt raubt. Mache, heiliger Geist, daß die Laster, die niemals zu dieser Insel Zutritt hatten, sie auch weiterhin unzugänglich finden; und vertreibe von unseren Küsten diese Seuche der Menschheit, die, um den vielen Provinzen, die ihr König besitzt, neue hinzuzufügen, das Blut der Schwachen wie das der Starken gleichermaßen vergießt. (V, 1188 f.)[13]

Lektionen von Urbanität und Galanterie

Einfalt und Unschuld in jener Reinheit, „die am Anfang aller Dinge stand": diese Vorstellung von einer noch ganz jungen Welt hatte auch Montaigne beschworen, einer Welt „so neu und noch so in der Kindheit, daß man sie noch das Abc lehrt". Doch diese Vorstellung mochte allenfalls auf die „gemeinen" Untertanen Alcidianes zutreffen, nicht aber auf sie selbst und ihre engere Umgebung, die bei näherem Betrachten als ein Zirkel von Personen erscheinen, welche der Unterweisung keinesfalls mehr bedürfen und ihre Lektionen der Urbanität und mondän-gesitteten Lebensart sehr gut gelernt haben. Und wie Alcidiane zeigt sich auch der Inka Zelmatide als ebenbürtiger Gast der Alten Welt, der deren Helden in allen Bereichen noch zu übertreffen scheint. Der Eintritt Zelmatides in den illustren Kreis um Polexandre vollzieht sich in einem Dekor, der an Großartigkeit kaum zu überbieten ist und der sich als angemessener Rahmen für einen nicht nur hinsichtlich seiner Geburt, sondern auch hinsichtlich seiner Seelengröße unübertrefflichen Helden erweisen wird. Einem Piraten, der auf einem der erbeuteten Schiffe Zelmatide unvermittelt gegenübersteht, verschlägt der sich ihm bietende Anblick buchstäblich die Sprache:

... er mußte an der Schwelle [des Raumes] innehalten, so sehr war er vom Glanz des Goldes und der Edelsteine, auf die sein Blick fiel, geblendet. Dieser Raum war mit einem Stoff ausgekleidet, der aus Federn gefertigt und mit Gold und Perlen so fein verwoben war, daß man nichts Wertvolleres noch Schöneres erblicken konnte. Von der Decke hing ein Baldachin aus demselben Stoff herab, der von dicken Goldschnüren zusammengehalten und von kleinen, mit Diamanten und anderen edlen Steinen besetzten Quasten gesäumt war. In einer Ecke dieses Raumes sah der Pirat auf Teppichen, die ebenso schön waren wie die übrige Einrichtung, einen Mann von 20 oder 22 Jahren, der durch seine Erhabenheit und sein vortreffliches Aussehen allein die ganze Zierde dieses Ortes zu sein schien. (I, 205 f.)

Doch die Pracht des Raumes scheint die den Unbekannten erfüllende tiefe Melancholie und Traurigkeit nur zu verstärken; und selbst die Anwesenheit des rasch herbeigeholten Bajazet vermag die Atmosphäre nicht zu bereinigen. Erst nach verschiedenen Ehrenbezeigungen gelingt es Bajazet, den Fremden zum Reden zu bringen, so daß dieser – „so sehr er auch in seine Melancholie versunken war" (I, 210) – seinerseits die ihm bezeugte Ehrerbietung mit nicht minder ausgesuchten Komplimenten beantwortet.

Diese erste Begegnung mit Zelmatide beeindruckt Bajazet zutiefst. Und er ist sogleich überzeugt, daß der Prinz zu jenen Männern gehört, „die am vortrefflichsten Dinge in sich zu vereinen wissen, die zu allen Zeiten unverträglich waren: Jugend und Besonnenheit, große Kühnheit und große Mäßigung" (I, 211). Um vollends in den Kreis der illustren Helden aufgenommen zu werden, fehlt Zelmatide schließlich nur noch der Beweis seiner Sensibilität wie seiner Liebes- und Leidensfähigkeit. Und auch hier scheint der Inka-Prinz es mit den Helden aus der Alten Welt durchaus aufnehmen zu können, verbringt er doch die Tage auf der Insel Bajazets in leidvoller Hingabe an eine geheime Leidenschaft. Als ihn eines Tages in Gegenwart der neugewonnenen Freunde der Schmerz überwältigt, drängen diese, den Grund seiner Verzweiflung zu erfahren. Zögernd gibt Zelmatide seine Zustimmung, bedingt sich aber aus, daß Garruca für ihn sprechen darf, was die anderen bereitwillig akzeptieren, da sie wissen, „wie schwer sich ein feiner Mann dazu entschließen kann, über sich zu sprechen" (I, 237).

Die Geschichte Zelmatides, die sich von der anderer Helden dieses Romantyps nicht wesentlich unterscheidet, ist schnell resümiert[15]: In Unkenntnis seiner wahren Herkunft wächst er als Adoptivsohn des Königs Quasmez heran, dem einst prophezeit wurde, daß das von ihm aufgenommene Findelkind die eigene, vom mexikanischen König entführte Tochter Xayre zurückholen werde. In zahlreichen Kriegszügen kann der strahlende Held seine Tapferkeit und seine Großmut unter Beweis stellen; und eine glorreiche Zukunft schien ihm gewiß, so der bedauernde Kommentar des Erzählers, „wenn die Liebe, aus Neid auf sein Ansehen, und die Fortuna, die Feindin der außergewöhnlichen Tugenden, ihm nicht die Arme gefesselt und die Freude am Ruhm ebenso wie die Freude am Leben genommen hätten" (I, 284). In Mexiko, wo er nach mancherlei siegreich bestandenen Abenteuern in Erfüllung der Prophezeiung Xayre befreien soll, ereilt Zelmatide das Schicksal in Gestalt Izatides, einer (vorgeblichen) Tochter von *Montezume,* zu der er in leidenschaftlicher Liebe entbrennt und die bei aller gebotenen Zurückhaltung diese Liebe auch erwidert. Nach siegreichen Kämpfen gegen feindliche Belagerungstruppen wird Zelmatide als Befreier Mexikos gefeiert. Über seinen Kriegszügen und dem Liebesdienst an Izatide aber hat er seine Pflicht gegenüber der verschleppten Prinzessin Xayre – die, wie der mit derlei Heldenleben vertraute Leser längst erraten hat, mit Izatide identisch ist – nahezu völlig vergessen. Neid und Mißgunst der Königin und eine für ihn verhängnisvolle Prophezeiung[16] bewirken schließlich seine Verbannung. Als er bei seiner Rückkehr nach Mexiko von dem (vermeintlichen) Tod Izatides erfährt, vermag er, dem Wahnsinn nahe, sich nur noch seiner Trauer hinzugeben und sich den Zufällen des Schicksals zu überlassen. Und so gelangt er nach mancherlei Irrfahrten, auf denen er auch seinen totgeglaubten Vater und damit seine Identität wiederfindet, in die Hände der Piraten Bajazets und damit in jene illustre Gesellschaft, die dem Bericht Garrucas mit Staunen und Mitleid gelauscht hat. Die Fortsetzung und das glückliche Ende dieser zunächst so tragisch erscheinenden Liebesgeschichte erfährt der Leser mehr als 2000 Seiten später.[17] Izatide lebt; durch den Schatten eines magischen Baumes geblendet, fristet sie auf einer einsamen Insel im Atlantik ein kümmerliches Dasein. Zelmatide findet sie, heilt sie und entdeckt in ihr die verschollen geglaubte Prinzessin Xayre. Glücklich vereint, kehren sie daraufhin in die Neue Welt zurück.

So weit der Lebens- und Leidensweg dieses Inka-Prinzen, dessen Geschichte, gemessen an dem, was einem gewöhnlichen Sterblichen widerfahren mochte, gewiß außergewöhnlich ist. Doch sie unterscheidet sich nur geringfügig und allenfalls im Dekor von der seiner Gefährten, die gleich ihm zu den wenigen, vom Schicksal für große Taten auserwählten Menschen gehören. Ein amerikanisches Ambiente suggerieren Namen und Titel: etwa die Benennung des in Mexiko siegreichen Zelmatide als „Auge von *Vitcilopuchtli,* dem Gott der Vorsehung, und Arm von *Tezcatlipuca,* dem Gott des Krieges" (I, 440). Zu den Attributen der Amerikaner gehören Federschmuck und Waffen, die ihre Kunstfertigkeit ebenso wie ihren Reichtum in augenfälliger Weise belegen: neben Pfeil und Bogen Speere und Lanzen, deren Spitzen aus Gold oder Silber gefertigt, oder Rundschilde, die mit Plättchen aus beiden Metallen belegt sind. Diese (nach Darstellung des Autors) offenbar für alle amerikanischen Völker charakteristische Kampfausrüstung ist bei Zelmatide noch durch ein besonders erlesenes Detail ergänzt: „ein Schild aus Gold, auf dem er, um von der Größe seiner Liebe Zeugnis zu geben, den Feuer speienden Berg *Popocampeche* hatte darstellen lassen. Rund um diesen Schild waren folgende Worte eingraviert: ‚Mein Herz bewahrt ganz das ihre.'" (I, 484)[18]

Damit war das Repertoire des Autors an amerikanischen Versatzstücken im wesentlichen erschöpft; einzig die Blutopfer mochte der Leser noch als spezifisch „amerikanisch" erkennen. Doch selbst eine so barbarische Sitte wird in ihm kaum das Gefühl geweckt haben, sich hier in einer ihm gänzlich fremden Welt zu bewegen, bewies doch die Geschichte Zelmatides die Richtigkeit dessen, was Polexandre im Gespräch mit Zelmatide ohnehin als Vermutung geäußert hatte: daß nämlich „das Schicksal und die Liebe in eurer Welt ebenso mächtig sind wie in dieser" (I, 235). So beweist der amerikanische Held beim ersten, für sein Seelenheil so folgenschweren Zusammentreffen mit Izatide, „daß seine Liebe von der Art war, die zunächst den Verstand raubt" (I, 372):

... er sprach in so bemerkenswert zerstreuter Weise, und seine Gesten waren so anders, als man von ihm erwartete, daß Hismelite [die Königin] aufmerkte und der ganze Hof glaubte, er sei so sehr verwirrt, weil er nicht gewöhnt sei, in dem Glanz zu leben, mit dem die großen Prinzen umgeben sind. Er unterhielt sich mit der Mutter und sah die Tochter an. Er lächelte, statt zu antworten, wenn die Königin ihm eine ernste Frage stellte, und man hörte ihn seufzen, während er Begebenheiten erzählte, bei denen er in vielerlei Hinsicht überlegen war. (I, 368)

Im Dienst an der Geliebten zeigt sich Zelmatide nun aber weitaus kultivierter: „Er vergaß nichts von dem, was ein vollendeter Liebender dem schuldet, was er liebt." (I, 448) Und selbstverständlich ist ihm der drohende Tod willkommene Gelegenheit, seinen Ruhm um ein Beträchtliches zu erhöhen:

... wie glücklich bin ich, daß ich eine so schöne Gelegenheit gefunden habe, mich zugrunde zu richten: Ich werde keines gewöhnlichen Todes sterben und den übrigen Menschen dadurch überlegen sein, daß mein Ende jeden, der Großmut besitzt, mit Neid erfüllen wird. (I, 434 f.)

Welche Wirkung die Nachricht vom vermeintlichen Tod der Geliebten bei einem so leidenschaftlich Liebenden hervorrufen mußte, war für den Leser in gewisser Weise vorhersehbar:

Er sah [alle] mit weitgeöffneten und verstörten Augen an. Und da im selben Augenblick das Übermaß des Schmerzes sich seiner Sinne vollends bemächtigte, blieb ihm von all seinen Lebensfunktionen nur die erhalten, die während einer langen Ohnmacht erkennen läßt, daß man noch nicht tot ist. (I, 761 f.)

Stimmig ist – entsprechend der Auffassung Gombervilles und gewiß auch seiner Leser – nicht nur die Psychologie des Helden, sondern auch die der Heldin, die im Konflikt zwischen Pflicht und Neigung stets angemessen zu entscheiden versteht und sehr genau weiß, was sich sowohl für den Mann als auch für die Frau gemäß den Regeln einer verfeinerten Lebensart geziemt. Als Zelmatide sich eines Tages hinreißen läßt und ihr in allzu großer Offenheit seine Liebe erklärt, ist sie der heiklen, weil für sie kompromittierenden Situation sehr wohl gewachsen:

Izatide errötete ob der Kühnheit [Zelmatides] und sagte einige Zeit kein Wort; doch schließlich bezwang sie ihr Schamgefühl. „Ich würde mich freuen", sagte sie zu ihm, „zu sehen, ob Ihr der Vollkommenheit fähig seid, derer Ihr Euch rühmt. Ja, ich nehme Euren Dienst an und verspreche Euch, Eure Geduld auf die Probe zu stellen... Doch", so fügte sie hinzu, „Ihr wißt vielleicht nicht, wie hart die Bedingungen sind, unter denen ich Euch gestatte, mir zu dienen. Ihr müßt eine beispiellose Beharrlichkeit besitzen, Eure Ehrerbietung muß bis zur Anbetung gehen, und selbst der Tod darf Euch nicht dazu bringen, Euer Schweigen zu brechen..." (I, 387 f.)

Und als Zelmatide im Überschwang seiner Liebe diese auch in der Öffentlichkeit bekundet, womit er sträflich gegen die ihm auferlegte Pflicht der Diskretion verstößt, zögert Izatide nicht, ihn durch (vorübergehenden) Liebesentzug hart zu strafen: „... sie erteilte ihm eine Lehre in jener Demut des Geistes, mit der wir die Ungnade entgegennehmen, die uns zuteil wird dann, wenn wir glauben, sie am wenigsten verdient zu haben" (I, 500f.).

Eine Amerikanerin als Lehrmeisterin in Fragen von Anstand und Schicklichkeit: das war nun nicht mehr die junge, unverbildete Welt Montaignes, sondern Wunsch- und Spiegelbild einer französischen Gesellschaftsschicht, die sich im „honnête homme" ihr Ideal eines mondän-verfeinerten Lebensstils geschaffen hatte; ein Ideal, dem der Peruaner Zelmatide und die als Mexikanerin erzogene Izatide in derselben Vollkommenheit entsprachen wie der Afrikaner Bajazet oder der Franzose Polexandre. Damit hatte Gomberville den Amerikaner in einen Bezugsrahmen gestellt, der zwar kaum noch in der amerikanischen Realität verankert war, der diesem aber als Romanheld in Frankreich zu einer erfolgreichen Karriere verhalf. Gomberville selbst hatte ursprünglich ein historisches Werk verfassen wollen, und so waren ihm die während der Vorarbeiten erworbenen Kenntnisse auch zu Amerika für die Abfassung des *Polexandre* sehr hilfreich. Doch die Historiographie war kaum das geeignete Medium, um in den Salons des 17. Jahrhunderts erfolgreich zu sein, wohl aber der Roman. Und diese Gattung bescherte dem Autor im Kreise der tonangebenden höfisch-mondänen Gesellschaft die ersehnte Anerkennung, die ihm, der gerade in erster Generation in den Amtsadel aufgestiegen war, zeit seines Lebens als höchstes Ziel erschien.[19]

Für Gomberville und die von seinem *Polexandre* begeisterten Leser war Amerika allenfalls Dekor. Doch die aufgezeigte Möglichkeit der Integration des Amerikaners – genauer: des mexikanischen und insbesondere des peruanischen „Adels" – in die eigene Kultur war ein weiterer Beitrag zur „Aufwertung" des Amerikaners, die bereits im 16. Jahrhundert über den Weg der Kritik an der spanischen Eroberungspraxis und der Erinnerung an das Goldene Zeitalter zur Herausbildung des Stereotyps des „guten Wilden" geführt hatte, die aber erst während des 18. Jahrhunderts, als Folge der Einsichten Montaignes, zu einer Aufwertung auch im Sinne einer angemessenen Würdigung seiner kulturellen Leistungen führte.

Anmerkungen

1 Als produktivster Briefschreiber ist hier Claude d'Abbéville zu nennen, der seine Oberen in Paris in zahlreichen, zum Teil in mehreren Auflagen erschienenen Berichten über den Fortgang der Mission ausführlich informierte. Sein herausragendes Werk ist die 1614 publizierte *Histoire de la Mission des Pères Capucins en l'isle de Maragnan et terres circonvoisines, où est traicté des singularitez admirables et des moeurs merveilleuses des Indiens habitans de ce pais* (Geschichte von der Mission der Kapuzinerpater auf der Insel des Maranhão und benachbarter Regionen, wo von den bemerkenswerten Eigenheiten und wunderbaren Sitten der in diesem Land lebenden Indianer gehandelt wird). Zu ergänzen ist der Bericht d'Abbévilles durch die ein Jahr später publizierte Fortsetzung seines Nachfolgers Yves d'Evreux, die *Suitte de l'histoire*.

2 Die Missivschreiben erschienen zumeist unter dem Titel *Relation de ce qui s'est passé en la Nouvelle France en l'année* ... (Bericht über das, was sich in der *Nouvelle France* im Jahre ... ereignet hat). Als Verfasser galt im allgemeinen der Provinzialobere, der sie für die Veröffentlichung redigierte. Neu herausgegeben wurden sie in 73 Bänden von Thwaites [23]. Eine thematisch gegliederte Auswahl in einem Band veröffentlichte Kenton [13].

3 Zur weiterführenden Information sei auf das gut dokumentierte Werk von Kennedy [273] und die neuere Arbeit von Jaenen [270], insbes. Kap. 2, verwiesen.

4 Die eindrucksvollste Beschreibung lieferte Jean-Baptiste Du Tertre, der 16 Jahre auf den Westindischen Inseln verbrachte und nach seiner Rückkehr 1654 unter dem Titel *Histoire générale des Isles de S. Christophe, de la Guadeloupe, de la Martinique et autres dans l'Amérique* (Allgemeine Geschichte der Inseln von S. C., G., M. und anderer in Amerika) eine erste, resümierte Fassung seiner 1667 bis 1671 in vier Bänden publizierten *Histoire générale des Indes* veröffentlichte.

5 Das Werk trägt den Untertitel: *Tirees du voyage de Canada, dicte France*

nouvelle (Der Reise nach Kanada, genannt Neu-Frankreich, entlehnt) [31]. Nach dieser Vorlage verfaßte zwei Jahre später Jacques Du Hamel seine Tragödie *Acoubar* [30].

6 Die erste Fassung (*L'Exil de Polexandre et d'Ericlée*) veröffentlichte Gomberville in einem Band 1619 unter dem Pseudonym Orile. Zehn Jahre später erschien eine stark erweiterte Fassung (*L'Exil de Polexandre*), 1632 eine dritte (*La Premiere [- Seconde] Partie de Polexandre*) und 1637 schließlich die auf weit über 4000 Seiten angewachsene vierte Fassung (*La Premiere [- Quatrieme] partie de Polexandre*), auf welche die nachfolgenden Ausführungen gegründet sind.

7 Zitiert bei Magendie [283], S. 125.

8 Den möglicherweise hieraus entspringenden Vorwurf mangelnder Kohärenz nahm der Autor in vorgeblicher Selbsteinsicht vorweg. „Die Unbeständigkeit", so Gomberville in einem Nachwort, „... ist meinem Wesen eigen ... Unangebrachte und fortwährende Gesetzmäßigkeiten sind mit der Regelwidrigkeit meines Geistes unvereinbar. Dieser findet Gefallen an der Verworrenheit. Er liebt die Ausschweifungen. Er mißbilligt die Meinung jener, die glauben, daß die Welt nach Gewicht, Zahl und Maß geschaffen wurde ..." ([33], Bd. IV, S. 1326ff.) Die hier propagierte „Ästhetik der Verworrenheit" (Coulet [242], S. 166) wurde von der modernen Kritik jedoch nahezu einmütig als Strukturschwäche verurteilt. „Der *Polexandre* ... ist nur eine Aneinanderreihung von Abenteuern ohne jede Verknüpfung untereinander", so die Ansicht Magendies ([283], S. 450); und Adam meinte gar: „Alles in allem ist nicht sicher, ob der Autor in diesem überaus umfangreichen, mehrfach überarbeiteten und veränderten Werk überhaupt durchgeblickt hat." ([215], Bd. I, S. 412) Daß Gomberville jedoch die Stoffülle durchaus zu bewältigen verstand und sein Werk in den drei Dimensionen von Zeit, Ort und Fabel sorgfältig durchstrukturiert ist, wurde von Turk [308] nachgewiesen.

9 Die Handlung in der hier gebotenen Kürze zu resümieren, ist schlichtweg unmöglich, hier überdies verzichtbar. Es wird verwiesen auf die von Turk (a.a.O.) im Anhang seiner Monographie gegebene Inhaltsangabe (S. 150ff.) und die Synopse der untergeordneten Handlungsstränge (S. 155ff.).

10 Vgl. hierzu die Ausführungen Gombervilles in seinem Nachwort, wo er zur Begründung des Wahrscheinlichkeitscharakters der Unzugänglichen Insel Alcidianes u. a. auf die Insel des Heiligen *Borondon* verweist (Bd. V., S. 1335).

11 Zitiert wird hier und im folgenden nach der Ausgabe in 5 Bänden [33]; hier Bd. I, S. 175.

12 In der gleichfalls 1637 bei demselben Verleger erschienenen Ausgabe in 8 Bänden beginnt Carruca seinen Bericht mit einer kategorischen Zurückweisung des von den Spaniern verbreiteten Amerikabildes, die in der hier benutzten 5-bändigen Ausgabe nicht enthalten ist: „Sie haben behauptet, wir seien Barbaren, Wilde, Monster, ohne jedes Wissen und ohne jede Humanität. Sie sagen, wir hätten weder eine Vorstellung vom Göttlichen noch eine Neigung zu ehrbaren Dingen. Sie behaupten, wir seien Leute ohne Geist, ohne Gesetz, ohne Bildung, ohne Verstand und, was am schlimmsten ist, ohne Tugend. Dagegen ist es sicher und gewiß, daß wir Tempel haben, in denen der lebendige Gott genauso rein angebetet wird wie in Spanien selbst. Wir haben Städte, die besser verwaltet sind als die euren, und Könige, die so gerecht regieren, daß die der alten Welt das schwierige Geschäft des Königseins von ihnen lernen sollten. Es ist mir unmöglich, euch zu sagen, wie viele Völker und wie viele Republiken wir in unserer Welt haben. Aber ich versichere euch, daß es nach meiner Kenntnis mehr als 20 große Königreiche gibt ..., in denen es so viele Städte, Dörfer und Menschen gibt, daß im Vergleich dazu Arabien, Persien, Griechenland und Spanien unbewohnte Länder und öde Provinzen sind." (I, 210 ff.; zit. nach Turk [308], S. 95 f.).

13 Vgl. die diesbezüglichen Hinweise im Nachwort (Bd. V, S. 1332 ff.), die ausführlich jene Passagen des Werkes erläutern, „wo es den Anschein hat, als sei das Gebot der Wahrscheinlichkeit schlecht befolgt" (V. 1332).

14 Mit seinem originellen Beitrag zur „leyenda negra" hatte Gomberville, der sich nach eigener Aussage (Nachwort; Bd. V, S. 1330) nicht scheute, aus politischen Erwägungen bei den verschiedenen Umarbeitungen des *Polexandre* den historischen Bezugsrahmen wie die „Nationalität" seiner Helden bedenkenlos auszutauschen, dem rigorosen Anti-Spanien-Kurs Richelieus Rechnung getragen, ohne dabei Gefahr zu laufen, den genau begrenzten zeitlichen Rahmen durch Vorwegnahme noch zukünftiger Ereignisse zu sprengen. Ein Vergleich der Fassungen wäre jedoch nicht nur mit Blick auf die zeitgenössischen Bezüge interessant. Er gäbe auch Aufschluß darüber, inwieweit nach Auffassung Gombervilles bestimmte dem Amerikaner zugeordnete Attribute austauschbar sind, denn auch Zelmatide und Izatide wechselten, von der zweiten zur dritten Fassung, ihre „Nationalität" – aus den Amerikanern wurden Perser –, um schließlich in der vierten und endgültigen Fassung wieder zu Amerikanern zu werden.

15 Erzählt wird die „Geschichte von Zelmatide, dem Erben des Inka-Reiches und der Prinzessin Izatide" bis zum Zusammentreffen auf der Insel Bajazets in drei Etappen: Bd. I, S. 238–394; 427–567; 595–778.

16 Diese zunächst rätselhaft erscheinende Prophezeiung, in deren Gefolge Izatide, in einer Festung streng bewacht, Zelmatide entzogen und dieser aus dem Reich verbannt wird, steht in Zusammenhang mit der bereits zitierten Ankündigung der Eroberung Mexikos durch die „Fremden" aus einer „anderen Welt" und dem verzweifelten Versuch des mexikanischen Herrschers, das drohende Unheil abzuwenden. „Das einzige Mittel, das ich gegen dein Unglück erkennen kann", so hatte der Prophet diesem gesagt, „besteht darin, daß du eine Jungfrau in deinen Besitz bringst, Prinzessin und Tochter jenes großen Königs, dessen Macht du fürchtest ... Solltest du diesen Schatz je besitzen, so hüte ihn wachsamer als dein Leben, sei sorgsamer auf ihn bedacht als auf dein Reich, gib acht, daß man ihn dir nicht stiehlt, und halte ihn vor allem vor jenem gefährlichen Fremden verborgen, der unter dem Vorwand, dir seine Dienste und seine Waffen anzubieten, kommen wird, um ihn dir zu entreißen. Dieser Bezwinger der Nationen wird als Unbekannter in dein Land kommen, doch durch seinen Mut wird er bald zum Herrn über deine Völker werden ..." (I, 546 ff.)

17 Bd. IV, S. 116–204; 456–492.

18 Zum äußeren Erscheinungsbild des Amerikaners in den höfischen Festlichkeiten des 17. Jahrhunderts, dem die Aufmachung Zelmatides wie Izatides in der Darstellung Gombervilles entspricht, vgl. Boorsch in: Chiappelli [235], Bd. I, S. 503 ff.

19 Zum biographischen Hintergrund Gombervilles vgl. Turk [308], Kap. 5.

Exkurs:
Begegnung mit dem Fremden
Zur sozialpsychologischen Grundlegung
ethnischer Stereotype

Das Amerikabild europäischer Reisender und Autoren des 16. und 17. Jahrhunderts weist in seiner Struktur wie in einzelnen Merkmalen Übereinstimmungen auf, die den Schluß nahelegen, es handle sich hier weniger um das Abbild einer an der amerikanischen Wirklichkeit ausgerichteten und rational gestalteten individuellen Erfahrung als vielmehr um die Wiedergabe von gängigen, in der europäischen Tradition wurzelnden Stereotypen. Diese Aussage stützt sich nicht allein auf das Zeugnis jener, die sich während der ersten Entdeckungsfahrten einer Wirklichkeit gegenübersahen, die Europa unbekannt und fremd war, und deren Bewältigung durch Rückgriff auf geläufige Beschreibungs- und Bewertungsmuster erheblich erleichtert wurde. Auch Reisende in späterer Zeit, die sich durch Erzählungen zurückgekehrter Amerikafahrer und schließlich in zunehmendem Maße durch Lektüre bereits vorliegender Berichte – wenn auch nur in einer ersten Annäherung – mit dem vertraut machen konnten, was sie in der Neuen Welt erwartete, vermochten sich der Suggestivkraft insbesondere ethnischer Stereotype schwer zu entziehen. Sie ließen sich leiten durch (positive oder negative) Vorurteile im Sinne vorschnell gefaßter Voraus-Urteile, durch die historisch und regional bedingte Einzelerscheinungen verallgemeinert und einem bekannten Kategoriensystem zugeordnet wurden – ein Phänomen, das nicht nur Reisende vergangener Jahrhunderte kennzeichnete, sondern eine Konstante dessen ist, was als „naive Weltschau" allen Individuen eignet. Denn, so Reinhold Bergler:

Die empirische Norm alltäglicher Weltbewältigung ist nicht das Verhalten auf der Basis objektiver Strukturerhellung, sondern einer naiven Hingabe und Anmutung, die dann durch ein stereotypes, letztlich wiederum naives und erlerntes Kategoriensystem in eine pseudorationale Ordnung gebracht wird.[1]

Nun ist zweifellos der Umgang mit Kategorien nicht bei allen beobachtenden und urteilenden Individuen gleich, mögen insbesondere dort, wo das erkennende Subjekt in Abkehr von der naiven Weltschau um eine rationale Wirklichkeitserfassung bemüht ist, unvoreingenommene, dem beobachteten Objekt oder Sachverhalt angemessene Einsichten gewonnen werden. Desgleichen ist auch nicht jede Kategorie ein so starres Gebilde, daß sie nicht offen wäre für neue, differenzierende Information. Diesem Konzept der „differenzierten" und „offenen" Kategorie steht nun das der „undifferenzierten" und „starren" oder „geschlossenen" Kategorie gegenüber, das hier Stereotyp genannt[2] und folgendermaßen charakterisiert wird: Ein Stereotyp ist – als Variante der (sozialen) Kategorie – ein strukturiertes System von zugeschriebenen Merkmalen, das relativ wenige, eine bestimmte Gruppe charakterisierende Merkmale enthält, auffällige, häufig sogar zu Unrecht zugeschriebene Merkmale betont, zumeist mit negativer oder positiver Wertung belastet ist und sich schließlich gegenüber differenzierender oder widersprechender Erfahrung oder Information als äußerst änderungsresistent[3] erweist. Als monolithische Meinung mag das Stereotyp eine rasche und eindeutige Orientierung in unserer alltäglichen Weltbewältigung ermöglichen, hinsichtlich seines Erkenntniswertes erweist es sich jedoch schlichtweg als Vehikel zur Verinnerlichung und Propagierung von Scheinwissen. „Pictures in our head", so nannte sie Walter Lippmann, der sich als erster eingehend mit dem Phänomen des Stereotyps beschäftigte, Bilder einer fiktiven Welt, einer Scheinwelt, eines Kunstprodukts.[4] Doch indem hier das (ethnische) Stereotyp in den Brennpunkt des Interesses rückt, wird mit Lippmann die Ansicht vertreten, „that the abandonment of all stereotypes for a wholly innocent approach to experience would impoverish human life"[5]. Ethnische Stereotype sind Fiktionen. Für den Ethnohistoriker mag die Beschäftigung mit ihnen daher von nur geringem Interesse sein; nicht so für den Literarhistoriker, dessen Augenmerk nicht primär auf die außersprachliche Wirklichkeit gerichtet ist, auch wenn bei der Erforschung der Genese und Rezeption von Texten Wirklichkeit – die der anderen Kultur ebenso wie die des Autors und seiner Leser – zu überprüfen ist.

Genese und Rezeption
ethnischer Stereotype

Ethnische Stereotype sind auf Ethnien oder Kulturen gerichtet, die vom wahrnehmenden und urteilenden Subjekt zumeist als Fremdgruppe erfahren werden. Ihre Herausbildung, Übernahme oder ihr möglicher Wandel sind durch Faktoren bedingt, die sowohl das wahrnehmende Subjekt als auch das wahrgenommene Objekt in ihrer spezifischen Realität wie in der Beziehung zueinander berühren: die jeweilige Ethnie als „Ort der unmittelbaren Verursachung"[6] („der phänomenologische Aspekt"); die Kontaktsituation, die sowohl die zeitlich-räumliche Berührung mit dem Objekt als auch die Motivations- und Interessenlage des Subjekts umspannt („der situationale Aspekt"); das urteilende Subjekt in seiner Eigenschaft als Mitglied einer Gruppe in ihrer traditionsbezogenen und zeitgenössischen Realität („der sozio-kulturelle Aspekt"); und schließlich das urteilende Subjekt in seiner individuellen, persönlichkeitsspezifischen Ausprägung („der individualpsychologische Aspekt").[7] Die hier genannten Ansätze fußen auf Ergebnissen der Vorurteilsforschung, die als Rahmenmodell auch auf die Analyse von Genese und Rezeption ethnischer Stereotype übertragbar sind.

Der phänomenologische Aspekt

Ausgangspunkt für die Entstehung ethnischer Stereotype ist zunächst die Ethnie selbst bzw. ihre Mitglieder. Sie ist der „Ort der unmittelbaren Wahrnehmung", das Reizobjekt, das sich dem wahrnehmenden Subjekt in einer bestimmten Weise offenbart. Zwar wird das wahrnehmende Subjekt stets nur zu einer mehr oder minder großen Anzahl von Mitgliedern dieser Gruppe in Kontakt treten; doch mögen die bei diesen festgestellten Eigenschaften als gruppenspezifische Merkmale, wenn auch nicht auf die Gesamtheit, so doch zumindest auf die Mehrheit bzw. die diese repräsentierende Modalpersönlichkeit[8] zutreffen. Dies gilt insbesondere dann, wenn festgestellte Merkmale – etwa bestimmte Normen oder Verhaltensweisen – in der jeweiligen sozio-kulturellen Tradition wurzeln und vor dem Hintergrund eines angenommenen Gruppenkonsens für das Selbstverständnis und den Zusammenhalt der Gruppe bedeutsam sind.

Die Zuschreibung bestimmter Merkmale kann also durchaus durch die jeweilige Ethnie hervorgerufen und als ihr angemessene Beurteilung gewertet werden. Desgleichen mag auch die Gewichtung eines Merkmals innerhalb des von dieser Ethnie vermittelten Gesamtbildes dem Stellenwert entsprechen, der ihm von der Gruppe selbst beigemessen wird. Doch will man die getroffenen Aussagen überprüfen, ergibt sich im vorliegenden Kontext ein besonderes Problem, das die traditionelle Vorurteilsforschung nicht kennt, da sie sich mit zeitgenössischen Phänomenen befaßt und das Objekt – wie auch das Subjekt – in der Regel innerhalb der eigenen Erfahrungswelt zugänglich ist, die Verifizierung des Urteils also zumindest im Prinzip auf direktem Wege möglich ist. In unserem Fall aber geht es um Vorurteile und Stereotypisierungsprozesse, deren Objekt einer historischen Vergangenheit angehört, so daß eine Verifizierung der betreffenden Urteile nicht auf dem Wege der eigenen Erfahrung mit dem Objekt, sondern allenfalls durch vergleichende Quellenkritik erfolgen kann. Und da ein Teil der von den Reisenden/Autoren des 16. und 17. Jahrhunderts getroffenen Aussagen heute nicht mehr überprüfbar ist, können wir über den Grad einer möglichen Übereinstimmung von historischer Realität und vermitteltem Bild nicht in jedem Fall eine eindeutige Aussage machen.

Der situationale Aspekt

Ein zweiter, für die Herausbildung und Übernahme ethnischer Stereotype ursächlicher Faktor ist die Situation, in der Subjekt und Objekt einander begegnen: zum einen die Dauer, Intensität und Qualität des Kontakts, zum anderen die Motivations- und Interessenlage des urteilenden Subjekts, wie sie von der Begegnung mit dem Objekt tangiert wird. So kann zunächst von folgender Prämisse ausgegangen werden: Je länger und intensiver der Kontakt ist, je schneller und stärker die anfangs existierende Distanz vom urteilenden Subjekt verringert wird — etwa durch Überwindung der Sprach- und Kommunikationsbarrieren, möglicherweise sogar durch eine weitgehende Integration in die Fremdgruppe —, um so differenzierter ist das Bild, das sich dieses Subjekt vom anderen Menschen, von der anderen Gruppe machen wird. Doch damit ist nicht in jedem Fall gesichert, daß dieses Bild dem einzelnen Menschen bzw. der Gruppe gerecht wird, denn die Art des Kontakts und die situationsbedingte Motivations- und Interessenlage des wahrnehmenden und urteilenden Subjekts mögen als Steuerungsfaktoren seiner Wahrnehmung und Einstellung dazu führen, daß Einzelerscheinungen, auch wenn es derer zahlreich zu erfassen vermag, in unangemessener Weise gewichtet und beurteilt werden.

So wird ein Reisender des 16. Jahrhunderts, der von amerikanischen Indianern gefangengenommen wurde und sich nur durch eine waghalsige Flucht dem ihm zugedachten Los, getötet und verspeist zu werden, entziehen konnte, von den kannibalischen Sitten dieses Volkes weit mehr beeindruckt sein als etwa von ihrem angenehmen Äußeren; so wird ein Missionar, dem ja an einem Erfolg seiner Missionstätigkeit gelegen sein muß, sein Hauptaugenmerk darauf richten, inwiefern die moralische Disposition der Eingeborenen, möglicherweise auch ihre religiösen Vorstellungen und Praktiken, eine Christianisierung begünstigen; so wird schließlich — um ein letztes Beispiel zu nennen — der vornehmlich nach materiellem Gewinn strebende Konquistador oder Kolonist jene Merkmale als besonders charakteristisch erachten, die ihm — wie etwa Freizügigkeit, fehlendes Streben nach individuellem Besitz oder unzureichende Bewaffnung — bei der Vermehrung seines Besitzes förderlich sind oder die — wie etwa Promiskuität und Kannibalismus — eine moralische Verwerflichkeit begründen, mit der er die durch ihn geübte Praxis von Raub und Unterdrückung angesichts möglicherweise aufkeimender Bedenken zu rechtfertigen vermag.

Aus dem letztgenannten Beispiel wird ersichtlich, worin die besondere Attraktivität negativer ethnischer Stereotype bestehen kann: in ihrer Selbstbehauptungs-, Abwehr- und Entlastungsfunktion. So entstehen sie häufig als Rechtfertigung bzw. Rationalisierung einer durch egoistische Motive hervorgerufenen feindlichen Einstellung, als „gleichsam bewußtseinsoffizielle Formulierungen..., die eine Scheinbegründung schaffen"[9] und die schließlich auch feindliches Verhalten rechtfertigen können.[10]

In den hier angeführten Beispielen bewirkte die motivations- und interessensspezifische Ausgangslage beim Subjekt eine nicht-bewußte und willensunabhängige Steuerung der Wahrnehmung, welche die Herausbildung eines spezifischen Stereotyps zur Folge hat. Doch die in der Darstellung durch eine besondere Gewichtung bestimmter Merkmale hervorgerufene perspektivische Verzerrung kann von einem Autor auch durchaus beabsichtigt sein, um den Leser bewußt zu manipulieren. Bleiben wir bei den hier genannten Beispielen: So kann dem Reisenden, der sich in gefahrvolle Abenteuer verwickelt sah, sehr daran gelegen sein, durch die ausführliche Schilderung kannibalischer Sitten und der damit für ihn verbundenen Gefahr von sich selbst das Bild eines tapferen und mutigen Mannes zu zeichnen; so kann der Missionar durch die Hervorhebung günstiger Missionsbedingungen die Leserschaft seiner Missivschreiben zur finanziellen Unterstützung seiner Missionsarbeit bewegen wollen; so kann schließlich der Konquistador oder Kolonist durch die Berschwörung einer bei den Menschen tatsächlich oder nur vorgeblich angetroffenen „Bestialität" sein Tun angesichts möglicherweise laut werdender Kritik vor der Öffentlichkeit zu rechtfertigen suchen.

Der sozio-kulturelle Aspekt

Wie das wahrnehmende Subjekt im Rahmen des sozialen Kategorisierungsprozesses das im interpersonalen Kontakt wahrgenommene Objekt vorrangig als Mitglied einer Gruppe begreift, ist es selbst primär auch durch seine Gruppenzugehörigkeit bestimmt. Denn jedes Individuum unterliegt Sozialisationsmechanismen, die zur Herausbildung und Tradierung gruppenspezifischer Inhalte (und damit zu einer tatsächlichen, sozio-kulturell bedingten Differenzierung von Gruppen) führen und die schließlich durch die

Bereitstellung eben dieser Inhalte als Orientierungsmuster Wahrnehmung, Einstellung und Handeln im interpersonalen und interethnischen Kontakt weitgehend regulieren.

Gruppen konstituieren sich gemäß eines *consensus omnium*. Ihre für eine weitgehend konfliktfreie Interaktion notwendige Homogenität sichert jene „Summe der Selbstverständlichkeiten"[11], die sich als ideologischer Überbau in den gruppenspezifischen Werten und Normen manifestiert. Dazu Muzafer und Carolyn W. Sherif:

Every group, whether formally or informally organized initially, has a definite structure of its own and a set of norms defining the attitudes, the expected modes of behavior, and hence the roles of individual members in relation to (a) other members in the group occupying various statuses within it and (b) out-groups and their members...[12]

Die Integration des Individuums in seine eigene Gruppe hängt wesentlich ab von seiner Bereitschaft bzw. Fähigkeit, diese Normen zu internalisieren und der ihm zugewiesenen Rolle zu entsprechen. Soziale Vorurteile und ethnische Stereotype sind daher, so dieselben Autoren weiter, „functionally related to becoming a group member – to adopting the group and its values (norms) as the main anchorage in regulating experience and behavior"[13].

Doch nicht nur das normative System der Eigengruppe, das durch den sozialen Lernprozeß internalisiert wird, beeinflußt in Intergruppenprozessen das Bild vom anderen Menschen bzw. der anderen Gruppe. Auch die kollektive Interessenlage, politische und wirtschaftliche Ziele, die im Kontakt mit der Fremdgruppe wirksam werden, können als direkte Steuerungsmechanismen für die Herausbildung und insbesondere für die Propagierung (gemeinhin negativer) ethnischer Stereotype zum Tragen kommen, wobei auch hier – nun nicht mehr allein auf individueller, sondern auf kollektiver Ebene – das jeweilige Stereotyp Entlastungsfunktion besitzen und sich letztlich als Rechtfertigung bzw. Rationalisierung von feindlichem Verhalten erweisen kann. Ethnische Vorurteile und Stereotype können zudem auf einer Interessenkonstellation beruhen, bei der nicht primär die durch ein bestimmtes Stereotyp gekennzeichnete Fremdgruppe selbst, sondern eine andere Fremdgruppe involviert ist. In diesem Fall wird etwa das negative Bild dieser letztgenannten, gegnerischen Gruppe dadurch verstärkt, daß eine von dieser unterdrückte dritte Gruppe besonders positiv bewertet wird – eine Konstellation, die vor dem Hintergrund der sogenannten „leyenda negra" die Propagierung des Stereotyps vom amerikanischen „guten Wilden" erheblich förderte.

Vorurteilsbildung und Stereotypisierung sind aber nicht allein durch momentane, der jeweils zeitgenössischen Realität verpflichtete interessen- oder motivationsspezifische Faktoren bedingt. Sie wurzeln überdies in der historischen Vergangenheit einer Gruppe und sind ein Teil ihres kulturellen Erbes. Bereits Walter Lippmann hatte die Traditionsgebundenheit von Stereotypen betont: „In the great blooming, buzzing confusion of the outer world we pick out what our culture has already defined for us, and we tend to perceive that which we have picked out in the form stereotyped for us by our culture."[14] Stereotype sind somit auch „kulturelle Objektivationen"[15], „primär latent vorhandene allgemeine Formeln"[16], die als Klischees oder Topoi überliefert und vermittelt werden und die noch vor der ersten Begegnung mit dem Objekt als Vorverständnis und Vorwissen im urteilenden Subjekt bestimmte Vorstellungen und Erwartungen entstehen lassen.

Der individualpsychologische Aspekt

Durch den Vorgang des Kategorisierens, so wurde eingangs festgestellt, wird das Sein in nur reduzierter Form abgebildet – ein Mangel, der jedem erkennenden Subjekt anhaftet. Doch nicht jedes erkennende Subjekt löst den unvermeidlichen „Konflikt zwischen Kategorie und Erfahrung"[17] auf dieselbe Weise. Die „konzeptuelle Strukturiertheit" ist zwar eine Konstante der menschlichen Informationsverarbeitung, doch das „Niveau der konzeptuellen Struktur", „die Art und Weise, in der eine Person Informationen aufnimmt, speichert, verarbeitet und weitergibt"[18], ist variabel. Um die diesbezügliche Haltung des Individuums – und damit seine Entscheidung, ob ein vorgegebenes Stereotyp unbesehen übernommen, kritisch hinterfragt und möglicherweise sogar als nicht verifizierbar abgelehnt wird – hinreichend zu erklären, bedarf es der Einbeziehung individualpsychologischer Faktoren, die wir jedoch weniger in allgemeinen psychischen Strukturen oder Inhalten[19] als in sozialisationsbedingten persönlichkeitsspezifischen Variablen zu suchen haben.[20]

Ausgangspunkt der nachfolgenden Überlegungen ist die „Theorie des Dogmatismus" bzw. der „offenen" und „geschlossenen" Bewußtseinsstruktur („open and closed mind"), wie sie von Milton Rokeach – im Anschluß an und in der kritischen Auseinandersetzung mit der von Theodor W. Adorno und seinen Mitarbeitern herausgegebenen explorativen Studie *Die autoritäre Persönlichkeit*[21] – als inhaltsunabhängige kognitive Strukturtheorie entworfen wurde. War bei Adorno nur das eine Extrem einer breiten Skala von Einstellungen berücksichtigt[22], so wollte Rokeach auch das andere Extrem, die „tolerante", „undogmatische" Persönlichkeit einbeziehen. Gleichzeitig sollte aber auch die Möglichkeit gegeben werden, entlang einem Kontinuum zwischen Dogmatismus und Toleranz bzw. „geschlossenem" und „offenem" Orientierungssystem alle möglichen Zwischenwerte anzuordnen.

Rokeach geht zunächst von der folgenden globalen Feststellung aus: Das Orientierungssystem („belief-disbelief-system") setzt sich zusammen aus dem „belief-system", „[which] is conceived to represent all the beliefs, sets, expectancies, or hypotheses, conscious and unconscious, that a person at a given time accepts as true of the world he lives in", sowie dem „disbelief-system", in dem all das enthalten ist, „that to one degree or another, a person at a given time rejects as false".[23] Als wichtigstes Unterscheidungsmerkmal zwischen offener und geschlossener Bewußtseinsstruktur nennt nun Rokeach „the extent to which the person can receive, evaluate, and act on relevant information received from the outside on its own intrinsic merits"[24]; anders gesagt: inwieweit die Verarbeitung von Information auf den Ebenen von Erkenntnis, Einstellung und Verhalten durch irrelevante Faktoren beeinflußt wird. Diese irrelevanten Faktoren können sein: zum einen „internal pressures", d. h. bereits vorhandene Überzeugun gen, Gewohnheiten und Leitlinien oder irrationale ich-bezogene Motive wie Machtstreben, Angstbewältigung usw.; zum anderen „external pressures", d. h. Einflußnahme durch Autoritätspersonen oder -instanzen, gesellschaftliche Normen und Werte usw. Dementsprechend kommt Rokeach zu folgender Annahme: Je offener ein Orientierungssystem,

> ... the more should evaluating and acting on information proceed independently on its own merits, in accord with the inner structural requirements of the situation ... the more should the person be governed in his actings by internal self-actualizing forces and the less by irrational inner forces ... the more should he be able to resist pressures exerted by external sources to evaluate and to act in accord with their wishes.[25]

Umgekehrt gilt: Je geschlossener ein Orientierungssystem ist, um so mehr werden Erkennen, Urteilen und Handeln des Subjekts bedingt sein durch irrationale innere Faktoren – die „internal pressures" – und äußere Verstärkungen – die „external pressures".

Im Zusammenhang mit den sogenannten „derived beliefs", die im Gegensatz zu den durch direkten Kontakt mit dem Objekt hervorgerufenen „underived beliefs" auf einer sekundären Quelle beruhen, kommt dem letztgenannten Faktor in der Theorie Rokeachs zentrale Bedeutung zu. Er geht davon aus, daß jede Information dualistischen Charakter besitzt; d. h., sie macht mit der Aussage über einen Gegenstand oder Sachverhalt gleichzeitig auch eine Aussage über die Quelle, den Urheber dieser Information. Für eine Person mit eher offener Bewußtseinsstruktur wird dieser fundamental dualistische Charakter der menschlichen Kommunikation durchsichtig sein; sie wird die Aussage nach möglichen – intentionalen oder nicht-intentionalen – Verfälschungen von seiten ihres Urhebers hinterfragen und diesen nicht *a priori* als absolute Autorität anerkennen. Für eine Person mit geschlossener Bewußtseinsstruktur hingegen gilt: „What the external source says is true about the world should become all mixed up with what the external source wants us to believe is true, and wants us to do about it."[26] Das fundamentale Unterscheidungskriterium zwischen „open mind" und „closed mind" ist also letztlich „the extent to which there is reliance on absolute authority"[27].

Doch wie bei Adorno sind auch bei Rokeach diese individual-psychologisch wirksamen Strukturen nicht biogenetische, sondern ausschließlich sozialisationsbedingte Faktoren. Somit sind die spezifischen Merkmale der offenen und der geschlossenen Bewußtseinsstruktur – ebenso wie die der „autoritären Persönlichkeit" innewohnende, sie bedingende Ich-Schwäche – als potentielle Merkmale des Individuums zu betrachten, über deren Aktualisierung soziokulturelle Faktoren entscheiden.

Zusammenfassung:
Soziogenese versus Psychogenese?

Die von M. und C. W. Sherif formulierte „Gruppennorm-Theorie" diente bei der Erörterung der soziogenetischen Bedingungen von Vorurteilsbildung und Kategorisierungsprozeß als Ausgangspunkt; doch sollte dabei keineswegs einem naiven „Kollektivismus" das Wort geredet werden. Denn jedes Gruppensystem wird nur zu einer ungefähren Übereinstimmung im Normverhalten seiner Mitglieder gelangen können, da die im Sozialisationsprozeß herangereifte Persönlichkeit eines jeden Individuums einzigartig ist. Die „Toleranzspanne des Verhaltens" („range of tolerable behavior")[28], d. h., die Bandbreite individueller Variationsmöglichkeiten, ist daher, absolut gesehen, gleich der Anzahl der Individuen, aus denen sich eine Gruppe zusammensetzt.

Der „Toleranzspanne des Verhaltens" entspricht auf der Ebene der interpersonalen Wahrnehmung die „Toleranzspanne der Meinungen" („range of tolerable viewpoints")[29], denn der Assimilationsprozeß vorgegebener gruppenspezifischer Vorurteile und Kategorien bzw. Stereotype unterliegt – je nach den situationalen Bedingungen, der individuellen Motivationslage und der Bewußtseinsstruktur des Subjekts – personalen Schwankungen. So entstehen unzählige Spielarten eines „kollektiven" Stereotyps als „individuelle Annahmen und Erwartungen"[30], die allerdings im allgemeinen innerhalb einer Gruppe sowohl bezüglich der zentralen zugeschriebenen Merkmale als auch bezüglich der zugrundeliegenden affektiven Färbung einen hohen Grad an Übereinstimmung aufweisen. Um diese individuell bedingte Variationsbreite ethnischer Stereotype zu erklären, reicht die Analyse sozio-kultureller Bedingungen in einem konkreten historischen Kontext nicht aus. Hier bedarf es der Einbeziehung persönlichkeitsspezifischer Faktoren, die jedoch stets zu begreifen sind als Variablen, die in einem sozio-kulturellen Umfeld wirksam sind – ein Faktum, das von den Vertretern psychogenetischer Theorien selbst betont wird. So heißt es in dem u. a. von Max Horkheimer verfaßten Vorwort zu den (psychologisch orientierten) *Studies in Prejudice,* als deren dritter Band innerhalb der „Social Studies Series" die Studie von Adorno und seinen Mitarbeitern erschienen ist: „... we recognize that the individual *in vacuo* is but an artifact; even in the present series of studies, although essentially psychological in nature, it has been necessary to explain individual behavior in terms of social antecedents and concomitants."[31] Und daß Denken nicht zu begreifen ist als „purely a private affair, a purely intrapsychic process", hat auch Rokeach hervorgehoben.

Soziogenetischer und psychogenetischer Ansatz sind also nicht alternativ, sondern komplementär; ihre Gewichtung gründet sich auf die Wahl der Perspektive und der jeweiligen Analyseebene – eine nicht selten auf rein berufsspezifischen Motiven basierende Entscheidung. Im Blickpunkt des Soziologen steht das soziale Feld, an dem das einzelne Individuum durch soziale Wahrnehmung und soziales Handeln partizipiert. Im Blickpunkt des Psychologen hingegen steht das Individuum „as an agency through which sociological influences upon ideology are mediated"[32].

Interkulturelle Begegnung und ethnozentrische Perspektive

Die interpersonale Wahrnehmung wurde begriffen als ein Prozeß des sozialen Kategorisierens, in dem das wahrnehmende Subjekt – wie das wahrgenommene Objekt – nicht primär als Individuum, sondern als Mitglied einer Gruppe in Erscheinung tritt. Dieses Faktum der Gruppenzugehörigkeit bestimmt im wesentlichen seine Perspektive: eine soziozentrische Perspektive, in der das Fremdbild vom Eigenbild, das Heterostereotyp vom Autostereotyp hergeleitet wird.[33] Soziozentrismus ist, wenn auch in unterschiedlich starker Ausprägung, allen Gruppen eigen; er kennzeichnet Klassen innerhalb einer gesellschaftlichen Formation ebenso wie Religionsgemeinschaften, Ethnien oder Nationen. Ethnozentrismus ist somit eine spezifische Variante des Soziozentrismus, die in der spezifischen Situation der interethnischen Begegnung als Steuerungsprinzip fungiert und weitgehend dafür verantwortlich ist, wie die fremde Ethnie wahrgenommen und beurteilt wird und wie man sich ihr gegenüber verhält.

Eine erste Präzisierung ergibt sich aus der (ethnologischen) Begriffsbestimmung von „Ethnie": Ethnien sind Gruppen, die sich nicht primär aufgrund physischer, sondern aufgrund kultureller Merkmale voneinander unterscheiden, wobei Kultur begriffen wird als „jenes komplexe Ganze, das Kenntnisse, Glauben, Kunst, Moral, Gesetz, Sitte und die anderen Fähigkeiten und Gewohnheiten mit einschließt, die vom Menschen als Mitglied der Gesellschaft erworben werden"[34]. Kultur ist somit das Produkt eines sozialen Kommunikationsprozesses; als institutionalisiertes Interaktionssystem dient sie dem Individuum zur Orientierung innerhalb der Eigenkultur wie auch im Kontakt mit Fremdkulturen. Ethnozentrismus ist folglich als kultureller Zentrismus „an attitude or outlook in which values derived from one's own cultural background are applied to other cultural contexts where different values are operative"[35]. Das heißt: bewußt oder unbewußt wird unsere Wahrnehmung, unsere Einschätzung und unsere Haltung gegenüber Angehörigen einer anderen Kultur in hohem Maße gesteuert durch die in unserer eigenen Kultur erlernten Wahrnehmungs-, Wertungs- und Verhaltensmuster. So sehen wir häufig nur das, was wir zu sehen gewohnt sind oder zu sehen erwarten; verstehen nur das, was in unserem Begriffsvermögen eine Entsprechung findet; und bewerten als gut oder schlecht, was wir in unserer eigenen Kultur als gut oder schlecht zu bewerten gelernt haben. So enthält schließlich eine Aussage über die andere Kultur

auch stets eine Aussage über die eigene Kultur, gibt die – negative oder positive – Bewertung einer Fremdkultur auch stets Auskunft über den Standpunkt des urteilenden Subjekts und seine – bejahende oder ablehnende – Haltung gegenüber den Normen und Werten der Eigenkultur.

Ethnozentrismus und die Steuerung der Wahrnehmung

Geht man von einer ethnozentrischen Perspektive aus, wird das Andersartige, das Fremdartige in der Regel nur dann wahrgenommen, wenn es in der eigenen Kultur eine konzeptuelle Entsprechung findet, wenn diese ein wirksames Wahrnehmungsindiz herausgebildet hat. Die Konzepte der Eigenkultur dienen hier als „touchstones"[36], an denen sich das wahrnehmende Subjekt orientiert, wobei sich die Aufmerksamkeit zunächst auf die Frage der Übereinstimmung bzw. Abweichung richtet. Finden sich in bestimmten Bereichen keine Parallelen oder treten diese nicht offen zutage, werden Aspekte der Fremdkultur in der Regel durch Negation definiert. Festgestellt wird, welche in der Eigenkultur wirksamen Mechanismen, Institutionen oder Werte fehlen – festgehalten wird also nicht, wie die Fremdkultur *ist,* sondern wie sie *nicht* ist. Finden sich hingegen Parallelen – etwa in der sozialen Organisation, der religiösen Praxis oder dem ethischen Normensystem –, wird dies vielleicht mit Genugtuung, vielleicht aber auch mit Erstaunen festgestellt. Hierbei werden dann häufig die Konzepte der Eigenkultur ohne Ansehen möglicher bedeutungsmäßiger Abweichungen auf die Fremdkultur übertragen, wird durch die Verwendung geläufiger Begriffe wie „König", „Gott", „Teufel", „Treue", „Graumsamkeit" usw. für die Beschreibung eines analogen Phänomens die spezifische Bedeutung desselben in der Fremdkultur (zumeist unabsichtlich) verwischt und durch Inhalte überlagert, die dem verwendeten Begriff in der Eigenkultur zugeordnet sind.

Ethnozentrismus und die Steuerung der Einstellung

Ethnozentrismus bewirkt nun nicht nur eine spezifische Wahrnehmungssteuerung, sondern besitzt auch eine Einstellungskomponente, die im Vergleich von Eigen- und Fremdgruppe zum Tragen kommt. Das heißt: das aus ethnozentrischer Perspektive urteilende Subjekt empfindet eine, oft allerdings unausgesprochene, Präferenz. Daß in der Begegnung mit fremden, andersartigen Kulturen die Präferenz häufiger der Eigenkultur zufällt, ist naheliegend, da der soziale Kommunikationsprozeß dem Individuum Bewertungskriterien an die Hand gibt, die in der Gemeinschaft erprobt und für gut befunden wurden und die schließlich die Funktion haben, den einzelnen zu gruppenkonformem Verhalten anzuleiten. Dementsprechend wird die Fremdkultur als niedriger und unterlegen eingestuft, häufig sogar als minderwertig abgelehnt.

Seit der Einführung des Ethnozentrismus-Begriffs durch Sumner[37] wird immer wieder Bevorzugung der Eigenkultur und Ablehnung der Fremdkultur als wesentliches Merkmal einer ethnozentrischen Einstellung angeführt. Doch nicht immer fällt in der interkulturellen Begegnung in allen Bereichen die Präferenz der Eigenkultur zu; diese kann auch durchaus negativ, die Fremdkultur hingegen positiv bewertet werden. Ist nun eine solche Haltung nicht mehr unter den Ethnozentrismusbegriff zu fassen? Ist – um ein Beispiel aus dem hier untersuchten Textkorpus anzuführen – das Lob des „edlen Wilden", wenn er dem moralisch pervertierten oder überzivilisierten Europäer gegenübergestellt wird, Indiz für die Überwindung ethnozentrischer bzw. eurozentrischer Einstellung?

Hier nun erweist sich das Begriffspaar Eigenkultur – Fremdkultur bzw. Eigengruppe – Fremdgruppe ohne weitere Differenzierung, wie es von der traditionellen Ethnozentrismusforschung verwendet wird, als unzureichend, da der Begriff der Eigengruppe zwar die effektive, sozio-kulturell begründete Mitgliedschaft des Individuums erfaßt, jedoch nichts aussagt über seine Einstellung, die sowohl gruppenkonform als auch gruppenabweichend sein kann. Diese notwendige Differenzierung liefert die Bezugsgruppentheorie, wie sie von R. K. Merton sowie M. und C. W. Sherif im Zusammenhang mit innergesellschaftlichen Konflikten entwickelt wurde. Sie unterscheidet zwischen dem Konzept der „Mitgliedsgruppe" („membership group") einerseits und dem der „Bezugsgruppe" („reference group") bzw. der „Vergleichsgruppe" („comparison group") andererseits. Bezugsgruppen sind „those groups to which the individual relates himself as a part or to which he aspires to relate himself psychologically"[38]. Bei gruppenkonformer Einstellung in allen Bereichen sind Bezugsgruppe und Mitgliedsgruppe (= Eigengruppe) identisch, bei gruppenabweichender Einstellung hingegen nicht. In letzterem Fall wird einer Fremdgruppe die Rolle der Bezugsgruppe zugeteilt. Während die Bezugsgruppe normative Funktion hat – „[it] sets and maintains standards for the individual"[39] –, kommt der Vergleichsgruppe nur Vergleichsfunktion zu: „[it] provides a frame of comparison relative to which the individual evaluates himself and others."[40] Der Rekurs auf eine Vergleichsgruppe ist kein Indiz für gruppenabweichende Einstellung. Abgelehnt wird nicht das Werte- und Normensystem der Eigengruppe an sich, sondern nur die von ihren Mitgliedern geleistete, als unvollkommen und tadelnswert erachtete Umsetzung, die bei der Vergleichsgruppe hingegen in vollkommener oder zumindest angemessener Weise gegeben sein kann.

Übertragen wir die Bezugsgruppentheorie auf das Ethnozentrismuskonzept, so ergeben sich drei Modelle einer möglichen Zuordnung von Eigengruppe/Fremdgruppe bzw. Eigenkultur/Fremdkultur zu Bezugsgruppe und Vergleichsgruppe, die den Varianten ethnozentrischer Einstellung und deren Überwindung entsprechen.

Dient die Mitglieds- oder Eigengruppe als Bezugsgruppe, d. h., werden die kulturelle Identität des Individuums, seine Einstellungs- und Verhaltensmuster im wesentlichen aus dem Werte- und Normensystem der Kultur hergeleitet, der es angehört, bedeutet dies eine (wenn auch häufig nur implizite) positive Bewertung der Eigenkultur. Erstreckt sich diese positive Bewertung auf das System als solches wie auch auf die Verwirklichung des in ihm enthaltenen Anspruchs durch die Gemeinschaft, wird – bei ethnozentrischer Perspektive – das Andersartige in der Fremdkultur abgewehrt. Häufig geschieht dies durch eine explizite Bewertung des Andersartigen als schlecht, unmoralisch, unzivilisiert; doch auch dann, wenn dieses Werturteil nicht ausgesprochen, wenn das Fremdartige etwa nur als exotische Kuriosität wahrgenommen wird, ist durch die Feststellung des „Anders-seins" eine negative Bewertung impliziert, es sei denn – und hier ergibt sich ein Indiz für eine mögliche Überwindung des Ethnozentrismus als Einstellungskomponente –, der Betrachter erachtet die dem Andersartigen zugrundeliegenden Werte der Fremdkultur als zumindest für diese selbst annehmbar.

Doch nicht immer führt die Einheit von Eigengruppe und Bezugsgruppe bei der Begegnung mit einer fremden Kultur zur Abwehr durch Negativbewertung. Wird festgestellt, daß etwa eine in dem Wertesystem der eigenen Kultur verankerte Norm, der dort nur unzureichend entsprochen wird, im Wertesystem der fremden Kultur gleichermaßen verankert ist, hier aber eine angemessenere Umsetzung erfährt, wird über die Kritik an der Eigenkultur das Bild der Fremdkultur – zumindest in Hinblick auf den in der Eigenkultur getadelten Mißstand – positiv besetzt. Inwieweit dann der auf diesen Teilaspekt gerichtete „Lichtkegel" positiver Bewertung auch auf andere Bereiche ausstrahlt, vielleicht sogar die Gesamtheit des Fremdbildes erfaßt, hängt davon ab, welchen Stellenwert der Beobachter diesem Teilaspekt in seinem eigenen Normensystem zuweist. Damit ist aber das Normensystem der Eigenkultur als solches noch nicht in Frage gestellt, die Eigengruppe als Bezugsgruppe noch nicht zugunsten der Fremdgruppe aufgegeben. Diese dient lediglich als Vergleichsgruppe und kann sogar – wird sie zwecks Reaktivierung bestimmter Werte und Normen innerhalb der Eigengruppe dieser als nachahmenswertes Beispiel vor Augen geführt – als systemstabilisierender Faktor eingesetzt werden.

Bei beiden hier dargestellten Modellen war die Annahme der Eigengruppe als Bezugsgruppe Grundlage ethnozentrischer Einstellung, die auch dort noch nicht als überwunden gelten kann, wo die Fremdgruppe als Vergleichsgruppe in bestimmten Aspekten positiv bewertet wird. Diese Grundannahme bedarf jedoch einer Präzisierung: Werte und Normen der Bezugsgruppe gelten – bei ethnozentrischer Einstellung – als absolute und universale Größen; sie werden vom Individuum nicht nur für sich selbst, sondern für alle Individuen und Gruppen als verbindlich angenommen. Wird nun dieser Anspruch aufgegeben, wird das Werte- und Normensystem einer Fremdkultur als zumindest für diese selbst annehmbar erachtet, so ist diese Haltung der Toleranz ein erster Schritt zur Überwindung ethnozentrischer Einstellung, ohne daß die Eigengruppe als Bezugsgruppe für die eigene Standortbestimmung aufgegeben werden muß. Wird nun eine Fremdgruppe – sei es in Hinblick auf das gesamte normative System, sei es auch nur in Hinblick auf einen oder mehrere Teilaspekte – als Bezugsgruppe gewählt, bedeutet dies eine zumindest partielle Ablehnung der Eigengruppe, wobei nun nicht mehr bloße Äußerungsformen ihrer Mitglieder als unvollkommene Verwirklichung sozialer oder sittlicher Werte kritisiert, sondern die Grundfesten der Eigengruppe selbst in Frage gestellt werden.

Diesem Bruch mit der Eigengruppe geht in der Regel eine Identitätskrise des Individuums voraus, die von einem fortschreitenden Entfremdungsprozeß begleitet wird und schließlich eine Neuorientierung des Individuums bewirkt. Ist diese Neuorientierung nun auf eine fremde Kultur ausgerichtet, die damit als neue Bezugsgruppe gewählt wird, bleibt die Frage, ob und inwieweit dem Subjekt eine Rückkopplung der in der Fremdkultur angetroffenen positiven Werte an die konkrete Realität der eigenen Kultur wünschenswert bzw. realisierbar erscheint. Wird die Übertragung auf die Eigenkultur – selbst gegen den möglichen Widerstand der Eigengruppe – angestrebt, kommt dem vom Individuum ausgehenden Impuls reformerische Funktion zu, erfüllt es vielleicht sogar die Rolle eines Ketzers, eines Sozialrebellen. Erscheint hingegen die Integration des sozialen oder sittlichen Wertes der Fremdgruppe in das normative System der Eigengruppe *a priori* als nicht realisierbar, kann die Vorstellung von einem angemessenen, möglichst vollkommenen normativen System auf die Ebene der Utopie verlagert und in die Ferne eines ahistorischen Arkadien gerückt werden. Damit hört die historisch/geographisch fixierte Fremdgruppe auf, Bezugsgruppe zu sein; an ihre Stelle tritt die imaginäre Bezugsgruppe einer perfekten, idealen Gemeinschaft, die jedoch ein rein gedankliches Konstrukt bleibt und als „Fluchtpunkt" wiederum systemstabilisierende Wirkung haben kann.

Das Fremde und das Eigene

Ethnozentrismus ist eine Konstante menschlicher Wahrnehmung und Urteilsfindung. Ihm erlagen nicht nur Reisende vergangener Jahrhunderte, ihm erlagen – und erliegen noch heute – auch um Objektivität und Wissenschaftlichkeit bemühte Historiker und Ethnographen, die selbst dann, wenn sie in ihrer Einstellung gegenüber der anderen Kultur von einer ethnozentrischen Perspektive absehen, diese in ihrer Wahrnehmung kaum endgültig zu überwinden vermögen.[41] Die Faktoren, die über den Grad ethnozentrischer Wahrnehmungs- und Einstellungssteuerung entscheiden, sind dieselben, die für die allgemeine Vorurteilsbildung und den Umgang mit (ethnischen) Stereotypen verantwortlich sind: neben persönlichkeitsspezifischen Komponenten im Individuum und den in seiner eigenen Kultur angebotenen Wahrnehmungs- und Bewertungsmustern auch der Grad der räumlichen und erfahrungsmäßigen Distanz zwischen wahrnehmendem Subjekt und wahrgenommenem Objekt, d. h., der anderen, der fremden Kultur.

Das Fremde ist zunächst das, was dem Eigenen entgegensteht; es ist in der interkulturellen Begegnung die Kultur, der wir nicht angehören und der wir mit den gesicherten Positionen unserer eigenen Kultur gegenübertreten. Neben diesem objektiven Sachverhalt kennzeichnet Fremde auch ein subjektives, bewußtseinsspezifisches Phänomen: Im Gegensatz zum Eigenen, das uns bekannt und vertraut ist, bedeutet das Fremde das uns Unbekannte, Ungewohnte, Unvertraute. Das Fremde kann aber auch das Andersartige beinhalten: das, was in der interkulturellen Begegnung die andere Kultur von der eigenen unterscheidet, von ihr abweicht. Das Erlebnis der Fremde ist zumeist mit einer eindeutigen gefühls- oder wertmäßigen Stellungnahme verbunden. Das Fremde wird abgelehnt und abgewehrt, weil es aufgrund seiner mangelnden Vertrautheit und Andersartigkeit Mißtrauen oder sogar Angst weckt, weil es als Bedrohung und Gefahr für das eigene Selbstverständnis oder das der Gruppe, der man angehört, erachtet wird. Das Fremde kann aber auch – und dies aufgrund derselben Eigenschaften – Neugier wecken und sogar als Verlockung und Herausforderung empfunden werden; insbesondere dann, wenn das Eigene als ungenügend oder unbefriedigend bewertet wird. Abwehrhaltung gegenüber dem Fremden und Faszination durch das Fremde treten aber nur dann auf, wenn die andere Kultur nicht als absolut fremd erfahren wird; wenn zu dieser Fremdkultur ein Minimum an Beziehung geknüpft werden kann, wenn schließlich die Distanz nicht als unüberwindbar erscheint.

Fremdheit und kulturelle Distanz – und diese Einsicht gilt für die Vergangenheit gleichermaßen wie für die Gegenwart – stehen der Entdeckung anderer Kulturen stets als Hindernis entgegen. Mag auch der direkte Kontakt mit der Fremdgruppe die Distanz wie das Gefühl der Fremdheit verringern und damit die beiden Faktoren innewohnende Kraft zur Herausbildung und Verstärkung von Stereotypen mindern, so steht doch außer Frage, daß es nicht gelingen kann, sich einer fremden Kultur „von der Position einer außergeschichtlichen Objektivität"[42] zu nähern: ein Dilemma, dem wir allenfalls dadurch entgegenwirken können, daß wir bei der Begegnung mit fremden Kulturen gemäß dem Postulat Hans-Georg Gadamers „die eigene Geschichtlichkeit mitdenken"[43].

Anmerkungen

1 [314], S. 93.

2 Die hier gegebene Begriffsbestimmung wird nicht verstanden als Definition des generellen Phänomens. Stereotype können auftreten als ein aus mehreren zugeschriebenen Merkmalen zusammengesetztes Bild – im Sinne einer Kategorie –, aber auch als Einzelzuweisung in Form einer einfachen Aussage. In diesem Sinne unterscheidet Bergler [314] durchgängig „Stereotyp" im Sinne einer Einzelzuweisung vom „stereotypen

System" als Kategorie; eine sprachliche Differenzierung, die theoretisch sinnvoll ist, sich hier aber durch ihre geringe praktische Relevanz für die Beschreibung des Phänomens als solchem erübrigt.

3 Diesen letzteren Bedeutungsaspekt signalisiert bereits die Bezeichnung „Stereotyp", die der Druckersprache entlehnt ist. Die Stereotypie ist ein Druckverfahren, bei dem statt beweglicher Lettern starr miteinander verbundene, nach einer vorgefertigten Mater aus einem Stück gegossene Druckzeilen (Stereotypplatten) verwendet werden. Im gängigen Sprachgebrauch wird insbesondere das Adjektiv synonym verwendet für feststehend, unveränderlich und – in einer Bedeutungserweiterung – floskelhaft, sinnentleert.

4 [329], S. 3 ff.

5 A.a.O., S. 90.

6 Allport [312], S. 224.

7 Diese Faktoren gelten, in dem hier vorliegenden Kontext, nicht nur für den Reisenden, der die amerikanische Wirklichkeit als Eigenerfahrung erlebte, sondern auch für den Zeitgenossen, der seine Kenntnisse über Amerika nur aus mündlichen oder schriftlichen Zeugnissen anderer bezog und bei dem der Prüfstein für Aufrechterhaltung oder Wandel bestehender kategorialer bzw. stereotyper Vorstellungen nicht die Wirklichkeit selbst, sondern neue, vermittelte Information war.

8 Der Tatbestand, daß bestimmte Eigenschaften oder Merkmale bei Mitgliedern einer bestimmten Gruppe besonders häufig, häufiger als bei anderen Gruppen, festgestellt werden können, wird von der Sozialforschung mit dem Begriff der „Modalpersönlichkeit" erfaßt. In ihr sind, als abstrakter Person, diese in einer Gruppe besonders häufig auftretenden Merkmale vereint. Allerdings gehen die Meinungen darüber, wie hoch der Anteil der durch sie repräsentierten Gruppenmitglieder sein muß, auseinander.

9 Mitscherlich, in: Vorurteile [345], S. 44.

10 Desgleichen mögen auch Frustrationserlebnisse zur Annahme von negativen ethnischen Stereotypen führen. So können die stereotypen Vorstellungen von der Promiskuität der amerikanischen Indianer und ihrem als abnorm angesehenen Sexualverhalten als Projektion eigener unerfüllter Wünsche und Bedürfnisse dazu dienen, durch eine Negativbesetzung der betreffenden – realen oder angenommenen – Praktiken der eigenen Frustration entgegenzuwirken, die möglicherweise daraus resultiert, daß in der Eigengruppe aufgrund einer restriktiven Sexualmoral derlei Bedürfnisse tabuisiert sind.

11 Hofstätter [322], S. 93.

12 [341], S. 209.

13 A.a.O., S. 218. Die Autoren beziehen sich hier zwar ausdrücklich auf das negative soziale Vorurteil; die Aussage kann aber auch analog für das positive Gruppenvorurteil gelten.

14 [329], S. 81.

15 Manz [331], S. 30.

16 Bergler [314], S. 108.

17 Allport [312]; so lautet die Überschrift eines Abschnitts in Kapitel 2.

18 Schroder/Driver/Streufert [340], S. 22.

19 Forschungsansätze, die von einer nativistischen Prädisposition im Sinne biogenetisch begründbarer psychischer Strukturen und Impulse ausgehen, sind abzulehnen, da sie zu ausgesprochen widersprüchlichen Ergebnissen geführt haben. So sprechen die einen von einem angeborenen Unbehagen gegenüber dem Unähnlichen, das einem negativen Vorurteil Vorschub leistet; die anderen hingegen sprechen von der angeborenen Neugier des Menschen gegenüber allem Fremden, die ein positives Vorurteil begünstigt – Thesen, die durch empirische Forschung nicht ausreichend fundiert, zum Teil sogar widerlegt wurden. (Vgl. hierzu Bergler [314], S. 116 f., und Schäfer/Six [339], S. 90 ff.) Ebenso unwägbar ist der Ansatz der Tiefenpsychologie, der bestimmte Bilder als Ur-Bilder, als Archetypen, zu erklären sucht, welche als Inhalte eines angenommenen „kollektiven Unbewußten" der ganzen Menschheit angeboren seien. (Vgl. hierzu Bergler, a.a.O., S. 112 f.).

20 Hierbei begegnet uns jedoch dieselbe Schwierigkeit, die bereits im Zusammenhang mit der Erörterung des phänomenologischen Aspekts hervorgehoben wurde. Da das erkennende Subjekt (wie das Objekt) in seiner geistig-materiellen Substanz nicht mehr unmittelbar faßbar und analysierbar ist, können wir seine Persönlichkeitsstruktur nur auf dem Wege der Reduktion – und dies auch nur annähernd – ermitteln. Dabei stützen wir uns in erster Linie auf das Gesamtwerk des jeweiligen Autors, aus dem sich möglicherweise Rückschlüsse auf persönlichkeitsspezifische, bei seiner generellen Wahrnehmung und Urteilsfindung wirksam werdende Mechanismen ergeben, sowie auf sekundäre Quellen, die uns Hinweise auf Faktoren geben, die – wie etwa soziale Herkunft, Bildung, Religionszugehörigkeit oder sozio-ökonomischer Status – die Persönlichkeitsstruktur des jeweiligen Individuums geprägt und somit auch auf sein Wahrnehmungs- und Urteilsvermögen eingewirkt haben.

21 Ausgehend von der Erfassung antisemitischer Einstellung in Verbindung mit politisch-ökonomischem Konservatismus beschreiben Adorno u.a. vorurteilsvolles Verhalten als eine generelle im Vorurteilsträger begrün-

dete Reaktionstendenz, die für die Entwicklung zur „autoritären", „anti-demokratischen", „potentiell-faschistischen" Persönlichkeit charakteri-stisch ist. Die Herausbildung der spezifischen, das Syndrom der „autori-tären Persönlichkeit" kennzeichnenden Symptome begründen die Auto-ren gemäß ihrer psychonalytischen Orientierung mit bestimmten Kon-stellationen, die in der frühen Phase des individuellen Sozialisationspro-zesses (Eltern-Kind-Beziehung im autoritären Elternhaus) wirksam wer-den und die im Zusammenhang mit der notwendigen Herausbildung eines normativen Gleichgewichtssystems zur konfliktiven Ausprägung von schwachem Ich und autoritärem Über-Ich führen können.

22 Sicherlich könnte man, zumindest in einem heuristischen Verfahren, durch konträre Negation der die autoritäre Persönlichkeit charakterisie-renden Merkmale ein entsprechendes Diagramm der anti-autoritären oder toleranten Persönlichkeit aufstellen. Doch ist fraglich, ob die so erlangten Befunde einer empirischen Überprüfung standhalten könnten. Dennoch wurden verschiedene Vorstöße in diese Richtung unternom-men, so u. a. von G. W. Allport [312] und J. G. Martin [332].

23 [338], S. 33. Zur Struktur dieses Systems, das auch in Hinblick auf die Struktur von Stereotypen von Interesse ist, vgl. insbesondere a.a.O., Kap. 3, sowie Rokeach [337], Kap. 1.

24 [338], S. 57.

25 A.a.O., S. 58.

26 Ebd.

27 A.a.O., S. 60.

28 Sherif/Sherif [341], S. 207.

29 A.a.O., S. 220.

30 Manz [331], S. 30.

31 In: Adorno u. a. [311], S. VII.

32 A.a.O., S. 6.

33 Die Beeinflussung vollzieht sich allerdings auch in umgekehrter Rich-tung. Das Heterostereotyp prägt auch das Autostereotyp, d. h. dieses wird in Abgrenzung zu einem oder mehreren Fremdbildern formuliert. Hofstätter ([321], S. 17f.) vertritt sogar die Ansicht, daß Selbstbilder ohne Fremdbilder nicht möglich sind.

34 So die noch heute gültige Definition von E. B. Taylor (*Primitive Culture*, 1871); zit. nach Klostermaier [325], S. 528. Kultur wird also nicht gleichgesetzt mit Kultur*gut*, der Summe aller geistig-materiellen Leistun-gen einer Gruppe.

35 LeVine/Campbell [328], S. 1.

36 Hodgen [265], S. 194 und 299.

37 „Ethnocentrism is the technical name for this view of things in which one's own group is the center of everything, and all others are scaled and rated with reference to it. Folkways correspond to it to cover both the inner and the outer relation. Each group nourishes its own pride and vanity, boasts itself superior, exalts its own divinities, and looks with contempt on outsiders. Each group thinks its own folkways the only right ones, and if it observes that other groups have other folkways, these excite its scorn." ([343], S. 13) Sumner hatte seine These zwar mit umfangreichem ethnographischem Material belegt, doch die Begründung einer Theorie, die auch die von ihm selbst notierten Ausnahmen hätte erklären können, wurde von ihm nicht geleistet. (Vgl. hierzu die kritischen Anmerkungen von LeVine/Campbell [328], S. 14 ff.).

38 Sherif/Sherif [341], S. 161.

39 Merton [333], s. 283.

40 Ebd. Sherif/Sherif hatten in ihrem ersten Entwurf der Bezugsgruppentheorie [341] normative Funktion und Vergleichsfunktion noch unter denselben Begriff der Bezugsgruppe gefaßt. Erst in einem überarbeiteten Entwurf [342] wurde in Anlehnung an Merton zwischen Bezugsgruppe und Vergleichsgruppe unterschieden.

41 Vgl. hierzu die Kritik von R. A. LeVine und D. T. Campbell, die anhand eines umfangreichen ethnographischen Materials den diesbezüglichen Nachweis erbringen. ([328], u. a. S. 10, 66 f., 82 ff., 101 ff.).

42 Bitterli [228], S. 79.

43 [319], S. 283.

Auswahlbibliographie

Quellen

1. zu Amerika

Sammlungen

1 *Beazley, Charles Raymond* (Hrsg.): Voyages and Travels Mainly During the 16th and 17th Centuries, 2 Bde, New York 1964

2 *Biggar, Henry Percival* (Hrsg.): A Collection of Documents Relating to Jacques Cartier and the Sieur de Roberval, Ottawa 1930

3 *Bry, Theodore de* (Hrsg.): India occidentalis vel Historia Americae sive Novi Orbis ..., 13 Bde, Frankfurt/Main 1590–1634 (Teilausgaben dt.: Leipzig-Weimar 1977 und 1979)

4 Colección de documentos inéditos relativos al descubrimiento, conquista y organización de las antiguas posesiones españolas de América y Oceanía, 42 Bde, Madrid 1864–1884

5 *Davenport, Francis Gardiner:* European Treaties Bearing on the History of the United States and Its Dependencies, Bd. I, Washington 1917

6 Die Entdeckung und Eroberung der Welt. Dokumente und Berichte (hrsg. v. U. Bitterli), Bd. I, München 1980

7 Extraict ou Recueil des Isles nouvellement trouvees en la grand mer Oceane ..., Paris [1532]

8 *Fernández de Navarrete, Martín* (Hrsg.): Colección de los viages y descubrimientos que hicieron por mar los Españoles ..., 5 Bde, Madrid 1825–1837

9 *Firpo, Luigi* (Hrsg.): Prime relazioni di navigatori italiani sulla scoperta dell'America. Colombo, Vespucci, Verazzano, Turin 1966

10 *Hakluyt, Richard:* The Principall Navigations, Voiages and Discoveries of the English nation ..., London 1589 (Nachdruck: Cambridge 1965)

11 *Huttich, Johannes/Simon Grynaeus:* Novus orbis regionum ac insularum veteribus incognitarum ..., Basel 1532

12 *Julien, Charles-André/René Herval/Théodore Beauchesne* (Hrsg.): Les Français en Amérique pendant la première moitié du XVIe siècle. Texte des voyages de Gonneville, Verrazano, J. Cartier et Roberval, Paris

1946 (modernisierte Fassung: Jacques Cartier, Voyages au Canada ...,
Paris ²1984)

13 *Kenton, Edna* (Hrsg.): The Jesuit Relations and Allied Documents.
Travels and Explorations of the Jesuit Missionaries in North America
(1610–1791), New York 1954

14 *Le Moine, Robert:* L'Amérique et les Poètes français de la Renaissance,
Ottawa 1972

15 *Lussagnet, Suzanne* (Hrsg.): Les Français en Amérique pendant la
deuxième moitié du XVIe siècle. Bd. II: Les Français en Floride. Textes
de Jean Ribault, René de Laudonnière, Nicolas Le Challeux et Dominique de Gourgues, Paris 1958

16 *Margry, Pierre* (Hrsg.): Relations et mémoires inédits pour servir à
l'histoire de la France dans les pays d'outre-mer ..., Paris 1867

17 *Montalboddo, Francanzano da/Mathurin du Redouer:* S'Ensuyt le
Nouveau monde & navigations faictes par Emeric de vespuce Florentin
..., Paris [1515] (Nachdruck: Princeton 1916)

18 Die Neue Welt. Chroniken Lateinamerikas von Kolumbus bis zu den
Unabhängigkeitskriegen (hrsg. v. E. Rodríguez Monegal), Frankfurt/
Main 1982

19 Raccolta di documenti e studi pubblicati dalla R. Commissione Colom-
biana ..., 11 Bde, Rom 1892

20 *Ramusio, Giovanni Battista:* Delle navigationi et Viaggi, Bd. III, Venedig 1556 (Nachdruck: Amsterdam 1967)

21 *Smith, T. B.* (Hrsg.): Colección de varios documentos para la historia
de la Florida y tierras adyacentes, Bd. I, London 1857

22 *Ternaux-Compans, Henri* (Hrsg.): Archives des voyages ou Collection
d'anciennes relations ..., 2 Bde, Paris 1840–1841

23 *Thwaites, Reuben G.* (Hrsg.): The Jesuit Relations and Allied Docu-
ments. Travels and Explorations of the Jesuit Missionaries in New
France. 1610–1791, 73 Bde, Cleveland 1896–1901 (Nachdruck: New
York 1959)

Einzeltexte

24 *Apian, Pierre (Petrus Apianus)/Gemma Frison (Phrisius):* La Cosmographie ..., Antwerpen ²1544

25 *Benzoni, Girolamo:* La historia del Mondo Nuovo ..., Venedig 1572
(Nachdruck, hrsg. v. F. Anders: Graz ²1969)

26 – /*Urbain Chauveton:* Histoire nouvelle du Nouveau Monde ..., Genf
1579

27 *Cortés, Hernán:* Relaciones de ... a Carlos V sobre la invasión de Anáhuac (hrsg. v. E. Gómez), 2 Bde, México 1958

28 –: Die Eroberung Mexikos. Eigenhändige Berichte an Karl V. 1520–1524 (übers. v. C. W. Koppe), Tübingen 1975

29 *Crespin, Jean:* Histoire des martyrs (hrsg. v. D. Benoît), 3 Bde, Toulouse 1885–1889

30 *Du Hamel, Jacques:* Acoubar ou la loyauté trahie ... (hrsg. v. R. Arbour), Ottawa 1973

31 *Du Périer, Antoine:* Les amours de Pistion et de Fortunie ... (hrsg. v. R. Arbour), Ottawa 1973

32 *Fernández de Oviedo y Valdés, Gonzalo:* Historia General y Natural de las Indias, Islas y Tierra-Firme del mar Océano (hrsg. v. J. Amador de los Ríos), 4 Bde, Madrid 1851–1855

33 *Gomberville, Marin Le Roy de:* La Première – [Quatrième] partie de Polexandre, 5 Bde, Paris 1637

34 *Kolumbus, Christoph:* Bordbuch, Frankfurt/Main 1981.

35 –: Textos y documentos completos (hrsg. v. C. Varela), Madrid 1982

36 *Las Casas, Bartolomé de:* Historia de las Indias (hrsg. v. J. Pérez de Tudela), Madrid 1957

37 –: Tyrannies et cruautez des Espagnols ..., Paris ²1582

38 –: Kurzgefaßter Bericht von der Verwüstung der Westindischen Länder (übers. v. D. W. Andreä u. hrsg. v. H. M. Enzensberger), Frankfurt/Main 1981

39 *Léry, Jean de:* Histoire d'un voyage faict en la terre du Bresil, autrement dite Amerique, Genf 1580 (Nachdruck, hrsg. v. J.-C. Morisot: Genf 1975)

40 –: Brasilianisches Tagebuch. 1557, Tübingen 1967

41 *Lescarbot, Marc:* Histoire de la Nouvelle France ..., Paris ²1611

42 *López de Gómara, Francisco:* Hispania victrix. Primera y segunda parte de la Historia General de las Indias ..., in: Historiadores primitivos de Indias (hrsg. v. E. de Vedia), Bd. I, Madrid 1946

43 *Martire d'Anghiera, Pietro (Petrus Martyr Anglerinus):* Opera. Legatio babylonica. De orbe novo decades octo. Opus epistolarum, Alcalá 1530 (Nachdruck: Graz 1966)

44 –: De nuper sub D. Carolo repertis Insulis ... Enchiridion, Basel 1521

45 –: Acht Dekaden über die Neue Welt (hrsg. u. übers. v. H. Klingelhöfer), 2 Bde, Darmstadt 1972/1975

46 *Montaigne, Michel de:* Essais (hrsg. u. übers. v. H. Lüthy), Zürich 1953

47 –: Essais (hrsg. v. R.-R. Wuthenow u. übers. v. J. J. Bode u. R.-R. Wuthenow), Frankfurt/Main 1976

48 *Ribault, Jean:* The Whole & True Discoverye of Terra Florida (hrsg. v. J. T. Connor), Deland 1927

49 *Schmidel, Ulrich:* Warhafftige Historien Einer Wunderbaren Schiffart, Nürnberg ²1602 (Nachdruck: Graz 1962)

50 *Staden, Hans:* Brasilien: die wahrhaftige Historie der wilden, nackten, grimmigen Menschenfresserleuten (1548–1555) (hrsg. v. G. Faber), Stuttgart ²1984

51 *Thevet, André:* La cosmographie universelle, Paris 1575

52 –: Les singularitez de la France Antarctique (hrsg. v. P. Gaffarel), Paris 1878

53 –: Le Brésil et les Brésiliens (Les Français en Amérique pendant la deuxième moitier du XVIe siècle. Bd. I, hrsg. v. S. Lussagnet), Paris 1953

54 *Vespucio, Américo (Amerigo Vespucci):* El Nuevo Mundo. Cartas relativas a sus viajes y descubrimientos (hrsg. v. R. Levillier), Buenos Aires 1951

2. andere Quellen

55 *Agatharchides von Knidos:* De mari erythraeo libris excerpta, in: Carl Müller (Hrsg.), Geographi graeci minores (gr.-lt.), Bd. I, Paris 1855

56 *Ailly, Pierre d' (Petrus Alliacus):* Ymago Mundi (lt.-frz.) (hrsg. v. E. Buron), 3 Bde, Gembloux–Paris 1930

57 *Aristoteles:* Aristoteles an Alexander. Über die Welt (hrsg. u. übers. v. P. Gohlke), Paderborn 1949

58 –: Über den Himmel. Vom Werden und Vergehen (hrsg. u. übers. v. P. Gohlke), Paderborn 1958

59 *[Arnauld, Antoine]:* Antiespagnol autrement Les philippiques d'un Demosthenes François touchant les menees & ruses de Philippe Roy d'Espagne pour envahir la Couronne de France ..., o.O. ²1592

60 –: La premiere philippique à la France. La seconde philippique à la France, o.O. 1592

61 *Benedeit:* Le Voyage de Saint Brendan (frz.-dt.) (hrsg. u. übers. v. E. Ruhe), München 1977

62 *Bodin, Jean:* Response de ... à M. de Malestroit. 1568 (hrsg. v. H. Hauser), Paris 1932

63 *Callisthenes (Peudo-):* Itinerarium Alexandri (hrsg. v. C. Müller), Paris 1865

64 *Calvin, Jean:* Opera (hrsg. v. G. Baum u. a.), Bd. XVI, Braunschweig 1877

65 C'est la deduction du somptueux ordre plaisantz spectacles et magnifiques theatres dresses, et exhibes par les citoiens de Rouen ... Paris 1551 (neu hrsg. v. M. M. McGowan: L'Entrée de Henri II à Rouen 1550, Amsterdam o. J.)

66 La Contre Ligue ..., o.O. 1589

67 [*Du Belloy, Pierre*]: Examen du discours publie par ceux de la Ligue contre la maison Royalle de France ..., o.O. 1587

68 *Dürer, Albrecht:* Das Tagebuch der Niederländischen Reise. 1520–1521 (hrsg. v. J.-A. Goris/G. Marlier), Brüssel 1970

69 *Eon, Jean:* Le Commerce Honorable, Nantes 1545

70 *Eusebius, Bischof von Caesarea:* Chronicon, Paris 1512

71 La fleur de lys. Qui est un Discours d'un François retenu dans Paris, sur les impietez & desguisements contenus au Manifeste d'Espagne ..., o.O. 1593

72 Harangue d'un cacique indien, envoyee aux François, pour se garder de la Tyrannie de l'Espaignol, o.O. 1596

73 *Hesiod:* Werke und Tage, in: ders., Sämtliche Werke (hrsg. u. übers. v. T. von Scheffer), Leipzig 1938

74 *Isidor von Sevilla:* Etymologiarum sive originum Libri XX (hrsg. v. W. M. Lindsay), 2 Bde, Oxford 1911

75 Les lauriers du roy. Contre les foudres pratiquez par l'Espagnol, Tours 1590

76 Le leurre de Nicolas Durant, dit Villegaignon, o.O. [1561]

77 *Loyseau, Charles:* Cinq livres du droit des Offices, Paris 1610

78 [*Mandeville, Sir John*]: Malcolm Letts (Hrsg.), Mandeville's Travels. Texts and Translations, 2 Bde, London 1953

79 Le manifeste de la France. Aux Parisiens et à tous les françois, Tours ²1590

80 *Moncada, Sancho de:* Restauracion politica de España ..., Madrid 1746

81 *Montchrétien, Antoyne de:* Traicté de l'oeconomie politique (hrsg. v. T. Funck-Brentano), Paris [1889]

82 Navigatio Sancti Brendani Abbatis, from Early Latin Manuscripts (hrsg. v. C. Selmer), Notre-Dame, Indiana 1959

83 *Otto, Bischof von Freising:* Chronik oder die Geschichte der zwei Staaten (hrsg. v. W. Lammers), Darmstadt 1961

84 Panegyric au tres-chrestien Henry IIII. Roy de France et de Navarre, Tours 1590

85 *Paré, Ambroise:* Des monstres et prodiges (hrsg. v. J. Céard), Genf 1971

86 *Pindar:* Siegesgesänge und Fragmente (gr.-dt.) (hrsg. u. übers. v. O. Werner), München 1967

87 *Plinius Secundus, Cajus:* Naturgeschichte (hrsg. u. übers. v. P. H. Külb), 39 Bde, Stuttgart 1842–1877

88 *Plutarch:* Große Griechen und Römer (übers. v. K. Ziegler), Zürich--Stuttgart, Bd. V, 1960

89 *Polo, Marco:* Von Venedig nach China. Die größte Reise des 13. Jahrhunderts (hrsg. v. T. A. Knust), Tübingen ^{5}1979

90 *Pomponius Mela:* De chorographia libri tres (hrsg. v. K. Frick), Stuttgart ^{2}1967

91 *Ptolemaeus, Claudius:* Geographia, Strassburg 1513 (Nachdruck: Amsterdam 1966)

92 *Quevedo y Villegas, Francisco:* Obras completas (hrsg. v. F. Buendía). Bd. I: Obras en prosa, Madrid ^{6}1966

93 –: Die Träume. Die Fortuna mit Hirn oder die Stunde aller (hrsg. u. übers. v. W. Muster), Frankfurt/Main 1966

94 *Rabelais, François:* Gargantua und Pantagruel (übers. v. E. Hegaur u. Dr. Owlglass), München ^{3}1961

95 *Rutebeuf:* Oeuvres complètes (hrsg. v. A. Jubinal), Bd. III, Paris ^{2}1874/75

96 *Seneca, Lucius Annaeus:* Sämtliche Tragödien (lt.-dt.) (übers. v. T. Thomann), Bd. I, Zürich–Stuttgart 1961

97 *Strabon aus Amaseia:* Erdbeschreibung (hrsg. u. übers. v. A. Forbiger), 4 Bde, Stuttgart-Berlin 1856–1862

98 *Vergil (Publius Vergilius Maro):* Aeneis (lt.-dt.) (hrsg. u. übers. v. J. Götte), München ^{4}1979

99 *Weiss, Charles* (Hrsg.): Papiers d'état du Cardinal de Granvelle, 9 Bde, Paris 1841–1852

Fachliteratur

1. zur Bibliographie

100 *Aboal Amaro, José Alberto:* Amerigho Vespucci. Ensayo de bibliografía crítica, Madrid 1962

101 *Atkinson, Geoffroy:* La littérature géographique française de la Renaissance. Répertoire bibliographique, Paris 1927

102 *Baginsky, Paul Ben:* German Works Relating to America. 1493–1800. A List Compiled from the Collections of the New York Public Library, New York 1942

103 *Bourgeois, Emile/Louis André:* Les sources de l'histoire de France. XVIIe siècle (1620–1715), 8 Bde, Paris 1913–1935

104 *British Museum:* General Catalogue of Printed Books, London 1965 ff.

105 *Hanke, Lewis/Manuel Giménez Fernández:* Bartolomé de las Casas. 1474–1566. Bibliografía crítica y cuerpo de materiales para el estudio de su vida, escritos, actuación y polémicas que suscitaron durante cuatro siglos, Santiago de Chile 1954

106 *Harrisse, Henri:* Bibliotheca Americana Vetustissima. A Description of Works Relating to America Published Between the Years 1492 and 1551, Madrid ²1958

107 –: Bibliotheca Americana Vetustissima ... Additions, Madrid ²1958

108 *Hauser, Henri:* Les Sources de l'histoire de France. XVIe siècle (1494–1610), 4 Bde, Paris 1906–1916

109 *John Carter Brown Library* (Hrsg.): Bibliotheca Americana. Catalogue ..., Providence, R. I. 1919–1931 (Nachdruck 1961)

110 *León Pinelo, Antonio de:* Epitome de la Biblioteca oriental i occidental, nautica i geografica, Madrid 1629

111 *Sanz, Carlos:* Bibliografía general de la Carta de Colón, Madrid 1958

112 –: Henry Harrisse (1829–1910) „Príncipe de los Americanistas". Su vida – Su obra. Con Nuevas Adiciones a la Bibliotheca Americana Vetustissima, Madrid 1958

113 –: El gran secreto de la Carta de Colón (Crítica histórica) y Otras adiciones a la Bibliotheca Americana Vetustissima, Madrid 1959

114 –: Bibliotheca Americana Vetustissima. Ultimas adiciones, 2 Bde, Madrid 1960

115 *Ternaux-Compans, Henri:* Bibliothèque Américaine ou Catalogue des ouvrages relatifs à l'Amérique qui ont paru depuis sa découverte jusqu'à l'an 1700, Paris 1837 (Nachdruck: Amsterdam 1968)

2. zur politischen Geschichte, Wirtschafts- und Sozialgeschichte Europas

116 *Baguenault de Puchesse, Gustave:* La politique de Philippe II dans les affaires de France, in: Revue des questions historiques XIII, 1879

117 *Braudel, Fernand:* Civilisation matérielle, économie et capitalisme, XVe–XVIIIe siècle, 3 Bde, Paris 1979

118 –: La Méditerranée et le monde méditerranéen à l'époque de Philippe II, 2 Bde, Paris ²1976

119 –: Monnaies et civilisations. De l'or du Soudan à l'argent d'Amérique. Un drame méditerranéen, in: Annales XVIII, 1946

120 The Cambridge Economic History of Europe. Bd. II: Trade and Industry in the Middle Ages (hrsg. v. M. Postan u. R. E. Rich), Cambridge 1952. Bd. IV: The Economy of Expanding Europe in the Sixteenth and Seventeenth Centuries (hrsg. v. E. E. Rich u. C. H. Wilson), Cambridge 1967

121 *Carande, Ramón:* Carlos V y sus banqueros. Bd. I: La vida económica en Castilla (1516–1556), Madrid ²1965. Bd. II: La Hacienda real de Castilla, Madrid 1949. Bd. III: Los caminos del oro y de la plata. Deuda exterior y tesoros ultramarinos, Madrid ²1967

122 Charles-Quint et son temps, Paris 1959

123 *Davis, Ralph:* The Rise of the Atlantic Economies, London 1973

124 *Deschamps, Hubert:* Pirates et flibustiers, Paris ³1973

125 *Dias, Manuel Nunes:* O capitalismo monárquico português (1415–1549). Contribução para o estudo das origens do capitalismo moderno, 2 Bde, Coimbra 1963/64

126 *Du Prat, Marquis:* Histoire d'Elisabeth de Valois, reine d'Espagne (1545–1568), Paris 1859

127 *Ehrenberg, Richard:* Das Zeitalter der Fugger. Geldkapital und Creditverkehr im 16. Jahrhundert, 2 Bde, Jena 1896

128 *Elliott, John H.:* Europe Divided. 1559–1598, London 1968

129 –: Imperial Spain. 1469–1716, London 1963

130 *Fagniez, Gustave:* L'économie sociale de la France sous Henri IV (1589–1610), Paris 1897 (Nachdruck 1975)

131 *Godinho, Vitorino Magalhães:* L'économie de l'empire portugais aux XVe et XVIe siècles, Paris 1969

132 *Haag, Eugène* und *Emile:* La France protestante, ou Vie des protestants français …, 6 Bde, Paris ²1876–1888

133 *Hamilton, Earl J.:* American Treasure and the Price Revolution in Spain, 1501–1650, Cambridge, Mass. ²1934

134 –: Spanish Mercantilism before 1700, in: Facts und Factors in Economic History, New York ²1967

135 *Hauser, Henri:* Les débuts du capitalisme, Paris 1927

136 *Jeannin, Pierre:* L'Europe du Nord-Ouest et du Nord aux XVIIe et XVIIIe siècles, Paris 1969

137 *Kamen, Henry:* The Iron Century. Social Change in Europe, 1550–1660, London ²1976

138 *Kellenbenz, Hermann:* Der Merkantilismus in Europa und die soziale Mobilität, Wiesbaden 1965

139 – (Hrsg.): Fremde Kaufleute auf der Iberischen Halbinsel, Köln–Wien 1970

140 *Köller, Heinz/Bernhard Töpfer:* Frankreich. Ein historischer Abriß, Köln ⁴1978

141 *Lacour-Gayet, Jacques* (Hrsg.): Histoire du commerce. Bd. IV: Le commerce du XVe siècle au milieu du XIXe siècle, Paris 1951

142 *Lavisse, Ernest* (Hrsg.): Histoire de la France depuis les origines jusqu'à la Révolution. Bd. V.1: Les guerres d'Italie. La France sous Charles VIII, Louis XII et François Ier (1492–1547), Paris 1903 (Autor: Henri Lemonnier). Bd. V.2: La lutte contre la maison d'Autriche. La France sous Henri II (1519–1559), Paris 1904 (Autor: Henri Lemonnier)

143 *Léon, Pierre* (Hrsg.): Histoire économique et sociale du monde, 2 Bde, Paris 1977/78 (Bd. I: L'ouverture du monde. XIVe–XVIe siècles, Autoren: Bartolomé Bennassar u. Pierre Chaunu. Bd. II: Les hésitations de la croissance. 1580–1740, Autoren: Pierre Deyon u. Jean Jacquart)

144 *Lynch, John:* España bajo los Austrias. Bd. I: Imperio y absolutismo (1516–1598), Barcelona 1970

145 *Mandrou, Robert:* Introduction à la France moderne. Essai de psychologie historique. 1500–1640, Paris 1961

146 *Mauro, Frédéric:* Le XVIe siècle européen. Aspects économiques, Paris ²1970

147 *Spooner, Frank C.:* L'Economie Mondiale et les Frappes Monétaires en France, 1493–1680, Paris 1956

148 *Vicens Vives, Juan* (Hrsg.): Historia social y económica de España y América, Barcelona ³1977, Bde II und III (Taschenbuchausgabe)

149 *Vilar, Pierre:* Or et monnaie dans l'histoire. 1450–1920, Paris 1974

150 *Yardeni, Myriam:* La conscience nationale en France pendant les guerres de religion (1559–1598), Lüttich–Paris 1971

3. zur atlantischen Expansion und der Eroberung und Besiedlung Amerikas

151 *Bataillon, Marcel:* L'Amiral et les „nouveaux horizons" français, in: Actes du Colloque l'Amiral de Coligny et son temps (Paris, 24–28 octobre 1972), Paris 1974

152 *Boxer, C. R.:* The Dutch Seaborne Empire. 1600–1800, London 1965

153 *Chaunu, Pierre:* Les Amériques. 16e–17e–18e siècles, Paris 1976

154 –: Conquête et exploitation des Nouveaux Mondes (XVIe siècle), Paris ²1977

155 –: L'expansion européenne du XIIIe au XVe siècle, Paris 1969

156 –: Séville et l'Amérique aux XVIe et XVIIe siècles, Paris 1977

157 *Cumming, W. P./R. A. Skelton/D. B. Quinn:* Die Entdeckung Nordamerikas, München–Gütersloh–Wien 1972

158 La découverte de l'Amérique. Esquisse d'une synthèse. Conditions historiques et conséquences culturelles, Paris 1968

159 *Delpeuch, Maurice:* Un glorieux épisode maritime et colonial des guerres de religion. Le capitaine de la marine royale Dominique de Gourgue et le massacre de la colonie protestante de la Floride (1565–1568), in: Revue maritime CLV, 1902

160 *Folmer, Henry:* Franco-Spanish Rivalry in North America, 1524–1763, Glendale, Cal. 1953

161 *Friederici, Georg:* Der Charakter der Entdeckung und Eroberung Amerikas durch die Europäer, 3 Bde, Stuttgart-Gotha 1925–1933

162 *Gaffarel, Paul:* Histoire de la Floride française, Paris 1875

163 –: Histoire du Brésil français au seizième siècle, Paris 1878

164 *Giménez Fernández, Manuel:* Nuevas consideraciones sobre la historia, sentido y valor de las bulas alejandrinas de 1493 referentes a las Indias, Sevilla 1944

165 *Julien, Charles-André:* Les voyages de découverte et les premiers établissements (XVe–XVIe siècles), Paris 1948

166 *Konetzke, Richard:* Das spanische Weltreich. Grundlagen und Entstehung, München 1943

167 –: Süd- und Mittelamerika I. Die Indianerkulturen Altamerikas und die spanisch-portugiesische Kolonialherrschaft, Frankfurt/Main ²1968

168 *Levillier, Roberto:* América la bien llamada, 2 Bde, Buenos Aires [1948]

169 *Lowery, Woodbury:* The Spanish Settlements Within the Present Limits of the United States, 2 Bde, New York ²1959

170 *Mauro, Frédéric:* L'expansion européenne (1600–1870), Paris 1967

171 *Meyer, Jean:* Les Européens et les autres de Cortés à Washington, Paris 1975

172 *Mollat, Michel* (Hrsg.): Les grandes voies maritimes dans le monde. XVe–XIXe siècles. Rapports présentés au XIIe Congrès International des Sciences Historiques par la Commission Internationale d'Histoire Maritime à l'occasion de son VIIe Colloque (Vienne, 29 août – 5 septembre 1965), Paris 1965

173 – / *Paul Adam* (Hrsg.): Les aspects internationaux de la découverte océanique aux XVe et XVIe siècles. Actes du Cinquième Colloque

International d'Histoire Maritime (Lisbonne, 14–16 septembre 1960), Paris 1966

174 *Morales Padrón, Francisco:* Teoría y leyes de la Conquista, Madrid 1979

175 *Morison, Samuel Eliot:* The European Discovery of America. The Northern Voyages A. D. 500–1600, New York 1971

176 –: The European Discovery of America. The Southern Voyages A. D. 1492–1616, New York 1974

177 *Parker, John* (Hrsg.): Merchants and Scholars. Essays in the History of Exploration and Trade. Collected in the Memory of James Ford Bell, Minneapolis 1965

178 *Parry, John Horace:* Das Zeitalter der Entdeckungen, Zürich 1963

179 *Penrose, Boies:* Travel and Discovery in the Renaissance. 1420–1620, Cambridge, Mass. ²1955

180 *Pérez de Tudela y Bueso, Juan:* Mirabilis in altis. Estudio crítico sobre el origen y significado del proyecto descubridor de Cristóbal Colón, Madrid 1983

181 The Quest for America (Geoffrey Ashe u. a.), New York–Washington–London 1971

182 *Reverdin, Olivier:* Quatorze Calvinistes chez les Topinambous. Histoire d'une mission genevoise au Brésil (1556–1558), Genf–Paris 1957

183 *Ruidíaz y Caravia, E.:* La Florida. Su conquista y colonización por Pedro Menéndez de Avilés, 2 Bde, Madrid 1893/94

184 *Sauer, Carl Ortwin:* Sixteenth Century North America. The Land and the People as Seen by the Europeans, Berkeley–Los Angeles–London 1971

185 *Trudel, Marcel:* Histoire de la Nouvelle-France, 3 Bde, Montréal 1963–1973

186 *Washburn, Wilcomb E.:* The Meaning of Discovery in the Fifteenth and Sixteenth Century, in: The American Historical Review LXVIII, 1962

4. zu den geographisch-völkerkundlichen Vorstellungen in Antike und Mittelalter

187 *Ashe, Geoffrey:* Land to the West. St. Brendan's Voyage to America, London 1962

188 *Babcock, W. H.:* Legendary Islands of the Atlantic. A Study in Medieval Geography, New York 1922

189 *Baritz, Loren:* The Idea of the West, in: The American Historical Review LXVI, 1960/61

190 *Bennett, Josephine Waters:* The Rediscovery of Sir John Mandeville, New York 1954

191 *Bernheimer, Richard:* Wild Man in the Middle Ages. A Study in Art, Sentiment, and Demonology, Cambridge, Mass. 1952

192 *Boas, George:* Essays on Primitivism and Related Ideas in the Middle Ages, New York ²1966

193 *Borlandi, Franco:* Alle origini del libro di Marco Polo, in: Studi in onore di Amintore Fanfani, Bd. I, Mailand 1962

194 *Buker, George E.:* The Seven Cities: The Role of a Myth on the Exploration of the Atlantic, in: American Neptune XXX, 1970

195 *Crone, G. R.:* The „Mythical" Islands of the Atlantic Ocean, in: Comptes rendus du Congrès international de Géographie, Bd. II, Amsterdam 1938

196 *Dion, R.:* La notion d'Hyperboréens: ses vicissitudes au cours de l'Antiquité, in: Bulletin de l'Association Guillaume Budé, 1976

197 *Dudley, Edward/Maximillian E. Novak* (Hrsg.): The Wild Man Within. An Image in Western Thought from the Renaissance to Romanticism, Pittsburgh 1972

198 *Graf, Arturo:* Miti, leggende e superstizioni del Medio Evo, 2 Bde, Bologna ²1965

199 *Jüthner, Julius:* Hellenen und Barbaren. Aus der Geschichte des Nationalbewußtseins, Leipzig 1923

200 *Kervran, Louis:* Brandan, le grand navigateur celte du VIe siècle, Paris 1977

201 *Kimble, George H. T.:* Geography in the Middle Ages, London 1938

202 *Lovejoy, Arthur O./George Boas:* Primitivism and Related Ideas in Antiquity. Contribution to the History of Primitivism, Baltimore 1935

203 *Mattei, Rodolfo de:* Sul concetto di barbaro e barbarie nel Medio Evo, in: Studi di storia e diritto..., Bd. IV, Mailand 1939

204 *Mollat, Michel:* Grands voyages et connaissance du monde du milieu du XIIIe siècle à la fin du XVe, 2 Bde, Paris 1966

205 *Newton, Arthur Percival* (Hrsg.): Travel and Travellers of the Middle Ages, London ³1949

206 *Oppert, Gustav:* Der Presbyter Johannes in Sage und Geschichte. Ein Beitrag zur Voelker- und Kirchenhistorie und zur Heldendichtung des Mittelalters, Berlin 1864

207 *Patch, Howard Rollin:* The Other World According to Descriptions in Medieval Literature, Cambridge, Mass. 1950

208 *Plischke, Hans:* Von den Barbaren zu den Primitiven. Die Naturvölker durch die Jahrhunderte, Leipzig 1926

209 *Sanceau, Elaine:* Em demanda do Preste João, Porto ³1956

210 *Schmithüsen, Josef:* Geschichte der geographischen Wissenschaft von den ersten Anfängen bis zum Ende des 18. Jahrhunderts, Mannheim–Wien–Zürich 1970

211 *Taylor, E. G. R.:* The Haven-finding Art. A History of Navigation from Odysseus to Captain Cook, London–Sydney–Toronto ³1971

212 *Thomson, James Oliver:* History of Ancient Geography, Cambridge 1948

213 *Veit, Walter:* Studien zur Geschichte des Topos der Goldenen Zeit von der Antike bis zum 18. Jahrhundert, Köln 1961

214 *Wittkower, Rudolf:* Marvels of the East. A Study in the History of Monsters, in: Journal of the Warburg and Courtauld Institutes V, 1942

5. zu den Quellen (einschl. Ikonographie und Ethnographie)

215 *Adam, Antoine:* Histoire de la littérature française au XVIIe siècle, Bd. I, Paris ²1962

216 *Adhémar, Jean:* Frère André Thevet. Grand voyageur et cosmographe des rois de France au XVIe siècle, Paris 1947

217 *Alexander, Michel* (Hrsg.): Discovering the New World Based on the Works of Theodore de Bry, New York usw. 1976

218 L'Amérique vue par l'Europe (Ausstellungskatalog), Paris 1976

219 *Arciniegas, Germán:* América en Europa, Buenos Aires 1975

220 *Arens, William:* The Man-eating Myth. Anthropology and Anthropophagy, New York 1979

221 *Arnoldsson, Sverker:* La leyenda negra. Estudios sobre sus orígenes, Göteborg 1960

222 *Atkinson, Geoffroy:* Les nouveaux horizons de la Renaissance française, Paris 1935

223 –: Les relations de voyages du XVIIe siècle et l'évolution des idées. Contribution à l'étude de la formation de l'esprit du XVIIIe siècle, Paris 1924 (Nachdruck: Genf 1972)

224 *Babelon, Jean:* Découverte du monde et littérature, in: Comparative Literature II, 1950

225 *Bataillon, Marcel:* Etudes sur Bartolomé de las Casas, Paris 1965

226 –: Montaigne et les conquérants de l'or, in: Les Langues néo-latines LXVII, 1973

227 *Baudet, Henri:* Paradise on Earth. Some Thoughts on European Images of Non-European Man, New Haven–London 1965

228 *Bitterli, Urs:* Die ‚Wilden‘ und die ‚Zivilisierten‘. Grundzüge einer Geistes- und Kulturgeschichte der europäisch-überseeischen Begegnung, München 1976

229 *Buarque de Holanda, Sérgio:* Visão do paraíso. Os motivos edênicos no descobrimento e colonização do Brasil, São Paulo ²1969

230 *Bucher, Bernadette:* La sauvage aux seins pendants, Paris 1977

231 *Caprariis, Vittorio de:* Propaganda e pensiero politico in Francia durante le guerre di religione. Bd. I (1559–1572), Neapel 1959

232 *Carbia, Rómulo D.:* Historia de la Leyenda Negra hispanoamericana, Madrid 1944

233 *Carvalho, Joaquim de:* Estudos sobre a Cultura Portuguesa do século XVI, 2 Bde, Coimbra 1947

234 *Chaunu, Pierre:* La légende noire antihispanique. Des Marranes aux Lumières. De la Méditerranée à l'Amérique. Contribution à une psychologie régressive des peuples, in: Revue de Psychologie des Peuples II, 1964

235 *Chiappelli, Fredi* (Hrsg.): First Images of America. The Impact of the New World on the Old, 2 Bde, Berkeley–Los Angeles–London 1976

236 *Chinard, Gilbert:* L'Amérique et le rêve exotique dans la littérature française au VVIIe et au XVIII siècle, Paris 1913 (Nachdruck: 1970)

237 –: L'exotisme américain dans la littérature française au XVIe siècle d'après Rabelais, Ronsard, Montaigne, etc., Paris 1911 (Nachdruck: Genf 1970)

238 *Cioranescu, Alexandre:* La découverte de l'Amérique et l'art de la description, in: Revue des Sciences Humaines N. S. XXVII, 1962

239 *Cline, Howard F.:* Hernando Cortés and the Aztec Indians in Spain, in: The Quarterly Journal of the Library of Congress XXVI, 1969

240 *Cocchiara, Giuseppe:* Il mito del buon selvaggio. Introduzione alla storia delle teorie etnologiche, Messina 1948

241 *Cole, Richard G.:* Sixteenth-Century Travel Books as a Source of European Attitudes Toward Non-White and Non-Western Culture, in: Proceedings of the American Philosophical Society CXVI, 1972

242 *Coulet, Henri:* Le roman jusqu'à la Révolution, Paris 1967

243 *Crone, G. R.:* Maps and Their Makers. An Introduction to the History of Cartography, London ⁴1968

244 *Dainville, François de:* Les Jésuites et l'éducation de la société française. La géographie des humanistes, Paris 1940

245 *Davies, Nigel:* The Aztecs. A History, London ²1977

246 *Dürr, Hans-Peter:* Traumzeit, Frankfurt/Main 1978

247 *Eliade, Mircea:* Le mythe du bon sauvage, ou les prestiges de l'origine, in: La Nouvelle Revue Française III (31), 1955

248 *Fairchild, Hoxie Neale:* The Noble Savage: A Study in Romantic Naturalism, New York 1928

249 *Febvre, Lucien/Henri-Jean Martin:* L'apparition du livre, Paris ²1971

250 *Fernandes, Florestan:* La Guerre et le sacrifice humain chez les Tupi-namba, in: Journal de la Société des Américanistes de Paris N. S. XLI, 1952

251 Les Fêtes de la Renaissance, 3 Bde, Paris ²1973

252 *Fischer, Josef/Fr. von Wieser:* The Oldest Map With the Name America of the Year 1507, and the Carta Marina of the Year 1516, by M. Waldseemüller (Ilacomylus), Innsbruck–London 1903

253 *Friede, Juan/Benjamin Keen:* Bartolomé de Las Casas in History. Toward an Understanding of the Man and His Work, DeKalb, Ill. 1971

254 *Friedrich, Hugo:* Montaigne, Bern–München ²1967

255 *Gandía, Enrique de:* Historia crítica de los mitos y leyendas de la conquista americana, Buenos Aires [1946]

256 *Gerbi, Antonello:* La naturaleza de las Indias nuevas de Cristóbal Colón a Gonzalo Fernández de Oviedo, México 1978

257 *Giamatti, A. Bartlett:* The Earthly Paradise and the Renaissance Epic, Princeton, N. J. 1966

258 *Goldschmidt, E. P.:* Not in Harrisse, in: Essays Honoring Lawrence C. Wroth, Portland, Ma. 1951

259 *Gonnard, René:* La légende du bon sauvage. Contribution à l'étude des origines du Socialisme, Paris 1946

260 Handbook of South American Indians (hrsg. v. J. H. Steward), 6 Bde, New York 1946–1950

261 *Hanke, Lewis:* Aristotle and the American Indians. A Study in Race and Prejudice in the Modern World, Bloomington-London ²1970

262 –: La lucha por la justicia en la conquista de América. Buenos Aires 1949

263 *Hernández Sánchez-Barba, Mario:* Historia y literatura en Hispano-América (1492–1820). La versión de una experiencia, Madrid 1978

264 *Herskovits, Melville J.:* Man and His Work. The Science of Cultural Anthropology, New York ⁵1951

265 *Hodgen, Margaret T.:* Early Anthropology in the Sixteenth and Seventeenth Centuries, Philadelphia 1964

266 –: Sebastian Muenster (1489–1552), a Sixteenth Century Ethnographer, in: Osiris II, 1954

267 *Hoeges, Dirk:* Skepsis und Entschiedenheit. Zur Bedeutung und Struktur von Michel de Montaignes Essay „Des Cannibales", in: Romanistische Zeitschrift für Literaturgeschichte II, 1978

268 *Honour, Hugh:* The New Golden Land. European Images of America from the Discoveries to the Present Time, New York o. J.

269 *Husner, Fritz:* Die Bibliothek des Erasmus, in: Gedenkschrift zum 400. Todestag des Erasmus von Rotterdam, Basel 1936

270 *Jaenen, Cornelius J.:* Friend and Foe. Aspects of French-Amerindian Cultural Contact in the 16. and 17. Centuries, New York 1976

271 *Juderías, Julián:* La leyenda negra. Estudios acerca del concepto de España en el extranjero, Madrid ¹⁵1967

272 *Keen, Benjamin:* The Aztec Image in Western Thought, New Brunswick, N. J. 1971

273 *Kennedy, J. H.:* Jesuit and Savage in New France, New Haven 1950

274 *Kohl, Karl-Heinz:* Entzauberter Blick. Das Bild vom Guten Wilden und die Erfahrung der Zivilisation, Frankfurt/Main–Paris 1983

275 *Krickeberg, Walter/Hermann Trimborn/Werner Müller:* Die Religionen des alten Amerika, Stuttgart 1961

276 *Kronenberg, Maria E.* (Hrsg.): De Novo Mondo. Antwerp, Jan van Doesborch (about 1520). A Facsimile of an Unique Broadsheet Containing an Early Account of the Inhabitants of South America ..., Den Haag 1927

277 *Kupčík, Ivan:* Cartes géographiques anciennes. Evolution de la représentation cartographique du monde de l'Antiquité à la fin du XIXe siècle, Paris 1981

278 *Lebègue, Raymond:* Montaigne et le paradoxe des cannibales, in: Studi di letteratura, storia et filosofia in onore di Bruno Revel, Florenz 1965

279 *Lefranc, Abel:* Les navigations de Pantagruel, Paris 1905

280 *Levin, Harry:* The Myth of the Golden Age in the Renaissance, New York ²1972

281 *Lutri, Joseph R. de:* Montaigne on the Noble Savage: A Shift in Perspective, in: The French Review XLIX, 1975

282 –: Montaigne's „Des Cannibales": *Invention/Experience*, in: Bibliothèque d'Humanisme et Renaissance XXXVIII, 1976

283 *Magendie, Maurice:* Le roman français au XVIIe siècle de l'*Astrée* au *Grand Cyrus*, Paris 1932

284 *McGowan, Margaret M.:* Form and Themes in Henry II's Entry into Rouen, in: Renaissance Drama N. S. I, 1968

285 *Métraux, Alfred:* La religion des Tupinamba et ses rapports avec celle des autres tribus Tupi-Guarani, Paris 1928

286 —: Religions et magies indiennes d'Amérique du Sud, Paris 1967

287 *Moebus, Joachim:* Über die Bestimmung des Wilden und die Entwicklung des Verwertungsstandpunkts bei Kolumbus, in: Das Argument XV (79), 1973

288 *Mühlmann, Wilhelm E.:* Geschichte der Anthropologie, Frankfurt/ Main–München ²1968

289 Mythen der Neuen Welt. Zur Entdeckungsgeschichte Lateinamerikas (hrsg. v. K.-H. Kohl) (Ausstellungskatalog), Berlin 1982

290 *O'Gorman, Edmundo:* La idea del descubrimiento de América. Historia de esa interpretación y crítica de sus fundamentos, México 1951

291 —: La invención de América. El Universalismo de la Cultura de Occidente, México–Buenos Aires 1958

292 *Olmedillas de Pereiras, María de las Nieves:* Pedro Mártir de Anglería y la mentalidad exoticista, Madrid 1974

293 *Olschki, Leonardo:* Storia letteraria delle Scoperte Geografiche. Studi e ricerche, Florenz 1937

294 —: What Columbus Saw on Landing on the West Indies, in: Proceedings of the American Philosophical Society LXXXIV, 1941

295 *Pastor, Beatriz:* Discurso narrativo de la conquista de América, La Habana 1984

296 *Raymond, Marcel:* Montaigne devant les sauvages d'Amérique, in: ders., Etre et dire. Etudes, Neuchâtel 1970

297 *Romeo, Rosario:* Le scoperte americane nella coscienza italiana del Cinquecento, Mailand–Neapel 1954

298 *Rosenblat, Angel:* La Primera Visión de América y otros estudios, Caracas 1965

299 *Rowe, John Howland:* The Renaissance Foundations of Anthropology, in: American Anthropologist LXVII, 1965

300 *Sánchez, José:* Hispanic Heroes of Discovery and Conquest of Spanish America in European Drama, Chapel Hill, N. C. 1978

301 *Schuller, Rudolf:* The Oldest Known Illustration of the South American Indians, in: Journal de la Société des Américanistes de Paris N. S. XVI, 1924

302 *Sixel, Friedrich Wilhelm:* Die deutschen Vorstellungen vom Indianer in der ersten Hälfte des 16. Jahrhunderts, Vatikan 1966

303 *Skelton, Raleigh A.:* The European Image and Mapping of America. A. D. 1000–1600, Minneapolis 1964

304 —: Explorer's Maps: Chapter in the Cartographic Record of Geographical Discovery, London usw. ²1970

305 *Thrower, Norman J. W.:* Maps and Man. An Examination of Cartogra-

phy in Relation to Culture and Civilization, Englewood Cliffs, N. J.
1972

306 *Tilley, Arthur:* Studies in the French Renaissance, New York ²1968
307 *Todorov, Tzvetan:* La conquête de l'Amérique. La question de l'autre,
Paris 1982 (dt.: Frankfurt/Main 1985)
308 *Turk, Edward Baron:* Baroque Fiction-Making. A Study of Gomberville's *Polexandre*, Chapel Hill 1978
309 *Winsor, Justin* (Hrsg.): Narrative and Critical History of America, 8
Bde, London 1884–1889 (Nachdruck 1967)
310 *Zapata Gollán*, Agustín: Mito y superstición en la conquista de América, Buenos Aires 1963

6. zur Sozialpsychologie und Ethnologie

311 *Adorno, Theodor W. u. a.:* The Authoritarian Personality, New York
1950 (dt.: Frankfurt/Main 1973)
312 *Allport, Gordon W.:* Die Natur des Vorurteils, Köln 1971
313 *Bergius, Rudolf:* Sozialpsychologie, Hamburg 1976
314 *Bergler, Reinhold:* Psychologie stereotyper Systeme. Ein Beitrag zur
Sozial- und Entwicklungspsychologie, Bern–Stuttgart 1966
315 *Buchman, William:* How Others See Us, in: The Annals of The American Academy of Political and Social Science, CCXCV, 1954
316 *Cox, Oliver Cromwell:* Caste, Class & Race. A Study in Social Dyna-
mics, New York–London ³1970
317 *Estel, Bernd:* Soziale Vorurteile und soziale Urteile. Kritik und wissens-
soziologische Grundlegung der Vorurteilsforschung, Opladen 1983
318 *Festinger, Leon:* A Theory of Cognitive Dissonance, Evanston, Ill. 1957
319 *Gadamer, Hans-Georg:* Wahrheit und Methode. Grundzüge einer philosophischen Hermeneutik, Tübingen ²1965
320 *Heintz, Peter:* Soziale Vorurteile. Ein Problem der Persönlichkeit, der
Kultur und der Gesellschaft, Köln 1957
321 *Hofstätter, Peter R.:* Das Denken in Stereotypen, Göttingen ⁵1960
322 –: Einführung in die Sozialpsychologie, Stuttgart ⁵1973
323 –: Die Psychologie der öffentlichen Meinung, Wien 1949
324 *Horkheimer, Max:* Über das Vorurteil, Köln–Opladen 1963
325 *Klostermaier, Klaus:* Naturvölker – Kulturvölker. Zur Diskussion um
die ethnologischen Grundbegriffe, in: Festschrift Paul Schebesta zum
75. Geburtstag, Mödling b. Wien 1963
326 *Koch-Hillebrecht, Manfred:* Der Stoff, aus dem die Dummheit ist. Eine
Sozialpsychologie der Vorurteile, München 1978

327 *Landmann, Michael:* Das Fremde und die Entfremdung, in: Entfremdung (hrsg. v. H.-H. Schrey), Darmstadt 1975

328 *Levine, Robert A./Donald T. Campbell:* Ethnocentrism: Theories in Conflict, Ethnic Attitudes, and Group Behavior, New York usw. 1972

329 *Lippmann, Walter:* Public Opinion, New York [9]1945

330 *Loiskandl, Helmut:* Edle Wilde, Heiden und Barbaren. Fremdheit als Bewertungskriterium zwischen Kulturen, Mödling b. Wien 1966

331 *Manz, Wolfgang:* Das Stereotyp. Zur Operationalisierung eines sozialwissenschaftlichen Begriffs, Meisenheim a. Glan 1968

332 *Martin, James G.:* The Tolerant Personality, Detroit 1964

333 *Merton, Robert K.:* Social Theory and Social Structure, Glencoe, Ill. [3]1957

334 *Ohle, Karlheinz:* Das Ich und das Andere. Grundzüge einer Soziologie des Fremden, Stuttgart 1978

335 *Preiswerk, Roy/Dominique Perrot:* Ethnocentrisme et Histoire. L'Afrique, l'Amérique indienne et l'Asie dans les manuels occidentaux, Paris 1975

336 *Roghmann, Klaus:* Beiträge zur Erforschung von Dogmatismus und Autoritarismus, Köln 1965

337 *Rokeach, Milton:* Beliefs, Attitudes, and Values. A Theory of Organization and Change, San Francisco–Washington–London [4]1972

338 –: The Open and Closed Mind. Investigations into the Nature of Belief Systems and Personality Systems, New York 1960

339 *Schäfer, Bernd/Bernd Six:* Sozialpsychologie des Vorurteils. Ein wissenschaftsgeschichtlicher Überblick, Stuttgart usw. 1978

340 *Schroder, Harold M./Michael J. Driver/Siegfried Streufert:* Menschliche Informationsverarbeitung bei Einzelpersonen und Gruppen in komplexen sozialen Situationen, Weinheim–Basel 1975

341 *Sherif, Muzafer/Carolyn W. Sherif:* Groups in Harmony and Tension. An Integration of Studies on Intergroup Relations, New York [2]1966

342 –: Social Psychology, New York usw. [3]1969

343 *Sumner, W. G.:* Folkways. A Study of the Sociological Importance of Usages, Manners, Customs, Mores, and Morals, Boston usw. [3]1940

344 *Tajfel, Henri:* Soziales Kategorisieren, in: Serge Moscovici (Hrsg.), Forschungsgebiete der Sozialpsychologie 1. Eine Einführung für das Hochschulstudium, Frankfurt/Main 1975

345 Vorurteile. Ihre Erforschung und Bekämpfung ..., Frankfurt/Main 1964

346 *Wood, Margaret Mary:* The Stranger. A Study in Social Relationship, New York [2]1969

Tafelteil

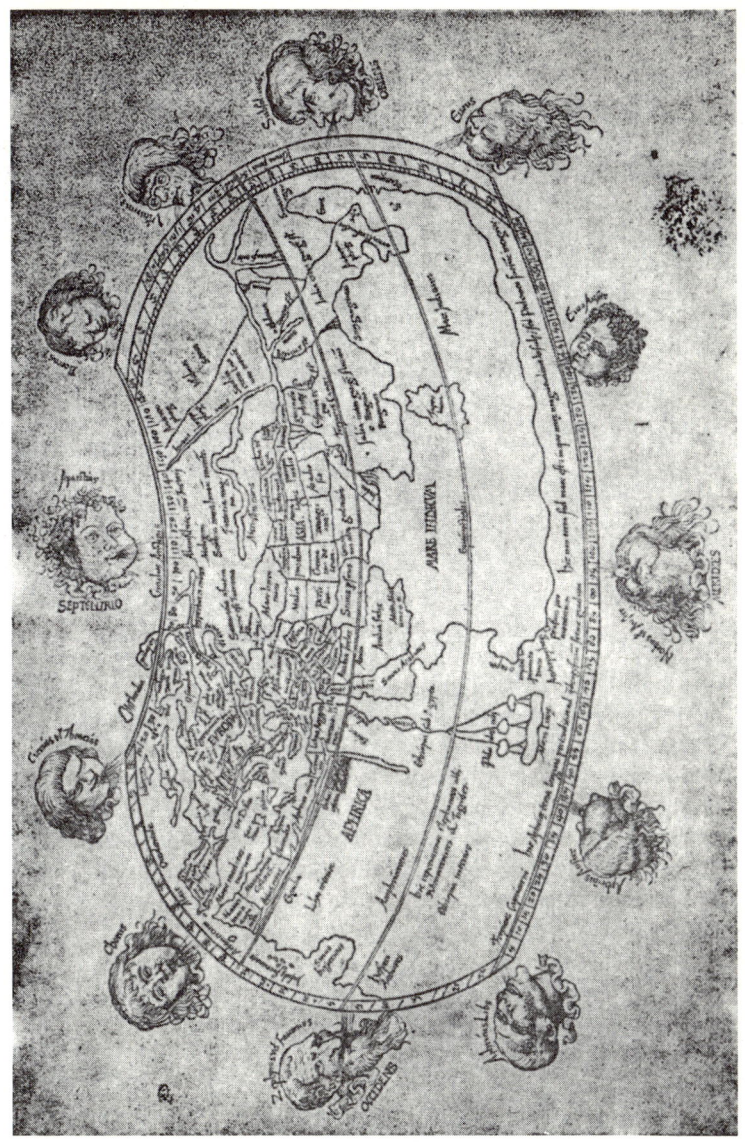

Abb. 1 Weltkarte nach Reisch (*Margarita Philosophica*, Freiburg 1503)

Abb. 2 Weltkarte von Contarini (1506)

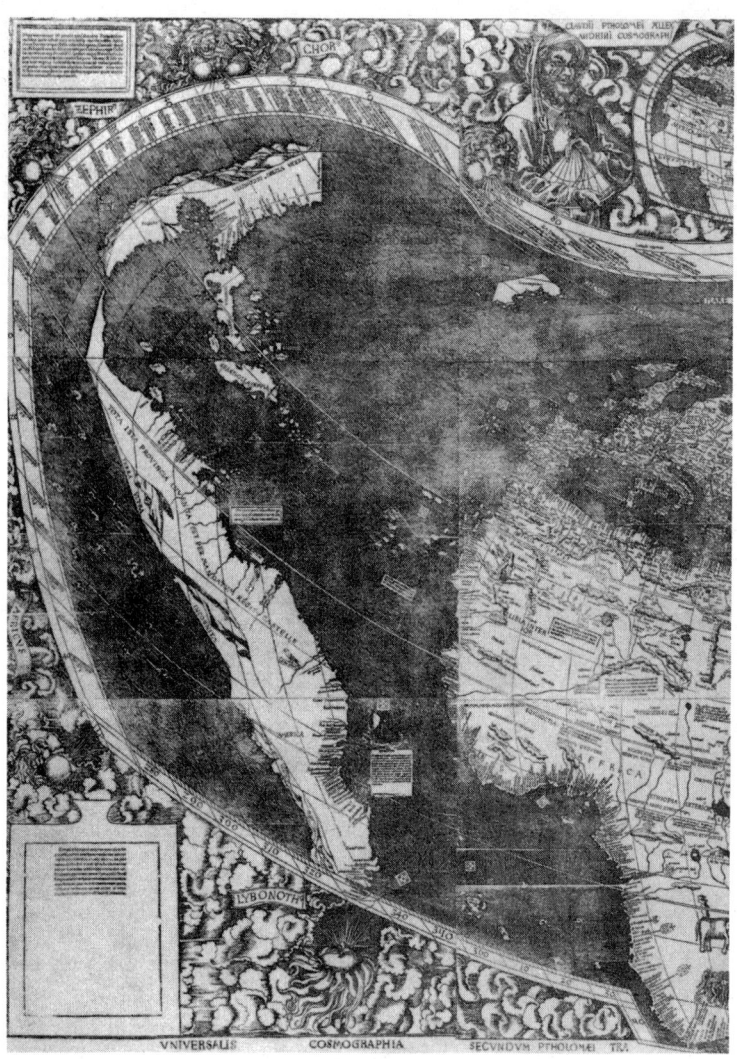

Abb. 3 Weltkarte von Waldseemüller (1507); linke Hemisphäre

Abb. 4 Weltkarte von Waldseemüller (1507); Detail

Abb. 5 „Novus orbis" von Muenster (1544), erschienen in Muensters *Cosmographia Universalis* und im Anhang zur *Cosmographia* des Ptolemaeus

FRANCISCA

C. Britonum

Cortereal

Hibernia

Exteriores

Hispania

Oceanus occidentalis

Medera

Fortunatæ insl.

VBA

Hispaniola

Antille

Inf. Hesperidum

AFRICAE pars

Iamica

Selana

Dominica

S. Iacobi

PARIA s abundat auro & margaritis

Sinus Atlanticus

IS

Canibali

latica quam uocant Brasilij & Americam

Regio Gigantum

7. infule Mar gueritarū

Fretum Magaliani

Abb. 6 Weltkarte von Grynaeus und Holbein d. J. (?) (Huttich/Grynaeus:
Novus Orbis, Basel 1555); Linke Hemisphäre

Abb. 7 Portugiesische Portulankarte (um 1502)

Abb. 8 „Carta Marina" von
Waldseemüller (1516): Detail
mit Kannibalismus-Szene

Abb. 9 „Brasilien" (Ramusio: *Navigationi et viaggi*, Band III, Venedig 1556)

DESCOPERTA.

PROV.

MARAÑON. F

SIL

TRAMONTANA

Abb. 10 Dati: *La lettera dellisole* (Florenz 1493)

Abb. 11 Vespucci: *Lettera delle isole* (Florenz 1505/6)

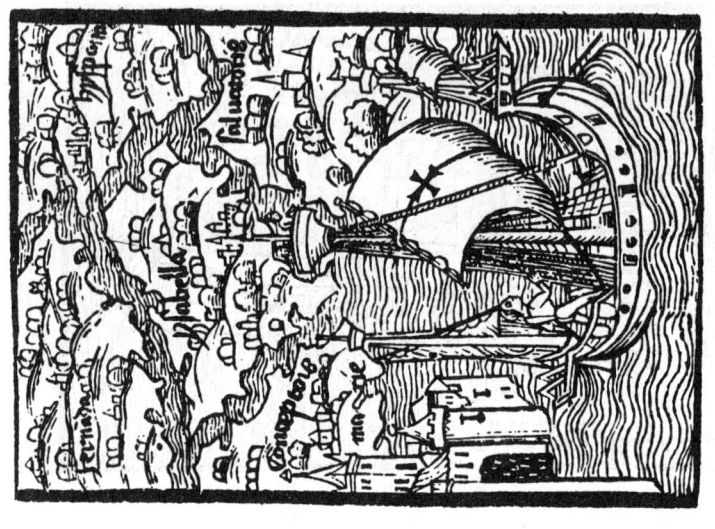

Abb. 12–13 Kolumbus: *Epistola* (Basel 1493)

Abb. 14–15 Kolumbus: *Epistola* (Basel 1493)

Abb. 16 Vespucci: *Mundus Novus* (Rostock 1503/4?)

Abb. 17 Vespucci: *Mundus Novus* („De ora antarctica", Straßburg 1505)

Abb. 18–19 Vespucci: *Mundus Novus*
(„Van der nieuwer werelt", Antwerpen 1506–08)

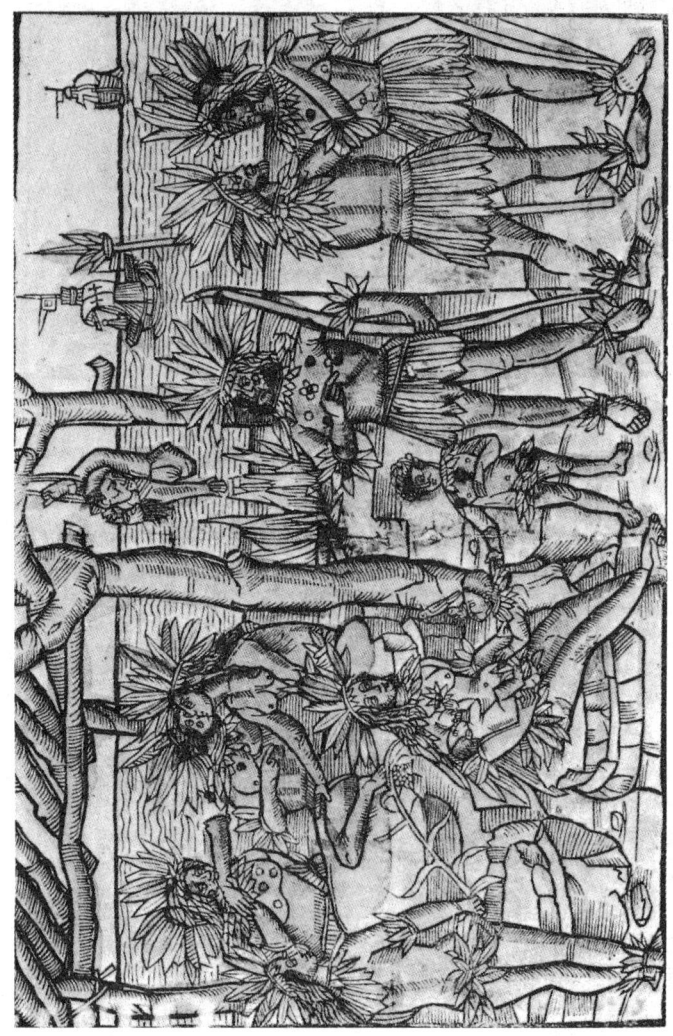

Abb. 20 Deutsches Flugblatt (um 1505)

Abb. 21–22 Vespucci: *Quatuor Navigationes* („Diss büchlin saget", Straßburg 1509)

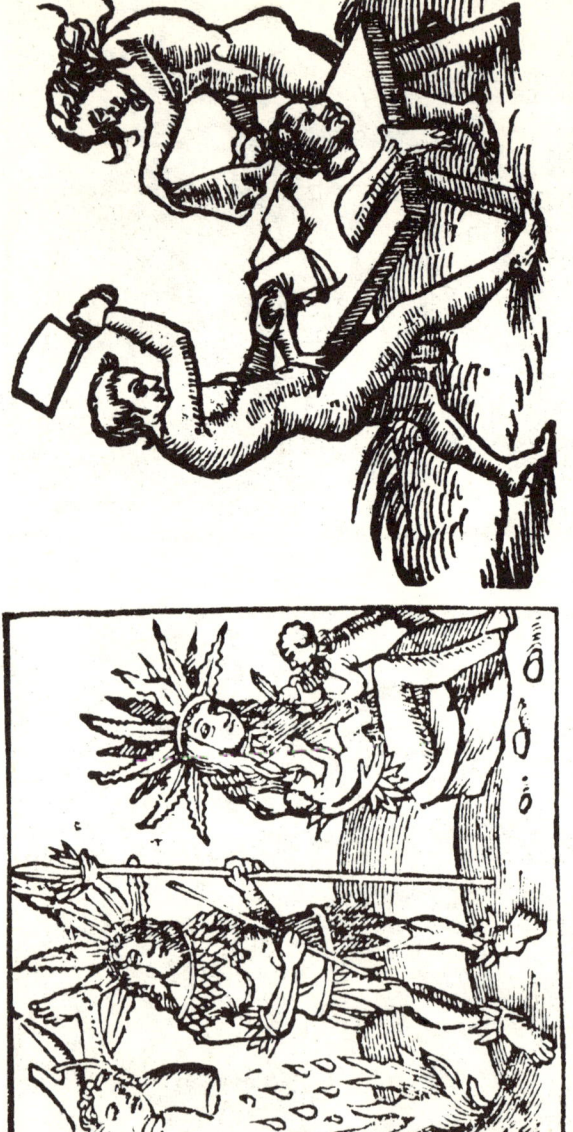

Abb. 24 Muenster: *Cosmographia* (dt. Ausgabe 1628 und vorher „Caribes" oder „Canibales", auch verwendet für „Menschenfresser" auf Java („minor")

Abb. 23 Van Doesborch: *De novo mondo* (um 1520)

Abb. 25 „Figure des Brisilians" der Festlichkeiten in Rouen 1550 (1551)

Abb. 26–27 Th. de Bry: *Brevísima relación* (1613)

Abb. 28–29 Th. de Bry: *Historia del Mondo Nuovo* (1594)

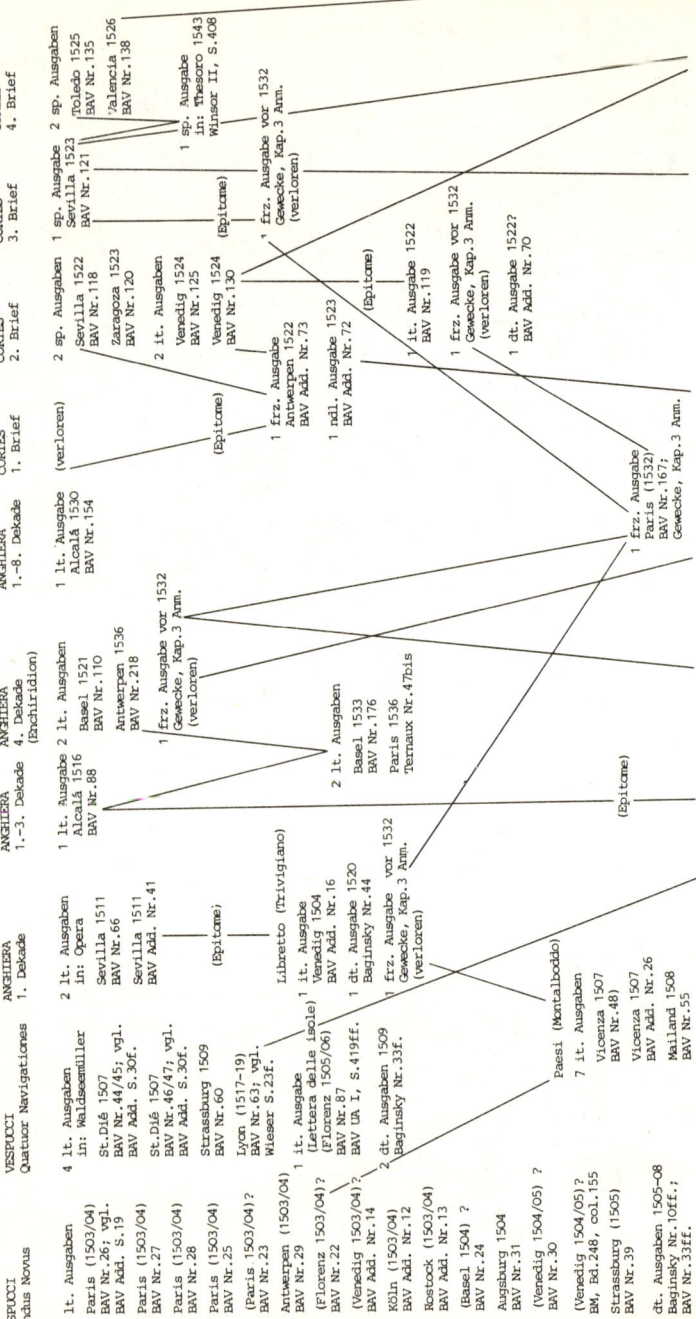

VESPUCCI Mundus Novus — **VESPUCCI Quatuor Navigationes** — **ANGHIERA 1. Dekade** — **ANGHIERA 1.–3. Dekade** — **ANGHIERA 4. Dekade (Enchiridion)** — **ANGHIERA 1.–8. Dekade** — **CORTES 1. Brief** — **CORTES 2. Brief** — **CORTES 3. Brief** — **CORTES 4. Brief**

VESPUCCI Mundus Novus

15 lt. Ausgaben

Paris (1503/04) BAV Nr.26; vgl. BAV Add. S.19

Paris (1503/04) BAV Nr.27

Paris (1503/04) BAV Nr.28

Strassburg 1509 BAV Nr.25

(Paris 1503/04)? BAV Nr.23

Antwerpen (1503/04) BAV Nr.29

(Florenz 1503/04)? BAV Nr.22

(Venedig 1503/04)? BAV Add. Nr.14

Köln (1503/04) BAV Add. Nr.12

Rostock (1503/04) BAV Add. Nr.13

(Basel 1504)? BAV Nr.24

Augsburg 1504 BAV Nr.31

(Venedig 1504/05)? BAV Nr.30

(Venedig 1504/05)? BM, Bd.248, col.155

Strassburg (1505) BAV Nr.39

12 dt. Ausgaben 1505–08 Baginsky Nr.10ff.; BAV Nr.33ff.

VESPUCCI Quatuor Navigationes

4 lt. Ausgaben in: Waldseemüller

St.Dié 1507 BAV Nr.44/45; vgl. BAV Add. S.30f.

St.Dié 1507 BAV Nr.46/47; vgl. BAV Add. Nr.41

Lyon (1517–19) BAV Nr.63; vgl. Wieser S.23f.

1 it. Ausgabe (Lettera delle isole) (Florenz 1505/06) BAV Nr.87

1 dt. Ausgaben 1509 Baginsky Nr.33f.

Paesi (Montalboddo)

7 it. Ausgaben

Vicenza 1507 BAV Nr.48

Vicenza 1507 BAV Add. Nr.26

Mailand 1508 BAV Nr.55

ANGHIERA 1. Dekade

2 lt. Ausgaben in: Opera

Sevilla 1511 BAV Nr.66

Sevilla 1511 BAV Add. Nr.41

(Epitome;)

Libretto (Trivigiano)

1 it. Ausgabe Venedig 1504 BAV Add. Nr.16

1 dt. Ausgabe 1520 Baginsky Nr.44

1 frz. Ausgabe vor 1532 Gewecke, Kap.3 Anm. (verloren)

ANGHIERA 1.–3. Dekade

1 lt. Ausgabe Alcalá 1516 BAV Nr.88

ANGHIERA 4. Dekade (Enchiridion)

2 lt. Ausgaben Basel 1521 BAV Nr.110

Antwerpen 1536 BAV Nr.218

1 frz. Ausgabe vor 1532 Gewecke, Kap.3 Anm. (verloren)

2 lt. Ausgaben Basel 1533 BAV Nr.176

Paris 1536 Ternaux Nr.47bis

(Epitome)

ANGHIERA 1.–8. Dekade

1 lt. Ausgabe Alcalá 1530 BAV Nr.154

CORTES 1. Brief

(verloren)

1 frz. Ausgabe Paris (1532) BAV Nr.167; Gewecke, Kap.3 Anm.

CORTES 2. Brief

2 sp. Ausgaben Sevilla 1522 BAV Nr.118

Zaragoza 1523 BAV Nr.120

2 it. Ausgaben Venedig 1524 BAV Nr.125

Venedig 1524 BAV Nr.130

1 frz. Ausgabe Antwerpen 1522 BAV Add. Nr.73

1 ndl. Ausgabe 1523 BAV Add. Nr.72

(Epitome)

CORTES 3. Brief

1 sp. Ausgabe Sevilla 1523 BAV Nr.121

1 it. Ausgabe 1522 BAV Nr.119

1 frz. Ausgabe vor 1532 Gewecke, Kap.3 Anm. (verloren)

1 dt. Ausgabe 1522? BAV Add. Nr.70

CORTES 4. Brief

2 sp. Ausgaben Toledo 1525 BAV Nr.135

Valencia 1526 BAV Nr.138

1 sp. Ausgabe in: Thesoro 1543 Winsor II. S.408

(Epitome)

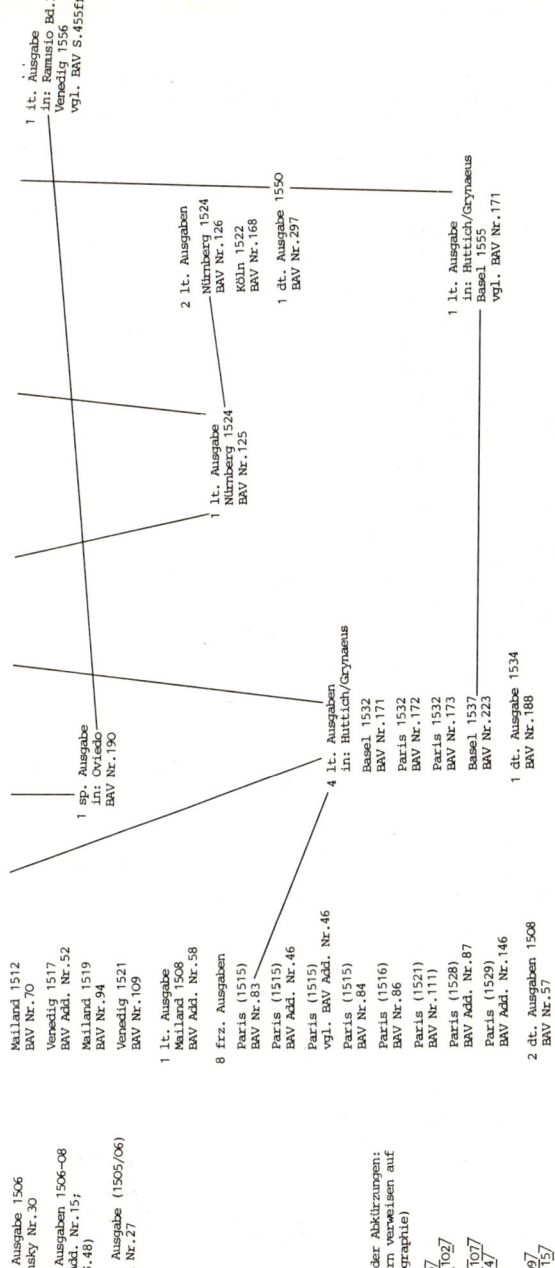

1 it. Ausgabe
in: Ramusio Bd.III
Venedig 1556
vgl. BAV S.455ff.

1 it. Ausgabe
in: Hüttich/Grynaeus
Basel 1555
vgl. BAV Nr.171

2 lt. Ausgaben
Nürnberg 1524
BAV Nr.126
Köln 1522
BAV Nr.168

1 dt. Ausgabe 1550
BAV Nr.297

1 lt. Ausgabe
Nürnberg 1524
BAV Nr.125

1 sp. Ausgabe
in: Oviedo
BAV Nr.190

4 lt. Ausgaben
in: Hüttich/Grynaeus
Basel 1532
BAV Nr.171
Paris 1532
BAV Nr.172
Paris 1532
BAV Nr.173
Basel 1537
BAV Nr.223

1 dt. Ausgabe 1534
BAV Nr.188

Mailand 1512
BAV Nr.70
Venedig 1517
BAV Add. Nr.52
Mailand 1519
BAV Nr.94
Venedig 1521
BAV Nr.109

1 lt. Ausgabe
Mailand 1508
BAV Add. Nr.58

8 frz. Ausgaben
Paris (1515)
BAV Nr.83
Paris (1515)
BAV Add. Nr.46
Paris (1515)
vgl. BAV Add. Nr.46
Paris (1515)
BAV Nr.84
Paris (1516)
BAV Nr.86
Paris (1521)
BAV Nr.111
Paris (1528)
BAV Add. Nr.87
Paris (1529)
BAV Add. Nr.146

2 dt. Ausgaben 1508
BAV Nr.57

1 ndt. Ausgabe 1508
BAV Add. Nr.29

1 ndt. Ausgabe 1506
Baginsky Nr.30

3 ndl. Ausgaben 1506-08
BAV Add. Nr.15;
JCB S.48;

1 tsch. Ausgabe (1505/06)
Aboal Nr.27

Schlüssel der Abkürzungen:
(die Ziffern verweisen auf
die Bibliographie)

Aboal /TO2/
Baginsky /TO2/
BAV /T06/ /T07/
BAV Add. /T07/
BAV UA /T14/
BM /T04/
JCB /T09/
Winsor /T09/
Ternaux /T15/

Lust auf Wissen

Sachbücher bei Klett-Cotta

Aus dem Amerikanischen übersetzt von Ulrich Enderwitz
536 Seiten, Linson,
ISBN 3-608-93152-X

Weltweit gesehen ist Marvin Harris wohl der berühmteste und populärste Anthropologe der Gegenwart. Seine bislang siebzehn Bücher wurden in fünfzehn Sprachen übersetzt. »Menschen« ist die Quintessenz seines Lebenswerks, das Resümee, in dem er alles, was er über die Menschen und ihre Kulturen in Erfahrung bringen konnte, zu einem einheitlichen Ganzen zusammengefaßt hat: locker erzählt, mit einem erfrischenden Schuß Zynismus, vergnüglich zu lesen und spannend von der ersten bis zur letzten Seite.

Der Autor:

Marvin Harris zählt zu den einflußreichsten und populärsten Anthropologen der Gegenwart. Er lehrt und forscht heute an der University of Florida und ist Präsident der American Anthropological Association. Sein besonderes Verdienst besteht darin, daß er Biologie, Ökonomie, Ökologie und Kultur zu einer umfassenden anthropologischen Perspektive integriert hat.

Klett-Cotta